Eva Maria K. Rütz

Heterologe Insemination – Die rechtliche Stellung des Samenspenders

Lösungsansätze zur rechtlichen Handhabung

Reihenherausgeber
Professor Dr. Dr. h.c. Thomas Hillenkamp
Professor Dr. Lothar Kuhlen
Professor Dr. Dr. h.c. Adolf Laufs
Professor Dr. Eibe Riedel
Professor Dr. Jochen Taupitz (Geschäftsführender Direktor)

Autor
Dr. iur. Eva Maria K. Rütz
Volkhovener Weg 207
50765 Köln
eva.ruetz@web.de

ISBN 978-3-540-75709-2   e-ISBN 978-3-540-75710-8

DOI 10.1007/978-3-540-75710-8

Veröffentlichungen des Instituts für Deutsches, Europäisches
und Internationales Medizinrecht, Gesundheitsrecht und Bioethik
der Universitäten Heidelberg und Mannheim ISSN 1617-1497

Bibliografische Information der Deutschen Nationalbibliothek
Die Deutsche Nationalbibliothek verzeichnet diese Publikation in der Deutschen Nationalbibliografie; detaillierte bibliografische Daten sind im Internet über http://dnb.d-nb.de abrufbar.

© 2008 Springer-Verlag Berlin Heidelberg

Dieses Werk ist urheberrechtlich geschützt. Die dadurch begründeten Rechte, insbesondere die der Übersetzung, des Nachdrucks, des Vortrags, der Entnahme von Abbildungen und Tabellen, der Funksendung, der Mikroverfilmung oder der Vervielfältigung auf anderen Wegen und der Speicherung in Datenverarbeitungsanlagen, bleiben, auch bei nur auszugsweiser Verwertung, vorbehalten. Eine Vervielfältigung dieses Werkes oder von Teilen dieses Werkes ist auch im Einzelfall nur in den Grenzen der gesetzlichen Bestimmungen des Urheberrechtsgesetzes der Bundesrepublik Deutschland vom 9. September 1965 in der jeweils geltenden Fassung zulässig. Sie ist grundsätzlich vergütungspflichtig. Zuwiderhandlungen unterliegen den Strafbestimmungen des Urheberrechtsgesetzes.

Die Wiedergabe von Gebrauchsnamen, Handelsnamen, Warenbezeichnungen usw. in diesem Werk berechtigt auch ohne besondere Kennzeichnung nicht zu der Annahme, dass solche Namen im Sinne der Warenzeichen- und Markenschutz-Gesetzgebung als frei zu betrachten wären und daher von jedermann benutzt werden dürften.

Herstellung: LE-TEX Jelonek, Schmidt & Vöckler GbR, Leipzig
Einbandgestaltung: WMX Design GmbH, Heidelberg

Gedruckt auf säurefreiem Papier

9 8 7 6 5 4 3 2 1

springer.com

Veröffentlichungen des Instituts
für Deutsches, Europäisches und Internationales Medizinrecht,
Gesundheitsrecht und Bioethik
der Universitäten Heidelberg und Mannheim   30

Herausgegeben von
Thomas Hillenkamp, Lothar Kuhlen, Adolf Laufs, Eibe Riedel,
Jochen Taupitz (Geschäftsführender Direktor)

Meinen Eltern

Vorwort

Der Gedanke zu dem, zugegebenermaßen auf den ersten Blick etwas ungewöhnlich klingenden Thema „Die rechtliche Stellung des Samenspenders", kam mir im November 2004 bei einem Vortrag im Rahmen eines Symposiums zur künstlichen Befruchtung, veranstaltet von der Ärztekammer Nordrhein und der Rheinischen Notarkammer.

Für mich sehr erstaunlich war die dort gewonnene Erkenntnis, dass Samen in Deutschland nicht anonym gespendet werden dürfen und deshalb die reale Gefahr besteht, dass der Spender für Unterhalts- und Erbansprüche herangezogen wird. Eine Unterhaltsverpflichtung des Spenders erschien mir in höchstem Maße ungerecht und als ein rechtspolitisch völlig falsches Signal.

Als ich dann im Februar 2006 mein Erstes Juristisches Staatsexamen abgelegt hatte, wendete ich mich an Frau Hirthammer, die Justitiarin der Ärztekammer Nordrhein, und erkundigte mich bei ihr, da ich ein medizinrechtliches Promotionsthema suchte, ob sie dieses Thema für promotionsgeeignet hielt und welchen Standpunkt die Ärzteschaft zu diesem Themenkomplex einnimmt. Sie verwies mich an meinen späteren Doktorvater, Herrn Professor Jochen Taupitz, der bereits ein Gutachten zu einer ähnlichen Fragestellung geschrieben hatte. Bei Frau Hirthammer möchte ich mich ganz herzlich für diese Empfehlung bedanken.

Besonderer Dank gilt selbstredend meinem Doktorvater Herrn Professor Jochen Taupitz. Insbesondere in der Endphase der Promotion im Frühjahr dieses Jahres, als es aufgrund eines neuen Bundesverfassungsgerichtsurteils ein wenig turbulent wurde, hat er mich sehr unterstützt und die Einleitung des Verfahrens stark beschleunigt. Auch bei Herrn Professor Ulrich Falk möchte ich mich für die wahrhaft rasante Erstellung des Zweitgutachtens bedanken. Zuletzt richte ich meinen Dank an den Vorsitzenden des Rigorosums Herrn Professor Egon Lorenz.

Auch privat habe ich sehr viel Unterstützung erfahren, wofür ich mich von Herzen bedanken möchte – an vorderster Stelle natürlich bei meiner Familie, meinen Eltern Henny und Lothar, denen die Arbeit auch gewidmet wurde, und bei meinen beiden Brüdern Thomas und Johannes. Doch auch das „Korrektur- und Computerteam" sowie meine Arbeitsgruppe haben mich sehr unterstützt und über weite Strecken motiviert. Vielen Dank damit an Tina Gansen, Kristina Reinhardt, Denis Gün, Rebecca Krumbach, Jan-Rudolf Eberl und Cemile Temizkan.

Ein großes Dankeschön gilt auch Professor Hanns Prütting und den (ehemaligen) Kollegen des Instituts für Verfahrensrecht der Universität zu Köln für ihre Unterstützung und dem Verständnis meiner Kollegen und Vorgesetzten bei der Luther Rechtsanwaltsgesellschaft.

Schließlich möchte ich darauf hinweisen, dass eine zügige Bearbeitung der Dissertation ohne die Graduiertenförderung der Friedrich-Naumann-Stiftung mit Mitteln des Bundesministeriums für Bildung und Forschung nicht möglich gewesen wäre und mich auch für diese materielle wie auch ideelle Förderung bedanken.

Köln, im Oktober 2007   Eva Maria K. Rütz

Inhaltsverzeichnis

A Einleitung 1
   I. Problemaufriss 1
   II. Zielsetzung der Dissertation – Gang der Untersuchung 3

B Medizinische Grundlagen – Terminologie und Typologie 5
   I. Terminologie der Unfruchtbarkeit und der Methoden assistierter
      Reproduktion.. 5
      1. Diagnose: Infertilität / Sterilität 5
      2. Therapieverfahren.. 6
         a) Hormonstimulation und Insemination... 6
         b) Donogene / heterologe Insemination... 7
         c) In-vitro-Fertilisation (IVF) mit anschließendem
            Embryotransfer (ET) 8
            aa) In-vitro-Fertilisation 8
            bb) Embryotransfer.. 9
         d) Intracytoplasmatische Spermieninjektion 9
         e) Gamete Intrafallopian Transfer (GIFT).................................... 11
         f) Assisted Hatching („Schlüpfhilfe").. 11
         g) Kryokonservierung... 11
         h) Leih-, Ersatz- bzw. Surrogatsmutterschaft 12
   II. Medizinische Risiken bei IVF und ICSI 12
   III. Typologie – Homologes und heterologes System 13
   IV. Beteiligte Personen... 15

C Rechtliche Stellung des Samenspenders.. 17
   I. Gang der Untersuchung... 17
   II. Schritt 1 – Die Samenspende 17
      1. Fall.. 17
      2. Rechtsfragen 18
      3. Frage 1 – Dogmatische Einordnung des „Samenspendevertrages" 18
         a) Verkehrsfähigkeit von Körpersubstanzen 18
            aa) Samenprobe als Sache i.S.d. § 90 BGB.............................. 18
                aaa) Erste Auffassung – Sacheigenschaft von Sperma 18
                bbb) Andere Auffassung – Keine Sacheigenschaft von
                      Sperma.. 19
                ccc) Ergebnis/Stellungnahme... 19

bb) Eigentumsfähigkeit und -begründung bei Samenprobe............19
   aaa) Erste Auffassung – Umwandlung von
        Persönlichkeitsrecht in Eigentumsrecht........................20
   bbb) Andere Auffassung – Körperteile als herrenlose
        Sachen und Aneignungsbefugnisse...............................20
   ccc) Stellungnahme...21
b) Zwischenergebnis...21
c) „Entgelt" als Kaufpreis..21
d) Ergebnis...22
4. Frage 2 – Sittenwidrigkeit des „Samenspendevertrages" gemäß
§ 138 Abs. 1 BGB...22
a) Einleitung...22
b) Unmittelbare Drittwirkung der Grundrechte im Privatrecht...........23
c) Menschenwürdeverletzung durch Samenspendevertrag...................24
   aa) Erste Auffassung – Sittenwidrigkeit des
       Samenspendevertrages gemäß § 138 Abs. 1 BGB....................24
   bb) Andere Auffassung – Sittenwidrigkeit des
       Samenspendevertrages gemäß § 138 Abs. 1 BGB bei
       Entgeltlichkeit der Samenspende................................25
   cc) Stellungnahme..25
d) Ergebnis...27
5. Frage 3 – Aufklärungspflicht des Samenspendearztes über
juristische Risiken hinsichtlich Unterhalts- und Erbansprüchen
des heterolog gezeugten Kindes.......................................27
a) Erste Auffassung – Keine Aufklärungspflicht über „juristische
   Risiken"...28
b) Andere Auffassung – Aufklärungspflicht des Arztes über
   juristische Risiken..28
c) Stellungnahme – Umfang der Aufklärungspflicht......................29
6. Ergebnis...30
III. Schritt 2 – Anonymitätszusicherung / anonyme Samenspende..................31
1. Fall...31
2. Einleitung...31
a) Begriff der anonymen Samenspende..................................31
b) Anonyme Samenspende als Lösungsmodell.............................31
3. Rechtsfragen...32
4. Frage 1 – Zulässigkeit der „anonymen Samenspende"..................32
a) Erste Auffassung – Zulässigkeit der anonymen Samenspende..........33
b) Andere Auffassung – Unzulässigkeit der anonymen Samenspende 34
   aa) Existenz des Rechtes auf Kenntnis der eigenen Abstammung..34
      aaa) Erste Auffassung – Kein verfassungsrechtlich
           garantiertes Recht auf Kenntnis der eigenen
           Abstammung...34
      bbb) Andere Auffassung – Existenz des Rechtes auf
           Kenntnis der eigenen Abstammung............................35
   bb) Ergebnis nach anderer Auffassung...............................44

c) Stellungnahme 45
5. Frage 2 – Auswirkungen der anonymen Samenspende auf die
   Wirksamkeit des Vertrages über die heterologe künstliche
   Befruchtung 46
   a) Erste Auffassung – Sittenwidrigkeit des gesamten Vertrages
      (§ 138 Abs. 1 BGB) 46
   b) Andere Ansicht – Teilnichtigkeit des Vertrages (§ 139 BGB) 46
   c) Dritte Ansicht – Wirksamkeit des Vertrages 46
   d) Stellungnahme 47
6. Frage 3 – Auskunftsanspruch des Kindes 48
   a) Dokumentationspflicht des Samenspendearztes 48
      aa) Erste Auffassung – Dokumentationspflicht aufgrund
          staatlicher Schutzpflicht 48
          aaa) Gesetzliche Normierung einer ärztlichen
               Dokumentationspflicht 48
          bbb) Dokumentation bei den Landesärztekammern 49
      bb) Andere Ansicht – Ablehnung einer gesetzlich normierten
          Dokumentationspflicht 50
      cc) Stellungnahme 50
   b) Kollision des Auskunftsanspruches mit der Schweigepflicht des
      Arztes (§ 203 Abs. 1 Nr. 1 StGB) 51
      aa) Erste Auffassung – § 203 Abs. 1 Nr. 1 StGB hindert
          Auskunftsanspruch 51
      bb) Andere Auffassung – Restriktive Anwendung des § 203
          Abs. 1 Nr. 1 StGB 52
      cc) Stellungnahme 52
   c) Wertungswiderspruch zur fehlenden Vollstreckbarkeit des
      Auskunftsanspruches gegen die Kindsmutter 54
      aa) Erste Auffassung – Durchsetzbarkeit des
          Auskunftsanspruches gegen die Kindsmutter 54
      bb) Andere Auffassung – Fehlende Vollstreckbarkeit des
          Auskunftsanspruches gegen die Kindsmutter
          (§ 888 Abs. 1 ZPO) 55
   d) Wertungswiderspruch zu der so genannten „Inkognito-Adoption" . 55
      aa) Erste Ansicht – Vorliegen eines Wertungswiderspruches
          zur „Inkognito-Adoption" 56
      bb) Andere Ansicht – Parallele Regelung zur
          „Inkognito-Adoption" 56
      cc) Stellungnahme 56
   e) Zwischenergebnis 57
   f) Anspruchsgrundlage des Auskunftsanspruches 57
      aa) Erste Auffassung – § 12 BGB 57
      bb) Andere Auffassung – § 810 BGB 57
      cc) Dritte Auffassung – Allgemeines Persönlichkeitsrecht 58
      dd) Vierte Auffassung – Vertrag mit Schutzwirkung zugunsten
          Dritter 59

ee) Stellungnahme 59
7. Ergebnis – Anonyme Samenspende 59
IV. Schritt 3 – Die heterologe künstliche Insemination 60
1. Fälle 60
   a) Grundfall 60
   b) Abwandlung 1 60
   c) Abwandlung 2 60
   d) Abwandlung 3 60
2. Rechtsfragen 61
3. Einleitung 61
4. Frage 1 – Zulässigkeit der heterologen Insemination/
   Voraussetzungen 61
   a) Zulässigkeit der heterologen Insemination 61
      aa) Historischer Hintergrund 62
      bb) Unwirksamkeit des Vertrages über die heterologe
           Insemination gemäß §§ 134, 138 Abs. 1 BGB 63
         aaa) Erste Auffassung – Sittenwidrigkeit des Vertrages
              über die heterologe künstliche Befruchtung gemäß
              § 138 Abs. 1 BGB 63
         bbb) Andere Auffassung – Wirksamkeit des Vertrages
              über die heterologe Insemination 66
         ccc) Dritte Auffassung – Sittenwidrigkeitsurteil mittels
              Zweckorientierung 68
         ddd) Stellungnahme 69
      cc) Zwischenergebnis 75
   b) Voraussetzungen der Durchführung einer heterologen
      Insemination 75
      aa) Einleitung 75
      bb) (Muster-) Richtlinie zur Durchführung assistierter
          Reproduktion der Bundesärztekammer (2006) und
          Musterberufsordnung der Ärzte (MBO-Ä) 75
      cc) Voraussetzungen nach der (Muster-) Richtlinie zur
          Durchführung assistierter Reproduktion der
          Bundesärztekammer (2006) und der MBO-Ä 76
      dd) Kompetenz der Bundesärztekammer zur Normierung der
          Voraussetzung reproduktionsmedizinischer Maßnahmen 79
         aaa) Berufsständische Satzungsautonomie 79
         bbb) Grenzen der Satzungsautonomie –
              Wesentlichkeitstheorie und Parlamentsvorbehalt
              (Facharztbeschluss der BVerfG) 80
         ccc) Beeinträchtigung Rechte Dritter durch die Richtlinie
              zur Durchführung der assistierten Reproduktion 81
         ddd) Überschreitung der Satzungsautonomie durch
              Regelungen betreffend der heterologen Insemination
              in Punkt 3.1.1 der (Muster-) Richtlinie zur
              Durchführung der assistierten Reproduktion (2006) 81

5. Frage 2 – Zulässigkeit der heterologen Insemination bei
   unverheirateten Paaren 82
   a) Einleitung 82
   b) Recht auf Fortpflanzung 83
      aa) Erste Ansicht – Kein verfassungsrechtlich garantiertes
          Recht auf Fortpflanzung 83
      bb) Andere Ansicht – Recht auf Fortpflanzung aus dem GG
          und der Europäischen Menschenrechtskonvention (EMRK) 83
      cc) Stellungnahme 84
   c) Ausprägung des Rechts auf Fortpflanzung bei nichtehelicher
      Lebensgemeinschaft 85
      aa) Erste Ansicht – Beschränkung des Rechts auf Fortpflanzung ... 85
      bb) Andere Ansicht – Unbeschränktes Recht auf Fortpflanzung 86
      cc) Stellungnahme und Lösungsvorschlag 86
   d) Zwischenergebnis 87
6. Frage 3 – Zulässigkeit der heterologen Insemination bei einer allein
   stehenden Frau 87
   a) Einleitung 87
   b) Partnerbezogenheit des Rechtes auf Fortpflanzung 88
      aa) Erste Auffassung – Partnerbezogenheit des Rechtes auf
          Fortpflanzung 88
      bb) Andere Auffassung – Recht auf Fortpflanzung als
          Individualentscheidung 88
      cc) Stellungnahme 88
   c) Beschränkungen des Rechts auf Fortpflanzung bei allein
      stehender Frau 89
      aa) Erste Auffassung – Unzulässigkeit der Anwendung
          reproduktionsmedizinischer Maßnahmen bei einer allein
          stehenden Frau 89
      bb) Andere Auffassung – Zulässigkeit der Anwendung
          reproduktionsmedizinischer Verfahren bei einer allein
          stehenden Frau 90
      cc) Stellungnahme 91
   d) Zwischenergebnis 92
7. Frage 4 – Zulässigkeit der heterologen Insemination bei lesbischen
   Paaren 93
   a) Einleitung 93
   b) (Muster-) Richtlinie zur Durchführung der assistierten
      Reproduktion (2006) 93
   c) Lebenspartnerschaftsgesetz (LPartG) 93
   d) Konkretisierung des Rechts auf Fortpflanzung bei lesbischen
      Partnerschaften 94
   e) Zwischenergebnis 95
8. Ergebnis 95

V. Schritt 4 – Status des heterolog gezeugten Kindes (vor Anfechtung der Vaterschaft) ... 96
  1. Einleitung ... 96
    a) Erfordernis der Klärung der Abstammung vor Anfechtung der Vaterschaft des Wunschvaters ... 96
    b) Kindschaftsrechtsreformgesetz (1998) ... 97
    c) Kinderrechteverbesserungsgesetz (2002) ... 98
  2. Rechtsfragen ... 98
  3. Frage 1 – Status des Kindes bei bestehender Ehe ... 99
  4. Frage 2 – Status des Kindes bei nicht ehelicher Lebensgemeinschaft ... 99
    a) Mutterschaft ... 99
    b) Vaterschaft ... 100
  5. Frage 3 – (Präkonzeptionelle) Vaterschaftsanerkennung ... 101
    a) Voraussetzungen der Vaterschaftsanerkennung, §§ 1592 Nr. 2 i.V.m. 1594 – 1598 BGB ... 102
      aa) Rechtsnatur der Anerkennung ... 102
        aaa) Erste Auffassung – Anerkennung als Willenserklärung ... 102
        bbb) Andere Auffassung – Anerkennung als „Willenserklärung" ... 102
        ccc) Stellungnahme ... 102
      bb) Keine anderweitig bestehende Vaterschaft eines anderen Mannes, § 1594 Abs. 2 BGB ... 103
      cc) Keine Anerkennung unter Bedingung und Zeitbestimmung, § 1594 Abs. 3 BGB ... 103
      dd) Zustimmung des Kindsmutter, § 1595 Abs. 1 BGB ... 104
      ee) Öffentliche Beurkundung von Anerkennung und Zustimmung, § 1597 Abs. 1 BGB ... 104
      ff) Kein Widerruf der Anerkennung, § 1597 Abs. S. 1 BGB ... 104
    b) Präkonzeptionelle Anerkennung ... 104
      aa) Pränatale Anerkennung, § 1594 Abs. 4 BGB ... 105
      bb) Erste Ansicht – Unzulässigkeit der präkonzeptionellen Anerkennung ... 105
      cc) Andere Auffassung – Teleologische Reduktion des § 1594 Abs. 3 BGB ... 107
      dd) Stellungnahme und Zwischenergebnis ... 108
  6. Frage 4 – Status des Kindes bei einer allein stehenden, unverheirateten Mutter ... 109
  7. Frage 5 – Status des Kindes bei Geburt in eine lesbische Beziehung ... 110
    a) Keine Vaterschaft der „zweiten Wunschmutter" ... 110
    b) Annahme als Kind gemäß § 9 Abs. 7 LPartG ... 110
    c) Vaterschaftsfeststellung des Samenspenders ... 111
  8. Ergebnis ... 111
VI. Schritt 5 – Anfechtung der Vaterschaft des Wunschvaters und gerichtliche Feststellung der Vaterschaft des Samenspenders ... 112
  1. Fall ... 112
  2. Einleitung ... 112

3. Rechtsfragen 113
4. Frage 1 – „Gefahrprognose" hinsichtlich der Möglichkeit der
   Anstrengung eines Vaterschaftsfeststellungsverfahrens 114
   a) Vaterschaftsfeststellung des Samenspenders bei Ehe oder nicht
      ehelicher Lebensgemeinschaft der Wunscheltern 114
   b) Vaterschaftsfeststellung des Samenspenders bei allein
      stehender Mutter des Kindes 115
   c) Vaterschaftsfeststellung des Samenspenders bei lesbischer
      Beziehung 115
      aa) Nicht verpartnerte lesbische Lebensgemeinschaft 115
      bb) Eingetragener Lebenspartnerschaft, § 9 Abs. 7 LPartG 115
   d) Zwischenergebnis 116
5. Frage 2 – Auskunftsansprüche des Kindes gegen seine Eltern
   und den Befruchtungsarzt 116
   a) Adressaten des Auskunftsbegehrens 116
      aa) Auskunftsersuchen gestellt an die Wunscheltern 116
         aaa) Auskunftsanspruch gegen die Wunscheltern aus
              §§ 242 i.V.m. 1618 a BGB 117
         bbb) Prozessuale Probleme der Durchsetzbarkeit und
              Vollstreckbarkeit des Auskunftsanspruches gegen die
              Wunscheltern 117
      bb) Auskunftsersuchen gestellt an den Befruchtungsarzt 118
         aaa) Auskunftsanspruch aus Vertrag mit Schutzwirkung
              zugunsten Dritter 118
         bbb) Befreiung des Arztes von der Schweigepflicht 118
   b) Sachliche Zuständigkeit bei statusrechtlichen Auskunftsklagen 119
      aa) Erste Auffassung – Vermögensrechtliche Streitigkeit i.S.d.
          § 23 Nr. 1 GVG 119
      bb) Andere Auffassung – Kindschaftssachen i.S.d. §§ 640
          Abs. 1 Nr. 1, 641 ZPO 119
      cc) Stellungnahme 120
6. Frage 3 – Voraussetzungen der Anfechtung der Vaterschaft des
   Wunschvaters / Anfechtungsberechtigung, § 1600 Abs. 4 BGB n.F... 120
   a) Einleitung 120
   b) Voraussetzungen der Anfechtung der Vaterschaft des
      Wunschvaters, §§ 1599 ff. BGB 121
      aa) Zuständigkeit des Familiengerichts für Kindschaftssachen 121
      bb) Anfechtungsberechtigung, § 1600 BGB 121
         aaa) Rechtslage vor Erlass des
              Kinderrechteverbesserungsgesetzes (2002) 121
         bbb) Rechtslage nach Erlass des
              Kinderrechteverbesserungsgesetzes / Voraussetzungen
              des Ausschlusses der Anfechtungsberechtigung gemäß
              § 1600 Abs. 4 BGB 124
      cc) Klagegegner/Passivlegitimation, § 1600 e BGB 133
      dd) Anfechtungsgrund 133

ee) Anfechtungsfrist, § 1600 b BGB 133
    aaa) Grundsatz – Zweijahresfrist, § 1600 b Abs. 1 BGB 133
    bbb) Ausnahme – Neubeginn des Fristablaufs bei
        Volljährigkeit des Kindes 133
ff) Begründetheit der Anfechtungsklage 133
c) Wirkung des Urteils des Vaterschaftsanfechtungsverfahrens 134
    aa) Bloß negative statusrechtliche Gestaltungswirkung 134
    bb) Ex tunc Beseitigung der Rechtswirkungen der Vaterschaft
        (Unterhaltsregress) 134
7. Frage 4 – Voraussetzungen der Vaterschaftsfeststellungsklage
(§§ 1592 Nr. 3 i.V.m. 1600 d BGB) 135
    a) Aktiv- und Passivlegitimation, § 1600 e Abs. 1 BGB 135
    b) Zuständigkeit des Familiengerichts, §§ 23 b Abs. 1 S. 2
       Nr. 12 GVG, 621 Abs. 1 Nr. 10, 640 Abs. 2 Nr. 1 ZPO 135
    c) Keine Fristgebundenheit der Vaterschaftsfeststellungsklage 135
    d) Ziel der Vaterschaftsfeststellungsklage 135
    e) Vaterschaftsfeststellung durch das Gericht 135
    f) Wirkung des Urteils des Vaterschaftsfeststellungsverfahrens 136
8. Frage 5 – Rechtsfolgen für den Samenspender nach erfolgter
Vaterschaftsfeststellung (ohne Haftungsfreizeichnung) 136
    a) Vaterschaftsfeststellungsabhängige Rechtsfolgen 137
       aa) Auswirkungen auf das materielle Zivilrecht 137
          aaa) Unterhaltsansprüche gegen den Samenspender 137
          bbb) Erbrechtliche Ansprüche gegen den Samenspender
             als Erblasser 140
       bb) Auswirkungen auf das materielle Strafrecht 140
       cc) Prozessrechtliche Konsequenzen 141
    b) Vaterschaftsfeststellungsunabhängige Rechtsfolgen 141
9. Frage 6 – „Rechtsfolgenlose Vaterschaftsfeststellung" 141
    a) Einleitung 141
    b) Begriff der „rechtsfolgenlosen Vaterschaftsfeststellung" 141
    c) Historischer Hintergrund – Vergleich mit der „Klage auf
       Feststellung der blutsmäßigen Abstammung" im Dritten Reich
       (1933 – 1945) 142
       aa) Entwicklung der „Klage auf Feststellung der blutsmäßigen
          Abstammung" 142
          aaa) Blutsmäßige Abstammung als Rechtsverhältnis
             i.S.d. § 256 Abs. 1 ZPO 143
          bbb) Feststellungsinteresse 143
       bb) Bedenken gegen die Adaption der Klage auf Feststellung
          der blutsmäßigen Abstammung als isolierte
          Abstammungsfeststellungsklage 144
    d) Reformdiskussionen zur Einführung einer rechtsfolgenlosen
       Vaterschaftsfeststellung 144

e) Möglichkeit der Einführung des Verfahrens einer rechtsfolgenlosen Vaterschaftsfeststellungsklage de lege ferenda 145
  aa) Rechtspolitische Bedürfnisse für die Einführung einer rechtsfolgenlosen Vaterschaftsfeststellungsklage de lege ferenda 146
    aaa) Umfassende Verwirklichung des Rechts des Kindes auf Kenntnis der eigenen Abstammung – Risiko der „Vaterlosigkeit" 146
    bbb) Unmöglichkeit der umfassenden Haftungsfreistellung des Samenspenders de lege lata 146
  bb) Bedenken gegen die Einführung einer rechtsfolgenlosen Vaterschaftsanfechtungsklage 146
    aaa) Vater-Kind-Beziehung als Ausschließlichkeitsverhältnis 146
    bbb) Fehlende Eingliederungsmöglichkeit in das System der deutschen Zivilprozesse 147
    ccc) Ungerechtfertigter Eingriff in das Persönlichkeitsrecht des Mannes 147
    ddd) Keine echte Rechtsfolgenlosigkeit 148
f) Eigene Auffassung – Appell an den Gesetzgeber zur Kodifikation einer rechtsfolgenlosen Vaterschaftsfeststellungsklage 148
  aa) Kein Widerspruch zur Regelung des Feststellungsklage nach § 256 Abs. 1 ZPO 148
  bb) Bestehen des Auskunftsanspruches – milderes Mittel der rechtsfolgenlosen Vaterschaftsfeststellungsklage 150
    aaa) Keine Wahrung des Rechts auf Kenntnis der eigenen Abstammung durch Auskunftsanspruch 150
    bbb) Vermeidung der Ausuferung der Vaterschaftsanfechtung 150
  cc) Kein ungerechtfertigter Eingriff in das Persönlichkeitsrecht des Mannes, § 372 a ZPO 151
  dd) Bundesverfassungsgerichtsurteil vom 14. Februar 2007 152
    aaa) Inhalt des Urteils des Bundesverfassungsgerichts 152
    bbb) Auswirkungen des Urteils des Bundesverfassungsgerichts für das Kind 155
  ee) Zusammenfassung 156
VII. Schritt 6 – Die Freistellung des Samenspenders von Unterhalts- und Erbansprüchen 157
  1. Fall 157
  2. Einleitung 158
  3. Rechtsfragen 159
  4. Frage 1 – Freizeichnung vom Unterhaltsanspruch des Kindes aus § 1601 BGB 160
    a) Vertragspartner der Haftungsfreizeichnung 160

aa) Samenspender und Wunscheltern als Vertragspartner der Freistellungsvereinbarung („Stellvertretungslösung", §§ 164 ff. BGB) 160
bb) Freistellungsvereinbarung zugunsten des Samenspenders (§ 328 Abs. 1 BGB) 160
cc) Stellungnahme 161
b) Verbot des Vertrages zu Lasten Dritter 162
aa) Vertrag über Freistellung von Unterhaltsanspruch des Kindes (§ 1601 BGB) zwischen Samenspender und Samenspendearzt bzw. Befruchtungsarzt 162
bb) Vertrag über Freistellung des Samenspenders zwischen Samenspender und Wunscheltern 162
c) Unterhaltsverzicht und § 1614 Abs. 1 BGB 162
d) Schuldnerwechsel, §§ 414 ff. BGB 163
aa) Gläubigervertragliche privative Schuldübernahme zugunsten des Samenspenders, § 414 BGB 163
aaa) Abgrenzung zum kumulativen Schuldbeitritt, §§ 133, 157, 242 BGB 163
bbb) Dogmatische Einordnung als Verfügungs- und Verpflichtungsgeschäft 164
ccc) Voraussetzungen des § 414 BGB – Einigung zwischen Neuschuldner (Wunscheltern) und Gläubiger (Kind) 164
ddd) Zwischenergebnis 168
bb) Schuldnervertragliche privative Schuldübernahme zugunsten des Samenspenders, § 415 Abs. 1 S. 1 BGB 168
aaa) Schuldnervertragliche Schuldübernahme als Vertrag zu Gunsten Dritter i.S.d. § 328 Abs. 1 BGB 169
bbb) Voraussetzungen des § 415 Abs. 1 S. 1 BGB 170
e) Schuldnermehrheiten 172
aa) Kumulativer Schuldbeitritt, §§ 241 Abs. 1, 311 Abs. 1 BGB . 172
aaa) Begriff des kumulativen Schuldbeitritts 172
bbb) Dogmatische Herleitung des kumulativen Schuldbeitritts 173
ccc) Vertragsparteien des kumulativen Schuldbeitritts 173
ddd) Voraussetzungen des kumulativen gläubigervertraglichen Schuldbeitritts 174
eee) Rechtsfolgen des gläubigervertraglichen kumulativen Schuldbeitritts 176
bb) Zwischenergebnis 178
cc) Bürgschaft, § 765 Abs. 1 BGB 178
f) Ergebnis bezüglich der Freizeichnung vom Unterhaltsanspruch des Kindes aus § 1601 BGB 179
g) Vereinbarung der Haftungsfreistellung via Schuldbeitritt qua Formularvertrag (§§ 305 ff. BGB) 180

- h) Exkurs – Sonderfälle der Freistellung des Samenspenders von Unterhaltsansprüchen des Kindes aus § 1601 BGB durch die Wunscheltern 180
  - aa) Nicht konsentierte heterologe Insemination 180
  - bb) Fehlende Anerkennung der Vaterschaft seitens des Wunschvaters 181
5. Frage 2 – Freizeichnung des Samenspenders vom Erbanspruch des Kindes aus § 1924 Abs. 1 BGB 182
   - a) Einleitung 182
   - b) Möglichkeiten erbrechtlicher Vereinbarungen 182
   - c) Erbverzicht, § 2346 BGB 183
     - aa) Begriff des Erbverzichtes, § 2346 BGB 183
     - bb) Einigung über Erbverzicht, §§ 2346, 145, 147 BGB 183
       - aaa) Vertragsparteien des Erbverzichts 183
       - bbb) Zeitpunkt des Abschlusses des Erbverzichts, § 1 BGB .. 183
       - ccc) Möglichkeit der Stellvertretung, § 2347 BGB 184
       - ddd) Genehmigung des Vormundschaftsgerichts, § 2347 Abs. 1 S. 1, 1. Hs. BGB 184
       - eee) Form, § 2348 BGB 186
     - cc) Rechtsfolge des Erbverzichts 186
       - aaa) Ausschluss der gesetzlichen Erbfolge, § 2346 Abs. 1 S. 2 BGB 186
       - bbb) Auslegungsregel des § 2350 Abs. 2 BGB 186
   - d) Zwischenergebnis 187
6. Frage 3 – Freizeichnung von Unterhaltsanspruch der Wunschmutter aus § 1615 l BGB 187
   - a) Einleitung 187
   - b) Unterhaltsverzicht, § 1614 Abs. 1 BGB 188
   - c) Gläubigervertragliche privative Schuldübernahme, § 414 BGB 188
     - aa) Vertragsparteien und Einigung, §§ 414, 145, 147 BGB 188
     - bb) Bestehen der Schuld 188
   - d) Ergebnis 189
7. Frage 4 – Freizeichnung von Regressanspruch des Wunschvaters aus §§ 1607 Abs. 3 S. 2 i.V.m. 1601 BGB 189
   - a) Einleitung 189
   - b) Auswirkungen der Freistellungsvereinbarung im Innenverhältnis im Rahmen des kumulativen Schuldbeitritts 189
   - c) Verzicht auf Unterhaltsanspruch, § 1614 Abs. 1 BGB 190
8. Frage 5 – Wunschvater Unterhaltsschuldner des Kindes nach Anfechtung seiner Vaterschaft 190
   - a) Einleitung 190
   - b) Begründen der vertraglichen Unterhaltspflicht durch Zustimmung des Wunschvaters zur heterologen Insemination (§ 328 Abs. 1 BGB) 191

aa) Erste Auffassung – Begründung vertraglicher
Unterhaltspflicht durch Zustimmung zur heterologen
Insemination 191
bb) Andere Auffassung – Keine Begründung vertraglicher
Unterhaltspflicht durch Zustimmung zur heterologen
Insemination 192
cc) Stellungnahme 192
c) Erlöschen der vertraglichen Unterhaltspflicht des Wunschvaters
bei Anfechtung durch das Kind (§ 313 BGB) 193
aa) Erlöschen des aus der Zustimmung zur heterologen
nsemination folgenden vertraglichen Unterhaltsanspruches
des Kindes 193
aaa) Erste Auffassung – Erlöschen des vertraglichen
Unterhaltsanspruches des Kindes gegen den
Wunschvater (§ 313 BGB) 193
bbb) Eigene Auffassung – Bestehenbleiben des
vertraglichen Unterhaltsanspruch des Kindes
gegen den Wunschvater 194
bb) Erlöschen des aus dem kumulativen Schuldbeitritts
folgenden vertraglichen Unterhaltsanspruchs des Kindes 196
aaa) Differenzierende Auffassung – Kein Erlöschen
einer aus einer Freistellungsvereinbarung folgenden
vertraglichen Unterhaltspflicht 196
bbb) Andere Auffassung – Undurchsetzbarkeit des
Anspruches des Kindes aus dem kumulativen
Schuldbeitritt 197
cc) Stellungnahme 197
d) Ergebnis 197
9. Frage 6 – Verhältnis der Unterhaltspflichten von Wunschvater und
Samenspender 198
a) Einleitung 198
b) Verhältnis der Unterhaltspflichten bei Vereinbarung eines
kumulativen Schuldbeitritts (§§ 241 Abs. 1, 311 Abs. 1 BGB) 198
c) Verhältnis der Unterhaltspflichten bei fehlender
Freistellungsvereinbarung 199
aa) Kumulation der Ansprüche 199
bb) Gesamtschuldnerschaft von Wunschvater und
Samenspender 199
aaa) Bestehen eines Gesamtschuldverhältnisses
zwischen Wunschvater und Samenspender 200
bbb) Regressmöglichkeiten des Leistenden 202
d) Ergebnis 204

10. Frage 7 – Wunschvater als Erblasser des Kindes 204
   a) Einleitung 204
   b) Verpflichtung des Wunschvaters, das Kind erbrechtlich
      „wie ein eigenes" zu behandeln aufgrund der Zustimmung
      zur heterologen Insemination 205
      aa) Erste Auffassung – Versprechen des Wunschvaters,
          das Kind erbrechtlich wie ein eigenes zu behandeln 205
      bb) Andere Auffassung – Keine Bindung des Wunschvaters,
          das Kind erbrechtlich wie ein eigenes zu behandeln 206
      cc) Stellungnahme 207
   c) Erbrechtliche Möglichkeiten 207
      aa) Vermächtnis, § 1939 BGB 208
          aaa) Begriff des Vermächtnisses, § 1939 BGB 208
          bbb) Vorteil gegenüber Erbvertrag, § 2178 BGB 208
      bb) Erbeinsetzung, § 1922 Abs. 1 BGB 209
      cc) Erbvertrag, §§ 2274 ff. BGB 209
          aaa) Begriff und Inhalt des Erbvertrages 209
          bbb) Einigung, §§ 2274 ff., 145, 147 BGB 210
   d) Ergebnis 211
VIII. Schritt 7 – Regress des Samenspenders 211
   1. Einleitung 211
   2. Rechtsfragen 213
   3. Frage 1 – Regress des Samenspenders gegen den Samenspendearzt
      (haftungsbegründender Tatbestand) 213
      a) Vertragliche und quasi-vertragliche Haftung des
         Samenspendearztes (§ 280 Abs. 1 BGB) 213
         aa) Verstoß gegen die Anonymitätszusage 213
         bb) Verstoß gegen die Aufklärungspflicht 214
         cc) Verstoß gegen die Verpflichtung zur Herbeiführung einer
             Freistellungsvereinbarung 214
      b) Deliktische Haftung des Samenspendearztes 215
         aa) § 823 Abs. 1 BGB 215
             aaa) Eigentumsverletzung 215
             bbb) Verletzung des Allgmeinen Persönlichkeitsrechts
                  (Art. 2 Abs. 1 i.V.m. Art. 1 Abs. 1 GG) 215
         bb) §§ 823 Abs. 2 BGB i.V.m. 203 Abs. 1 Nr. 1 StGB 216
   4. Frage 2 – Regress des Samenspenders gegen den Samenspendearzt
      (haftungsausfüllender Tatbestand) 217
      a) Unterhaltsverpflichtung (§ 1601 BGB) 217
         aa) Unterhaltsverpflichtung als Schaden i.S.d.
             § 249 Abs. 1 BGB 217
         bb) Verstoß gegen die Aufklärungspflicht, §§ 280 Abs. 1, 241
             Abs. 1, 311 Abs. 2 Nr. 1 BGB 218
         cc) Unterlassen der Herbeiführung einer
             Freistellungsvereinbarung, § 280 Abs. 1 BGB 218
      b) Erbanspruch des Kindes 218

5. Frage 3 – Regress des Samenspenders gegen den Befruchtungsarzt (haftungsbegründender Tatbestand) 219
   a) Vertragliche Haftung des Befruchtungsarztes 219
      aa) Vertrag zwischen Wunscheltern und Befruchtungsarzt 220
      bb) Vertrag zwischen Befruchtungs- und Samenspendearzt 220
   b) Deliktische Haftung des Befruchtungsarztes 220
6. Frage 4 – Regress der gesetzlichen Erben des Samenspenders 221
   a) Vererblichkeit des unvollständigen Anspruches
      des Samenspenders 221
   b) Vertrag mit Schutzwirkung zugunsten Dritter 222
      aa) Rechtsgrundlage 222
      bb) Voraussetzungen 222
         aaa) Leistungsnähe 222
         bbb) Zwischenergebnis – Vertrag mit Schutzwirkung
               zugunsten der Erben 225
      cc) Ergebnis 225
7. Ergebnis 225

D Fazit **227**
   I. Fehlende rechtliche Absicherung des Samenspenders 227
      1. Ungeeignetheit einer Freistellungsvereinbarung zugunsten des
         Samenspenders 227
      2. Unzulänglichkeit der Regressmöglichkeiten des Samenspenders 227
      3. Wertungswiderspruch zu § 9 Abs. 7 LPartG 228
   II. Zulässigkeit reproduktionsmedizinischer Verfahren bei allein
      stehenden Frauen und gleichgeschlechtlichen Paaren 228
   III. Lösungsmodelle 228
      1. Anonyme Samenspende 229
      2. Rechtsfolgenlose Vaterschaftsfeststellungsklage 229

Literaturverzeichnis **231**

A Einleitung

I. Problemaufriss

Die vorliegende Dissertation beschäftigt sich mit den im Zusammenhang mit einer Samenspende auftretenden rechtlichen Problemen. Der Fokus der Arbeit ist dabei insbesondere auf die rechtliche Stellung des Samenspenders gerichtet, doch werden darüber hinaus auch weitere – seit jeher umstrittene – rechtliche Probleme im Bereich der Reproduktionsmedizin, erörtert.

Jedes Jahr werden in Deutschland ca. 1.000 künstliche Befruchtungen mittels einer Samenspende durchgeführt, um Paaren, die aufgrund männlicher Fertilitätsstörungen keine Kinder bekommen können, den Kinderwunsch zu erfüllen.[1] Üblich ist dabei, dass ein junger Mann eine so genannte „Samenbank" aufsucht und für ein Entgelt in Höhe von 150 – 450 € in der Regel sechs Samenproben abgibt.[2] Später dürfen mit diesen Samen bis zu zehn Kinder im Wege einer künstlichen Befruchtung (z.B. durch in-vitro-Fertilisation (IVF) oder Intracytoplasmatische Spermieninjektion (ICSI)) gezeugt werden.

Ist ein Kind mittels einer Samenspende gezeugt worden, so ist der Samenspender zunächst „nur" der biologische Vater des Kindes, da zumeist eine „rechtliche" Vaterschaft des „sozialen Wunschvaters" bestehen wird (entweder aufgrund des Eingreifens der Ehelichkeitsvermutung des § 1592 Nr. 1 BGB oder aufgrund von Anerkennung der Vaterschaft gemäß § 1592 Nr. 3 BGB). Solange diese rechtliche Vaterschaft des „Wunschvaters" noch besteht und die des Samenspenders noch nicht gerichtlich verbindlich festgestellt wurde, besteht für den Samenspender nicht die Gefahr, von dem Kind in Anspruch genommen werden zu können. Denn zur Begründung unterhaltsrechtlicher Ansprüche ist erforderlich, dass der biologische Vater, der Samenspender, auch als rechtlicher Vater erfasst ist (§§ 1591 ff., 1601 BGB).[3]

Jedoch ist die „Samenbank" dazu verpflichtet,[4] die Daten über die Identität des Spenders zu dokumentieren[5] und auf Nachfrage auch dem in-vitro-gezeugten Kind

---

[1] *Ärztekammer Nordrhein*, Informationsbroschüre Samenspende, S. 1; nach Angaben von *Naumann*, ZRP 1999, 142 (142 ff.) seien 75.000 Kinder in Deutschland mittels heterologer Insemination gezeugt, jährlich kämen 4.500 – 5.000 hinzu.
[2] http://www.samenbank-berlin.de (letzter Zugriff am 21. April 2006).
[3] Siehe unten C. VI. 8.
[4] Die Verpflichtung der Samenbank zur Preisgabe der Identität des Spenders ergibt sich aus dem verfassungsrechtlich verbürgten Recht des Kindes auf Kenntnis der eigenen (blutsmäßigen) Abstammung.

preiszugeben.[6] Der Samenspender kann sich deshalb nicht in der Sicherheit wiegen, dass seine Identität dem mit seinem Samen gezeugten Kind verborgen bliebe. Hat das Kind schließlich die Identität des Samenspenders ergründet, so kann es nach erfolgter Anfechtung der Vaterschaft des „Wunschvaters" gemäß § 1600 Abs. 4 BGB, gerichtlich die Vaterschaft des Samenspenders feststellen lassen (§§ 1592 Nr. 3 i.V.m. 1600 d BGB), so dass der Samenspender dem Kind gemäß § 1601 BGB unterhaltspflichtig wird. Die Vaterschaftsfeststellung hat darüber hinaus auch erbrechtliche Konsequenzen, denn dort ist ebenfalls maßgeblich, von wem das Kind im rechtlichen Sinne abstammt (§§ 1598, 1924 Abs. 1 BGB).[7] Das Kind erhält damit durch die Begründung des familienrechtlichen Statusverhältnisses zum Samenspender bei seinem Vorversterben einen Erbanspruch gemäß § 1924 Abs. 1 BGB.

Um eine Inanspruchnahme des Samenspenders durch das Kind zu vermeiden, wird deshalb oftmals zwischen den sozialen Eltern und dem „Befruchtungsarzt" eine entsprechende Freistellungsvereinbarung[8] zugunsten des Samenspenders, häufig in notariell beurkundeter Form,[9] getroffen. Doch erscheint fraglich, ob eine schuldrechtliche Haftungsfreistellung den Samenspender tatsächlich – risikolos – von der Verpflichtung zur Erbringung von Unterhaltsleistungen und dem Erbanspruch des Kindes freistellt.

Mit Blick auf die geringe für die Samenspende erhaltene Aufwandsentschädigung ist dies ein unbefriedigendes Ergebnis. Die Ansprüche, welche auf den Samenspender zukommen können, übersteigen das für die Spende erhaltene Geld um ein Vielfaches. Hinzukommt, dass sich die Samenspender dieser Risiken oft aufgrund eigener Unwissenheit oder auch fehlender Aufklärung nicht bewusst sind. Auch muss erwähnt werden, dass ein Wunschelternpaar vorhanden ist, *deren* Kinderwunsch durch die Vornahme der künstlichen Befruchtung mittels Spendersamen erfüllt wurde. Diese Wunscheltern haben nicht nur die soziale, sondern auch die rechtliche Verantwortung für das Kind übernommen. Weshalb der Samenspender unter Umständen dann für die oben benannten Ansprüche gegenüber dem Kind aufzukommen haben soll, erscheint mehr als unverständlich.

Aber nicht nur für den Samenspender ist die derzeitige rechtliche Situation unhaltbar. Auch seitens der „Samenbanken" und der bei der künstlichen Befruchtung

---

5   Vgl. Punkt 5.3.3.2 der (Muster-) Richtlinie zur Durchführung der assistierten Reproduktion (2006); zur Rechtswirksamkeit der Richtlinie siehe unten Kapitel C. V. 4. b. dd.

6   http://www.samenbank-berlin.de/rechtliche_grundlagen_samenspende.html (letzter Zugriff am 21. April 2006); *Ärztekammer Nordrhein*, Informationsbroschüre Samenspende, S. 2.

7   Siehe unten C. V. 4. a. bb. aaa; *Taupitz*, Gutachten zu zivilrechtlichen Fragen der heterologen Insemination / IVF / ICSI, S. 13.

8   Siehe unten C. VII.

9   Für Vereinbarungen über die heterologe Insemination fehlt bislang eine Formvorschrift; die notarielle Beurkundung ist aber gemäß § 17 BeurkG möglich. *Roth*, DNotZ 2003, 805 (813); *Wehrstedt* tritt in DNotZ 2005, 649 (654) aufgrund der rechtlichen Brisanz für die Einführung einer Beurkundungspflicht ein.

mitwirkenden Ärzte wird proklamiert,[10] dass, sollte keine fundierte Lösung gefunden werden, ein Tätigwerden des Gesetzgebers unerlässlich sei.

II. Zielsetzung der Dissertation – Gang der Untersuchung

Die angesprochenen Probleme geben Anlass, die in den verschiedenen Beziehungen vereinbarten Freistellungsvereinbarungen auf deren Zulässigkeit und Effekt hin zu untersuchen. Dabei stehen insbesondere die zur Freistellung des Samenspenders zur Verfügung stehenden Instrumentarien sowie ihre Vor- und Nachteile im Blickpunkt dieser Arbeit.[11] Bei der Auswahl des geeigneten rechtlichen Instrumentariums sollte vermieden werden, dass eine Situation entsteht, bei welcher dem Samenspender, ungeachtet einer Freizeichnung, ein rechtliches Risiko verbleibt, Ansprüchen des Kindes ausgesetzt zu sein.

Besondere Relevanz hat es im Zusammenhang mit den aufgeworfenen Fragen, den Einfluss des Kindschaftsrechtsreformgesetzes von 2002 zu untersuchen.[12] Dieses hat verschiedene Änderungen, z.B. bezüglich des Anfechtungsrechtes und der Anfechtungsmöglichkeit der Vaterschaft bewirkt, was dazu Anlass gibt, die Rechtslage bei der Samenspende mit Blick auf diese Neuerungen und den dahinter stehenden Wertungen zu untersuchen. Auch die gesamtgesellschaftliche Entwicklung, sowie ein geändertes Familienbild gebieten, verschiedene zur Samenspende getroffene rechtliche Aussagen zu überdenken. Im Zeitalter der modernen Fortpflanzungsmedizin kann die Zuordnung eines Kindes zu seinem Vater schließlich nicht mehr ausschließlich nach genetischen Kriterien erfolgen.[13]

Zudem ist auch ein starker Rückgang der Geburtenrate in Deutschland zu verzeichnen – es ist der niedrigste Stand seit dem Zweiten Weltkrieg –[14], sodass es nicht förderlich ist, weitere Barrieren zur Zeugung von Kindern aufzustellen, bzw. zu unterhalten. Damit erhöht sich in Zeiten demoskopischer Umbrüche, in denen sich die Bevölkerungspyramide (in der westlichen industrialisierten Welt) umkehrt, und immer weniger Kinder geboren werden, der Stellenwert der heterologen Insemination für das gesellschaftliche Gefüge und die private Institution Familie.[15] Hinzukommt, dass aufgrund des für Samenspender und Ärzte bestehenden Haftungsrisikos Universitätskliniken und große Krankenhäuser kaum noch heterologe Inseminationen vornehmen, was zum Entstehen eines „Inseminations-Tourismus" führt, welcher unter Umständen mit dem Preis eines niedrigeren Standards bei der

---

[10] *Meyhöfer*, in: Donogene Insemination, 1 (4).
[11] Siehe unten C. VII.
[12] Siehe dazu C. VI. 6. b. bb. bbb.
[13] *Wehrstedt*, DNotZ 2005, 649 (654).
[14] FAZ, v. 16. August 2006, S. 1, 9; http://www.repromed.de/flash.html (letzter Zugriff am 21. April 2006).
[15] *Fosen-Schlichtinger*, Über die gesellschaftspolitische Bedeutung von Pränataldiagnostik und künstlicher Befruchtung als Teile moderner Reproduktionstechnologien, S. 203.

Behandlung¹⁶ erkauft wird (man denke nur an eine erhöhte Gefahr von HIV-Infektionen).

Zuletzt ist in den nächsten Jahren eine große Praxisrelevanz dieses Themas zu erwarten.

Am 25. Juli 1978 wurde das erste „Retortenbaby", Louise Joy Brown, in Manchester (England) geboren.¹⁷ Vier Jahre später, im Jahre 1982, erblickte in Erlangen das erste in Deutschland in-vitro-gezeugte Kind das Licht der Welt. Seitdem nahm die Anzahl der künstlichen Befruchtungen in Deutschland stark zu, wobei Mitte der neunziger Jahre des letzten Jahrhunderts ein besonders starker Anstieg zu verzeichnen war, welcher auf die Einführung des ICSI-Verfahrens zurückzuführen ist.¹⁸ Die im Wege künstlicher Befruchtung gezeugten Kinder erreichen nunmehr ein Alter, in dem sie ihre genetische Herkunft erforschen mögen und aufgrund der zwischenzeitlich eingetretenen Volljährigkeit auch in der Lage sind, ein Vaterschaftsanfechtungsverfahren einzuleiten¹⁹. Mit Blick auf diese zu erwartenden Klagen ist eine Klärung der derzeitigen Rechtslage erforderlich.

Diese Dissertation zeigt die bestehenden Wertungswidersprüche auf und entwickelt dafür schlussendlich ein adäquates, die Interessen aller Beteiligten bedienendes, Lösungsmodell. Sollte in absehbarer Zeit ein solches keine Anwendung finden, so ist als Konsequenz zu befürchten, dass sich immer weniger Samenspender zu einer Spende bereit erklären werden. Eine rechtliche Absicherung des Samenspenders ist folglich dringend wünschenswert, um zu vermeiden, dass Menschen, welchen der Kinderwunsch bislang unerfüllt blieb, die einzige Möglichkeit zur Zeugung „eigener Kinder" verschlossen bleibt.

---

[16] In Deutschland muss das im Rahmen einer heterologen Insemination verwendete Sperma vor Durchführung des reproduktionsmedizinischen Verfahrens auf HIV 1 und 2, Hepatitis B und C, Treponema pallidum und CMV untersucht werden, vgl. Punkt 5.3.1 der (Muster-) Richtlinie zur Durchführung der assistierten Reproduktion (2006); *Spickhoff*, AcP 197 (1997), 398 (412).
[17] Vgl. *Bollmann*, Die extrakorporale Befruchtung, S. 6.
[18] *Robert Koch-Institut*, Ungewollte Kinderlosigkeit, S. 16.
[19] Dabei ist ein „eigenständiges" Vaterschaftsanfechtungsverfahren gemeint, bei dem sie nicht durch ihre Eltern vertreten werden müssen.

B Medizinische Grundlagen – Terminologie und Typologie

I. Terminologie der Unfruchtbarkeit und der Methoden assistierter Reproduktion

Da sich der Untersuchungsgegenstand der Arbeit vornehmlich auf die Klärung der Rechtsbeziehungen bei bereits erfolgter Samenspende – und nicht primär auf die Zulässigkeit derselbigen oder anderer reproduktionsmedizinischer[20] oder endokrinologischer[21] Verfahren – bezieht, erfolgt bloß eine Erörterung der im Zusammenhang mit der Samenspende relevanten Begrifflichkeiten. Bei gewünschter Vertiefung des jeweiligen medizinischen Hintergrundes wird auf die angegebenen Literaturstellen verwiesen.

Bei diagnostizierter *Infertilität* (Unfruchtbarkeit) eines Paares, welche ihre medizinischen Ursachen sowohl bei dem Mann als auch bei der Frau haben kann, werden verschiedene Methoden assistierter Reproduktionsmedizin angewandt, um dem Paar seinen Kinderwunsch erfüllen zu können. Die „künstliche Befruchtung" im Sprachgebrauch des Gesetzes und der Laienöffentlichkeit bedeutet „die Überwindung anatomischer und physiologischer Hindernisse", damit schließlich im Reagenzglas der Befruchtungsvorgang ablaufen kann.[22]

1. Diagnose: Infertilität / Sterilität

Der WHO-Definition entsprechend ist eine *Infertilität / Sterilität* zu diagnostizieren, wenn bei einem Paar entgegen seinem expliziten Willen nach mehr als 24 Monaten trotz regelmäßigem, ungeschütztem Sexualverkehr keine Schwangerschaft eintritt.[23] Von *primärer Sterilität* spricht man, wenn eine Frau noch niemals schwanger war bzw. ein Mann noch nie ein Kind gezeugt hat. *Sekundäre Sterilität* bedeutet, dass nach früherer Geburt bzw. Zeugung eines Kindes sich keine weitere

---

[20] *Reproduktionsmedizin*: Interdisziplinäre Fachrichtung, die unter Berücksichtigung gynäkologischer, urologischer, genetischer, biologischer, juristischer und ethischer Aspekte die menschliche Infertilität behandelt (*Pschyrembel*, Klinisches Wörterbuch).

[21] *Endokrinologie*: Lehre von der Morphologie und Funktion endokriner Drüsen und von den Hormonen sowie deren Regelungs- und Wirkungsmechanismen (*Pschyrembel*, Klinisches Wörterbuch).

[22] *Beier*, Assistierte Reproduktion, S. 21.

[23] *Robert-Koch-Institut*, Ungewollte Kinderlosigkeit, S. 7.

Schwangerschaft einstellt.[24] Beim Mann werden die Begriffe *Sterilität* und *Infertilität* gleichgesetzt; bei der Frau wird von Sterilität (*Impotentia generandi*) die Infertilität (*Impotentia gestandi*) abgegrenzt, wenn eine Frau zwar schwanger war, jedoch noch kein Kind lebend zur Welt brachte.[25] Unter *Sterilität* wird mithin der pathologische Zustand verstanden, der eine erfolgreiche Vereinigung der *Gameten*, d.h. von Ei- und Samenzellen verhindert. *Infertilität* hingegen umfasst die Unfähigkeit eine Schwangerschaft auszutragen.[26] Oft werden die Begriffe Sterilität und Infertilität jedoch synonym benutzt.

Ungewollte Kinderlosigkeit ist nicht als die Krankheit einer Person zu verstehen, sondern als das Problem eines Paares, bei dem trotz Kinderwunsch eine Schwangerschaft nicht eintritt. Einzelne epidemiologische Studien geben Häufigkeiten in Deutschland zwischen 8 % und 15 % an.[27]

2. Therapieverfahren

Bei bestehender Diagnose der Infertilität / Sterilität werden im Wesentlichen folgende Therapien angewandt, um dem betroffenen Paar seinen Kinderwunsch zu erfüllen.

a) *Hormonstimulation und Insemination*

Zur Überwindung der Fertilitätsstörung und Erfüllung des Kinderwunsches wird zunächst versucht, auf invasive und umständlichere medizinische Eingriffe und Verfahren zu verzichten. Deshalb wird, bei Infertilität der Frau, diese *hormonell stimuliert* und/oder es findet eine *artifizielle Insemination* des Samens ihres Partners oder eines Dritten, des Samenspenders (auch als *Donor* bezeichnet) statt. Unter *Artifizieller Insemination* versteht man das Einbringen von Samenflüssigkeit in den weiblichen Genitaltrakt mit Hilfe spezieller Instrumente.[28] Je nach genauem Verbringungsort wird zwischen intravaginaler (in die Vagina), intracervikaler (in den Gebärmutterhals), intratubarer (in den Eileiter), intraperitonealer (in die Bauchhöhle) und intrauteriner (in die Gebärmutter) Insemination unterschieden.

Dabei wird 36 Stunden nach dem Auslösen des Eisprungs mittels Hormonstimulation eine Kappe mit dem aufbereiteten, gewaschenen Samen des Partners oder eines Spenders (*donogen*) vor den Muttermund der Frau gelegt oder der Samen wird direkt in den Muttermundkanal, in die Gebärmutterhöhle oder in die Eileiter deponiert.[29] Besondere Hervorhebung verdient der Umstand, dass die hormonelle Stimulation bei Frauen auch im Rahmen der nachfolgend erläuterten

---

[24] *Rose*, Soziale Elternschaft und Reproduktionsmedizin bei ungewollter Kinderlosigkeit, S. 40.
[25] *Rose*, Soziale Elternschaft und Reproduktionsmedizin bei ungewollter Kinderlosigkeit, S. 40.
[26] *May*, Rechtliche Grenzen der Fortpflanzungsmedizin, S. 11.
[27] *Braendle*, in: Gentechnologie und Reproduktionsmedizin, S. 44; *Rose*, Soziale Elternschaft und Reproduktionsmedizin bei ungewollter Kinderlosigkeit, S. 40.
[28] *Kaiser*, in: Keller/Günther/Kaiser, ESchG, Einleitung A. VI., Rn. 13.
[29] *Robert-Koch-Institut*, Ungewollte Kinderlosigkeit, S. 15.

I Terminologie der Unfruchtbarkeit und der Methoden assistierter Reproduktion 7

in-vitro-Fertilisation (IVF) als Hilfsmittel zur weiblichen Zyklusprogrammierung zum Zwecke der Gewinnung von mehreren Eizellen angewandt wird.[30]

b) Donogene / heterologe Insemination

Sollte der Kinderwunsch des Paares aufgrund männlicher Infertilität bislang unerfüllt geblieben sein, so besteht die Möglichkeit, dem Paar mittels der Samenspende eines anderen Mannes im Wege der *donogenen / heterologen Insemination* ihren Wunsch zu erfüllen. Werden die *Gameten*[31] (Keimzellen) eines anderen Mannes als des Partners der Frau zur Zeugung des Kindes verwendet, so lautet der Terminus Technicus *donogene* bzw. *heterologe* Insemination (*per vias naturales*) oder auch *artifizielle Insemination durch Donor* (AID)[32]. Indikationen für die donogene Insemination sind schwere Anomalien der Spermiogenese[33], Azoospermie[34] („Sertoli-cell-only-Syndrom")[35] oder auch schwere genetisch verankerte Erkrankungen des Mannes.[36] In seltenen Fällen werden auch noch schwerwiegende Infektionskrankheiten des Mannes (z.B. HIV) und definierte, ausgeprägte Rh-Inkompatibilität[37] des Paares zu den Indikationen gezählt.[38]

---

[30] *Tinneberg*, in: Tinneberg/Ottmar, Moderne Fortpflanzungsmedizin, S. 108.
[31] *Gameten*: Zusammenfassende Bezeichnung für männliche und weibliche Keimzellen (Eizellen und Spermien); entstehen durch Ovogenese bzw. Spermatogenese und haben nach der meiotischen Reifungsteilung nur einen einfachen Chromosomensatz. Bei der Befruchtung entsteht aus der männlichen und weiblichen Gamete die Zygote (*Pschyrembel*, Klinisches Wörterbuch).
[32] *Feige u.a.*, Frauenheilkunde, S. 188; *Merz*, Problematik artifizieller menschlicher Fortpflanzung, S. 7.
[33] *Spermatogenese*: Entwicklung der Spermien; während der Embryogenese und bis zur Pubertät werden beim Mann die Urkeimzellen durch mitotische Teilung in Spermatogonien mit diploidem Chromosomensatz umgewandelt, aus denen sich danach lebenslang im Keimepithel der Tubuli seminiferi contorti der Hoden primäre Spermatozyten entwickeln. Nach einer ersten Reifeteilung werden diese zu sekundären Spermatozyten (Präspermatiden), aus denen sich durch eine zweite Reifeteilung zwei Spermatiden mit haploidem Chromosomensatz entwickeln. Anschließend erfolgt die Differenzierung zu reifen Spermien (Spermiogenese). Verschiedene Substanzen können die Spermatogenese im Sinne einer pharmakotoxischen Wirkung unterdrücken (*Pschyrembel*, Klinisches Wörterbuch).
[34] *Azoospermie*: Fehlen reifer Spermien im Sperma (*Pschyrembel*, Klinisches Wörterbuch).
[35] *Sertoli-Cell-only-Syndrom*: Veraltet Castillo-Syndrom; Germinalzellaplasie, normogonadotroper Hypogonadismus des Mannes mit Sterilität infolge von Azoospermie; in der Hodenbiopsie Fehlen des Keimepithels mit mäßiger Sklerose der Tubuli seminiferi. Ursache: Unklare; embryonale Entwicklungsstörung oder exogene postnatale Schädigung werden angenommen (*Pschyrembel*, Klinisches Wörterbuch).
[36] *Rose*, Soziale Elternschaft und Reproduktionsmedizin bei ungewollter Kinderlosigkeit, S. 47.
[37] *Rhesus-Inkompatibilität*: Blutgruppenserologische Unverträglichkeit im Rhesussystem; in der Geburtshilfe von Bedeutung bei Konstellation Rh-negativer Mutter und Rh-positivem Vater; bei Rh-positiven Feten und vorausgegangener Sensibilisierung der

Seit 1970 sind aufgrund dieser Behandlungsmethode ca. 60.000 Kinder in der Bundesrepublik Deutschland geboren worden. Durch die Erfolge der modernen Fortpflanzungsmedizin, hier besonders die intracytoplasmatische Spermieninjektion, sind die gesamten Behandlungsfälle stark zurückgegangen. Momentan dürften etwa noch zwischen 500 – 800 Ehepaare pro Jahr sich einer derartigen Behandlung unterziehen.[39]

c) In-vitro-Fertilisation (IVF) mit anschließendem Embryotransfer (ET)

aa) In-vitro-Fertilisation

Führt die Hormonstimulation oder Insemination (sowohl im homologen als auch im heterologen System) alleine nicht zu der Herbeiführung einer Schwangerschaft oder ist sie aufgrund entsprechender medizinischer Indikation nicht Erfolg versprechend, so wird das Verfahren der *in-vitro-Fertilisation* (IVF) angewandt. Seit 1978 von *Edwards* und *Steptoe* (Großbritannien) erstmals über die erfolgreiche IVF berichtet wurde, nach welcher das Mädchen Louise Brown („Retortenbaby") geboren wurde, ist diese Methode inzwischen zu einem Routinebehandlungsverfahren bei der tubaren Sterilität geworden.[40] Weltweit wurden bis 1993 136.408 Kinder nach IVF-Behandlung geboren[41], bis heute sind es bereits über 300.000.[42]

Wie schon die Bezeichnung nahe legt, findet die Fertilisation nicht im weiblichen Körper, sondern *in-vitro*, also im Reagenzglas bzw. in einer Petrischale statt.[43] Nach hormoneller Vorbehandlung und Zyklus-Monitoring wird bei dieser Methodik eine vaginale, ultrasonographisch gesteuerte Follikelpunktion[44] durchgeführt, um eine angemessen erscheinende Zahl von Eizellen zu gewinnen.[45] Diese Oocyten-Cumulus-Komplexe werden je nach diagnostizierbarem Reifegrad und in nicht begrenzter Zahl im Reagenzglas oder einer Petrischale mit speziellen Kulturmedien[46] inseminiert.[47] Hat eine Befruchtung und Zellteilung stattgefunden, werden maximal drei Eizellen[48] in die Gebärmutter zurückgegeben.[49] Unter der in-

---

Mutter besteht die Gefahr eines Morbus haemolyticus fetalis (*Pschyrembel*, Klinisches Wörterbuch).

[38] *Beier*, Assistierte Reproduktion, S. 54.
[39] *Katzorke*, Donogene Insemination, Medizinische, juristische und soziale Aspekte, Vortragspapier vom 2.9.2004, Intensivkurs Endokrinologie, S. 1.
[40] *Küpker/Al-Hasani/Diedrich*, in: Endokrinologie und Reproduktionsmedizin III, S. 286; *Rose*, Soziale Elternschaft und Reproduktionsmedizin bei ungewollter Kinderlosigkeit, S. 64; *Weiser*, Untersuchungen zur Häufigkeit von Fehlbildungen nach ICSI, S. 1.
[41] *Rose*, Soziale Elternschaft und Reproduktionsmedizin bei ungewollter Kinderlosigkeit, S. 64.
[42] *Weiser*, Untersuchungen zur Häufigkeit von Fehlbildungen nach ICSI, S. 1.
[43] *May*, Rechtliche Grenzen der Fortpflanzungsmedizin, S. 19; *Schaumann*, Die heterologe künstliche Insemination, S. 21.
[44] D.h. Entnahme einer Eizelle aus einem der Eierstöcke der Frau.
[45] *Beier*, Assistierte Reproduktion, S. 22.
[46] *Taupitz/Schlüter*, Acp 205 (2005), 591 (591).
[47] *Beier*, Assistierte Reproduktion, S. 22.
[48] Diese zahlenmäßige Begrenzung folgt aus der Regelung des § 1 Abs. 1, 5 ESchG.

vitro-Fertilisation versteht man folglich das Zusammenbringen einer reifen Eizelle mit befruchtungsfähigen Spermien in einer Nährlösung.

Die so genannten „überzähligen" Pronukleus-Stadien, welche der Frau nicht transferiert wurden, werden unmittelbar nach der in-vitro-Diagnostik tiefgefroren (*kryokonserviert*) und für eine spätere Weiterentwicklung und einen Retransfer aufbewahrt.

„Künstlich" ist bei diesem Verfahren allein der Umweg, auf dem Samenzellen und Eizellen zusammengeführt werden. Indessen läuft auch in-vitro das entscheidende Ereignis des Befruchtungsprozesses, die Vereinigung der Chromosomen aus der väterlichen Samenzelle und der mütterlichen Eizelle, völlig natürlich ab.[50]

bb) Embryotransfer

Nach erfolgter in-vitro-Fertilisation wird der gezeugte Embryo transferiert. Dieser Begriff des *Embryonentransfers* (ET) beschreibt, dass 48 Stunden nach der Insemination, also dem Zusammenbringen von Eizellen und Spermien, der gezeugte Embryo mittels Katheter in den *Uterus* (Gebärmutter) verbracht wird.[51] Erfolgt nun die *Nidation*[52] (Einnistung) des Embryos in die Gebärmutterschleimhaut, war die künstliche Befruchtung erfolgreich, da nunmehr eine Schwangerschaft herbeigeführt wurde.

d) Intracytoplasmatische Spermieninjektion

Bei schwerer männlicher Subfertilität mit stark eingeschränkten Spermiogrammparametern, insbesondere einer pathologischen Spermienmorphologie, ist eine alleinige IVF meist erfolglos, da es selten zum Durchbrechen der Zona pellucida[53] mit Befruchtung der Eizelle kommt.[54] Liegt die Situation derart, kann jedoch die *Intracytoplasmatische Spermieninjektion* (ICSI) als Zusatzmaßnahme[55] im Rah-

---

[49] *Robert-Koch-Institut*, Ungewollte Kinderlosigkeit, S. 15.
[50] *Beier*, Assistierte Reproduktion, S. 21.
[51] Vgl. *May*, Rechtliche Grenzen der Fortpflanzungsmedizin, S. 22.
[52] *Nidation*: Einnistung der Blastozyste in der Schleimhaut des Uterus; die Anheftung an die Schleimhaut erfolgt am 5. und 6. Entwicklungstag; am 11. – 12. Tag ist die Nidation abgeschlossen (*Pschyrembel*, Klinisches Wörterbuch).
[53] *Zona pellucida*: Zwischen der Eizelle und dem Follikelepithel befindliche Glashaut; enthält Glykoproteine aus den Granulosazellen und deren mikrovilliähnlichen Zellfortsätzen, die bis zur Eizelle reichen (*Pschyrembel*, Klinisches Wörterbuch).
[54] *Rose*, Soziale Elternschaft und Reproduktionsmedizin bei ungewollter Kinderlosigkeit, S. 64.
[55] Weitere Zusatzmaßnahmen zur herkömmlichen IVF sind das *Zona Drilling* und die *subzonale Injektion*. Beim Zona Drilling wird das Spermium nicht unmittelbar in die Eizelle injiziert, sondern ihm wird der Weg in diese erleichtert, indem eine künstliche Öffnung in der Zona pellucida geschaffen wird. Bei der subzonalen Injektion wird das Spermium nicht direkt in den Zellkern verbracht, sondern in deren pervitellinen Raum, d.h. in den Raum zwischen Zona pellucida und der Eizelloberfläche. All diesen Verfahren ist gemein, dass sie versuchen, dem Samen des Mannes die Überwindung des Hindernisses der Zona pellucida zu ermöglichen (*Pschyrembel*, Klinisches Wörterbuch).

men der IVF weiterhelfen.[56] Diese Methodik wurde 1992 durch *A. van Steirteghem* aus Belgien eingeführt.[57] Auch hierbei werden nach der Hormonstimulation Eizellen aus den Eierstöcken entnommen. Anschließend wird mit einer Mikropipette unter lichtmikroskopischen Bedingungen ein einzelnes Spermatozoon direkt in das Cytoplasma der Eizelle injiziert.[58] Hat eine Zellteilung stattgefunden, so werden wieder maximal drei Eizellen in die Gebärmutter zurückgegeben.

Im Unterschied zur reinen IVF greift die assistierte Reproduktion nach mikrochirurgischer Spermieninjektion „künstlich" in die Befruchtungskaskade ein, indem die Stufe des Eindringens des Spermiums in die Eizelle unter Überwindung der Zona pellucida mittels der Mikropinzette unterstützt wird.[59]

Diese Methodik kann sowohl mit Spermien aus dem Nebenhoden (*epididymal*) oder aus dem Hoden (*testikulär*) durchgeführt werden.[60] Eine besondere Indikation zur ICSI, die allerdings auch nicht von den deutschen GKV-Richtlinien[61] abgedeckt ist, hat sich in den letzten Jahren bei HIV-positiven Ehemännern herauskristallisiert. Hier scheint es so zu sein, dass insbesondere die ICSI den größten Schutz dahingehend bietet, dass eine HIV-Infektion vom Mann nicht auf das Kind übertragen wird.[62]

Während die Zahl der 1993 eingeführten ICSI-Behandlungen (erstmalig 1994 registriert) bis 1998 stetig stieg, sank sie mit der fehlenden Kostenübernahme durch die Krankenkassen seit 1998 wieder.[63] Nachdem das Bundessozialgericht mit seinem Urteil vom 3. April 2001[64] festgestellt hatte, dass der Ausschluss von ICSI aus Leistungen der gesetzlichen Krankenversicherung einen Systemmangel darstelle, wurde ICSI in die Richtlinien des Bundesausschusses der Ärzte und Krankenkassen über ärztliche Maßnahmen zur künstlichen Befruchtung, in Kraft getreten am 1. Juli 2002, wieder aufgenommen.[65] Welche Entwicklung die Zahl der ICSI-Behandlungen nehmen wird, nachdem das Bundesverfassungsgericht nun mit Urteil vom 28. Februar 2007[66] entschieden hat, dass es mit dem Grundgesetz vereinbar sei, dass § 27 a Abs. 1 Nr. 3 SGB V die Leistung künstlicher Be-

---

[56] *Feige u.a.*, Frauenheilkunde, S. 184.
[57] *Weiser*, Untersuchungen zur Häufigkeit von Fehlbildungen nach ICSI, S. 1.
[58] *Küpker/Al-Hasani/Diedrich*, in: Endokrinologie und Reproduktionsmedizin III, S. 291.
[59] Vgl. *Beier*, Assistierte Reproduktion, S. 26.
[60] *Robert-Koch-Institut*, Ungewollte Kinderlosigkeit, S. 16.
[61] Zur Erläuterung: Richtlinien der gesetzlichen Krankenversicherung.
[62] *Feige u.a.*, Frauenheilkunde, S. 184.
[63] Siehe § 27 a SGB V; *Robert-Koch-Institut*, Ungewollte Kinderlosigkeit, S. 17; zum damaligen Streitstand bzgl. der Kostenerstattungspflicht bei IVF durch die GKV siehe *Kliemt*, VersR 1996, 32 (32 ff.).
[64] BSG, Urt. v. 3. April 2001, AZ: B 1 KR 40/00 R, NJW 2002, 1598 (1598).
[65] In einer Entscheidung vom 3. März 2004 hat der BGH sogar geklärt, dass der Versicherer des sterilen Mannes auch die Kosten der bei seiner Partnerin vorgenommenen in-vitro-Fertilisation (extrakorporale Befruchtung) tragen muss, da die Mitbehandlung der Frau notwendiger Bestandteil der gesamten Behandlung des Mannes sei. Zur aktuellen versicherungsrechtlichen Lage siehe auch: *Marlow/Spuhl*, VersR 2006, 1193 (1193).
[66] BVerfG, Urt. v. 28. Februar 2007, AZ: 1 BvL 5/03, NJW 2007, 1343 ff.

fruchtung durch die gesetzliche Krankenversicherung auf Personen beschränkt, die miteinander verheiratet sind, bleibt abzuwarten.

e) Gamete Intrafallopian Transfer (GIFT)

Ein weiteres reproduktionsmedizinisches Verfahren stellt der *Gamete Intrafallopian Transfer* (GIFT) dar. Nachdem reife Eizellen aus den Eierstöcken entnommen wurden, werden diese zusammen mit der aufbereiteten Samenflüssigkeit in den Eileiter zurückgespült. Die Befruchtung findet bei dieser Methode im Körper der Frau statt.[67] Bislang galt der *intratubare Gametentransfer* als Anschlussverfahren nach einer Serie erfolgloser Inseminationen. Durch die Einführung von Methoden der Mikroinsemination (z.B. der ICSI) hat er jedoch massiv an Bedeutung verloren.[68]

f) Assisted Hatching („Schlüpfhilfe")

Zu den neuesten Verfahren der Reproduktionsmedizin gehört das *Assisted Hatching*.

Unbefruchtete Eizellen, ebenso wie die sich daraus entwickelnden Embryonen, sind von der *Zona pellucida*, einer zarten Glashaut, umgeben. Kurz vor der Implantation in die Uterusschleimhaut verlässt der Embryo diese Hülle. Dieses wird als *Hatching* („Schlüpfen") bezeichnet. Das Ausbleiben der Ruptur der Zona pellucida und das daraus folgende unvollständige oder verspätete Hatching gilt als einer der Gründe für eine niedrigere Implantationsrate von transferierten Embryos.[69] An dieser Stelle setzt das Assisted Hatching an. Mit einer laserunterstützten Mikromanipulation an der Zona pellucida wird versucht, dem heranwachsenden Embryo das Verlassen dieser Umhüllung und damit eine Einnistung in die Gebärmutterschleimhaut zu erleichtern.[70]

g) Kryokonservierung

Bei der *Kryokonservierung* werden befruchtete Eizellen aus früheren IVF- oder ICSI-Behandlungen im Vorkernstadium bei ca. -196° C[71] eingefroren und zu einem späteren Zeitpunkt in die Gebärmutter eingebracht.[72] Mit dieser Methode können Eizellen, Spermien, die imprägnierte Eizelle im Vorkernstadium und auch befruchtete Eizellen bis zum Blastozystenstadium aufbewahrt werden.[73] Das dominierende Argument für die Anwendung der Kryokonservierung ist die Tatsache, dass durch eine einzige hormonelle Stimulationsbehandlung die Gewinnung einer beträchtlichen Anzahl von Eizellen zu erreichen ist.[74] Allerdings ist festzustellen,

---

67 *Robert-Koch-Institut*, Ungewollte Kinderlosigkeit, S. 15.
68 *Feige u.a.*, Frauenheilkunde, S. 183.
69 *Montag/Rink/Delacrétaz/van der Ven*, in: Aktuelle Reproduktionsmedizin, Anwendung des Dioden-Lasers bei der assistierten Reproduktion, S. 47.
70 *Robert-Koch-Institut*, Ungewollte Kinderlosigkeit, S. 15.
71 *May*, Rechtliche Grenzen der Fortpflanzungsmedizin, S. 23.
72 *Robert-Koch-Institut*, Ungewollte Kinderlosigkeit, S. 15.
73 *Kaiser*, in: Keller/Günther/Kaiser, ESchG Einleitung A. VI., Rn. 32.
74 *Beier*, Assistierte Reproduktion, S. 27.

dass die Verwendung von zuvor kryokonserviertem Material im Rahmen der assistierten Reproduktion nicht dieselbe Erfolgsrate zu verzeichnen ist wie bei Verwendung von so genanntem nativem, zuvor nicht eingefrorenem „Material".[75]

Terminologisch wird im Folgenden nicht zwischen der künstlichen Insemination, der IVF, des ICSI-Verfahrens und den weiteren reproduktionsmedizinischen Verfahren unterschieden; sie werden vielmehr zusammenfassend als (heterologe/donogene) künstliche Befruchtung[76] bezeichnet.

h) Leih-, Ersatz- bzw. Surrogatsmutterschaft

Die Gametenspende kann jedoch nicht nur von Seiten eines männlichen Samenspenders erbracht werden. Es besteht auch die (in Deutschland rechtlich nicht zulässige)[77] Möglichkeit, dass eine Frau eine Eizelle zur künstlichen Befruchtung eines infertilen Paares spendet. In diesem Falle, wie auch in dem Falle, dass eine außenstehende Frau für das Wunschelternpaar das Kind austrägt, wird von Leih-, Ersatz bzw. Surrogatsmutterschaft gesprochen.

II. Medizinische Risiken bei IVF und ICSI

Eine der immer wieder gestellten Fragen, seitdem IVF und ICSI weltweit praktiziert werden, war und ist die der Häufigkeit von angeborenen Fehlbildungen bei diesen Kindern.[78]

In Bezug auf die pränatale Entwicklung wurde über eine Häufung neurologischer Störungen bei Kindern nach IVF-Zeugung berichtet.[79] Die Deutsche ICSI-Studie gibt eine Missbildungsrate von 8,6 % bei 3.372 ICSI-Kindern gegenüber 6,1 % bei den mehr als 30.000 natürlich gezeugten Kindern in der Kontrollgruppe an.[80] Ob der Kausalitätszusammenhang dabei auf die Art und Weise der Herbeiführung der Zeugung des Kindes zurückzuführen ist, ist umstritten.

Einige Wissenschaftler[81] nehmen an, dass eine Schädigung des Embryos in-vitro, sei es durch die ICSI-Technik oder die Kulturbedingungen, in Form einer Fehlbildung, unwahrscheinlich sei. Vielmehr müsse man – sollte tatsächlich eine Schädigung stattfinden – erwarten, dass ein „Alles-oder-nichts-Gesetz" eingreife und ein Embryo, der in diesem Stadium eine Schädigung erfahre, sich nicht wei-

---

[75] *Kaiser*, in: Keller/Günther/Kaiser, EschG, Einleitung A. VI., Rn. 32; *May*, Rechtliche Grenzen der Fortpflanzungsmedizin, S. 23.

[76] Diese terminologische Zuordnung ist entlehnt aus *Taupitz/Schlüter*, AcP 205 (2005), 591 (592).

[77] Vgl. § 1 Abs. 1 Nrn. 1, 2 EschG.

[78] *Weiser*, Untersuchungen zur Häufigkeit von Fehlbildungen bei Kindern nach ICSI, S. 5.

[79] *Robert-Koch-Institut*, Ungewollte Kinderlosigkeit, S. 19.

[80] *Döhmen*, Künstliche Befruchtung, Medizinische/Rechtliche Fragestellungen, Interdisziplinäres Fachsymposium, Rheinische Notarkammer, 26. November 2004, S. 1.

[81] *Ludwig/Diedrich*, Aktuelle Reproduktionsmedizin, S. 81; *Weiser*, Untersuchungen zur Häufigkeit von Fehlbildungen bei Kindern nach ICSI, S. 91 f.

terentwickeln würde. Diese Vertreter führen die (nicht unbestrittene)[82] erhöhte Fehlbildungsrate darauf zurück, dass durch die genetische Disposition des Vaters und nicht etwa durch das reproduktionsmedizinische Verfahren der ICSI, das Risiko von Fehlbildungen erhöht werde.[83]

Andere Mediziner hingegen verneinen nicht pauschal ein erhöhtes Fehlbildungsrisiko von Kindern, die im Wege von ICSI gezeugt werden.

Zwar gestehen sie ein, dass sich mangels Vergleichbarkeit der Daten aufgrund methodischer Mängel (fehlende Kontrollgruppen, ungenaue Fehlbildungsklassifikationen, keine Differenzierung zwischen IVF und ICSI, etc.) keine Antworten zu Sicherheitsrisiken der Technik der assistierten Reproduktion auch nach Auswertung verschiedener Fehlbildungsstudien finden ließen.[84] Gleichwohl sehen sie Gefahrenmomente, die durchaus von Einfluss auf die spätere physiologische und neurologische Entwicklung des Kindes sein könnten.

Potentielle Gefahren bestünden in der Verwendung von Spermatozoen mit molekulargenetischen Defekten oder Anoiploidien und einer physikalischen bzw. biochemischen Schädigung der Eizelle.[85] Des Weiteren sei bislang ungeklärt, ob im weiblichen Genitaltrakt ein natürlicher Selektionsprozess bestünde und dieser durch die ICSI-Technik umgangen werde.[86] Dem folgend gelangen sie zu dem Ergebnis, dass eine erhöhte Fehlbildungsrate bei durch ICSI-gezeugten Kindern nicht mit Sicherheit ausgeschlossen werden könne.

III. Typologie – Homologes und heterologes System

Ungeachtet des reproduktionsmedizinischen Verfahrens, mit welcher eine künstliche Befruchtung herbeigeführt wird, ist eine Typologisierung vorzunehmen, welche danach unterscheidet, woher die Gameten (Keimzellen), die zusammengeführt werden, stammen.

Unterschieden werden das *homologe*, das *quasi-homologe* und das *heterologe* System bezüglich der Herkunft der Spermien sowie der *autologe* und der *heterologe* Embryotransfer bezüglich der Herkunft der Eizelle.[87]

Wird die künstliche Befruchtung bei einem verheirateten Ehepaar unter Verwendung des Samens des Ehemannes durchgeführt, so wird einheitlich von *homologer Insemination* gesprochen.

---

[82] *Katzorke*, Donogene Insemination, Medizinische, juristische und soziale Aspekte, Vortragspapier vom 2.9.2004, Intensivkurs Endokrinologie, S. 1; oftmals wird auch eine Fehlbildungsrate angeführt, welche dem der Normalbevölkerung entspricht – *Ludwig/Diedrich*, Aktuelle Reproduktionsmedizin, S. 81 f.
[83] *Ludwig/Diedrich*, Aktuelle Reproduktionsmedizin, S. 81.
[84] *Döhmen*, Künstliche Befruchtung, Medizinische/Rechtliche Fragestellungen, Abstract, Interdisziplinäres Fachsymposium, Rheinische Notarkammer, 26. November 2004, S. 1.
[85] *Weiser*, Untersuchungen zur Häufigkeit von Fehlbildungen nach ICSI, S. 1.
[86] *Weiser*, Untersuchungen zur Häufigkeit von Fehlbildungen nach ICSI, S. 1.
[87] *May*, Rechtliche Grenzen der Fortpflanzungsmedizin, S. 24.

Eine *heterologe Insemination* hingegen liegt vor, sofern ein Dritter seine Gameten zur Zeugung eines Kindes zur Verfügung stellt.

Doch wird der Begriff der heterologen Insemination nicht immer einheitlich benutzt. Zum Teil wird der Terminus der heterologen Insemination auch im Falle einer künstlichen Befruchtung bei nicht verheirateten Paaren gebraucht, um deutlich zu machen, dass diese bloß in einer „nicht ehelichen Lebensgemeinschaft" – im Gegensatz zur Ehe – leben.[88] Dies führt jedoch zu Schwierigkeiten, da die genetische Abstammung des Kindes in dieser Situation auch auf die es aufziehenden „sozialen Eltern" zurückgeht, unabhängig davon, dass diese nicht verheiratet sind. Differenzierter ist es deshalb, bei nicht verheirateten Paaren, welche mit Samen des männlichen Partners ein Kind zeugen, von einem *quasi-homologen System* zu sprechen.[89]

Schwierigkeiten können sich gleichwohl auch bei der Differenzierung zwischen heterologem/quasi-homologem System ergeben. Denn es gibt verschiedene „Kombinationsmöglichkeiten", die sämtlich unter den Begriff der heterologen Insemination zu fassen sind. Dies erklärt sich daraus, dass sie alle auf einer künstlichen Befruchtung (daher Insemination) beruhen und zumindest eine der daran beteiligten Personen genetisch nicht mit dem geborenen Kind verwandt ist (daher heterolog).

Zum einen kann sich ein Paar, um seinen Kinderwunsch zu erfüllen, nicht nur den Samen eines Mannes, sondern auch die Eizelle einer anderen Frau spenden lassen. In diesem Fall wären ebenso wie bei der Samenspende „drei Elternteile" vorhanden, die gebärende Mutter, der Vater, sowie die Gametenspenderin.[90] Sodann wird von einem heterologen Transfer gesprochen.[91]

Theoretisch denkbar ist auch, dass sowohl das Spermium als auch die Eizelle von dritten Personen stammen (so genannte „*Embryonenspende*"), wodurch sich der Kreis der „Elternteile" auf vier Personen ausdehnt.

Eine letzte Variation ist, dass eine andere Frau als jene, von der die befruchtete Eizelle stammt, den in-vitro-gezeugten Embryo austrägt. Sollte dieser Embryo genetisch weder von der so genannten „*Leihmutter*", noch von den „Wunscheltern" abstammen, so könnte sich ein heterologes System ergeben, bei welchem das Kind letztlich fünf Elternteile hätte.

Da sich diese Dissertation jedoch alleinig mit den rechtlichen Fragestellungen auseinandersetzt, welche im Zusammenhang mit der Samenspende auftreten, legt diese Arbeit bei der Verwendung des Begriffes der heterologen Insemination stets die Situation zugrunde, dass der genetische Vater des Kindes nicht dessen sozialer

---

[88] So z.B. bei *May*, rechtliche Grenzen der Fortpflanzungsmedizin, S. 24; *Zierl*, DRiZ 1985, 339 (340).
[89] Vgl. *Neidert*, MedR 1998, 347 (350).
[90] Die Eizellspende ist in Deutschland verboten gemäß § 1 Abs. 1 Nr. 1 ESchG. Da sich diese Arbeit zudem nicht mit Fragen der Eizellspende oder Leih- bzw. Ersatzmutterschaft beschäftigt, wird auf die Möglichkeit der Zulassung dieser Verfahren in Deutschland nicht näher eingegangen.
[91] *May*, Rechtliche Grenzen der Fortpflanzungsmedizin, S. 24.

Vater und dass es auf dem Wege der künstlichen Befruchtung entstanden ist.[92] Entscheidendes Kriterium bei der Unterscheidung zwischen homologem und heterologem System ist folglich, dass die Gameten (hier die Samenzelle) von einer außerhalb der Beziehung zwischen den Wunscheltern stehenden Person stammen.[93]

IV. Beteiligte Personen

Zuletzt muss der Kreis der bei einer Samenspende rechtlich betroffenen Personen eingegrenzt und genau definiert werden. Rechtliche Konsequenzen ergeben sich bei der Durchführung einer künstlichen Befruchtung mittels Spendersamens in der Regel für sechs Beteiligte.

Zunächst sind der Samenspender und das aus der künstlichen Befruchtung hervorgegangene Kind zu nennen. Des Weiteren involviert sind die sozialen Eltern, welche entweder als „*Wunscheltern*" oder „*Wunschmutter*" bzw. „*Wunschvater*" Bezeichnung finden. Zuletzt sind zumeist zwei Ärzte bzw. Kliniken an dem Befruchtungsvorgang im weiteren Sinne beteiligt. Zum einen jener Arzt, welcher den Samen des Samenspenders entgegennimmt und ihn kryokonserviert und anschließend an ein infertiles Paar vermittelt – hier bezeichnet als „*Samenspendearzt*", sowie der Arzt, welcher die künstliche Befruchtung bei der Mutter durchführt – der „*Befruchtungsarzt*". Dabei umfassen die Begriffe „Samenspendearzt" und „Befruchtungsarzt" auch die jeweilige Einrichtung (z.B. Krankenhaus, Ärzte-GmbH) für die der Samenspendearzt bzw. Befruchtungsarzt handelt.[94] Unter Umständen führt eine Klinik bzw. ein Arzt sowohl die Entgegennahme des Samens als auch die spätere künstliche Befruchtung durch, so dass nur fünf Personen an der Befruchtung beteiligt sind.

---

[92] Ebenso: *Loeffler*, in: Probleme der künstlichen Befruchtung, S. 23; *May*, Rechtliche Grenzen der Fortpflanzungsmedizin, S. 25.
[93] Ebenso: *Wanitzek*, FamRZ 2003, 730 (731), Fn. 32.
[94] Ebenso: *Taupitz/Schlüter*, AcP 205 (2005), 591 (592).

C Rechtliche Stellung des Samenspenders

I. Gang der Untersuchung

Nachdem die im Zusammenhang mit der heterologen Insemination auftretenden medizinischen Fragen beantwortet wurden, gilt es nunmehr, eine rechtliche Bewertung der heterologen Insemination anhand des geltenden Rechts (*de lege lata*) vorzunehmen.

Aufgrund der Mannigfaltigkeit der sich stellenden Rechtsfragen bietet es sich an, chronologisch das Geschehen vom Abschluss des Samenspendevertrages bis hin zu der (unter Umständen möglichen) Unterhaltszahlung oder dem Tod des Samenspenders und dem folgenden Beerben durch das Kindes zu untersuchen:

- Abgabe der Samenspende – „Samenspendevertrag",
- Möglichkeit der anonymen Samenspende,
- Zulässigkeit der heterologen künstlichen Befruchtung,
- Abstammungsrechtliche Fragen,
- Vaterschaftsanfechtung der Vaterschaft des Wunschvaters und gerichtliche Feststellung der Vaterschaft des Samenspenders,
- Möglichkeit der Haftungsfreistellung des Samenspenders von Unterhalts- und Erbansprüchen des Kindes,
- Regressmöglichkeiten des Samenspenders beim Samenspende- und Befruchtungsarzt,
- Schlussfolgerungen, Lösungsmodell und Fazit.

II. Schritt 1 – Die Samenspende

1. Fall

Ein Samenspender sucht eine „Samenbank" auf und spendet gegen einen Betrag in Höhe von 200,- €[95] seinen Samen.

---

[95] Ein solches Entgelt wird nicht immer vereinbart, ist jedoch üblich, vgl. *Backmann*, Künstliche Fortpflanzung und internationales Privatrecht, S. 147.

2. Rechtsfragen

Bei diesem ersten Schritt stellen sich folgende Rechtsfragen:
1. Welche Rechtsnatur hat ein „Samenspendevertrag"?
2. Ist der „Samenspendevertrag" per se sittenwidrig i.S.d. § 138 Abs. 1 BGB? Sollte diese Frage zu verneinen sein, wäre es möglich, dass sich eine Sittenwidrigkeit des „Samenspendevertrages" aus der „Entgeltlichkeit" der „Spende" ergibt?
3. Wie weit reicht die Aufklärungspflicht des „Samenspendearztes"/der „Samenbank"? Muss er/sie den Samenspender auch über die juristischen Risiken aufklären, die aus der Abgabe der Spende und anschließenden Zeugung eines Kindes resultieren?

3. Frage 1 – Dogmatische Einordnung des „Samenspendevertrages"

Die Annahme eines Kaufvertrages i.S.d. § 433 Abs. 1 S. 1 BGB ist nahe liegend, da der Spender seinen Samen der Samenbank gegen einen Geldbetrag zur Verfügung stellt.

Zwei Aspekte sind bei der Einordnung des „Samenspendevertrages" als Kaufvertrag i.S.d. § 433 Abs. 1 S. 1 BGB problematisch. Zum einen, ob Sperma als Körperflüssigkeit *tauglicher Kaufgegenstand* sein kann und zum anderen, ob das erhaltene Entgelt die *synallagmatische Gegenleistung* für den Erhalt des Spermas, also den Kaufpreis, darstellt.

a) Verkehrsfähigkeit von Körpersubstanzen

Vor dem Hintergrund, dass es sich bei der Samenprobe um eine Körperflüssigkeit (also einen Bestandteil des menschlichen Körpers) handelt, die zudem zur Zeugung eines Menschen genutzt wird oder genutzt werden kann, erscheint es zweifelhaft, ob die vom Spender abgegebene Samenprobe überhaupt tauglicher Kaufgegenstand i.S.d. § 433 Abs. 1 S. 1 BGB ist.

aa) Samenprobe als Sache i.S.d. § 90 BGB

Ob der Samenprobe des Samenspenders Sacheigenschaft i.S.d. § 90 BGB zukommt und sie damit Kaufgegenstand i.S.d. § 433 Abs. 1 S. 1 BGB sein kann, ist umstritten, da es sich dabei um eine Körpersubstanz bzw. um einen Bestandteil des Körpers des Spenders handelt.

aaa) Erste Auffassung – Sacheigenschaft von Sperma

Die Verkehrsanschauung qualifiziert weder der Körper des lebenden Menschen[96] noch einen zur Bestattung vorgesehener Leichnam als Sache. Nach einer Ansicht stelle wohl aber ein heraus- oder abnehmbarer künstlicher Körperteil (Prothese,

---

[96] Vgl. *Michalski*, in: Erman, BGB, § 90, Rn. 5; *Holch*, in: MüKo, BGB, § 90, Rn. 2, 27; *Jauernig*, in: Jauernig, BGB, § 90, Rn. 9; *Baur/Stürner*, Sachenrecht, § 3, Rn. 3.

Gebiss) oder ein natürlicher oder ursprünglich festverbundener künstlicher Körperteil nach der Trennung (Haare, Blut, Sperma, Organspende, Herzschrittmacher, Goldplombe) eine Sache dar.[97] Damit seien Körperteile und Körpersubstanzen nach ihrer Trennung vom Körper allgemein als Sachen zu behandeln,[98] womit auch die Sacheigenschaft des gespendeten Samens von dieser Auffassung bejaht wird.

bbb) Andere Auffassung – Keine Sacheigenschaft von Sperma
Der Einordnung der Samenprobe als Sache i.S.d. § 90 BGB könne aber entgegenstehen, dass bei Sperma, im Gegensatz zu Blut, Haaren, sonstigen Organen oder Körperteilen, die Besonderheit bestünde, dass mit ihm neues Leben gezeugt werden könne. Aufgrund dieser Besonderheit, die Sperma von sonstigen Körperbestandteilen und -flüssigkeiten unterscheide, verneint eine andere Ansicht mithin die Sacheigenschaft nach § 90 BGB.[99]

ccc) Ergebnis/Stellungnahme
Das Argument der zweitgenannten Ansicht, es erscheine befremdlich, einer Substanz, die ein Element potentiellen Lebens darstelle, sachenrechtliche Qualität zuzuschreiben, geht fehl, da die Potenz zur Entwicklung menschlichen Lebens nur Samen- und Eizelle in Verbindung miteinander besitzen, so dass es nicht anstößig sein kann, dem menschlichen Samen bis zur Verschmelzung mit der Eizelle Sachqualität zukommen zu lassen.[100]

Es ist demnach der ersten Meinung zuzustimmen, die die Sachqualität von Sperma bejaht.

bb) Eigentumsfähigkeit und -begründung bei Samenprobe
Über die Sachqualität hinaus muss die Samenprobe, um tauglicher Kaufgegenstand sein zu können, eigentumsfähig sein. Denn nur dann kann sie übereignet werden, was Voraussetzung für die Annahme eines tauglichen Kaufgegenstandes i.S.d. § 433 Abs. 1 S. 1 BGB ist.

Umstritten ist, ob und in welcher Form sich das Bestimmungsrecht des Menschen in Bezug auf seinen Körper in ein Herrschaftsrecht über die abgetrennten Teile wandelt.[101] Hinsichtlich der Samenspende bedeutet dies, dass diskutiert wird, ob der Spender an seinem Samen bereits unmittelbar mit der Ejakulation (Trennung vom Körper) Eigentum erwirbt, welches er sodann auf den Samenspendearzt übertragen kann.

---

[97] BGH, Urt. v. 9. November 1993, AZ: VI ZR 62/93, BGHZ 124, 52 (54); *Michalski*, in: Erman, BGB, § 90, Rn. 5; *Dörner*, in: Hk-BGB, § 90, Rn. 3; *Holch*, in: MüKo, BGB, § 90, Rn. 27; *Laufs/Reiling*, NJW 1994, 775 (775) – nach ihm bliebe das Sperma endgültig und irreversibel vom Körper des Rechtsträgers getrennt, auch wenn es seine Bestimmung, diesen fortzupflanzen, behalten möge.
[98] *Taupitz*, JZ 1992, 1089 (1092).
[99] Historische Nachweise zu lesen bei *Semke*, Künstliche Befruchtung in wissenschafts- und sozialgeschichtlicher Sicht, S. 87; *Coester-Waltjen*, Gutachten 56. DJT, B 31.
[100] *Marian*, Die Rechtsstellung des Samenspenders, S. 178.
[101] *Taupitz*, JZ 1992, 1089 (1092).

aaa) Erste Auffassung – Umwandlung von Persönlichkeitsrecht in Eigentumsrecht

Nach einer Auffassung wandele sich das Persönlichkeitsrecht des Menschen an seinem Körper mit der Trennung eines Teils ipso facto in Eigentum am getrennten Körperteil.[102] Ihre Vertreter stützen sich dabei auf eine analoge Anwendung des § 953 BGB.[103] Die für die Analogie erforderliche *vergleichbare Interessenlage* sowie die *planwidrige Regelungslücke* folgten daraus, dass im BGB keine Regelung über die rechtliche Einordnung abgetrennter Körperteile enthalten sei und dass das Eigentumsrecht und das Persönlichkeitsrecht am Körper übereinstimmend die Funktion hätten, als absolute Rechte Schutz vor Beeinträchtigungen Dritter zu gewährleisten.[104] Es sei interessengerecht, in einem solchen Fall dem Menschen, dessen Verhältnis zum eigenen Körper naturgemäß sehr eng sei, im Wege eines Erst-Recht-Schlusses ein Herrschaftsrecht über den abgetrennten Körperteil zuzusprechen, wenn dies sogar schon bei Bestandteilen einer Sache möglich sei, wo das Verhältnis nicht eine derartige Intensität habe, wie das beim Verhältnis zum eigenen Körper der Fall sei.

Nach § 953 BGB analog erlange der Samenspender das Eigentum an der Samenprobe bereits in dem Moment der Ejakulation. Damit könne er den Samen dem „Samenspendearzt" übereignen und der Samen sei tauglicher Kaufgegenstand.[105]

bbb) Andere Auffassung – Körperteile als herrenlose Sachen und Aneignungsbefugnisse

Eine andere Auffassung[106] spricht Körpersubstanzen oder vom Körper abgetrennten Teilen zwar nicht die Eigentumsfähigkeit oder die Sacheigenschaft ab, doch erfolge nicht unmittelbar im Moment der Trennung des Körperteils eine Umwandlung des Persönlichkeitsrechts in das Eigentumsrecht an dem abgetrennten Teil. Vielmehr werde der abgetrennte Teil zunächst herrenlos und anschließend könne der Körperinhaber Eigentum daran begründen, indem er sein Aneignungsrecht i.S.d. § 958 Abs. 2 BGB ausübe.

---

[102] *Holch*, in MüKo, BGB, § 90, Rn. 27; *Taupitz*, JZ 1992, 1089 (1092); *Forkel* hingegen meint, dass ein über das Eigentum sogar hinausgehendes Recht, das Persönlichkeitsrecht, an dem Körperteil bestehen müsse. Zudem passe nach ihm die Regelung des § 903 BGB nicht auf abgetrennte Körperteile, schließlich solle der neue „Eigentümer" gerade nicht nach Belieben mit dem abgetrennten Körperteil verfahren können: *Forkel*, JZ 1974, 593 (595).

[103] Vgl. *Jauernig*, BGB, § 90, Rn. 9; auch *Holch* plädiert für eine Anwendung des § 953 BGB, aber nicht im Sinne einer Analogie, sondern zieht den Rechtsgedanken des § 953 BGB heran, wonach das Körperteil nach der Trennung vom Körper ohne weiteres in das Eigentum des bisherigen Trägers fiele (*Holch*, in: MüKo, BGB, § 90, Rn. 27); für „Überlagerung" der Sachenrechte durch das fortwirkende Persönlichkeitsrecht, *Taupitz*, NJW 1995, 745 (746).

[104] *Taupitz*, JZ 1992, 1089 (1092).

[105] Ebenso: *Benecke*, Die heterologe künstliche Insemination im geltenden deutschen Zivilrecht, S. 43; *Bilsdorfer*, MDR 1984, 803 (804).

[106] *Kallmann*, FamRZ 1969, 572 (577).

Zwar ist der Weg der Eigentumsbegründung nach dieser Auffassung ein anderer, doch auch hiernach wäre der Samen eigentumsfähig und damit tauglicher Kaufgegenstand.

ccc) Stellungnahme

Gegen die zweitgenannte Auffassung spricht, dass die Konstruktion über ein Aneignungsrecht umständlich und lebensfremd ist.[107] Durch das enge Verhältnis zum eigenen Körper ist es offensichtlich, dass durch die Trennung das Körperteil nicht erst herrenlos wird, sondern dass sofort und unmittelbar eine rechtliche Zuordnung zu dem Körperinhaber erfolgen muss und dass auch auf den separaten Akt der Ausübung eines Aneignungsrechtes i.S.d. § 958 Abs. 2 BGB verzichtet werden kann. Das Eigentum an der Samenprobe erwirbt der Spender damit direkt mit Ejakulation und nicht erst durch eine spätere Inbesitznahme. Anschließend kann er dieses Eigentum an der Samenprobe auf den Samenspendearzt gemäß § 929 S. 1 BGB übertragen.

b) *Zwischenergebnis*

Als Zwischenergebnis lässt sich festhalten, dass Sperma Sachqualität zuzuweisen ist. Da der Spender mithin daran analog § 953 BGB Eigentum erwirbt und dieses Eigentum auch auf einen Dritten übertragen kann, ist die vom Spender abgegebene Samenprobe tauglicher Kaufgegenstand i.S.d. § 433 Abs. 1 S. 1 BGB.

c) *„Entgelt" als Kaufpreis*

Schließlich muss der Geldbetrag, welchen der Samenspender von dem „Samenspendearzt" erhält, auch als Kaufpreis, d.h. als *synallagmatische Gegenleistung* für die erbrachte Samenspende, zu qualifizieren sein. Dies erscheint fraglich.

Analog den zur Blutspende aufgestellten Grundsätzen kann Sperma, da es vom Körper abgetrennt ist, zwar eine Sache i.S.d. § 90 BGB und damit ein übereignungsfähiger Kaufgegenstand sein.[108] Doch steht die Blutspende unter dem *Tabu der Unentgeltlichkeit*, die auch von der Organtransplantation her bekannt ist.[109] So wird in § 10 Transfusionsgesetz[110] (TFG) normiert, dass die Spendeentnahme unentgeltlich erfolgen *solle*. Wobei der spendenden Person aber eine Aufwandsentschädigung gewährt werden könne, die sich an dem unmittelbaren Aufwand je nach Spendeart orientieren solle. Aus dieser Vorschrift folgt damit zwar nicht, dass zwingend die Abgabe einer Spende von Körpersubstanzen unentgeltlich sein *muss*. Jedoch folgt dieses Kommerzialisierungsverbot in Deutschland aus dem Schutz der Menschenwürde des Art. 1 Abs. 1 GG, der einer Kommerzialisierung des Menschen entgegensteht.[111]

Damit stellt das erhaltene Entgelt keinen Kaufpreis, sondern vielmehr eine „Aufwandsentschädigung" dar. Diese „Aufwandsentschädigung" richtet sich

---

[107] Ebenso: *Holch*, in: MüKo, BGB, § 90, Rn. 27.
[108] *Deutsch*, Arztrecht und Arzneimittelrecht, S. 254.
[109] *Deutsch/Spickhoff*, Medizinrecht, S. 791, Rn. 1280.
[110] Vom 1. Juli 1998, BGBl. I, 1752.
[111] *Spranger*, NJW 2005, 1084 (1089).

nach den Kosten und dem Zeitaufwand, der mit der Blutspende verbunden ist[112] und stellt damit keine synallagmatische Gegenleistung für den Erhalt des Blutes dar. Demnach wird bei der Blutspende nicht von einem Kaufvertrag i.S.d. § 433 Abs. 1 S. 1 BGB ausgegangen.

Dies ist bei der Samenspende nicht anders zu bewerten. Es besteht kein Anlass, hier das *„Tabu der Unentgeltlichkeit"*, welches für Blut- und Organspende anerkannt ist, aufzuweichen. Zumal zu berücksichtigen ist, dass im Gegensatz zur Blut- oder Organspende noch der Umstand hinzutritt, dass aus dieser Körperflüssigkeit Menschenleben gezeugt und nicht bloß erhalten werden kann. Auch hier stellt das erhaltene Entgelt keine Gegenleistung für die Übereignung der Körpersubstanz, der Samenprobe, dar, sondern es liegt auch hier die Annahme einer reinen Aufwandsentschädigung näher. Dafür spricht auch, dass, würde Kaufrecht zur Anwendung gelangen, dies zu dem absurden Ergebnis führte, dass der Spender unter Umständen Gewährleistungsansprüchen für die Qualität seines Samens seitens des „Samenspendearztes" ausgesetzt wäre. Dies kann nicht gewollt sein. Das erhaltene „Entgelt" stellt lediglich eine Aufwandsentschädigung dar.

d) Ergebnis

Da es sich mithin bei dem erhaltenen Entgelt nicht um einen Kaufpreis, sondern um eine reine Aufwandsentschädigung handelt, liegt folglich trotz des vorhandenen Leistungsaustauschs zwischen Spender und „Samenspendearzt" kein Kaufvertrag i.S.d. § 433 Abs. 1 S. 1 BGB vor. Da es an einem synallagmatischen Leistungsaustausch fehlt, scheidet auch die Annahme eines Dienst- (§ 611 Abs. 1 BGB) oder auch Werkvertrages (§ 631 Abs. 1 BGB) aus. Auch eine atypische Variante der angesprochenen Verträge ist ausgeschlossen, da auf das wesentliche Kriterium der synallagmatischen Verknüpfung der Hauptleistungspflichten nicht verzichtet werden kann.

Somit muss der Samenspendevertrag als ein Vertrag eigener Art, ein *Vertrag sui generis*, begriffen werden, in welchem sich der Spender zur Übereignung seines Spermas und der „Samenspendearzt" zu der Zahlung einer Aufwandsentschädigung verpflichtet.

4. Frage 2 – Sittenwidrigkeit des „Samenspendevertrages" gemäß § 138 Abs. 1 BGB

a) Einleitung

Der Wirksamkeit des Vertrages könnte § 138 Abs. 1 BGB entgegenstehen, wonach sittenwidrige Verträge nichtig sind. Nach der Rechtsprechung ist ein Rechtsgeschäft dann sittenwidrig, wenn es gegen das Anstandsgefühl *aller* billig und gerecht Denkenden verstößt.[113]

---

[112] *Deutsch/Spickhoff*, Medizinrecht, S. 791, Rn. 1280.
[113] *Heinrichs*, in: Palandt, BGB, § 138, Rn. 2.

Diese beiden Verträge, der Samenspendevertrag und der Vertrag über die anschließend erfolgende heterologe Insemination, werden vor allem von vielen Kritikern der Samenspende als eine Einheit bewertet und insgesamt als sittenwidrig beurteilt. Doch ist es geboten, bei der Beurteilung eine klare Trennlinie zwischen beiden Verträgen zu ziehen, auch wenn sich möglicherweise bei beiden Prüfungen ähnliche Argumente gegenüberstehen. Es liegen zwei unterschiedliche Verträge mit verschiedenen Vertragsgegenständen und verschiedenen Vertragspartnern vor, die folglich auch separat auf eine potentielle Sittenwidrigkeit und daraus folgende Nichtigkeit zu untersuchen sind.

b) Unmittelbare Drittwirkung der Grundrechte im Privatrecht

Aufgrund des späteren Verwendungszweckes der Samenprobe, nämlich der Zeugung eines Kindes, könnten verschiedene ethische Bedenken dazu führen, die Sittenwidrigkeit des Samenspendevertrages anzunehmen. Denn ein Vertrag, durch den sich jemand verpflichtet, seine Keimzellen für eine Befruchtung zur Verfügung zu stellen, unterscheidet sich von den üblichen schuldrechtlichen Verträgen vor allem dadurch, dass der Gegenstand des Vertrages, die Keimzelle, nicht nur ein Teil des eigenen Körpers und der eigenen Persönlichkeit, sondern gleichzeitig Element künftigen neuen Lebens ist.[114] Es könnte damit zumindest zweifelhaft erscheinen, ob ein solcher höchstpersönlicher, im Intimbereich eines Menschen liegender Vorgang (die Samenspende) zum Gegenstand geschäftlicher Transaktionen gemacht werden kann und mit der Würde des Menschen vereinbar ist.[115]

Zwar sind an dem Samenspendevertrag zwei Private, der Spender sowie der Samenspendearzt beteiligt.[116] In diesem privatrechtlichen Verhältnis sind Grundrechte grundsätzlich nicht zur rechtlichen Beurteilung heranzuziehen, da die Grundrechte im Privatrecht keine unmittelbare Wirkung entfalten, sondern vorrangig als Abwehransprüche gegen staatliches Handeln dienen sollen. Doch führt der Rechtsbegriff der „Guten Sitten" als Einfallstor zu einer mittelbaren Drittwirkung der Grundrechte auch unter Privaten, so dass das im Grundgesetz verkörperte Wertesystem in das Privatrecht einwirkt.[117] Eine Grundrechtsverletzung der Vertragsparteien (Samenspender, Samenbank) durch Abschluss des Samenspendevertrages ist damit grundsätzlich geeignet, über den Begriff der *Guten Sitten* i.S.d. § 138 Abs. 1 BGB die Sittenwidrigkeit und damit konsequenterweise auch die Nichtigkeit des Samenspendevertrages zu begründen. Dabei ist aber zu

---

[114] *Coester-Waltjen*, JURA 1987, 629 (635).
[115] *Uhlenbruck/Laufs*, Handbuch des Arztrechts, § 39, Rn. 78.
[116] Zwar kann die Samenbank auch an ein städtisches und damit öffentlich-rechtliches Krankenhaus angegliedert sein, so dass unter Umständen ein Vertrag mit einem Hoheitsträger geschlossen wird. Dieser handelt gegenüber dem Samenspender aber nicht in hoheitlicher Funktion, so dass hier auf einen rein privatrechtlichen Vertrag abzustellen ist. Hinzukommt, dass viele staatliche Krankenhäuser heterologe Inseminationen (und damit auch Samenspenden) aufgrund der rechtlichen Grauzone nicht mehr durchführen.
[117] BVerfG, Urt. v. 15. Januar 1958, AZ: 1 BvR 400/51, BVerfGE 7, 206 (206) (sog. „*Lüth-Urteil*"); *Jauernig*, in: Jauernig, BGB, § 138, Rn. 6.

beachten, dass *Gute Sitten* i.S.d. § 138 BGB nicht Sittlichkeit im gesinnungsethischen Sinne meint, sondern ein Minimum von sittlicher Handlungsweise im Rechtsverkehr, dessen Nichtbeachtung ein Rechtsgeschäft nichtig macht.[118]

Wichtig ist hervorzuheben, dass alleine eine Grundrechtsverletzung des Samenspenders diese Sittenwidrigkeit zu begründen vermag. Die Grundrechte der Wunscheltern wie auch des heterolog gezeugten Kindes können bei der Untersuchung und der Zulässigkeit der heterologen Insemination zwar Gewicht und Relevanz haben, bei der Untersuchung allein des Samenspendevertrages müssen sie jedoch außer Betracht bleiben. Demnach kann sich die Sittenwidrigkeit des Samenspendevertrages allein daraus ergeben, dass der Samenspender durch den Abschluss des Vertrages in seiner nach Art. 1 Abs. 1 GG garantierten Menschenwürde verletzt ist.

c) Menschenwürdeverletzung durch Samenspendevertrag

Ob im Samenspendevertrag tatsächlich eine Menschenwürdeverletzung zu erblicken ist, ist umstritten.

aa) Erste Auffassung – Sittenwidrigkeit des Samenspendevertrages gemäß § 138 Abs. 1 BGB

Eine Ansicht führt aus, dass sämtliche Abmachungen, die auf die Keimzellenspende oder auch eine künstliche Fortpflanzung unter Verwendung von Spendersamen abzielten, wegen eines Verstoßes gegen die „Guten Sitten" aufgrund einer Menschenwürdeverletzung des Samenspenders gemäß § 138 Abs. 1 BGB generell nichtig seien[119].

Sie begründen die Menschenwürdeverletzung des Samenspenders damit, dass er durch die spätere formalisierte und anonyme Weitergabe seiner Keimzellen nicht als Individuum beteiligt sei, sondern versachlicht werde.[120] Aufgrund der Tatsache, dass sich der Samenspender selbst durch die Hergabe seiner Keimzellen in dem Bewusstsein darüber, dass später mit Hilfe seines Samens eine heterologe Insemination durchgeführt werde, auf eine vertretbare Größe reduziere, verletze er seine Menschenwürde. Aufgrund der Unverzichtbarkeit der Menschenwürde führe dies zu einem mit der objektiven Werteordnung des Grundgesetzes unvereinbaren Widerspruch. Zum Teil wird dies sehr drastisch formuliert. So werde nach *Loeffler* der Mann lediglich noch zum Samengeben („Spermator") benötigt. Er wirft sogar die Frage auf, wo der „Unterschied gegenüber den Verhältnissen zur Tierzucht" sei.[121]

---

[118] *Jauernig*, in: Jauernig, BGB, § 138, Rn. 6.
[119] *Dünnebier*, in: Probleme der künstlichen Insemination, S. 54; *Loeffler*, in: Probleme der künstlichen Insemination, S. 35; *Pasquay*, Die künstliche Insemination, S. 144.
[120] *Dünnebier*, in: Probleme der künstlichen Insemination, S. 54; *Pasquay*, Die künstliche Insemination, S. 144.
[121] *Loeffler*, in: Probleme der künstlichen Insemination, S. 35.

bb) Andere Auffassung - Sittenwidrigkeit des Samenspendevertrages gemäß § 138 Abs. 1 BGB bei Entgeltlichkeit der Samenspende

Andere Stimmen in der Literatur vertreten, dass eine grundsätzliche Missbilligung des Samenspendevertrages durch die Rechtsordnung jedoch nicht angebracht erschiene.[122] Danach sei nicht der Abschluss eines Vertrages, welcher die Hergabe der Keimzellen zum Gegenstand habe, sittenwidrig, vielmehr könne sich eine solche Sittenwidrigkeit allenfalls daraus ergeben, dass die Hergabe der Samenprobe kommerzialisiert werde. Entgeltvereinbarungen als Gegenleistung für die Hergabe der Keimzellen (Samenspende) führten aufgrund der Kommerzialisierung mithin regelmäßig zur Nichtigkeit der Vereinbarung nach § 138 BGB.[123] Dürften bereits die Teile des menschlichen Körpers nicht Gegenstand des Kommerzes sein, gelte dies erst recht für die Elemente des künftigen Lebens.[124] Sie seien „res extra commercium" (verkehrsunfähige Sachen).[125] Dies gelte auch für den Fall, dass man die an den Spender gezahlte Summe nicht als Entgelt begreift, sondern es dogmatisch als Aufwendungsersatzanspruch für Dienstleistungen einordne.[126]

cc) Stellungnahme

Der Samenspendevertrag ist weder aufgrund einer Menschenwürdeverletzung des Samenspenders insgesamt nichtig, noch ist aufgrund der Zahlung einer Aufwandsentschädigung eine Teilnichtigkeit anzunehmen; beide oben dargestellten Auffassungen sind abzulehnen.

Zwar ist es richtig, dass eine Grundrechtsverletzung über das Einfallstor der „Guten Sitten" durchaus die Sittenwidrigkeit des Samenspendevertrages begründen kann. Auch ist korrekt, dass bei einer anzunehmenden Menschenwürdeverletzung darauf nicht seitens des Betroffenen verzichtet werden kann.[127] Doch fragt es sich, ob bei der Zugrundelegung eines mündigen, selbstbestimmten Samenspenders in einer aufgeklärten Gesellschaft bezüglich der Hergabe seiner Keimzellen auf eine Menschenwürdeverletzung zurückgegriffen werden sollte. Die Menschenwürdegarantie sollte aufgrund der fehlenden Einschränkungs- und

---

[122] *Benecke*, Die heterologe künstliche Insemination im geltenden deutschen Zivilrecht, S. 43 ff.; *Coester-Waltjen*, JURA 1987, 629 (635).

[123] *Coester-Waltjen*, JURA 1987, 629 (635); *Deutsch*, NJW 1986, 1971 (1972); *Uhlenbruck/Laufs*, Handbuch des Arztrechts, § 39, Rn. 79; *Pasquay* sieht im Falle einer entgeltlichen Spende die Menschenwürde des Samenspenders als verletzt an, vgl. *Pasquay*, Die künstliche Insemination, S. 151 – 153.

[124] *Coester-Waltjen*, JURA 1987, 629 (635); *Uhlenbruck/Laufs*, Handbuch des Arztrechts, § 39, Rn. 79.

[125] *Coester-Waltjen*, JURA 1987, 629 (635).

[126] *Benecke*, Die heterologe künstliche Insemination im geltenden deutschen Zivilrecht, S. 205; *Coester-Waltjen*, JURA 1987, 629 (635).

[127] Zur Vertiefung zum Problem des Grundrechtsverzichtes, insbesondere bzgl. der Menschenwürdegarantie des Art. 1 Abs. 1 S. 1 GG siehe: *Ipsen*, Staatsrecht II, Rn. 71, 772; *Jarass/Pieroth*, GG, Vorb 36; *Pieroth/Schlink*, Grundrechte, Rn. 131 ff., 781, 876.

damit auch Rechtfertigungsmöglichkeit sehr restriktiv angewandt werden, weil ansonsten eine problemorientierte und pragmatische Lösung eines rechtlichen Problems oftmals nicht zu erreichen sein wird. Auch verliert die Menschenwürdegarantie an Wertigkeit, sofern inflationär auf sie rekurriert wird.

Durch den gesellschaftlichen Wandel, der bezüglich der Reproduktionsmedizin und auch gegenüber dem Akt der Samenspende per se stattgefunden hat, ist es zudem ausgeschlossen, dass gegen das Anstandsgefühl *aller* billig und gerecht Denkenden durch den Abschluss eines Samenspendevertrages verstoßen wird. Dies wäre aber Voraussetzung zur Bejahung der Sittenwidrigkeit; es darf an dieser Stelle nicht allein auf eine bestimmte Bevölkerungsgruppe oder einen Meinungsstrom abgestellt werden. Vielmehr ist ein Verstoß gegen einen gesamtgesellschaftlichen Konsens erforderlich, der bei Abschluss eines Samenspendevertrages nicht gegeben ist.

Schließlich sind die rechtlichen Maßstäbe zur Beurteilung der Sittenwidrigkeit nicht mit den Grenzen der christlichen Hochethik identisch, sondern stellen nur Minimalstandards der Sozialethik dar.[128] Es soll nur das, was die Grenzen des „Tolerierbaren" überschreitet, dem Verdikt der Sittenwidrigkeit unterliegen; der Einzelne mag für seine Handlungen höhere Maßstäbe anlegen.[129]

Wichtig ist außerdem hervorzuheben, dass staatlicher Schutz nicht zur Bevormundung geraten darf, solange eine gewisse Grenze nicht erreicht wird.[130] Die Schwelle des Einschreitens durch den Gesetzgeber ist in diesem Sinne nicht starr zu ziehen, sondern muss stets im Spiegel der Zeit gesehen werden. Wird eine Menschenwürdeverletzung des Samenspenders wegen der Hergabe seines Keimgutes unter Inkaufnahme einer „Degradierung zum bloßen Objekt" zum Schutz vor sich selbst angenommen, so vernachlässigt dies, dass der Spender sich dieser Situation zum einen sehenden Auges aussetzt. Zum anderen ist mehr als zweifelhaft, worin eine „Degradierung zum bloßen Objekt" bestehen soll. Ein derartiger Schutz vor sich selbst würde die Eigenverantwortlichkeit des Einzelnen aufheben und ihn zum bloßen Mittel eines über ihn hinausgehenden Zweckes, etwa zum Schutz einer imaginären Menschheitswürde, machen.[131] Schließlich gibt der Spender seine Samenprobe mit dem Motiv ab, einem infertilen Paar den Kinderwunsch biologisch zu ermöglichen und hält sich selbst bloß hinsichtlich der Übernahme seiner (sozialen) Elternpflichten im Hintergrund. Dies kann nicht als eine Degradierung seiner selbst zum bloßen Objekt angesehen werden, sondern geschieht aus Rücksichtnahme vor den Bedürfnissen der sozialen Familie, in welche das heterolog gezeugte Kind hineingeboren wird.

Die Menschenwürde des Samenspenders ist demnach nicht verletzt.

Doch auch der Einwand, dass die „Entgeltlichkeit" der Spende zu der Sittenwidrigkeit des Samenspendevertrages führt, überzeugt nicht.

---

[128] *Coester-Waltjen*, FamRZ 1984, 230 (234 f.).
[129] *Coester-Waltjen*, FamRZ 1984, 230 (235).
[130] *Busse*, Das Recht des Kindes auf Kenntnis der eigenen Abstammung, S. 129; *Coester-Waltjen*, FamRZ 1984, 230 (235).
[131] *Pasquay*, Die künstliche Insemination, S. 147.

Rein formal ist dem zu entgegnen, dass es sich um kein Entgelt, sondern um eine Aufwandsentschädigung handelt.[132] Zwar ist zuzugeben, dass es sich bei dem erhaltenen Geldbetrag faktisch um die *für* die Spende erhaltene Gegenleistung handelt. Gleichwohl kann man bei einer Summe von 150 – 450 € nicht ernsthaft von einer „Kommerzialisierung der Hergabe des eigenen Keimgutes" sprechen.

Diejenigen, die die Sittenwidrigkeit des Samenspendevertrages bei einer „Entgeltvereinbarung" annehmen, gründen dies auf der Überlegung, dass grundsätzlich der Handel mit Organen, wie auch Blut, dem bereits mehrfach angesprochenen *Tabu der Unentgeltlichkeit* unterliegt.[133] Doch ob dieses Vorgehen in gleichem Maße als anstößig zu beurteilen ist wie der Handel mit menschlichen Organen gegen Entgelt ist in zweierlei Hinsicht zweifelhaft. Zum einen ist bei der Keimzellenspende kein negativer sozialer Aspekt in der Form auszumachen, dass finanzielle Missstände der Spender ausgenützt würden. Zum anderen handelt es sich bei Samenzellen um kein lebenswichtiges Organ, sondern um vom Körper reproduzierbare Bestandteile für deren Gewinnung es keines vergleichbaren körperlichen Eingriffes bedarf.[134]

Damit ist der Samenspendevertrag nicht sittenwidrig und folglich nicht nichtig gemäß § 138 Abs. 1 BGB.

d) Ergebnis

Der Samenspendevertrag ist wirksam. Zu beachten ist aber, dass die Zusage, eine Samenspende abzugeben, stets frei widerruflich ist.[135] Aus diesem Umstand folgt, dass es sich bei dem Samenspendevertrag um eine so genannte „unvollkommene Verbindlichkeit" handelt. Bei einer solchen erwächst dem Vertragspartner aus dem Vertrag kein durchsetzbarer Anspruch gegen den anderen Vertragspartner, so dass der Samenspendearzt gegen den Samenspender keinen durchsetzbaren Anspruch auf Herausgabe der Samenprobe hat.[136]

5. Frage 3 – Aufklärungspflicht des Samenspendearztes über juristische Risiken hinsichtlich Unterhalts- und Erbansprüchen des heterolog gezeugten Kindes

Problematisch ist, ob der Samenspendearzt den Samenspender über die möglichen aus der Samenspende folgenden juristischen Risiken aufklären muss. Die zentrale Frage ist an dieser Stelle, ob einen Mediziner die Pflicht treffen kann, fachfremd, d.h. juristisch, seinen Vertragspartner über bestehende Risiken aufzu-

---

[132] Siehe oben C. II. 3. c.
[133] Siehe oben C. II. 3. c.
[134] *Bernat*, Lebensbeginn durch Menschenhand, S. 230.
[135] *Coester-Waltjen*, JURA 1987, 629 (635 f.); *Uhlenbruck/Laufs*, Handbuch des Arztrechts, § 39, Rn. 80.
[136] *Uhlenbruck/Laufs*, Handbuch des Arztrechts, § 39, Rn. 80.

klären, und das, obwohl ihm in diesem Gebiet grundsätzlich kein Wissensvorsprung gegenüber dem Samenspender zuzusprechen ist.

a) Erste Auffassung – Keine Aufklärungspflicht über „juristische Risiken"

Zum Teil wird die Auffassung vertreten, dass ein Arzt nur über medizinische Risiken aufzuklären habe, nicht aber über juristische Probleme, so dass eine fehlende oder unzureichende juristische Aufklärung durch den (Samenspende-) Arzt keine Pflichtverletzung darstelle.[137]

Dem Arzt obliege es primär, dem Patienten bezüglich medizinischer Fragen beratend zur Seite zu stehen, um ihn in seinen gesundheitlichen Belangen umfassend zu unterstützen und ihm zur Genesung im Krankheitsfall zu verhelfen. Schließlich diene die ärztliche Aufklärungspflicht der Selbstbestimmung des Menschen über seinen Körper und seine Gesundheit. Anderen Zwecken habe sie regelmäßig nicht zu dienen. Die Aufklärungspflicht ende folglich, wenn sie der Selbstbestimmung des Patienten über seine körperlichen Schicksale genüge. Etwas anderes gelte nur bei Aufklärungsuntersuchungen oder wenn der Patient ausdrücklich frage.[138]

Bezogen auf den vorliegenden Fall einer Samenspende bedeutet dies, dass eine Aufklärungspflicht über juristische Risiken seitens des Samenspendearztes bloß dann anzunehmen ist, wenn eine ausdrückliche Nachfrage seitens des Samenspenders gestellt wird.

b) Andere Auffassung – Aufklärungspflicht des Arztes über juristische Risiken

Die konträre Auffassung bejaht hingegen im Falle einer Samenspende eine Aufklärungspflicht des Arztes auch bezüglich juristischer Risiken.

Aus dem durch die Samenspende resultierenden Rechtsverhältnis zwischen Arzt und Samenspender ergebe sich die Pflicht des Arztes, den Spender über alle für diesen wesentlich erscheinenden Umstände der Samenspende aufzuklären.[139] Dem Arzt obliege bei der künstlichen Insemination die besondere Vertragspflicht, alle Beteiligten, den Samenspender und die Eheleute, über die rechtlichen und wirtschaftlichen Folgen und über die psychologischen Gefahren zu unterrichten.[140] Demnach habe der Arzt jedenfalls die Pflicht, den Spender darauf hinzuweisen, dass die Ehelichkeit des Kindes unter Umständen angefochten werden könne und in diesem Fall das Kind unverzichtbare Ansprüche gegen den natürlichen Vater besäße.[141] Verabsäume der Samenspendearzt dies, liege ein rechtswidriges Verhalten gegenüber dem Samenspender vor, was folglich zu Re-

---

[137] Ablehnend: *Taupitz*, Gutachten Ärztekammer Nordrhein 9.9.2004, S. 36.
[138] *Kern/Laufs*, Die ärztliche Aufklärungspflicht, S. 190.
[139] *Bernat*, Lebensbeginn durch Menschenhand, 125 (144).
[140] *Pasquay*, Die künstliche Insemination, S. 181.
[141] *Bernat*, Lebensbeginn durch Menschenhand, 125 (144); *Coester-Waltjen*, JURA 1987, 629 (639).

gressansprüchen des Samenspenders in Höhe der von ihm zu leistenden Unterhaltsbeiträge führen müsse.[142]

Eine Ausnahme von dieser „juristischen Aufklärungspflicht" des Samenspendearztes sei bloß zu machen, sofern die Verpflichtung nach allgemeiner Lebenserfahrung als bekannt einzustufen sei.[143] Wie bereits in der Einleitung beschrieben,[144] ist die rechtliche Stellung des Samenspenders bislang weitgehend ungeklärt, so dass nicht davon auszugehen ist, dass sich der Samenspender vor der Abgabe seines Samens über die potentiell möglichen Rechtsfolgen hinsichtlich Unterhaltspflicht und Erbrecht bewusst sein wird. Insofern liegt der Ausnahmetatbestand der „juristischen Aufklärungspflicht" nicht vor.

Folgte man dieser Auffassung, so hat der Samenspendearzt den Samenspender aufgrund der unklaren Rechtslage auch über die potentiell bestehenden juristischen Risiken aufzuklären.

c) Stellungnahme – Umfang der Aufklärungspflicht

Bezüglich der Samenspende erscheint es weder angemessen, eine Aufklärungspflicht des Samenspendearztes per se zu verneinen, noch eine umfassende Aufklärung über rechtliche Problemstellungen im Zusammenhang mit der Samenspende zu erwarten. Es muss eine Lösung gesucht werden, die sowohl das Informationsbedürfnis des Samenspenders befriedigt als auch dem Samenspendearzt nicht übermäßig hohe Aufklärungspflichten auferlegt. Diese Interessen von Samenspender und Samenspendearzt müssen zueinander in Ausgleich gebracht werden.

Der Samenspender hat in der Regel keine Kenntnis von den mit der Samenspende verbundenen juristischen Risiken.[145] Da diese juristischen Risiken für den Samenspender gravierend sein können, liegt es in seinem Interesse, auch über diese juristischen Konsequenzen aufgeklärt zu werden.[146] Dem Samenspendearzt, der auf dem Gebiet der Fortpflanzungsmedizin arbeitet, sind die juristischen Risiken viel konkreter bekannt als dem Samenspender.[147] Nicht von ungefähr umfasst die Aufklärungspflicht des die *Wuscheltern* behandelnden Arztes gemäß Punkt 5.3.3 der (Muster-) Richtlinie zur Durchführung der assistierten Reproduktion (2006)[148] ausdrücklich zum einen die Pflicht, die Wunscheltern über mögliche rechtliche Konsequenzen zu unterrichten und zum anderen die Pflicht, sich zu vergewissern, dass der Samenspender auch über die potentiellen Rechtsfolgen aufgeklärt wurde.[149] Zwar ist in Punkt 5.3.3 der Richtlinie keine Pflicht des Samenspendearztes normiert, sondern es wird bloß dem Befruchtungsarzt die Pflicht auferlegt, sich über die juristische Aufklärung des Samenspenders zu ver-

---

[142] *Bernat*, Lebensbeginn durch Menschenhand, 125 (144 f.).
[143] *Coester-Waltjen*, JURA 1987, 629 (638 f.).
[144] Siehe oben A. I.
[145] *Taupitz*, Gutachten Ärztekammer Nordrhein 9.9.2004, S. 36.
[146] *Taupitz*, Gutachten Ärztekammer Nordrhein 9.9.2004, S. 36.
[147] *Taupitz*; Gutachten Ärztekammer Nordrhein 9.9.2004, S. 36.
[148] DÄBl. 2006, A 1392 (A 1398).
[149] Vgl. *Ratzel/Lippert*, Kommentar zur MBO, S. 378; *Taupitz*, Gutachten Ärztekammer Nordrhein 9.9.2004, S. 36.

gewissern, doch kann daraus trotzdem die Wertung entnommen werden, dass grundsätzlich auch einem Mediziner die Pflicht auferlegt werden kann, über juristische Belange aufzuklären. Das kann zwar nicht zu einer umfassenden rechtlichen Beratung führen – zu welcher dem Mediziner in der Regel auch die juristische Fachkompetenz fehlen wird, aber der Samenspendearzt sollte den Samenspender auf das Bestehen von juristischen Risiken hinweisen und ihm gegebenenfalls raten, sich bei einem rechtskundigen Fachmann umfassend zu informieren.[150]

Das Bestehen einer Hinweispflicht des Samenspendearztes auf juristische Risiken bei der Samenspende ist mithin als Nebenpflicht des Samenspendevertrages anzusehen. Bei einer schuldhaften Verletzung dieser Nebenpflicht kann der Samenspender Schadensersatzansprüche gegen den Samenspendearzt geltend machen.[151]

6. Ergebnis

Der Samenspendevertrag stellt einen Vertrag sui generis dar, welcher für den Spender die Pflicht zur Hergabe seines Keimgutes begründet, die dem Samenspendearzt aber aufgrund des Charakters des Samenspendevertrages als unvollkommene Verbindlichkeit keinen durchsetzbaren Herausgabeanspruch auf die Samenprobe gewährt, und für den Samenspendearzt die Pflicht zur Zahlung einer Aufwandsentschädigung beinhaltet. Dieser Samenspendevertrag ist nicht sittenwidrig i.S.d. § 138 Abs. 1 BGB. Er ist damit wirksam.

Ferner muss der Samenspendearzt den Samenspender darüber aufklären, dass er gegebenenfalls seitens des mit seinem Samen gezeugten Kindes für Unterhalt in Anspruch genommen werden kann und dem Kind ein Pflichtteilsrecht zusteht, sofern er gerichtlich als dessen Vater festgestellt wird und dass der Samenspender verpflichtet ist, dem Kind die Identität des Samenspenders offen zu legen. Hinsichtlich genauerer Informationen diesbezüglich muss er ihn an einen Juristen verweisen.

---

[150] Ebenso: *Taupitz*, Gutachten Ärztekammer Nordrhein 9.9.2004, S. 36.
[151] Auf den genauen Inhalt des Schadensersatzanspruches wird später im Rahmen der Erörterung der Regressansprüche des Samenspenders gegen den Samenspendearzt eingegangen. Siehe dazu unten C. VIII. 3. a. bb. und C VIII. 4. a. bb.

III. Schritt 2 – Anonymitätszusicherung / anonyme Samenspende

1. Fall

Der Samenspendearzt verspricht dem Samenspender, dass er dessen persönliche Daten und seine Identität weder den Wunscheltern, noch dem heterolog in-vitro-gezeugten Kind preisgeben werde.

2. Einleitung

a) Begriff der anonymen Samenspende

Eine derartige Vereinbarung wird im Fachjargon als so genannte(s) „Anonymitätszusage/-zusicherung/-versprechen" oder auch als „anonyme Samenspende" bezeichnet. Die Vereinbarung einer solchen „Anonymitätszusicherung" des Samenspendearztes ist in der alltäglichen Praxis der Reproduktionsmedizin heutzutage unabhängig von der (hier nun zu untersuchenden) Rechtswidrigkeit dieser Maßnahme sehr gängig. Oftmals wird eine Samenspende sogar davon abhängig gemacht, dass der Spender anonym bleiben soll.[152]

b) Anonyme Samenspende als Lösungsmodell

Voraussetzung zur Begründung unterhalts- wie auch erbrechtlicher Ansprüche des Kindes gegen den Samenspender ist stets, dass zwischen dem Samenspender und dem Kind ein Vater-Kind-Verhältnis im rechtlichen Sinne besteht.[153] Ein solches wird durch die gerichtliche Feststellung der Vaterschaft des Samenspenders begründet. Diese Vaterschaftsfeststellung ist aber solange praktisch nicht durchführbar und damit unmöglich, wie es dem Kind nicht gelingt, die Identität des Samenspenders in Erfahrung zu bringen. Bei der künstlichen Befruchtung einer Frau durch heterologe Samenübertragung führt die Anonymisierung der Samenspende, die Verwendung anonymer Samenspender oder von Samengemisch in aller Regel dazu, dass das durch diesen Zeugungsvorgang entstandene Kind später seine Abstammung nicht mehr klären kann und dass ihm das Wissen um seine genetische Abstammung für alle Zeit vorenthalten wird.[154]

Das Kind kann damit faktisch keine Ansprüche gegen den Samenspender geltend machen. Insofern könnte eine anonyme Samenspende als Lösungsmodell zur rechtlichen Absicherung des Samenspenders in Betracht kommen. Dafür müsste eine solche zulässig sein. Dem könnte das Interesse des Kindes entgegenstehen, zu ergründen, wer sein biologischer Vater ist.

---

[152] *Selb*, Rechtsordnung und künstliche Reproduktion des Menschen, S. 54.
[153] Siehe unten C. VI. 8.
[154] *Starck*, JZ 1989, 338 (338).

3. Rechtsfragen

Die im Zusammenhang mit der „anonymen Samenspende" auftretenden rechtlichen Fragen sind:

1. Kann eine solche „Anonymitätszusicherung" zulässigerweise zwischen Samenspender und Samenspendearzt vereinbart werden? Ist sie rechtlich verbindlich?
2. Hat die Vereinbarung einer anonymen Samenspende Auswirkungen auf die Wirksamkeit des Vertrages über die heterologe künstliche Befruchtung?
3. Kann das Kind die Preisgabe der Identität des Spenders trotz der mit dem Arzt vereinbarten anonymen Samenspende verlangen? Mit anderen Worten: Hat das in-vitro-gezeugte Kind einen Auskunftsanspruch gegen den Samenspendearzt auf Benennung des Samenspenders?

4. Frage 1 – Zulässigkeit der „anonymen Samenspende"

Die erste zu beantwortende Rechtsfrage ist, ob eine so genannte „anonyme Samenspende" rechtlich zulässig ist und damit auch Verbindlichkeit gegenüber Dritten (insbesondere dem heterolog in-vitro-gezeugten Kind) beanspruchen kann. Das ärztliche Standesrecht regelt zwar nunmehr ausdrücklich ein Verbot des Ausschlusses der Anonymität des Samenspenders und nimmt damit in der Rechtswirklichkeit die Brisanz aus der Diskussion nach einer gesetzgeberischen Handlungspflicht.[155]

Ein derartiges Verbot ist – zumindest rechtspolitisch – aber nicht unbestritten. Wiederholt ist die Anonymität des Spenders gefordert worden. Das Europäische Parlament votierte bereits im Jahre 1979 entsprechend. Der Ausschuss des Europarates für rechtliche Zusammenarbeit hatte damals dem Vorschlag eines Sachverständigengremiums zugestimmt, der insbesondere die Garantie der Anonymität des Spenders ebenso forderte, wie er außerdem verwandtschaftliche Beziehungen und Unterhaltspflicht leugnete.[156] Auch ein Blick ins (benachbarte) Ausland sollte ferner zu der Überlegung anregen, ob dieses standesrechtliche Verbot gerechtfertigt ist, da global betrachtet die anonyme Samenspende der Regelfall ist.[157] Darüber hinaus ist festzuhalten, dass sich bei fehlender Anonymitätszusicherung wohl kaum noch Samenspender in ausreichender Zahl finden lassen werden und die heterologe künstliche Befruchtung damit praktisch nicht realisierbar ist.[158] Die Insemination würde in der Praxis um die gesellschaftlich er-

---

[155] *May*, Rechtliche Grenzen der Fortpflanzungsmedizin, S. 154; so normiert Punkt 5.3.3.2 der (Muster-) Richtlinie zur Durchführung der assistierten Reproduktion (2006), dass die Identität des Samenspenders zu dokumentieren ist.
[156] *Giesen*, FamRZ 1981, 413 ff.; *Müller*, FamRZ 1986, 635 (635).
[157] Zu der Rechtslage in einzelnen Staaten siehe: *Frank*, FamRZ 1988, 113 (114).
[158] *Busse*, Das Recht des Kindes auf Kenntnis seiner Abstammung bei heterologer künstlicher Befruchtung, S. 122, Fn. 56; *Deichfuß*, NJW 1988, 113 (117); *Kleineke*, Das Recht auf Kenntnis der eigenen Abstammung, S. 303.

wünschten Wirkungen gebracht, namentlich die Erfüllung des Kinderwunsches unfruchtbarer Paare.[159] Ein weiterer Aspekt ist, sofern die anonyme Samenspende in Deutschland unzulässig sein oder verboten bleiben sollte, dass die Gefahr eines „Inseminationstourismus" ins Ausland besteht.
Vor diesem Hintergrund entzündet sich der Streit über die Zulässigkeit der anonymen Samenspende in Deutschland.

a) Erste Auffassung – Zulässigkeit der anonymen Samenspende

Einige Vertreter in der Literatur nehmen an, dass eine anonyme Samenspende zulässig sei.[160]

Sie verweisen dabei insbesondere darauf, dass es bei natürlicher Zeugung von jeher Fälle gegeben habe und geben würde, in denen das Kind nie erfahre, wer sein Vater sei.[161] Solche Fälle seien beispielsweise gegeben bei einem geschlechtlichen Betrug der Kindesmutter oder etwa auch bei Findelkindern oder den Suchkindern, die als Folge von Flucht und Vertreibung nach dem Zweiten Weltkrieg zum Teil noch heute nach ihrer Herkunft forschen.[162]

Dieser Vergleich mit der „Lebenswirklichkeit" vermag aber nicht auch eine Anonymität des Samenspenders zu rechtfertigen. Die Anonymität des genetischen Vaters bei künstlicher Befruchtung beruht auf rationalem und zielgerichtetem Verhalten eines Außenstehenden, nämlich des Arztes, während bei natürlicher Zeugung emotionales Verhalten, „schicksalhafte Verstrickungen" und persönliche Konflikte sowie das Selbstbestimmungsrecht der Mutter Gesichtspunkte sind, die dem Recht des Kindes auf Kenntnis seiner Abstammung widerstreiten können.[163] Die in solchen Fällen auftretende Schwierigkeit der Geltendmachung des Kenntnisrechts ist allein ein Problem der Durchsetzbarkeit bei natürlicher Befruchtung.[164] Daraus kann aber nicht geschlossen werden, aus Gründen der Gleichbehandlung müsse es entsprechende tatsächliche Hemmnisse auch bei Kindern geben, die auf nicht-natürlichem Wege erzeugt wurden.[165] Dies ist insbesondere deswegen nicht gerechtfertigt, weil im Gegensatz zur natürlichen Zeugung bei der Anwendung heterologer Befruchtungstechniken stets von vornherein geplant wird, dass die daraus hervorgehenden Kinder statusrechtlich nicht gemäß ihrer genetischen Herkunft zugeordnet werden.[166]

---

[159] *Deutsch*, MDR 1985, 177 (181); *Frank*, FamRZ 1988, 113 (118); *Schumacher*, FamRZ 1987, 313 (319).
[160] *Deutsch*, MDR 1985, 177 (180 f.); *Frank*, FamRZ 1988, 113 (118 ff.); *Quaas/Zuck*, Medizinrecht, S. 798, Rn. 82.
[161] *Born*, JURA 1988, 225 (227).
[162] *Giesen*, JZ 1989, 364 (368).
[163] *Born*, JURA 1988, 225 (227); *Mansees*, NJW 1988, 2984 (2986).
[164] *Mansees*, NJW 1988, 2984 (2986).
[165] *Mansees*, NJW 1988, 2984 (2986).
[166] *Mansees*, NJW 1988, 2984 (2986).

b) Andere Auffassung – Unzulässigkeit der anonymen Samenspende

Die Mehrzahl der Autoren geht deshalb davon aus, dass die Anonymität der künstlichen Befruchtung gegenüber dem Kind (Geheimhaltung des Vorgangs und des Namens des Spenders) aus rechtlichen Gründen abzulehnen sei.[167]

Hauptargument dieser Auffassung ist dabei, dass bei der Verschleierung der Identität des Samenspenders das verfassungsrechtlich zugesicherte Recht des Kindes auf Kenntnis der eigenen Abstammung verletzt werde.

Bezüglich dieses Rechtes des Kindes auf Kenntnis der eigenen Abstammung treten drei verschiedene Problemkreise auf:

- Existenz des Rechtes auf Kenntnis der eigenen Abstammung;
- Dogmatische Herleitung des Rechtes auf Kenntnis der eigenen Abstammung;
- Einschränkungsmöglichkeiten des Rechtes auf Kenntnis der eigenen Abstammung.

aa) Existenz des Rechtes auf Kenntnis der eigenen Abstammung

Der erste Problemkreis beschäftigt sich mit der streitigen Frage, ob die Verfassung des Grundgesetzes ein Recht auf Kenntnis der eigenen Abstammung/Herkunft überhaupt garantiert.

aaa) Erste Auffassung – Kein verfassungsrechtlich garantiertes Recht auf Kenntnis der eigenen Abstammung

Eine Auffassung verneint die Existenz eines verfassungsrechtlich geschützten Rechtes des Kindes auf Kenntnis der eigenen Abstammung.[168]

Diese Vertreter stellen sich auf den Standpunkt, dass ein solches Recht familienrechtlichen Leitbildern widerspräche und tragende Überzeugungen des Privatrechts tangiere, die auch im öffentlichen und im Straf- und Zivilprozessrecht ihren Niederschlag gefunden hätten.[169] Zudem entspringe die Persönlichkeitsfindung über die Ahnenforschung feudalistischem Rechtsdenken und passe nicht zum freiheitlichen Liberalismus, der von der Gleichwertung der Persönlichkeit

---

[167] *Starck*, in: v. Mangoldt/Klein/Starck, GG, Art. 1, Rn. 96; *v. Münch*, in: v. Münch/Kunig, GG, Art. 1, Rn. 36; *Balz*, Heterologe künstliche Samenübertragung beim Menschen, S. 15 ff.; *Benda*, NJW 1985, 1730 (1732); *Busse*, Das Recht des Kindes auf Kenntnis seiner Abstammung bei heterologer künstlicher Befruchtung, S. 119; *Coester-Waltjen*, NJW 1982, 2528 (2532); *dies.*, NJW 1983, 2059 (2060); *dies.*, FamRZ 1984, 230 (233); *Deutsch/Spickhoff*, Medizinrecht, S. 368, Rn. 546; *Diederichsen*, FamRZ 1978, 461 (463); *Hanack*, Die künstliche Insemination, in: Mergen (Hrsg.), Die juristischen Probleme der Medizin, Bd. 3, Die Verantwortung des Arztes, S. 189; *Harder*, JuS 1986, 505 (507); *Helms*, FuR 1996, 178 (189); *Herzog*, Die heterologe Insemination in verfassungsrechtlicher Sicht, S. 183 ff.; *Hess*, MedR 1986, 240 (244); *Lauff/Arnold*, ZRP 1984, 279 (282); *Ostendorf*, JZ 1984, 595 (595); *Pasquay*, Die künstliche Insemination, S. 158; *Zimmermann*, FamRZ 1981, 929 (932).

[168] *Koch*, FamRZ 1990, 569 (570); *Ramm*, JZ 1996, 987 (994).

[169] *Koch*, FamRZ 1990, 569 (570).

aller Individuen und damit von einem Persönlichkeitsbegriff ausgehe, der dadurch bestimmt werde, was der Einzelne „aus sich mache".[170]

bbb) Andere Auffassung – Existenz des Rechtes auf Kenntnis der eigenen Abstammung

Eine andere Auffassung hingegen bejaht ein Recht des Kindes auf Kenntnis der eigenen Herkunft.[171] Diese Ansicht wurde durch das Bundesverfassungsgericht mit Urteil vom 31. Januar 1989 bestätigt, in welchem das Gericht ein „Recht auf Kenntnis der eigenen Abstammung" ausdrücklich anerkannte.[172]

(1) Dogmatische Herleitung des Rechtes auf Kenntnis der eigenen Abstammung

Auch wenn diese Meinung ein Recht auf Kenntnis der genetischen Abstammung befürwortet, so ist unter ihren Vertretern der dogmatische Begründungsansatz umstritten (zweiter Problemkreis). Dies ist nicht ausschließlich ein rechtsdogmatisches Problem. Seine Relevanz für die heterologe Insemination zeigt sich darin, dass je nach Begründungsansatz unterschiedliche Einschränkungs- und Rechtfertigungsmöglichkeiten des Rechtes auf Kenntnis der eigenen Abstammung gegeben sind, was sich wiederum auf die gestellte Frage der Zulässigkeit der anonymen Samenspende auswirkt.

(a) Erste Ansicht – Art. 1 Abs. 1 S. 1 GG / Menschenwürde

Einige Vertreter[173] sehen den dogmatischen Begründungsansatz des „Rechtes auf Kenntnis der eigenen Abstammung" ausschließlich in der Menschenwürde (Art. 1 Abs. 1 S. 1 GG).

Zu diesem Ergebnis gelangen sie, indem sie die Individualität eines Menschen als Kernbestandteil seiner Menschenwürde klassifizieren. Sie gehen davon aus, dass der einzelne Mensch derjenige, der er ist, aufgrund seiner individuellen genetischen Struktur und der Prägungen sei, die er im Verlauf seiner Entwicklung erfahren habe.[174] Zum Wesen des Menschen gehöre einerseits eine so genannte anthropologische Grundbefindlichkeit, also das, was den Menschen von anderen Lebewesen unterscheide, und andererseits seine unverwechselbare Individualität, also das, was die Menschen untereinander unterscheide. Ganz wesentliches Merkmal des menschlichen Wesens sei daher die Fähigkeit des Menschen, sich zu sich selbst zu verhalten und sich in seinem geschichtlichen Dasein zu begrei-

---

[170] *Ramm*, JZ 1996, 987 (994).
[171] *Giesen*, FamRZ 1981, 413 (414); *ders.*, Die künstliche Insemination als ethisches und rechtliches Problem, S. 168 ff.; *Kleineke*, Das Recht auf Kenntnis der eigenen Abstammung, S. 292 ff.; *Pasquay*, Die künstliche Insemination, S. 141 ff.
[172] BVerfG, Urt. v. 31. Januar 1989, AZ: 1 BvL 17/89, JZ 1989, 335 ff.; *Kirchmeier*, FamRZ 1998, 1281 (1285), Fn. 43; *Starck*, JZ 1989, 338 (338); in der Schweiz hingegen ist die anonyme Samenspende zulässig, vgl. *Schaumann*, Die heterologe künstliche Insemination, S. 157.
[173] *Mansees*, NJW 1988, 2984 (2985); *Redeker/Busse*, NJW-Schriftenreihe, Heft 29, S. 211; *Starck*, JZ 1989, 338 (338).
[174] *Mansees*, NJW 1988, 2984 (2985).

fen. Da es für den Menschen wesentlich sei, über seine individuelle Geschichte und damit über die Herkunft seiner Grundbeschaffenheit reflektieren zu können, werde ihm bei Vorenthalten der genetischen Abstammung ein wesentlicher Gegenstand seiner Reflektion entzogen.[175] Die Kenntnis der eigenen Abstammung sei damit zur Persönlichkeitsentfaltung und zur Identitätsfindung des jungen Menschen erforderlich und als Ausdruck der Menschenwürde dieser Person verfassungsrechtlich geboten („Recht auf Geschichtlichkeit")[176]. Bei der Durchführung anonymer Samenspenden werde der Mensch zu einem Wesen erniedrigt, das zwar Geschichte *habe*, sich dieser aber nicht mehr *bewusst* werden könne[177] und damit liege eine Verletzung seiner Menschenwürde vor.

Konsequenz einer Zuordnung des Rechtes auf Kenntnis der eigenen Abstammung zur Menschenwürde ist, da diese jeglicher Einschränkungsmöglichkeit entzogen ist, dass Interessen Anderer bei einer Beeinträchtigung dieses Rechtes außer Acht bleiben müssen und in einem Abwägungsprozess keine Berücksichtigung finden können.

(b) Andere Ansicht – Art. 2 Abs. 1 i.V.m. Art. 1 Abs. 1 S. 1 GG / Allgemeines Persönlichkeitsrecht

Um die Interessen der anderen durch die heterologe Insemination betroffenen Personen, wie Samenspender und sozialer Eltern, berücksichtigen zu können, nimmt die Gegenansicht deshalb an, dass das Recht auf Kenntnis der eigenen Abstammung aus dem allgemeinen Persönlichkeitsrecht folge, das verfassungsrechtlich in Art. 2 Abs. 1 i.V.m. Art. 1 Abs. 1 S. 1 GG verbürgt sei.[178] Zur Begründung und Absicherung des Rechts auf Kenntnis der eigenen Abstammung sei ein Rekurs auf Art. 1 Abs. 1 S. 1 GG auch nicht notwendig, weil das Kenntnisrecht als Bestandteil des in Art. 2 Abs. 1 i.V.m. Art. 1 Abs. 1 S. 1 GG begründeten allgemeinen Persönlichkeitsrechts bereits hinlänglichen Schutz genieße.[179]

---

[175] *Mansees*, NJW 1988, 2984 (2985).
[176] *Busse*, Das Recht des Kindes auf Kenntnis seiner Abstammung bei heterologer künstlicher Befruchtung, S. 193.
[177] *Loeffler*, in: Probleme der künstlichen Insemination, S. 34.
[178] BVerfG, Urt. v. 31. Januar 1989, AZ: 1 BvL 17/89, JZ 1989, 335 (335); *Bosch*, NJW 1950, 767 (769); *Brohm*, JuS 1998, 197 (202); *Busse*, Das Recht des Kindes auf Kenntnis seiner Abstammung bei heterologer künstlicher Befruchtung, S. 106; *Coester-Waltjen*, FamRZ 1992, 369 (372); *Deutscher Juristinnenbund*, JZ 1986, 777 (777); *Gaul*, FamRZ 1997, 1441 (1443); *Giesen*, FamRZ 1981, 413 (416); *ders.*, JZ 1989, 364 (365); *Koch*, FamRZ 1990, 569 (570); *Kollhosser*, JA 1985, 553 (557); *Merz*, Problematik artifizieller menschlicher Fortpflanzung, S. 171; *Neumann-Duesberg*, NJW 1957, 1341 (1342); *Pasquay*, Die künstliche Insemination, S. 156; *Sachs*, Verfassungsrecht II, Grundrechte, S. 190, Rn. 53; *Schmidt-Didczuhn*, JR 1989, 228 (229); *Schwab*, NJW 1956, 649 (651); *Zimmermann*, FamRZ 1981, 929 (932).
[179] BGH, Beschl. v. 11. November 1981, AZ: IV b ZB 783/81, BGHZ 82, 173 (179); *Giesen*, JZ 1989, 364 (367).

(c) Exkurs: Alternative / ergänzende Begründungsansätze
(aa) Allgemeine Handlungsfreiheit, Art. 2 Abs. 1 GG

Früher wurde zum Teil vertreten, dass das Recht auf Kenntnis der eigenen Abstammung ein Unterfall der allgemeinen Handlungsfreiheit (Art. 2 Abs. 1 GG) sei[180]. Dazu wurde auf ein Urteil des Bundesverfassungsgerichts aus dem Jahre 1981 rekurriert. Dort hatte das Bundesverfassungsgericht die Schranken des Rechtes auf Kenntnis der eigenen Abstammung dem Begriff der „verfassungsmäßigen Ordnung" entnommen (genauer: § 232 Abs. 2 ZPO). Daraus wurde geschlossen, dass es sich deshalb um einen Unterfall der allgemeinen Handlungsfreiheit des Art. 2 Abs. 1 GG handeln müsse, weil das Gericht diese Schranken regelmäßig bei deren Begrenzung heranzöge.[181] Diese Ansicht ist aber mit dem Urteil des Bundesverfassungsgerichts vom 31. Januar 1989 obsolet, wo das Gericht das Recht auf Kenntnis der eigenen Abstammung eindeutig dem allgemeinen Persönlichkeitsrecht zugeordnet hatte.[182]

(bb) Allgemeines Persönlichkeitsrecht i.V.m. Art. 6 Abs. 5 GG

Zusätzlich zum Allgemeinen Persönlichkeitsrecht wurde zur Begründung des Rechtes auf Kenntnis der eigenen Abstammung für nichteheliche Kinder auch Art. 6 Abs. 5 GG herangezogen.[183] Denn gemäß Art. 6 Abs. 5 GG sind den unehelichen Kindern durch die Gesetzgebung die gleichen Bedingungen für ihre leibliche und seelische Entwicklung und ihre Stellung in der Gesellschaft zu schaffen wie den ehelichen Kindern.

Da sich der vorliegende Sachverhalt der Samenspende aber sowohl auf eheliche als auch auf nichteheliche Kinder bezieht, muss keine weitere Auseinandersetzung mit diesem Begründungsansatz erfolgen.

(d) Stellungnahme

Es ist demnach aufgrund der unterschiedlichen Abwägungsmöglichkeiten, bzw. der fehlenden Einschränkungsmöglichkeit, zu klären, ob das Recht auf Kenntnis der eigenen Abstammung des mittels Samenspende gezeugten Kindes der Menschenwürde des Art. 1 Abs. 1 S. 1 GG oder dem allgemeinen Persönlichkeitsrecht der Art. 2 Abs. 1 i.V.m. Art. 1 Abs. 1 S. 1 GG entspringt. Da die Menschenwürde keiner Güterabwägung zugänglich ist, schafft man bei einem Begründungsansatz (nur) aus Art. 1 Abs. 1 S. 1 GG eine Vielzahl von Positionen, die von Verfassungs wegen absolut unantastbar sind.[184] Nur bei der Zuordnung zum allgemeinen Persönlichkeitsrecht wird dieses Recht auf Kenntnis der eigenen Abstammung nicht absolut gewährt, d.h. es kann beispielsweise das Interesse des Samenspenders daran, anonym zu bleiben, mit berücksichtigt werden.

---

[180] *Busse*, Das Recht des Kindes auf Kenntnis seiner Abstammung bei heterologer künstlicher Befruchtung, S. 108.
[181] *Busse*, Das Recht des Kindes auf Kenntnis seiner Abstammung bei heterologer künstlicher Befruchtung, S. 108.
[182] BVerfG, Urt. v. 31. Januar 1989, AZ: 1 BvL 17/89, JZ 1989, 335 (335).
[183] *Busse*, Das Recht des Kindes auf Kenntnis seiner Abstammung bei heterologer künstlicher Befruchtung, S. 106.
[184] *Giesen*, JZ 1989, 364 (367).

Nicht nur, dass es aufgrund dieser zielorientierten Überlegungen deshalb interessengerechter erscheint, auf das allgemeine Persönlichkeitsrecht (Art. 2 Abs. 1 i.V.m. Art. 1 Abs. 1 S. 1 GG) zurückzugreifen; auch weitere Argumente sprechen dafür, die Menschenwürde des Art. 1 Abs. 1 S. 1 GG nicht als Grundlage des Rechtes auf Kenntnis der eigenen Abstammung zu begreifen.

Der Argumentation, welche das Recht auf Kenntnis der eigenen Abstammung Art. 1 Abs. 1 S. 1 GG unmittelbar zuordnet, ist zwar insoweit zuzustimmen, als sie davon ausgeht, dass die Individualität des Menschen Element seiner Würde ist und dass die Kenntnis der eigenen Abstammung für die Selbsterkenntnis des Menschen von besonderer Bedeutung für ihn sein kann.[185] Doch sollte man hieraus nicht schon den Schluss ziehen, dass Art. 1 Abs. 1 S. 1 GG daher unmittelbar ein Kenntnisrecht enthält und schützt.[186] Durch die dogmatische Begründung des Persönlichkeitsrechtes, die auch auf Art. 1 Abs. 1 S. 1 GG gründet, kann dieser Aspekt trotzdem Berücksichtigung finden – wenn auch nicht schrankenlos. Zudem sollte eine übermäßige Rekurrierung auf das elementare Grundrecht der Menschenwürde vermieden werden. Denn eine „inflationäre Verwendung"[187] des Menschenwürdearguments, wie sie heute im Zusammenhang mit den neuen Technologien schon befürchtet worden ist,[188] kann zur Abwertung und Abnutzung des Art. 1 Abs. 1 S. 1 GG als „kleine Münze"[189] führen.[190] Das kann nicht gewünscht sein.

Folglich ist das Recht auf Kenntnis der eigenen Abstammung dogmatisch als Unterfall des allgemeinen Persönlichkeitsrechtes (Art. 2 Abs. 1 i.V.m. Art. 1 Abs. 1 S. 1 GG) zu begreifen. Konsequenz ist, dass auch dessen Einschränkungsmöglichkeiten gelten; insbesondere ist zu betonen, dass dieses Grundrecht überhaupt der Einschränkung und Abwägung zugänglich ist.

(2) Einschränkungsmöglichkeiten des Rechtes auf Kenntnis der eigenen Abstammung / Interessenabwägung

Sollte die anonyme Samenspende als zulässig erachtet werden, so wird dadurch die Verwirklichung des Rechtes des Kindes auf Kenntniserlangung seiner genetischen Abstammung unmöglich gemacht. Wer dem Kind somit indes von vornherein die Möglichkeit versperren will, seine genetische Herkunft zu erfahren, muss dies dem Kind gegenüber rechtfertigen.[191]

Eine Beschneidung des Recht des Kindes auf Kenntnis der eigenen Abstammung ist gerechtfertigt, sofern die anonyme Samenspende zur Verwirklichung der Rechte anderer oder von Verfassungsgütern dient und diese Rechte oder Verfassungsgüter im Rahmen einer Abwägung mit dem Recht des Kindes auf Kenntnis der eigenen Abstammung als vorrangig zu bewerten sind.

---

[185] *Giesen*, JZ 1989, 364 (367).
[186] *Giesen*, JZ 1989, 364 (367).
[187] *Vitzthum*, ZRP 1987, 33 (33).
[188] *Vitzthum*, ZRP 1987, 33 (33).
[189] *Vitzthum*, JZ 1985, 201 (203); *ders.*, ZRP 1987, 33 (33).
[190] *Frank*, FamRZ 1988, 113 (118); *Giesen*, JZ 1989, 364 (367).
[191] *Mansees*, NJW 1988, 2984 (2986).

(a) Schranken – insbesondere „Rechte Dritter"

Das Recht auf Kenntnis der eigenen Abstammung ist eine besondere Ausprägung des allgemeinen Persönlichkeitsrechtes (Art. 2 Abs. 1 i.V.m. Art. 1 Abs. 1 S. 1 GG).[192] Hinsichtlich der Einschränkungsmöglichkeiten gelten bei diesem die des Art. 2 Abs. 1 GG,[193] d.h. die verfassungsunmittelbare *Schrankentrias*.[194] Unter diese *Schrankentrias* fallen die Rechte Dritter, Verstöße gegen das Sittengesetz sowie Verstöße gegen die verfassungsmäßige Ordnung.

Möglich ist demnach, dass die Berücksichtigung der Rechte des Samenspenders, der sozialen Eltern oder der Schutz des Kindeswohles des Auskunft begehrenden Kindes selbst (unter dem Gesichtspunkt: Schutz vor sich selbst) sowie der Familienfrieden die Einschränkung des Rechtes des Kindes auf Kenntnis der eigenen Abstammung aufgrund einer anonymen Samenspende rechtfertigen können.

(aa) Rechte des Samenspenders

Der Samenspender vereinbart mit dem Samenspendearzt eine anonyme Samenspende primär, um sich den möglichen statusrechtlichen, wie unterhalts- und erbrechtlichen Folgen zu entziehen. Dieses Interesse unterfällt jedoch keinem grundrechtlichen Schutz. Damit ist (streng dogmatisch betrachtet) *Giesen* zwar zuzustimmen, der postuliert, dass nicht das geringste verfassungsrechtlich schützens*werte* Interesse des Spenders an seiner Anonymität gegenüber dem Recht des Kindes, seine Herkunft zu erfahren bestünde.[195]

Jedoch muss das Recht des Samenspenders nicht zwingend grundrechtlichen Bezug haben. Denn bei den genannten *Rechten anderer* geht es keineswegs in erster Linie oder gar nur um (ja grundsätzlich ohnehin nur gegen die Staatsgewalt gerichtete) Grundrechte, sondern um subjektive Rechte Dritter, die aus beliebigen, gültigen Rechtsnormen abzuleiten sind.[196]

Demnach ist das Interesse des Spenders daran, dass die Samenspende anonym erfolgt, durchaus in die Abwägung mit dem Recht des Kindes auf Kenntnis der eigenen Abstammung einzubeziehen.

Zu beachten ist, dass nicht nur das Interesse des Samenspenders daran, nicht von dem Kind für Unterhalt und Erbe in Anspruch genommen zu werden, berücksichtigt werden muss. Darüber hinaus kann der Samenspender auch ein Interesse daran haben, dass dem Kind seine Identität nicht preisgegeben wird (negative Ausprägung des allgemeinen Persönlichkeitsrechts des Art. 2 Abs. 1 i.V.m. Art. 1 Abs. 1 S. 1 GG). Auch dieses Interesse des Samenspenders muss im Abwägungsprozess mit dem Recht des Kindes auf Kenntnis der eigenen Abstammung Berücksichtigung finden.

(bb) Rechte der sozialen Eltern – Familienfrieden

---

[192] Siehe oben C. III. 4. b. aa. bbb. (1) (b).
[193] Vgl. *Jarass*, in: Jarass/Pieroth, GG, Art. 2, Rn. 59.
[194] *Katz*, Staatsrecht, S. 338, Rn. 689.
[195] *Giesen*, FamRZ 1981, 413 (417).
[196] *Sachs*, Verfassungsrecht II, Grundrechte, S. 185, Rn. 28.

Auch die sozialen Eltern könnten aufgrund der Wahrung des Familienfriedens ein Interesse daran haben, dass dem Kind die Kenntnis über die Identität (und auch über den Umstand seiner Zeugung) des Samenspenders verborgen bleibt. Die Erhaltung des Friedens der sozialen Familie und der Ehe ist ein verfassungsmäßig unbedenkliches Ziel.[197] Dieser Gesichtspunkt kann also grundsätzlich die Einschränkung des Rechts auf Kenntnis der eigenen Abstammung legitimieren.[198] Dabei ist aber auch umgekehrt zu berücksichtigen, dass der Versuch des Ehepaares, dem Kind seine wahre Herkunft zu verbergen, zu einer Belastung der Familie und zu einer psychischen Gefährdung des Kindes führen kann (Gefahr einer „Lebenslüge").[199] Es ist damit einzelfallabhängig, ob der Familienfrieden für oder gegen eine anonyme Samenspende spricht.

(cc) „Kindeswohl"
Auch ein Aspekt kann sein, dass dem Kind zum „Schutze vor sich selbst" die Möglichkeit der Ermittlung des biologischen Vaters verwehrt bleiben soll. Dazu ist in diesem Zusammenhang vorgebracht worden, dass die Anonymität dem Wohl des Kindes diene, weil sie psychologische Belastungen verhindere, die dem Kind durch die doppelte Vaterschaft eines genetischen und eines sozialen Vaters erwüchse.[200] Ein solcher „Schutz vor sich selbst" stellt jedoch eine Bevormundung des Kindes dar. Die Entscheidung über die Ergründung seiner biologischen Herkunft darf ihm keinesfalls genommen werden.

(b) Schranken-Schranken[201]
Um zu ermitteln, ob das Recht des Kindes auf Kenntnis der eigenen Abstammung in zulässiger Weise durch eine anonyme Samenspende eingeschränkt werden darf, müssen diese unterschiedlichen Interessen der von einer anonymen Samenspende betroffenen Personen gegeneinander abgewogen werden. Ziel der Güterabwägung ist hierbei die Herstellung einer praktischen Konkordanz, die im Interesse eines schonenden Ausgleiches der kollidierenden Verfassungsgüter eine Differenzierung nahe legt.[202]

(aa) Identitätsergründung des Kindes
Bevor man das Recht des Kindes auf Kenntnis der eigenen Abstammung nun der Abwägung mit den anderen Rechten und Verfassungsgütern zuführt, muss die Wertigkeit der Verwirklichung dieses Rechtes für das Kind ermittelt werden. Wie bereits dargelegt, soll die Identitätsfindung des Kindes durch die Zubilligung des Rechtes auf Kenntnis der eigenen Abstammung unterstützt werden.

---

[197] *Coester-Waltjen*, FamRZ 1992, 369 (372).
[198] *Coester-Waltjen*, FamRZ 1992, 369 (372).
[199] *Busse*, Das Recht des Kindes auf Kenntnis seiner Abstammung bei heterologer künstlicher Befruchtung, S. 186.
[200] *Giesen*, JZ 1989, 364 (369).
[201] Auf die sog. „modifizierte Verhältnismäßigkeitsprüfung" bei der Einschränkung des allgemeinen Persönlichkeitsrechtes wird hier nicht eingegangen, da es hier bloß um die Abwägung der unterschiedlichen Interessen/Güter geht.
[202] *Busse*, Das Recht des Kindes auf Kenntnis der Abstammung bei heterologer künstlicher Befruchtung, S. 193.

Aus seiner Ableitung aus dem Recht auf freie Entfaltung der Persönlichkeit und der Menschenwürde ergibt sich, dass das allgemeine Persönlichkeitsrecht die menschliche Personalität in ihrer Gesamtheit und damit auch deren konstitutive und kennzeichnende Elemente schützt.[203] Hierzu zählen insbesondere die Entwicklung und Wahrung der Individualität.[204]

Ob diese Identitätsergründung aber überhaupt durch die Kenntnis des biologischen Vaters unterstützt werden kann, ist umstritten.

(aaa) Erste Auffassung – Kenntnis über die Abstammung als konstitutives Merkmal der Identitätsfindung

Die meisten Stimmen gehen davon aus, dass es für das Kind, um sich seiner selbst in seinem geschichtlichen Dasein bewusst werden zu können, wesentlich sei, Kenntnis über seine eigene Herkunft zu erhalten.[205]

Verständnis und Entfaltung der Individualität seien mit der Kenntnis der für sie konstitutiven Faktoren eng verbunden.[206] Zu diesen zähle neben anderen die Abstammung.[207] Sie lege nicht nur die genetische Ausstattung des Einzelnen fest und präge so seine Persönlichkeit mit.[208] Unabhängig davon nehme sie auch im Bewusstsein des Einzelnen eine Schlüsselstellung für Individualitätsfindung und Selbstverständnis ein.[209] Als Individualisierungsmerkmal gehöre die Abstammung zur Persönlichkeit und die Kenntnis der Herkunft biete dem Einzelnen, unabhängig vom Ausmaß wissenschaftlicher Ergebnisse, wichtige Anknüpfungspunkte für das Verständnis und die Entfaltung der eigenen Individualität.[210]

(bbb) Andere Auffassung – Biologisch-genetischer und sozialwissenschaftlicher Ansatz

Die gegenteilige Auffassung vertritt, dass die Kenntnis des biologischen Vaters per se nicht geeignet sei, die Individualitätsfindung des Kindes zu unterstützen.[211]

Dabei wird zum einen verneint, dass die Kenntnis des biologischen Vaters überhaupt einen Erkenntnisgewinn zur *Ich-Findung* beitrage. *Hassenstein*[212] betont in diesem Zusammenhang, dass das Recht auf *Kenntnis des Erzeugers* auf der Ebene der *biologischen Genetik* ein Recht auf das Gewinnen einer Kenntnis

---

[203] BVerfG, Beschl. v. 14. Februar 1973, AZ: 1 BvR 112/65, BVerfGE 34, 269 (281) („*Soraya-Entscheidung*"); BVerfG, Beschl. v. 3. Juni 1980, AZ: 1 BvR 185/77, BVerfGE 54, 148 (154) („*Eppler*"); *Giesen*, JZ 1989, 364 (368).
[204] BVerfG, Urt. v. 5. Juni 1973, AZ: 1 BvR 536/72, BVerfGE 35, 202 (220) („*Lebach-Urteil*"); BVerfG, Urt. v. 31. Januar 1989, AZ: 1 BvL 17/87, JZ 1989, 335 (336); *Giesen*, JZ 1989, 364 (368).
[205] *Giesen*, JZ 1989, 364 (368).
[206] BVerfG, Urt. v. 31. Januar 1989, AZ: 1 BvL 17/87, JZ 1989, 335 (336).
[207] BVerfG, Urt. v. 31. Januar 1989, AZ: 1 BvL 17/87, JZ 1989, 335 (336).
[208] BVerfG, Urt. v. 31. Januar 1989, AZ: 1 BvL 17/87, JZ 1989, 335 (336).
[209] BVerfG, Urt. v. 31. Januar 1989, AZ: 1 BvL 17/87, JZ 1989, 335 (336).
[210] BVerfG, Urt. v. 31. Januar 1989, AZ: 1 BvL 17/87, JZ 1989, 335 (336).
[211] *Frank*, FamRZ 1988, 113 (120); *Hassenstein*, FamRZ 1988, 120 (120 ff.); *Koch*, FamRZ 1990, 569 (573); *Smid*, JR 1990, 221 (224).
[212] *Hassenstein*, FamRZ 1988, 120 (120 ff.); ebenso: *Koch*, FamRZ 1990, 569 (573).

ohne einlösbaren Erkenntniswert sei. Zur Identitätsergründung könne es nicht beitragen. Er begründet dies mit dem Zusammenspiel dominanter und rezessiver Erbanlagen. Wegen der zahlreichen Unbekannten, die in der Beziehung zwischen dem genetisch bedingten Anteil des *Erscheinungsbildes der Eltern* und dem genetisch bedingten Anteil des *Erscheinungsbildes des* Kindes einhergingen, sei das Kennenlernen der bisher unbekannten leiblichen Eltern hinsichtlich der *Natur*anlagen *ohne Erkenntniswert für die Ich-Findung*.

Auch *Koch*[213] ist der Auffassung, dass die sozialwissenschaftliche Behauptung, dass die Kenntnis der blutsmäßigen Abstammung ein „konstitutiver Faktor für die Entfaltung der Individualität" sei und eine „Schlüsselstellung für die Identitätsbildung" habe, nicht belegt sei und verneint vor diesem Hintergrund ebenfalls einen wesentlichen Erkenntnisgewinn für die Ich-Suche des Kindes, wenn ihm die Identität seines biologischen Vaters bekannt werde.

Andere gehen sogar noch weiter und verneinen insgesamt ein echtes Interesse des Kindes an der Kenntnis der eigenen Abstammung.

Frank[214] vertritt dazu die Auffassung, dass ein Kind, das nie leibliche Elternschaft erfahren habe, jedenfalls dann kein besonderes Interesse an der Kenntnis seiner genetischen Herkunft habe, wenn es sich in der Familie, in der es aufwüchse, geborgen fühle. Wer selbst nur leibliche Elternschaft kenne, bringe das Wort Vater und Mutter oft voreilig in Verbindung mit Blutsverwandtschaft, ein Denkvorgang, der Adoptivkindern fremd sei. Eltern-Kind-Beziehungen entstünden und reiften eben durch das tägliche Miteinander, durch Zuwendung, nicht aber durch Zeugung oder Geburt.

(ccc) Stellungnahme
Frank ist insofern zuzustimmen, dass eine Eltern-Kind-Beziehung primär durch soziale Bindungen und nicht durch Blutsbande entsteht. Nichtsdestotrotz ist dies kein Argument dafür, allen im Wege heterologer Insemination gezeugten Kindern insgesamt ihr persönliches Interesse an der Ergründung ihrer biologischen Herkunft abzusprechen. Ob dieser Wunsch vorhanden ist, kann jeder Mensch bloß für sich persönlich beantworten.

Auch die biologisch-genetischen Ansätze von *Hassenstein* und *Koch* haben Recht, wenn sie festschreiben, dass nicht zwingend ein Erkenntnisgewinn zur Individualitätsfindung mit der Kenntnis des biologischen Erzeugers verbunden sein muss. Doch auch dass nicht immer eine Erkenntnis gewonnen werden kann, muss nicht zur Unterbindung des Versuches selbst führen. Die Motive, weshalb Kinder ihre „wahren Eltern" aufsuchen, sind so vielgestaltig, dass pauschal nicht gesagt werden kann, wann ein Erkenntnisgewinn für das Kind vorliegt, da sich dieser stets anhand des persönlichen Motivs der Suche seines biologischen Vaters durch das Kind orientiert. Deshalb vermag auch dieser Ansatz nicht die Wichtigkeit der Ergründung der genetischen Herkunft für die Individualitätsentwicklung zu schmälern. Es ist folglich der ersten Auffassung zuzustimmen und die Kenntnis der genetischen Herkunft als konstitutives Element der Identitätsfindung anzusehen.

---

[213] *Koch*, FamRZ 1990, 569 (573); ebenso: *Smid*, JR 1990, 221 (224).
[214] *Frank*, FamRZ 1988, 113 (120).

(bb) Abwägung mit den Interessen des Spenders

Wie bereits mehrfach dargelegt, sind es vornehmlich finanzielle Aspekte, die den Spender zu einer anonymen Spende motivieren, weil er nicht unterhalts- und erbrechtlichen Ansprüchen des Kindes ausgesetzt sein möchte. Auf der anderen Seite ist es für das Kind von elementarer Wichtigkeit, seine genetische Identität und Herkunft zu erforschen. Das Interesse des Samenspenders ist zwar verständlich, doch muss es hinter dem Interesse des Kindes an der Ergründung seiner biologischen Herkunft zurücktreten. Der Spender hat bei Abgabe der Samenprobe die Wahl, ob er sich, trotz bestehender möglicher rechtlicher Konsequenzen zu einer Spende bereit erklärt. Dem Kind hingegen steht diese Wahlmöglichkeit nicht offen; es wird in die gegebenen Umstände hinein geboren, ohne dass es selbst darauf hätte Einfluss nehmen können. Außerdem geht es im Rahmen der Abwägung der anonymen Samenspende zunächst bloß um die Frage, ob das Kind die *Identität* des Spenders erfahren darf. Ob es Ansprüche gegen ihn stellt, ist erst in einem weiteren Schritt zu untersuchen. Da ein Ausschluss der unterhalts- und erbrechtlichen Ansprüche das Recht des Kindes auf Kenntnis der eigenen Abstammung nicht unmittelbar beeinträchtigen würde, kann die Abwägung an dieser Stelle durchaus anders ausfallen.

Doch – wie bereits eingangs erwähnt – muss das Recht des Kindes auf Kenntnis der eigenen Abstammung auch mit dem allgemeinen Persönlichkeitsrecht des Samenspenders abgewogen werden, da er unter Umständen – unabhängig von den finanziellen Ansprüchen des Kindes – nicht wünscht, dass diesem seine Identität preisgegeben wird.

Dazu ist zu bemerken, dass die Benachteiligung, die für den Spender aus dieser unter Umständen erfolgenden Konfrontation mit dem mit seinem Samen gezeugten Kind, hinter dem Interesse des Kindes, seine genetische Herkunft zu ergründen, zurück stehen muss. Die Belastungen, die für das Kind daraus resultieren, dass ihm ein Ergründen seiner biologischen Herkunft verschlossen sind, sind ungleich höher als die, die der Samenspender dadurch erleidet, dass er möglicherweise mit dem Kind in persona konfrontiert werden wird. Wie bereits mehrfach angesprochen ist es als konstitutives Merkmal der Ich-Findung anzusehen, dass ein Mensch seine genetische Herkunft ergründen kann. Wird ihm diese Möglichkeit verschlossen, so führt dies oftmals zu schweren seelischen Belastungen. Der Samenspender hingegen muss sich einer Verantwortung stellen, derer er sich sehenden Auges ausgesetzt hat. Auch an dieser Stelle ist nochmals zu betonen, dass ihm die Wahl offen stand, ob er sich auch einer solchen Konfrontation stellen kann und möchte. Schließlich ist jedem Samenspender bewusst, dass mit seinen Samen Kinder nicht nur gezeugt werden können, sondern dass er seine Probe explizit zu diesem Zweck abgibt. Vor diesem Hintergrund muss das Persönlichkeitsrecht des Spenders, dass seine Identität dem Kind nicht preisgegeben wird, hinter dem Recht des Kindes auf Kenntnis der eigenen Abstammung zurückstehen.

(cc) Abwägung mit dem „Familienfrieden"

Wenn zur Rechtfertigung der anonymen Samenspende der Familienfrieden herangezogen wird, mag dies allenfalls im Rahmen des Erziehungsrechts der Eltern noch solange angehen, wie das Kind nicht volljährig ist.[215] Ab diesem Zeitpunkt ist dem Kind selbst ein Entscheidungsrecht darüber einzuräumen, ob es seiner genetischen Herkunft auf den Grund gehen möchte. Der Familienfrieden vermag damit dauerhaft nicht die Anonymität des Spenders zu rechtfertigen.

(dd) Abwägung mit dem „Kindeswohl"
Betont wird weiter, dass im Falle der Offenlegung zu bedenken sei, dass die Aufklärung über die eigene Herkunft zu einer seelischen Belastung führen könne und mitunter schwierig zu verarbeiten sei (Gefahr der Traumatisierung).[216]

Richtig hieran ist, dass die doppelte Vaterschaft zu Problemen und Belastungen für das Kind führen kann.[217] Diese Belastungen bestehen aber weiter und werden vielleicht sogar erhöht, wenn das Kind zwar weiß, dass sein sozialer Vater nicht mit seinem genetischen Vater identisch ist, letzterer aber nicht identifiziert werden kann.[218] Auch Gesichtspunkte des Kindeswohls können somit eine anonyme Samenspende nicht rechtfertigen, sondern sprechen vielmehr für die Preisgabe der Identität des Samenspenders.

(ee) Zwischenergebnis
Eine Abwägung der verschiedentlichen Interessen und Verfassungsgüter führt zu dem Schluss, dass das Interesse des Kindes, seine genetische Herkunft zu ergründen, grundsätzlich die Interessen des Samenspenders überwiegt. Die anonyme Samenspende ist somit keine verfassungsrechtlich gerechtfertigte zulässige Einschränkung des Rechtes des Kindes auf Kenntnis der eigenen Abstammung.

bb) Ergebnis nach anderer Auffassung
Soweit in der ärztlichen Praxis die Identität des Spenders geheim gehalten wird, wird hierdurch das Recht des Kindes auf Kenntnis seiner Abstammung verletzt.[219] Die absolute Anonymität des Spenders verletzt ferner Gleichheitsrechte des Kindes nach Art. 3 Abs. 3 GG, da das Kind gegenüber scheinehelichen und adoptierten Kindern wegen seiner „Abstammung" benachteiligt wird. Lehnt man dies ab, liegt jedenfalls ein Verstoß gegen den allgemeinen Gleichheitssatz nach Art. 3 Abs. 1 GG vor, da das durch künstliche Befruchtung gezeugte Kind gegenüber scheinehelichen Kindern und Adoptivkindern rechtlich benachteiligt wird, ohne dass hierfür sachlich vertretbare Differenzierungsgründe ersichtlich sind (Verstoß gegen das Willkürverbot).[220]

---

[215] *Mansees*, NJW 1988, 2984 (2986).
[216] *Busse*, Das Recht des Kindes auf Kenntnis seiner Abstammung bei heterologer künstlicher Befruchtung, S. 186; *Mayer*, Kritisches zur künstlichen heterologen Insemination, S. 73.
[217] *Giesen*, JZ 1989, 364 (369).
[218] *Giesen*, JZ 1989, 364 (369).
[219] *Busse*, Das Recht des Kindes auf Kenntnis seiner Abstammung bei heterologer künstlicher Befruchtung, S. 180.
[220] *Busse*, Das Recht des Kindes auf Kenntnis seiner Abstammung bei heterologer künstlicher Befruchtung, S. 193 f.

c) Stellungnahme

Nicht nur das Recht des Kindes auf Kenntnis der eigenen Abstammung streitet für die Unzulässigkeit der anonymen Samenspende. Im Krankheitsfall kann es aus diagnostisch-therapeutischen Gründen erforderlich sein, auf den genetischen Vater zurückzugreifen.[221] Diesem Anliegen kann zwar auf andere Weise weitgehend dadurch Rechnung getragen werden, dass der „genetische Code" des Samenspenders registriert oder, anders ausgedrückt, eine medizinische Dokumentation den Beteiligten zugänglich gemacht wird.[222] Gleichwohl ist zu betonen, dass mit der Zusicherung einer anonymen Spende oft auch die fehlende Dokumentation über die Spenderidentität und die Krankheitsdaten des Spenders einhergeht. Ob dieses Anliegen dann trotzdem in ausreichendem Maße gesichert wäre, erscheint fraglich.

Auch besteht bei einer anonymen Samenspende die Gefahr inzestuöser Verbindungen.[223] Dieser Gefahr kann zum Teil jedenfalls durch die Auswahl der Samenspender und durch eine Beschränkung der Zahl der Kinder, die durch denselben Samenspender künstlich gezeugt werden dürfen, begegnet werden.[224] Jedoch sollte die Gefahr inzestuöser Beziehungen nicht überbewertet werden. Bei Ehebruchskindern in kleineren Gemeinden dürfte die spätere Inzestgefahr ungleich größer sein.[225]

Zusammenfassend lässt sich somit festhalten, dass eine anonyme Samenspende (primär) aufgrund des Rechtes des Kindes auf Kenntnis seiner eigenen Abstammung unzulässig ist. Damit ist die Vereinbarung zum einen sittenwidrig gemäß § 138 Abs. 1 BGB. Da sie darüber hinaus gegen das im ärztlichen Standesrecht verankerte Verbot verstößt, ergibt sich die Nichtigkeit dieser Abrede auch aus § 134 BGB, da das ärztliche Standesrecht nach herrschender Meinung ein Verbotsgesetz im Sinne der Vorschrift darstellt.[226]

Die getroffene Anonymitätsvereinbarung zwischen Samenspender und Samenspendearzt ist nichtig und damit weder in diesem Verhältnis noch im Verhältnis gegenüber Dritten rechtsverbindlich.

Aus der Unvereinbarkeit der anonymen Samenspende mit der Verfassung des Grundgesetzes folgt, dass sie, obwohl sie im Ausland allgemein anerkannt ist, in Deutschland nicht eingeführt werden könnte. Sie scheidet als Lösungsmodell zur rechtlichen Absicherung des Samenspenders aus.

---

[221] *Frank*, FamRZ 1988, 113 (119).
[222] *Frank*, FamRZ 1988, 113 (119).
[223] *Frank*, FamRZ 1988, 113 (119).
[224] *Frank*, FamRZ 1988, 113 (119).
[225] *Frank*, FamRZ 1988, 113 (119).
[226] BGH, Urt. v. 20. März 2003, AZ: III ZR 135/02, MedR 2003, 459 f.; ständige Rechtsprechung seit BGH, Urt. v. 22. Januar 1986, AZ: VIII ZR 10/85, NJW 1986, 2360 (2361); *Sack*, in: Staudinger, BGB, § 134, Rn. 309: aA *Taupitz*, JZ 1994, 221 ff. und *ders.*, Die Standesordnungen der freien Berufe, S. 1076 ff. und 1094.

5. Frage 2 – Auswirkungen der anonymen Samenspende auf die Wirksamkeit des Vertrages über die heterologe künstliche Befruchtung

Welche zivilrechtlichen Auswirkungen eine solche Anonymitätsvereinbarung auf den Vertrag über eine heterologe Insemination hat, ist umstritten.

a) Erste Auffassung – Sittenwidrigkeit des gesamten Vertrages (§ 138 Abs. 1 BGB)

Nach einer Auffassung führe die Vereinbarung einer anonymen heterologen Insemination zwischen *Arzt* und *Wunschmutter* zur Nichtigkeit des Inseminationsvertrages gemäß § 138 Abs. 1 BGB. Enthielte der Behandlungsvertrag zwischen Arzt und Patientin Abreden, die die Wahrung der Anonymität des Spenders zum Ziel hätten, so seien solche Abreden unwirksam, weil das Kind ein Recht auf Kenntnis der eigenen Abstammung habe[227]. Aus der Unwirksamkeit der mit der Wunschmutter getroffenen Vereinbarung folge die Gesamtnichtigkeit des Vertrages über die heterologe Insemination gemäß § 138 Abs. 1 BGB.

b) Andere Ansicht – Teilnichtigkeit des Vertrages (§ 139 BGB)

Eine andere Auffassung vertritt, dass bei der Vereinbarung einer Anonymitätszusicherung der Vertrag über die heterologe Insemination nicht insgesamt nichtig gemäß § 138 Abs. 1 BGB sei, sondern die Spezialregelung des § 139 BGB eingreife. Sittenwidrigkeit sei lediglich bezüglich der einzelnen Klausel, der sittenwidrigen Vereinbarung der anonymen heterologen Insemination, anzunehmen.[228] Nichtig sei in diesen Fällen damit nur die einzelne Klausel, nicht der gesamte Vertrag, da anzunehmen sei, dass die Beteiligten den Vertrag auch ohne diese Klausel geschlossen hätten (§ 139 BGB).[229]

c) Dritte Ansicht – Wirksamkeit des Vertrages

Einer dritten Auffassung zufolge habe die Vereinbarung einer Anonymitätszusicherung zwischen *Samenspender* und *Samenspende-* bzw. *Befruchtungsarzt* keinerlei Auswirkungen auf den Vertrag über die heterologe Insemination. Richtig sei, dass der Wunsch des Keimzellenspenders, anonym zu bleiben, dem Bedürfnis des Kindes, etwas über seine eigenen genetischen Wurzeln zu erfahren, diametral entgegenstünde.[230] Dem berechtigten Interesse des Kindes, seine Herkunft

---

[227] BVerfG, Beschl. v. 18. Januar 1988, AZ: 1 BvR 1589/87, NJW 1988, 3010 (3010); BGH, Urt. v. 7. April 1983, AZ: IX ZR 24/82, BGHZ 87, 169 (171); *Heinrichs*, in: Palandt, BGB, § 138, Rn. 48; *Diedrichsen*, in: Palandt, BGB, Einf v § 1591, Rn. 2; *Enders*, NJW 1989, 881 (883); *Giesen*, JZ 1985, 652 (660 f.); *Koch*, FamRZ 1990, 569 (572); *Mansees*, NJW 1988, 2984 (2987); *Müller*, FamRZ 1986, 635 (635).

[228] *Benecke*, Die heterologe künstliche Insemination im geltenden deutschen Zivilrecht, S. 94; *Waibl*, Kindesunterhalt als Schaden, S. 214.

[229] *Waibl*, Kindesunterhalt als Schaden, S. 223.

[230] *Laufs/Uhlenbruck*, Handbuch des Arztrechts, S. 382, Rn. 76.

zu erfahren, könne aber durch einen zivilrechtlichen Auskunftsanspruch entsprochen werden, ohne dass es der Unwirksamkeit des Vertrages bedürfe.[231]

d) Stellungnahme

Unstreitig ist zwischen den drei genannten Auffassungen, dass eine anonyme Samenspende mit Blick auf das verfassungsrechtlich geschützte Recht des Kindes auf Kenntnis der eigenen Abstammung unzulässig ist. Hinsichtlich der sich für den Vertrag über eine heterologe künstliche Befruchtung ergebenden Rechtsfolgen (keine Auswirkungen, Gesamtnichtigkeit gemäß § 138 Abs. 1 BGB oder Teilnichtigkeit gemäß § 139 BGB) muss danach differenziert werden *zwischen wem* die Vereinbarung zur Wahrung der Anonymität des Samenspenders getroffen wurde.

Wurde zwischen dem *Samenspendearzt* und dem *Samenspender* eine derartige Anonymitätsvereinbarung getroffen, so hat dies zunächst für den zwischen *Befruchtungsarzt* und *Wunschmutter* vereinbarten Vertrag über eine heterologe Insemination aufgrund der Relativität der Schuldverhältnisse keinerlei Auswirkungen. Anders könnte es sich möglicherweise gestalten, wenn der Samenspendearzt mit dem Befruchtungsarzt, der die heterologe Insemination anschließend vornimmt, identisch ist. In diesem Falle muss aber ebenfalls, da der Inseminationsvertrag nicht mit dem Samenspendearzt verbunden ist, eine gesonderte Anonymitätsvereinbarung mit der Wunschmutter getroffen worden sein, damit die Konsequenzen auf den Inseminationsvertrag festgestellt werden können. Schlussfolgerung ist, dass eine zwischen Arzt und Samenspender getroffene Vereinbarung über seine Anonymität den Vertrag über eine heterologe Insemination zunächst unberührt lässt. Weder § 138 BGB, noch § 139 BGB sind einschlägig.

Sollte jedoch auch im Verhältnis zwischen *Wunschmutter* und *Befruchtungsarzt* vereinbart worden sein, dass die Spenderidentität dem Kind nicht preisgegeben werden soll, so hat dies auch Auswirkungen auf den Vertrag über die heterologe Insemination. Die Abrede als solche ist wegen der Verletzung des Rechtes des Kindes auf Kenntnis seiner eigenen Abstammung sittenwidrig und damit nichtig i.S.d. § 138 Abs. 1 BGB. Die Annahme der Gesamtnichtigkeit des Vertrages gemäß § 138 Abs. 1 BGB wäre kontraproduktiv. Das Kind leitet seinen Auskunftsanspruch gegen den Befruchtungsarzt auf Benennung des Spenders direkt aus dem Vertrag über die heterologe Insemination über das Institut des Vertrages mit Schutzwirkung zugunsten Dritter ab.[232] Sollte dieser Vertrag wegen der getroffenen Anonymitätszusicherung nichtig sein, so wäre dem Kind eine Anspruchsgrundlage zur Geltendmachung seines Auskunftsverlangens genommen. Die Gesamtnichtigkeit des Vertrages gemäß § 138 Abs. 1 BGB würde also zu einem Zirkelschluss führen.

Führt eine Auslegung des Vertrages über die Durchführung der heterologen künstlichen Befruchtung zu dem Ergebnis, dass der Vertrag nach dem Willen der Parteien (Befruchtungsarzt und Wunschmutter) auch bei Unwirksamkeit der Ab-

---

[231] *Laufs/Uhlenbruck*, Handbuch des Arztrechts, S. 382, Rn. 76.
[232] Siehe unten C. II. 2. f. dd.

rede dem Grunde nach bestehen bleiben soll, ist bei der Vereinbarung einer Anonymitätsabrede zwischen Wunschmutter und Befruchtungsarzt aufgrund der Nichtigkeit dieser Abrede eine Teilnichtigkeit des Inseminationsvertrages hinsichtlich der Anonymitätsabrede gemäß § 139 BGB anzunehmen.

6. Frage 3 – Auskunftsanspruch des Kindes

Gegenstand des nun folgenden Abschnitts ist, ob dem Kind aus seinem Recht auf Kenntnis der eigenen Abstammung ein durchsetzbarer Anspruch gegen den Samenspendearzt auf Preisgabe der Identität des Samenspenders folgt.

Das Bundesverfassungsgericht hat zu dieser Frage bemerkt, dass das allgemeine Persönlichkeitsrecht kein Recht auf *Verschaffung* von Kenntnissen der eigenen Abstammung (Art. 2 Abs. 1 i.V.m. Art. 1 Abs. 1 S. 1 GG) verleihe, sondern nur vor der *Vertuschung* bei ordnungsgemäßer Dokumentation festzuhaltenden und auch *erlangbaren* Informationen durch andere schützen könne.[233]

a) Dokumentationspflicht des Samenspendearztes

Welche Folgen sich für den Gesetzgeber aus dieser Feststellung des Bundesverfassungsgerichts ergeben, ist streitig. Insbesondere wird diskutiert, ob daraus für den Gesetzgeber die Pflicht folgt, eine Dokumentationspflicht für den Samenspendearzt bezüglich der Identität des Samenspenders gesetzlich zu normieren. Eine solche gesetzliche Normierung der Dokumentationspflicht der Identität des Samenspenders durch den Samenspendearzt würde die Durchsetzung des Auskunftsanspruches des Kindes gegen den Samenspendearzt wesentlich erleichtern. Bislang ergibt sich eine derartige Dokumentationspflicht bloß aus dem ärztlichen Standesrecht.

aa) Erste Auffassung – Dokumentationspflicht aufgrund staatlicher Schutzpflicht
aaa) Gesetzliche Normierung einer ärztlichen Dokumentationspflicht

Die erste Auffassung nimmt an, dass aus dem vom Bundesverfassungsgericht erlassenen Verbot der *Vorenthaltung* der *erlangbaren* Informationen für die künstliche Reproduktion auch die Pflicht folge, für ermittelbare und erstellbare Informationen über die Herkunft einer Person Sorge zu tragen – dass mithin eine gesetzliche Dokumentationspflicht für den Arzt normiert werden müsse.[234] Schließlich sei bei der heterologen Insemination in aller Regel die Identität des Spenders

---

[233] BVerfG, Urt. v. 31. Januar 1989, AZ: 1 BvL 17/87, JZ 1989, 335 (336); *Giesen*, JZ 1989, 364 (368); ebenso: *Starck*, JZ 1989, 338 (338 f.).

[234] *Brohm*, JuS 1998, 197 (202); *Busse*, Das Recht des Kindes auf Kenntnis seiner Abstammung bei heterologer künstlicher Befruchtung, S. 122, Fn. 54; *Coester-Waltjen*, FamRZ 1992, 369 (372); *Giesen*, JZ 1989, 364 (369); *Merz*, Problematik artifizieller menschlicher Fortpflanzung, S. 171, 189; *Starck*, JZ 1989, 338 (339).

(zumindest dem für das Verfahren zuständigen Arzt) bekannt oder doch jedenfalls zugänglich.[235]

Bei der Verneinung der Erforderlichkeit einer gesetzlichen Dokumentationspflicht des Arztes über die Identität des Samenspenders könne der Staat ansonsten seiner verfassungsrechtlich gebotenen Schutzpflicht gegenüber dem Kind nicht mehr Genüge tun. Ein effektiver Schutz des Persönlichkeitsrechts, das die Ausübung des Rechts auf Kenntnis der eigenen Abstammung in der Zukunft ermögliche, gebiete daher, die gesetzlich erforderlichen Regelungen zum frühstmögliche Zeitpunkt zu erlassen;[236] anderenfalls drohe ein „Verlust der Verantwortung" des Staates für das Wohl des Kindes.[237]

bbb) Dokumentation bei den Landesärztekammern

Schumacher[238] geht sogar noch weiter. Eine zuverlässige Durchsetzung des Rechts auf Kenntnis der eigenen Abstammung sei nur dann gewährleistet, wenn die Daten der Keimzellenspender dem Kind noch nach langer Zeit zugänglich seien. Mit einem Anspruch gegen den Arzt auf Bekanntgabe der dokumentierten Daten der Keimzellenspender bzw. auf Einsicht in die entsprechenden Unterlagen sei es somit nicht getan[239] – und zwar schon deshalb nicht, weil es für das Kind oft schwierig sei, die ärztliche Einrichtung, in der die künstliche Befruchtung vorgenommen wurde, in Erfahrung zu bringen.[240] Er plädiert deshalb dafür, dass die Datenvorhaltung in einem bei den Landesärztekammern einzurichtenden Register erfolgen solle.[241]

Im vergangenen Jahr novellierte die Bundesärztekammer die Richtlinie zur Durchführung der assistierten Reproduktion und schrieb dort in Punkt 5.4.1 fest, dass ein deutsches IVF-Register zum Zwecke der Verfahrens- und Qualitätssicherung durch die Ärztekammern geführt werden solle.[242] Dies stellt aber noch keine durch den Gesetzgeber legitimierte Dokumentationspflicht für die Ärzteschaft dar.

---

[235] *Giesen*, JZ 1989, 364 (369).
[236] *Busse*, Das Recht des Kindes auf Kenntnis seiner Abstammung bei heterologer künstlicher Befruchtung, S. 184.
[237] *Coester-Waltjen*, FamRZ 1984, 230 (230); *Starck*, JZ 1989, 338 (338).
[238] *Schumacher*, FamRZ 1987, 313 (320).
[239] Nach den ärztlichen Berufsordnungen sind die Dokumente in der Regel (nur) zehn Jahre aufzubewahren; vgl. z.B. § 11 Abs. 2 der Berufsordnung für die nordrheinischen Ärzte – *Schumacher*, FamRZ 1987, 313 (320), Fn. 69.
[240] *Schumacher*, FamRZ 1987, 313 (320).
[241] *Schumacher*, FamRZ 1987, 313 (321).
[242] (Muster-) Richtlinie zur Durchführung der assistierten Reproduktion, DÄBl. 2006, A 1392 (A 1398).

bb) Andere Ansicht – Ablehnung einer gesetzlich normierten Dokumentationspflicht

Andere zweifeln an einer so weitgehenden Aussagewirkung des Urteils des Bundesverfassungsgerichts und verneinen die Pflicht des Gesetzgebers, normativ eine Dokumentationspflicht des Arztes zu begründen.[243]

Dem Urteil des Bundesverfassungsgerichts sei nicht ohne weiteres zu entnehmen, dass der Gesetzgeber verpflichtet sei, eine mögliche Anonymität des Samenspenders als leiblichen Vater unter allen Umständen auszuschließen.[244] Denn das Bundesverfassungsgericht habe den Begriff der „erlangbaren Informationen" rein tatsächlich verstanden und ihn auf das bei den Beteiligten bereits vorhandene Wissen begrenzt.[245] Dagegen habe es nicht davon gesprochen, dass der Gesetzgeber den Beteiligten entsprechende Informationspflichten auferlegen müsse.[246] Auch bislang statuiere das geltende Recht schließlich, aus nahe liegenden Gründen, keine positive Pflicht der Frau, sich jederzeit der Identität des Geschlechtspartners zu versichern.[247] Eine solche Verpflichtung solle mithin auch nicht für den Samenspendearzt begründet werden.

cc) Stellungnahme

Die zweitgenannte Auffassung ist abzulehnen. Das Argument, dass eine Frau nicht verpflichtet werden könne, sich über die Identität ihres Sexualpartners bewusst zu werden, mag stimmen; jedoch lässt sich eine demgegenüber abweichende Einschätzung der künstlichen Befruchtung mit Blick auf die Technizität des Vorgangs und unter Hinweis darauf rechtfertigen, dass sich die Beteiligten ohnehin eines Stücks der Intimsphäre begeben.[248]

Außerdem würde das Recht des Kindes auf Kenntnis der eigenen Abstammung zum stumpfen Schwert verkommen, wenn der Samenspendearzt nicht verpflichtet würde, den Spender zu dokumentieren. Der Möglichkeit der anonymen Samenspende „durch die Hintertür" wären Tür und Tor geöffnet.

Diese Dokumentationspflicht greift auch nicht in Persönlichkeitsrechte der sozialen Eltern oder des Spenders ein. Da Samenspenden und Samenverabreichungen, an denen Dritte (Ärzte) mitwirken, sich nicht im geschlechtlichen Intimbereich zweier Personen abspielen, muss der Staat die Ärzte verpflichten, den Namen des Spenders auf zuverlässige Weise zu dokumentieren, damit das Kind im Bedarfsfalle nach Erreichen der Volljährigkeit seine Abstammung feststellen lassen kann.[249] Nur durch solch eine Dokumentationspflicht, die die Anonymität gegenüber der Mutter und ggf. deren Ehemann für die Zeit des Aufwachsens des Kindes nicht ausschließt, schützt der Staat „vor der Vorenthaltung erlangbarer Information" über die Abstammung.[250] Inhalt der Dokumentationspflicht sollte

---

[243] *Enders*, NJW 1989, 881 (883).
[244] *Enders*, NJW 1989, 881 (884).
[245] *Enders*, NJW 1989, 881 (884).
[246] *Enders*, NJW 1989, 881 (884).
[247] *Enders*, NJW 1989, 881 (884).
[248] *Enders*, NJW 1989, 881 (884).
[249] *Starck*, JZ 1989, 338 (339).
[250] *Giesen*, JZ 1989, 364 (369); *Starck*, JZ 1989, 338 (339).

sein, dass der Samenspendearzt den Spender dergestalt im ärztlichen Tätigkeitsbogen schriftlich fixieren muss, dass dessen Identität noch nach geraumer Zeit feststellbar ist.[251] Auch wenn der Ärzteschaft dadurch eine weitere zusätzliche Dokumentationspflicht aufgebürdet wird, so kann dies in diesem Fall leider nicht vermieden werden. Ob darüber hinaus noch eine Registrierung bei der Ärztekammer erfolgen muss, ist dem Gesetzgeber überlassen, da ihm insofern ein Entscheidungsspielraum zusteht, inwiefern er der Geltendmachung des Rechtes des Kindes auf Kenntnis der eigenen Abstammung zur Geltung verhelfen möchte. Denkbar wäre, dass er zu der Umsetzung eines solchen Verfahrens auf den Vorschlag der Bundesärztekammer in Punkt 5.4.1 der (Muster-) Richtlinie zur Durchführung der assistierten Reproduktion (2006) zurückgreift und ein zentrales Deutsches IVF-Register einrichtet.

Bislang liegt eine solche gesetzliche Normierung der Dokumentationspflicht nicht vor. Um das Recht des Kindes auf Kenntnis der eigenen Abstammung zu schützen, ist es notwendig, dass auch bereits jetzt – trotz des Fehlens einer entsprechenden Regelung – eine derartige Dokumentation erfolgt. Die Pflicht zu einer solchen Dokumentation ergibt sich aus einer verfassungskonformen Auslegung der bisherigen im ärztlichen Berufsrecht normierten allgemeinen Dokumentationspflicht im Lichte des über das allgemeine Persönlichkeitsrecht hergeleitete Recht des Kindes auf Kenntnis der eigenen Abstammung.

Dem Kind ist damit grundsätzlich ein Auskunftsanspruch gegen den Arzt auf Preisgabe der Identität des Samenspenders zuzugestehen.

b) Kollision des Auskunftsanspruches mit der Schweigepflicht des Arztes (§ 203 Abs. 1 Nr. 1 StGB)

Selbst bei Dokumentation der Identität des Samenspenders durch den Samenspendearzt fragt sich aber, ob der Samenspendearzt als Berufsgeheimnisträger, der der ärztlichen Schweigepflicht unterliegt, die Auskunft an das Kind bei Fehlen einer entsprechenden Entbindung von der Schweigepflicht durch den Samenspender erteilen kann, ohne gemäß § 203 Abs. 1 Nr. 1 StGB strafbar zu sein. § 203 Abs. 1 Nr. 1 StGB pönalisiert den Tatbestand, dass der Arzt ein ihm anvertrautes oder bekannt gewordenes fremdes Geheimnis unbefugt offenbart.[252] Streitig ist, ob die Regelung des § 203 Abs. 1 Nr. 1 StGB der Durchsetzbarkeit des Auskunftsanspruches des Kindes damit entgegensteht.

aa) Erste Auffassung – § 203 Abs. 1 Nr. 1 StGB hindert Auskunftsanspruch

Eine Meinung in der Literatur[253] vertritt, dass die Regelung des § 203 Abs. 1 Nr. 1 StGB die Durchsetzbarkeit des Auskunftsanspruches des Kindes hindere. Sollte der Arzt dem Kind die Identität des Samenspenders preisgeben, so verrate

---

[251] *Müller*, FamRZ 1986, 635 (636).
[252] *Müller*, FamRZ 1986, 635 (636).
[253] *Gottwald*, in: Festschrift für Hubmann, S. 121.

er unbefugt ein fremdes Geheimnis[254] und erfülle damit den objektiven Tatbestand des § 203 Abs. 1 Nr. 1 StGB. Zu den Geheimnissen i.S.d. § 203 StGB gehöre zweifellos auch die Person des Samenspenders.[255]

Auch handle der Arzt bei Preisgabe der Identität des Samenspenders rechtswidrig. Eine rechtfertigende Befugnis zur Offenbarung sei zwar gegeben, wenn der sonst Schweigepflichtige auf Grund besonderer Gesetze zur Offenbarung verpflichtet oder berechtigt sei.[256] Dazu bedürfe es jedoch einer gesetzlichen Grundlage, welche derzeit (noch) fehle. Auch eine Rechtfertigung aufgrund übergesetzlichen Notstandes komme nicht in Betracht, da die Güterabwägung für die Geheimhaltung der Identität des Samenspenders streite. Bei der Abwägung der Interessen seien die ideellen und materiellen Interessen des Kindes zwar hoch zu veranschlagen, höher müsse aber die auch im öffentlichen Interesse stehende dem Arzt auferlegte Schweigepflicht bewertet werden.[257]

Dieser Auffassung folgend könne der Arzt damit nicht verpflichtet sein, den blutsmäßigen Vater zu offenbaren,[258] weil ihm die drohende Strafbarkeit (und der mögliche Entzug der Approbation) gemäß § 203 Abs. 1 Nr. 1 StGB nicht zugemutet werden könne.

bb) Andere Auffassung – Restriktive Anwendung des § 203 Abs. 1 Nr. 1 StGB

Eine andere Auffassung befürwortet eine restriktive Anwendung des § 203 Abs. 1 Nr. 1 StGB, da bei der Preisgabe der Identität des Samenspenders durch den Samenspendearzt weder der Schutzzweck der Norm tangiert sei,[259] des weiteren Bedenken an der Erfüllung des (objektiven) Tatbestandes bestünden[260] und der Arzt zuletzt auch gerechtfertigt handle. Nach dieser Auffassung stünde § 203 Abs. 1 Nr. 1 StGB der Durchsetzbarkeit des Auskunftsanspruches des Kindes gegen den Samenspendearzt auf Preisgabe der Identität des Samenspenders nicht entgegen.

cc) Stellungnahme

Die Vorschrift des § 203 Abs. 1 Nr. 1 StGB dient in erster Linie dem Individualinteresse dessen, der medizinischen Rat in Anspruch nimmt;[261] um eine zutreffende Diagnose zu ermöglichen, hat der Patient dem Arzt dabei mitunter Ein-

---

[254] Zwar ist umstritten, ob das Wort „unbefugt" dem Tatbestand des § 203 Abs. 1 StGB zuzuordnen ist oder der Geheimnisträger bei nicht unbefugtem Handeln gerechtfertigt wäre. Dieser strafrechtsdogmatische Streit bedarf hier keiner Vertiefung, da jedenfalls bei befugtem Handeln eine Strafbarkeit des die Identität des Samenspenders preisgebenden Arztes entfällt.
[255] *Pasquay*, Die künstliche Insemination, S. 177 f.
[256] *Lenckner*, in: Schönke/Schröder, StGB, § 203, Rn. 29.
[257] *Pasquay*, Die künstliche Insemination, S. 178.
[258] *Deutsch*, MDR 1985, 177 (181); *Pasquay*, Die künstliche Insemination, S. 188.
[259] *Zimmermann*, FamRZ 1981, 929 (932).
[260] *Mansees*, NJW 1988, 2984 (2985).
[261] *Tröndle/Fischer*, StGB, § 203, Rn. 1; *Maurach/Schroeder/Maiwald*, Strafrecht, BT, Teilband 1, § 29 I, Rn. 4; *Schmidhäuser*, Strafrecht, BT, 6/27.

blick in Lebensbereiche gegeben, die er normalerweise einem Fremden nicht eröffnen würde.[262] Ansatzpunkt der Geheimhaltungspflicht ist mithin die Zwangslage des Patienten, der seine Nöte und Sorgen seinem Arzt gegenüber offenbaren muss.[263] Hieran fehlt es im Verhältnis zum Samenspender. Dieser befindet sich nicht im eigentlichen Sinne in der Behandlung des Arztes. Er muss sich nicht, um hinsichtlich einer Krankheit fachmännischen Rat zu bekommen, in dessen Vertrauenssphäre begeben und sich ihm „eröffnen".[264] Schon deshalb kann einem Keimzellspender gegenüber keine uneingeschränkte ärztliche Schweigepflicht bestehen.[265]

Zwar schützt § 203 Abs. 1 StGB neben diesem Zweck auch das Allgemeininteresse an der Verschwiegenheit der in Krankheit und Rechtsnot helfenden Berufe.[266] Dieses Vertrauen in die Ärzteschaft als Berufsgeheimnisträger wird durch eine einschränkende Anwendung des § 203 Abs. 1 StGB aber nicht erschüttert.[267] Eine anonyme Samenspende ist, wie bereits dargestellt wurde, aufgrund der daraus resultierenden Grundrechtsverletzung des Kindes, unzulässig.[268] Verschwiegenheit in rechtlich missbilligten Beziehungen kann nicht dem überindividuellen Interesse an einer guten allgemeinen Gesundheitspflege dienen.[269] Folglich ist schon der Schutzzweck der Norm des § 203 Abs. 1 Nr. 1 StGB bei einer Preisgabe der Daten durch den Samenspendearzt nicht tangiert.

Doch auch an der Erfüllung des objektiven Tatbestandes des § 203 Abs. 1 Nr. 1 StGB bestehen Zweifel, da derjenige, der die Auskunft verlangt (das heterolog in-vitro-gezeugte Kind), Ergebnis einer Handlung des Arztes ist und damit nicht ein unbeteiligter Dritter i.S.d. Vorschrift.[270]

Weiter entfällt eine Strafbarkeit des Arztes mangels Rechtswidrigkeit des Handelns, da die Offenbarung durch den Arzt nicht unbefugt ist.[271] Eine Rechtfertigung im Rahmen des übergesetzlichen Notstandes ergibt sich aus dem Ergebnis der Abwägung, dass das Recht des Kindes auf Auskunftserteilung Vorrang gegenüber den Interessen des Samenspenders und des Samenspendearztes einzuräumen ist.[272]

Deshalb kann § 203 Abs. 1 Nr. 1 StGB auch nicht dem Auskunftsanspruch entgegenstehen, wenn dem Spender ausdrücklich die Wahrung seiner Anonymität zugesichert wurde. Zwar erhält der Spendervorgang damit Geheimnischarak-

---

[262] *Zimmermann*, FamRZ 1981, 929 (932).
[263] *Zimmermann*, FamRZ 1981, 929 (932).
[264] *Zimmermann*, FamRZ 1981, 929 (932).
[265] *Mansees*, NJW 1988, 2984 (2985) – danach vermag auch eine rechtsgeschäftliche Abrede zwischen Arzt und Spender nicht zum Nachteil des Kindes zu wirken. Sie stellt einen unwirksamen Vertrag zu Lasten Dritter dar.
[266] *Lackner/Kühl*, StGB, § 203, Rn. 1; *Geppert*, Die ärztliche Schweigepflicht im Strafvollzug, S. 11; *Ulsenheimer*, Arztstrafrecht, Rn. 361.
[267] *Zimmermann*, FamRZ 1981, 929 (932).
[268] Siehe oben C. III. 4.
[269] *Zimmermann*, FamRZ 1981, 929 (932).
[270] *Mansees*, NJW 1988, 2984 (2985).
[271] *Müller*, FamRZ 1986, 635 (636); *Zimmermann*, FamRZ 1981, 929 (932).
[272] *Müller*, FamRZ 1986, 635 (636); *Zimmermann*, FamRZ 1981, 929 (932).

ter.²⁷³ Doch kann die ärztliche Schweigepflicht nicht dazu herhalten, unerlaubte Handlungen zu legitimieren; genau dies würde sie jedoch, da durch die Berufung auf sie dem Kind ein Schaden zugefügt und sein aus der Verfassung herzuleitender und damit in jedem Falle höherrangiger Anspruch auf Kenntnis der eigenen Abstammung vereitelt würde.²⁷⁴

Eine restriktive Anwendung des § 203 Abs. 1 Nr. 1 StGB ist folglich vorzugswürdig. Danach liegt eine Strafbarkeit des Arztes bei Offenbarung der Identität des Samenspenders nicht vor und der streitauslösende Interessenkonflikt für den Samenspendearzt ist zu verneinen. Die Vorschrift des § 203 Abs. 1 Nr. 1 StGB steht dem Auskunftsbegehren des Kindes folglich nicht entgegen.

Sollte man trotzdem der Auffassung sein, dass allein die Gefahr einer Strafbarkeit nach § 203 Abs. 1 Nr. 1 StGB oder die Gefahr des Entzuges der Approbation dazu führe, dass es für den Arzt unzumutbar sei, die Identität des Spenders preiszugeben, so kann dies zukünftig dadurch vermieden werden, dass zugunsten der Ärzteschaft eine Offenbarungsbefugnis im Falle der heterologen Insemination normiert wird, welche sogar aus der (noch zu normierenden) Dokumentationspflicht bezüglich der Identität des Spenders begründet werden kann.

c) Wertungswiderspruch zur fehlenden Vollstreckbarkeit des Auskunftsanspruches gegen die Kindsmutter

Dem Auskunftsanspruch des Kindes könnte weiter entgegenstehen, dass sich ein Wertungswiderspruch zu dem Umstand ergibt, dass gegen die Kindsmutter ein Auskunftsanspruch auf Benennung des biologischen Vaters/Erzeugers nicht vollstreckt werden kann, sofern ein solcher angenommen wird.

Zunächst ist streitig, ob dem Kind gegen die Mutter – z.B. bei einem geschlechtlichen Betrug ihres Ehemannes – ein Auskunftsanspruch auf Benennung des leiblichen Vaters zusteht und ob dieser Anspruch gegen die Kindsmutter vollstreckbar ist.

aa) Erste Auffassung – Durchsetzbarkeit des Auskunftsanspruches gegen die Kindsmutter

Eine Auffassung sieht sowohl in der Begründung als auch in der Vollstreckbarkeit des Auskunftsanspruches gegen die Kindsmutter keine Schwierigkeiten. Laut *Mansees* stünde dem Kind gegen seine Mutter durchaus ein Auskunftsanspruch auf Benennung des leiblichen Vaters aus §§ 242 i.V.m. 1618 a BGB zu. Die Berufung auf die Wahrung der Intimsphäre gegenüber dem Kind vermöge den Eingriff in ein Grundrecht des Kindes insbesondere dann nicht zu rechtfertigen, wenn er sich auf den Entstehungsgrund des Kindes beziehe.²⁷⁵

---

273 *Zimmermann*, FamRZ 1981, 929 (932).
274 *Merz*, Problematik artifizieller menschlicher Fortpflanzung, S. 190; *Zimmermann*, FamRZ 1981, 929 (932); dass das Recht des Kindes auf Kenntnis der eigenen Abstammung grundsätzlich das Interesse des Samenspenders daran, anonym zu bleiben, überwiegt, war bereits ausführlicher Gegenstand der Diskussion zur Zulässigkeit einer sog. anonymen Samenspende, siehe oben C. III. 4. b. bbb. (2) (b) (bb).
275 *Mansees*, NJW 1988, 2984 (2985).

bb) Andere Auffassung – Fehlende Vollstreckbarkeit des Auskunftsanspruches gegen die Kindsmutter (§ 888 Abs. 1 ZPO)

Die Gegenauffassung[276] verneint hingegen (zumindest) die Möglichkeit der zwangsweisen Durchsetzung des Auskunftsanspruches auf Benennung des leiblichen Vaters gegen die Kindsmutter.

Begründet wird dies vornehmlich mit dem entgegenstehenden Persönlichkeitsrecht der Kindsmutter. Der Bundesgerichtshof habe anerkannt, dass es zum allgemeinen Persönlichkeitsrecht und zu der grundrechtlich geschützten Intimsphäre der Mutter gehöre, den Namen des Vaters nicht preiszugeben.[277] Damit habe die Rechtsprechung das Interesse des Kindes nicht nur am Wissen um seine Abstammung, sondern auch an der unterhaltsrechtlichen Absicherung für die Zukunft hinter den Schutz der Intimsphäre der Mutter zurücktreten lassen.[278] Hinter dieser Rechtsprechung stünde selbstverständlich auch die Überlegung, dass im Falle einer Verurteilung der Mutter, den Namen des Erzeugers preiszugeben, eine zwangsweise Durchsetzung des Urteilsspruchs erfolgen müsse.[279] Zwangsvollstreckung aber hieße, dass die Mutter durch Zwangsgeld oder Zwangshaft angehalten werden müsste, den Erzeuger zu benennen (§ 888 Abs. 1 ZPO).[280] Somit wird der Auskunftsanspruch gegen die Kindsmutter als nicht vollstreckbar und damit nicht durchsetzbar eingestuft.

Dieser Umstand der fehlenden Vollstreckbarkeit gegen die Kindsmutter könnte zu der Annahme verleiten, dass auch bei der heterologen Insemination ein Auskunftsanspruch des Kindes gegen den Samenspendearzt zu verneinen ist. Doch ist zu bemerken, dass die Interessenlage nicht vergleichbar ist. Im Falle der heterologen Insemination hat der Samenspendearzt gegenüber dem auf diesem Wege gezeugten Kind kein entgegenstehendes, höherrangiges (Persönlichkeits-)Recht, welches der Durchsetzung des Anspruches entgegenstehen könnte. Ein Wertungswiderspruch zu der benannten Rechtsprechung ist bei der Zubilligung eines Auskunftsanspruches nicht gegeben.

d) Wertungswiderspruch zu der so genannten „Inkognito-Adoption"

Zuletzt ist umstritten, ob durch die Möglichkeit einer so genannten „Inkognito-Adoption" gemäß § 1747 Abs. 2 S. 2 BGB ein Wertungswiderspruch gegenüber der Bejahung eines Auskunftsanspruches des Kindes gegen den Samenspendearzt begründet wird.

---

[276] *Frank*, FamRZ 1988, 113 (116); *Koch*, FamRZ 1990, 569 (572); *Moritz*, JURA 1990, 134 (140); *Müller*, FamRZ 1986, 635 (636).
[277] BGH, Beschl. vom 11. November 1981, AZ: IV b ZB 783/81, NJW 1982, 381 (381); ebenso: *Koch*, FamRZ 1990, 569 (571 f.); *Merz*, Problematik artifizieller menschlicher Fortpflanzung, S. 190.
[278] *Frank*, FamRZ 1988, 113 (116).
[279] *Frank*, FamRZ 1988, 113 (116).
[280] *Frank*, FamRZ 1988, 113 (116); ebenso: *Moritz*, JURA 1990, 134 (140).

Aus § 1747 Abs. 2 S. 2 BGB ergibt sich, dass in eine Adoption auch seitens der abgebenden Eltern eingewilligt werden kann, wenn den abgebenden Eltern die Identität der annehmenden Eltern nicht bekannt ist.

aa) Erste Ansicht – Vorliegen eines Wertungswiderspruches zur „Inkognito-Adoption"

Die erste Auffassung schließt aus der nach § 1747 Abs. 2 S. 2 BGB zulässigen Inkognitoadoption, wodurch der Kontakt des Kindes mit den leiblichen, also genetischen Eltern erschwert werde, dass dem Kind kein Auskunftsanspruch auf Preisgabe der Identität der genetischen Eltern zustehe.[281]

bb) Andere Ansicht – Parallele Regelung zur „Inkognito-Adoption"

Die gegenteilige Auffassung hält die Conclusio, von der Regelung des § 1747 Abs. 2 S. 2 BGB auf die fehlende Durchsetzbarkeit des Auskunftsanspruches des heterolog gezeugten Kindes gegen den Samenspendearzt zu schließen, für verfehlt.[282] Denn § 61 Abs. 2 S. 1 PStG gewährleiste, dass das adoptierte Kind nach Erreichen des 16. Lebensjahres Einsicht in seinen Geburtseintrag nehmen könne, in dem festgehalten sei, wer vor der Adoption die Eltern des Adoptivkindes waren, also in aller Regel dessen genetische Eltern,[283] was eine einfachgesetzliche Konkretisierung des verfassungsrechtlich geschützten Rechts des Kindes auf Kenntnis der eigenen Abstammung darstelle.

cc) Stellungnahme

Einen Auskunftsanspruch des Kindes unter Verweis auf die so genannte Inkognitoadoption zu verneinen, ist verfehlt. *Inkognitoadoptionen* sind Adoptionen von Kindern durch einen bestimmten (in aller Regel in der Liste der Adoptionsvermittlungsstelle unter einer festen Nummer eingetragenen), den Eltern aber unbekannten Annehmenden.[284] Damit ist es dem Kind, welches zur Adoption freigegeben wird, nicht dauerhaft verwehrt, seine „biologischen Eltern" in Erfahrung zu bringen, sondern aus Kindeswohlschutzgesichtspunkten ist es den abgebenden Eltern erschwert, in Kontakt mit dem Kind zu treten. Bei dem hier in Rede stehenden Auskunftsanspruch liegt die Situation aber genau umgekehrt, so dass die Situationen per se nicht vergleichbar sind.

Doch ist dem Verweis auf die Regelung des § 61 Abs. 2 S. 1 PStG Beachtung zu schenken, wonach das adoptierte Kind nach Erreichen seines sechzehnten Lebensjahres Einblick in seinen Geburteneintrag nehmen kann. Diese Regelung stellt nicht bloß eine Konkretisierung des Rechtes des Kindes auf Kenntnis der eigenen Abstammung dar. Vielmehr wird dort nach Abwägung der Interessen des Kindes, der sozialen Eltern und der abgebenden Eltern eine zeitliche Grenze zur Geltendmachung des Auskunftsanspruches normiert. Ein Wertungswiderspruch zu den Regelungen der Inkognitoadoption würde nunmehr begründet,

---

[281] *Deichfuß*, NJW 1988, 113 (115); ebenso: *Holzhauer*, FamRZ 1986, 1162 (1163).
[282] *Giesen*, JZ 1989, 364 (368).
[283] *Giesen*, JZ 1989, 364 (368).
[284] *Gernhuber/Coester-Waltjen*, Familienrecht, § 68 V, S. 854, Rn. 48.

sollte eine derart altersabhängige Grenze nicht für den Auskunftsanspruch des Kindes im Falle der heterologen Insemination gelten.

Dem Auskunftsanspruch sollte demnach eine dilatorische Einrede entgegengehalten werden können, wonach aus Gründen der Gleichbehandlung des heterolog in-vitro-gezeugten Kindes und des adoptierten Kindes (Art. 3 Abs. 1 und Abs. 3 GG) der Auskunftsanspruch gegen den Samenspendearzt auch frühestens mit Vollendung des 16. Lebensjahres geltend gemacht werden können sollte. Festzuhalten ist, dass dem Bestehen des Auskunftsanspruches als solchen die adoptionsrechtliche Regelung aber nicht entgegensteht, vielmehr hat dort das Recht auf Kenntnis der eigenen Abstammung eine einfachgesetzliche Konkretisierung erfahren.

e) Zwischenergebnis

Dem Kind steht gegen den Samenspendearzt grundsätzlich ein Auskunftsanspruch auf Preisgabe der Identität des Samenspenders zu. Dieser ist jedoch gemäß dem Rechtsgedanken des § 61 Abs. 2 S. 1 PStG frühestens mit Vollendung des 16. Lebensjahres durchsetzbar.

f) Anspruchsgrundlage des Auskunftsanspruches

Die letzte rechtliche Frage im Zusammenhang mit dem Auskunftsanspruch des Kindes gegen den Samenspendearzt auf Benennung des Samenspenders ist, aus welcher Anspruchsgrundlage dieser Auskunftsanspruch herzuleiten ist.

aa) Erste Auffassung – § 12 BGB

Die erste Auffassung leitet den Auskunftsanspruch des Kindes aus § 12 BGB (Namensrecht) ab, da das Recht auf Kenntnis der eigenen Abstammung seine bürgerlich-rechtliche Grundlage in § 12 BGB habe.[285] Denn das durch § 12 BGB geschützte Persönlichkeitsrecht sei nicht auf den Namen als abstrakte Größe beschränkt. Zum Namen gehöre vielmehr jedes wesentliche Unterscheidungsmerkmal eines Menschen und damit erst recht die blutsmäßige Abstammung als eine Grundlage der menschlichen Existenz.[286]

bb) Andere Auffassung – § 810 BGB

Andere leiten den Auskunftsanspruch aus § 810 BGB (Einsicht in Urkunden)[287] oder auch § 242 BGB[288] her, sofern der Arzt den Namen des Spenders in seinen Unterlagen vermerkt habe. Aus § 810 BGB ergebe sich somit ein Einsichtsrecht

---

[285] *Pasquay*, Die künstliche Insemination, S. 175.
[286] *Neumann-Duesberg*, NJW 1955, 578 (578); *Pasquay*, Die künstliche Insemination, S. 175.
[287] *Deutsch*, Arztrecht und Arzneimittelrecht, Rn. 257; *Harder*, JuS 1986, 505 (508); *Kollhosser*, JA 1985, 553 (557); *Lauff/Arnold*, ZRP 1984, 279 (282); *Marian*, Die Rechtsstellung des Samenspenders bei der Insemination, S. 94 ff.; *Schumacher*, FamRZ 1987, 313 (320), Fn. 68; *Zimmermann*, FamRZ 1981, 929 (932).
[288] *Zimmermann*, FamRZ 1981, 929 (932), Fn. 45.

des Kindes in die Behandlungsunterlagen des Arztes, denn sie dokumentierten die rechtlich bedeutsame Abstammung des Kindes.[289]

Vermerkte der Arzt den Namen des Spenders in seinen Unterlagen, so seien diese Urkunden i.S.d. § 810 BGB.[290] Es handle sich um eine sinnlich wahrnehmbare Verkörperung einer rechtserheblichen Gedankenäußerung, also eine Urkunde, die sich in fremdem Besitz befinde.[291]

Ein rechtliches Interesse an der Einsicht bestünde, wenn die Einsichtnahme nötig sei zur Förderung, Erhaltung oder Verteidigung rechtlich geschützter Interessen.[292] Das rechtlich geschützte Interesse in diesem Sinne sei das verfassungsrechtlich verbürgte Recht des Kindes auf Kenntnis der eigenen Abstammung (Art. 2 Abs. 1 i.V.m. Art. 1 Abs. 1 S. 1 GG).

Dieses Schriftstück habe auch rechtsgeschäftlichen Charakter, da es im Zusammenhang mit dem Abschluss zweier Behandlungsverträge (nämlich dem zwischen Spender und Arzt sowie zwischen Mutter und Arzt) errichtet und damit auf ein Rechtsgeschäft bezogen sei.[293]

cc) Dritte Auffassung – Allgemeines Persönlichkeitsrecht

Einige Stimmen in der Literatur halten die zuletzt genannte Ansicht für zu kurz gegriffen. Es solle nicht allein auf § 810 BGB abgestellt werden, dieser sei nicht einschlägig. Die Aufzeichnungen des Arztes über die Person des Samenspenders verkörperten weder einen Gedanken von rechtsgeschäftlicher Bedeutung, noch sei darin ein Rechtsgeschäft zwischen dem Kind und einem Dritten beurkundet oder seien Verhandlungen darüber festgehalten.[294] Letztlich bestünde ein unmittelbar im Persönlichkeitsrecht wurzelnder allgemeiner Anspruch des Kindes, seine genetische Abstammung zu erfahren.[295]

---

[289] *Kollhosser*, JA 1985, 553 (557); ebenso: *Merz*, Problematik artifizieller menschlicher Fortpflanzung, S. 190.

[290] *Benecke*, Die heterologe künstliche Insemination im geltenden deutschen Zivilrecht, S. 161.

[291] *Benecke*, Die heterologe künstliche Insemination im geltenden deutschen Zivilrecht, S. 161.

[292] BGH, Beschl. v. 29. April 1981, AZ: IV b ZB 813/80, NJW 1981, 1733 (1733); *Vollkommer*, in: Jauernig, BGB, § 810, Anm. 3 a cc.; *Thomas*, in: Palandt, BGB, § 810, Rn. 2.

[293] *Benecke*, Die heterologe künstliche Insemination im geltenden deutschen Zivilrecht, S. 161; *Zimmermann*, FamRZ 1981, 929 (932).

[294] *Gottwald*, in: Festschrift für Hubmann, S. 121.

[295] *Müller*, FamRZ 1986, 635 (636).

dd) Vierte Auffassung – Vertrag mit Schutzwirkung zugunsten Dritter

Zuletzt wird vertreten, dass sich bei künstlichen Zeugungen ein solcher Auskunftsanspruch jedenfalls aus der Abmachung über die künstliche Befruchtung als Vertrag mit Schutzwirkung für das Kind ergebe.[296]

Die Rechtsprechung erkenne als Nebenanspruch aus dem Behandlungsvertrag ein eigenes Einsichtsrecht des Patienten in die objektiven Feststellungen der ärztlichen Aufzeichnungen an.[297] Zu diesen objektiven Feststellungen gehöre auch die Spenderidentität.[298] Angesichts der besonderen Interessenlage werde man auch das Kind als Begünstigten dieser Dokumentationspflicht des Arztes sowie des Einsichtsrechts in die Unterlagen einordnen müssen.[299]

ee) Stellungnahme

Die Existenz des Auskunftsanspruches wird von keiner Auffassung bestritten. Vielmehr zeigen alle Ansätze Anspruchsgrundlagen auf, in welchen über die Generalklauseln das Einfallstor für die Berücksichtigung des Rechtes des Kindes auf Kenntnis der eigenen Abstammung geöffnet wurde. Um deutlich zu machen, dass durch die künstliche Befruchtung selbst der Umstand gelegt wurde, dass das Kind später Auskunft begehrt, ist es konsequent, den Auskunftsanspruch aus dem Vertrag über die heterologe Insemination selbst herzuleiten. Der Auskunftsanspruch des Kindes auf Preisgabe des Namens des Spenders wird realisiert durch ein Einsichtsrecht in die Behandlungsunterlagen des Arztes, welches aus dem Behandlungsvertrag über die heterologe Insemination folgt, der Schutzwirkung auch zugunsten des Kindes entfaltet.

7. Ergebnis – Anonyme Samenspende

Eine zwischen dem Samenspender und dem Samenspendearzt getroffene Anonymitätsabrede ist nichtig gemäß den §§ 134, 138 Abs. 1 BGB. Dabei lässt die Vereinbarung einer solchen anonymen Samenspende den Vertrag über die Durchführung einer heterologen künstlichen Befruchtung unberührt.

Die Auskunftspflicht des Samenspendearztes gegenüber dem Kind kann nicht durch einen Vertrag des Arztes mit dem Keimzellenspender wirksam abbedungen werden, da Verträge zu Lasten Dritter nicht zulässig sind.[300]

---

[296] *Coester-Waltjen*, JURA 1987, 629 (635); zu den allgemeinen dogmatischen Grundsätzen eines Vertrages mit Schutzwirkung zugunsten Dritter siehe unten C. VIII. 6. b.
[297] BGH, Urt. v. 23. November 1982, AZ: VI ZR 222/79, BGHZ 85, 327 (332).
[298] *Benecke*, Die heterologe künstliche Insemination im geltenden deutschen Zivilrecht, S. 160; *Giesen*, JR 1984, 221 (227).
[299] *Benecke*, Die heterologe künstliche Insemination im geltenden deutschen Zivilrecht, S. 160 f.
[300] *Coester-Waltjen*, JURA 1987, 629 (635).

Da das Kenntnisrecht auch das Recht auf Kenntnis der Identität der genetischen Eltern umfasst,[301] hat das Kind gegen den Samenspendearzt einen Auskunftsanspruch auf Preisgabe der Identität des Samenspenders, welcher aus dem Inseminationsvertrag als Vertrag mit Schutzwirkung zugunsten des Kindes folgt. In Fortführung des Rechtsgedankens des § 61 Abs. 2 S. 1 PStG kann das Kind diesen Anspruch jedoch frühestens mit Vollendung des 16. Lebensjahres durchsetzen.

IV. Schritt 3 – Die heterologe künstliche Insemination

1. Fälle

a) Grundfall

Ein Ehepaar sucht einen Befruchtungsarzt auf. Der Ehemann ist infertil und deshalb blieb dem Paar bislang der Kinderwunsch unerfüllt. Das Paar bittet den Arzt, eine künstliche Befruchtung bei der Frau mittels Spendersamen vorzunehmen. Ihr Ehemann erklärte dazu vorher sein Einverständnis.

Die künstliche Befruchtung wird von dem Befruchtungsarzt mittels einer IVF durchgeführt und es entsteht bei der Frau eine Schwangerschaft.

b) Abwandlung 1

Ein nicht verheiratetes Paar sucht einen Befruchtungsarzt auf. Aufgrund der Infertilität des männlichen Partners wird auch hier eine künstliche Befruchtung mittels IVF unter der Verwendung von Spendersamen durchgeführt, was zu einer Schwangerschaft bei der Frau führt.

c) Abwandlung 2

Eine allein stehende Frau möchte sich bei einem Befruchtungsarzt einer künstlichen Befruchtung mittels Spendersamen unterziehen. Der Befruchtungsarzt lehnt dies ab.

d) Abwandlung 3

Ein lesbisches Paar, das in einer eingetragenen Lebenspartnerschaft lebt, sucht einen Befruchtungsarzt auf. Sie wünschen sich ein Kind und bitten den Befruchtungsarzt deshalb, eine künstliche Befruchtung mittels einer Samenspende vorzunehmen. Der Befruchtungsarzt weigert sich, bei einer der Frauen eine heterologe Insemination durchzuführen.

---

[301] *Giesen*, JZ 1989, 364 (368).

2. Rechtsfragen

Der nun folgende Abschnitt wird die heterologe Insemination in ihren verschiedenen Ausprägungen untersuchen. Im Mittelpunkt der Betrachtung steht die Zulässigkeit der Anwendung dieser Methode. Für die oben aufgezählten Fälle ergeben sich folgende Rechtsfragen:

1. Ist ein Vertrag über die Durchführung einer heterologen Insemination wirksam? Welche Voraussetzungen werden an einen wirksamen Vertrag über eine heterologe Insemination gestellt?
2. Kann ein wirksamer Vertrag über eine heterologe Insemination mit einer nicht verheirateten, aber in einer stabilen nichtehelichen Lebensgemeinschaft lebenden Frau geschlossen werden?
3. Kann ein wirksamer Vertrag über eine heterologe Insemination mit einer nicht verheirateten und allein stehenden Frau geschlossen werden?
4. Kann ein wirksamer Vertrag über eine heterologe Insemination mit einer Partnerin einer lesbischen Lebensgemeinschaft geschlossen werden?

3. Einleitung

Die Frage der Zulässigkeit der heterologen Insemination sowie die Frage, ob sie auch für nicht verheiratete Paare, allein stehende Frauen oder lesbische Paare zur Verfügung steht, stellt ein zentrales Problem der Reproduktionsmedizin dar.

4. Frage 1 – Zulässigkeit der heterologen Insemination/Voraussetzungen

a) Zulässigkeit der heterologen Insemination

Die Wirksamkeit von Verträgen, die eine heterologe künstliche Insemination durch den Arzt zum Gegenstand haben, ist umstritten.[302] Denn die künstliche Fremdinsemination bildet – wie beispielsweise auch der Schwangerschaftsabbruch – den Gegenstand eines fundamentalen gesellschaftlichen Dissenses.[303]

---

[302] BT-Drucks. 14/2096, S. 7; *Balz*, Heterologe künstliche Samenübertragung beim Menschen, S. 6 ff.; *Benecke*, Die heterologe künstliche Insemination im geltenden deutschen Zivilrecht, S. 43; *Giesen*, FamRZ 1981, 413 (414 ff.); *Hamann*, JZ 1986, 1095 (1096); *Helling*, Zu den Problemen der künstlichen Insemination unter besonderer Berücksichtigung des § 203 E1962, S. 92; *Laufs/Uhlenbruck*, Handbuch des Arztrechts, S. 380, Rn. 74; *Selb*, Rechtsordnung und künstliche Reproduktion des Menschen, S. 61; *Waibl*, Kindesunterhalt als Schaden, S. 213; *Zierl*, DRiZ 1986, 161 (163).

[303] *Bernat*, MedR 1991, 308 (315); *Laufs/Uhlenbruck*, Handbuch des Arztrechts, S. 380, Rn. 75.

aa) Historischer Hintergrund

Die intensive Auseinandersetzung mit der heterologen künstlichen Insemination als Rechtsproblem nahm in den 50er-Jahren des vergangenen Jahrhunderts ihren Anfang. Im Jahre 1959 hatte sich die Ärzteschaft auf dem 62. Deutschen Ärztetag mehrheitlich gegen die heterologe künstliche Insemination ausgesprochen.[304] Dem folgend sollte sie 1960 nach dem Neuentwurf des StGB sogar unter Strafe gestellt werden.[305]

Zehn Jahre später (1970) las man zu dieser Frage dann aber im Alternativentwurf eines StGB, dass die deutsche Begründung des strafrechtlichen Verbotes der heterologen Insemination im Ausland auf Unverständnis gestoßen sei.[306] So hatte der 9. Internationale Strafrechtskongress in Den Haag 1964 offenbart, dass sich die Bundesrepublik Deutschland mit ihrem Vorhaben international in ein rechtspolitisches Abseits, in eine, wie man sagte, „normative Isolierung" zu verirren drohe.[307] Auf dem 73. Deutschen Ärztetag gab deshalb auch die Ärzteschaft ihre vormals aufgestellte Position als überholt „zugunsten einer zeitgemäßen und freiheitlichen Betrachtungsweise" auf und die heterologe Insemination wurde nicht mehr in jedem Fall als Verstoß gegen die ärztliche Standesordnung und Standesethik angesehen.[308] Im Jahre 1985 sprach sich der 88. Deutsche Ärztetag jedoch ausdrücklich dafür aus, im Rahmen der in-vitro-Fertilisation mit Embryotransfer grundsätzlich nur im homologen System[309] zu bleiben.[310]

An diesem Grundsatz des grundsätzlichen Vorrangs des homologen Systems hält die Ärzteschaft bis heute fest.[311] Zwar wird die heterologe Insemination seit dem Erlass der Richtlinie zur Durchführung assistierter Reproduktion (1998), nicht mehr per se als standesrechtswidrig eingestuft, doch sind die Auffassungen innerhalb der Ärzteschaft über die Frage der generellen Zulässigkeit der heterologen Insemination und der Frage, welcher Form des Zusammenlebens (Ehe, nicht eheliche Lebensgemeinschaft, allein stehende Frau, eingetragene Lebenspartnerschaft) sie zuteil werden darf oder sollte, nach wie vor geteilt. Bislang spricht sich die Bundesärztekammer in der Kommentierung zu Punkt 3.1.1 der (Muster-) Richtlinie zur Durchführung der assistierten Reproduktion (2006) aber noch immer gegen die Anwendung reproduktionsmedizinischer Verfahren bei allein stehenden Frauen und lesbischen Paaren aus.[312]

---

[304] Vgl. *Coester-Waltjen*, Gutachten 56. DJT, B 11.
[305] *Balz*, Heterologe künstliche Samenübertragung beim Menschen, S. 7; *Deutsch/Spickhoff*, Medizinrecht, S. 367, Rn. 545.
[306] *Deutsch/Spickhoff*, Medizinrecht, S. 367, Rn. 545.
[307] *Balz*, Heterologe künstliche Samenübertragung beim Menschen, S. 7.
[308] Vgl. *Coester-Waltjen*, Gutachten 56. DJT, B 11.
[309] Zur Terminologie siehe oben B. III.
[310] Vgl. Richtlinie zur Durchführung von in-vitro-Fertilisationen und Embryotransfer als Behandlungsmethode der menschlichen Sterilität, 3.2.2.
[311] Vgl. Punkt 3.1.1 der (Muster-) Richtlinie zur Durchführung der assistierten Reproduktion (2006), DÄBl. 2006, A 1392 (A 1395).
[312] DÄBl. 2006, A 1392 (A 1400).

bb) Unwirksamkeit des Vertrages über die heterologe Insemination gemäß §§ 134, 138 Abs. 1 BGB

Deshalb wird angezweifelt, ob ein Vertrag, der eine heterologe Insemination zum Gegenstand hat, zivilrechtlich wirksam sein kann.

Zwar scheidet eine Unwirksamkeit des Inseminationsvertrages nach § 134 BGB wegen Verstoßes gegen ein gesetzliches Verbot aus, nachdem sich der Gesetzgeber gegen die Strafbarkeit der heterologen Insemination entschieden hat.[313] Eine ausdrückliche gesetzliche Legitimation der heterologen Insemination hat aber bis heute keine Normierung erfahren.

Deshalb wird die Frage aufgeworfen, ob ein Vertrag über eine heterologe Insemination gemäß § 138 Abs. 1 BGB aufgrund von Sittenwidrigkeit nichtig ist. Die Sittenwidrigkeit des Inseminationsvertrages kommt grundsätzlich unter folgenden Aspekten in Betracht: einmal, wenn sie auf einen zu missbilligenden Erfolg abzielt (so genannte *Inhaltssittenwidrigkeit*), zum anderen, wenn die zur Erzielung dieses Erfolges erforderlichen Mittel den Prinzipien der Rechtsordnung zuwiderlaufen (auch dies ist der Inhaltssittenwidrigkeit zuzurechnen), aber auch wenn Besonderheiten im Einzelfall zu einem Verstoß gegen die Grundrechte führen (so genannte *Umstandssittenwidrigkeit*).[314]

Ein Kind zu zeugen scheidet als zu missbilligender Erfolg aus, so dass eine Inhaltssittenwidrigkeit des Inseminationsvertrages nicht gegeben ist. Doch können die Grundrechte, die möglicherweise durch die heterologe Insemination verletzt werden, sich auf die Wirksamkeit des Vertrages über die Generalklausel des § 138 Abs. 1 BGB auswirken,[315] so dass der Inseminationsvertrag aufgrund von Umstandssittenwidrigkeit nichtig sein könnte.

Ob die heterologe Insemination tatsächlich grundrechtswidrig ist und gegen einen gesamtgesellschaftlichen sittlichen Grundkonsens verstößt und damit ein Vertrag, der sie zum Gegenstand hat gemäß § 138 Abs. 1 BGB nichtig ist, ist streitig.

aaa) Erste Auffassung – Sittenwidrigkeit des Vertrages über die heterologe künstliche Befruchtung gemäß § 138 Abs. 1 BGB

Ein Teil der Literatur unterstellt solche Verträge, die eine heterologe Insemination zum Gegenstand haben, dem Verdikt der Sittenwidrigkeit.[316]

So vertrat *Giesen* damals, dass die heterologe Insemination nach der einhelligen Meinung der christlichen Kirchen und nach der ärztlichen Standesethik, aber auch nach der öffentlichen Meinung als Verstoß gegen das Sittengesetz anzusehen sei und daher nicht mehr zur verfassungsrechtlich verbürgten Persönlich-

---

[313] *Waibl*, Kindesunterhalt als Schaden, S. 213.
[314] *Waibl*, Kindesunterhalt als Schaden, S. 214.
[315] *Waibl*, Kindesunterhalt als Schaden, S. 213.
[316] Von „schwerwiegenden Bedenken" ausgehend: *Mayer-Maly/Armbrüster*, in: MüKo, BGB, § 138, Rn. 66; *Giesen*, Die künstliche Insemination als ethisches und rechtliches Problem, S. 199; *Giesen*, FamRZ 1981, 413 (415); *Loeffler*, in: Probleme der künstlichen Insemination, S. 38 f., S. 53; *Selb*, Rechtsordnung und künstliche Reproduktion des Menschen, S. 62, S. 128.

keitsentfaltung gehöre, in der sich die Menschenwürde äußern könne.[317] Die heterologe Insemination rühre an den Wurzeln des menschlichen Zusammenlebens. Sie begründe die Gefahr einer erbbiologisch ungünstigen oder einer blutschänderischen Samenübertragung. Sie bedeute die Verletzung der Sittenordnung und der menschlichen Kultur.[318] Zur Begründung dieser These wurde die mögliche Verschiebung der Generationenfolge durch Verwendung tiefgefrorenen Samens angeführt, die unter Umständen auch posthum nach dem Tode des Spenders erfolgen könne, und die daraus resultierende Zersetzung der der Zivilisation zugrunde liegenden, auf der Abfolge von Generationen beruhenden Familien- und Gesellschaftsstruktur.[319] Zudem sei das Kindeswohl in höchstem Maße gefährdet, da die Gefahr einer möglichen psychischen Belastung durch Stigmatisierung bestünde, wenn das Kind (zufällig) von der Art seiner Zeugung und seinem biologischen Vater erfahre.[320]

Deshalb wurde auch eine geplante gesetzliche Legitimation der heterologen Insemination abgelehnt. Die abzusehende gesellschaftliche Auseinandersetzung um die Einführung eines solchen Gesetzes würde den gerade für eine freiheitliche rechtsstaatliche Demokratie so wichtigen gesellschaftlichen Grundkonsens weiter aushöhlen und könne den kostbaren Konsenskredit, den die Rechtsordnung (noch) habe und den sie für eine Vielzahl dringender Aufgaben auch benötige, ähnlich berühren wie der Streit um die verfassungswidrige Fristenlösung bei der Abtreibung oder ihn sogar in Frage stellen.[321]

Dem sich anschließend lehnte auch die lehramtliche Doktrin der katholischen Kirche die extrakorporale Befruchtung als widersittlich ab; unter anderem, weil sie in den Gesamtzusammenhang menschlicher Zeugung eingreife und technisch scheide, was die Naturordnung innerlich verbinde.[322] Medizinische Methoden dürften den Liebesakt nicht von der Zeugung trennen.[323] Eheliche Liebe und personale Vereinigung müssten schließlich beide Grundlagen der Elternschaft bleiben.[324] Erlaubt sei nur eine ärztliche Hilfe, die im Zusammenhang mit einem Geschlechtsakt stehe: adiutorium artificiale inseminationis naturalis.[325] Ansonsten fiele dem inseminierenden Arzt die medizinische Schöpferrolle mit unvermeidlicher menschenzüchterischer Funktion zu.[326]

Unabhängig von den behaupteten sozial und religiös damals als unerwünscht bewerteten Konsequenzen, wurde rechtlich die Sittenwidrigkeit des Inseminationsvertrages vornehmlich mit Grundrechtsverletzungen der an ihm beteiligten Personen sowie der Verletzung der Institutsgarantien der Grundrechte begründet.

---

[317] *Giesen*, Die künstliche Insemination als ethisches und rechtliches Problem, S. 170.
[318] *Zierl*, DRiZ 1986, 161 (163), Fn. 30.
[319] *Balz*, Die heterologe künstliche Samenübertragung beim Menschen, S. 12.
[320] *Giesen*, JZ 1985, 652 (654).
[321] *Giesen*, FamRZ 1981, 413 (416).
[322] *Laufs*, JZ 1986, 769 (771).
[323] *Laufs*, JZ 1986, 769 (771).
[324] *Giesen*, JZ 1985, 652 (655).
[325] *Laufs*, JZ 1986, 769 (771); *Sailer*, Medizin in christlicher Verantwortung, Sittliche Orientierungen in päpstlichen Verlautbarungen uns Konzilsdokumenten, S. 145 ff.
[326] *Laufs/Uhlenbruck*, Handbuch des Arztrechts, S. 378, Rn. 68.

Dafür wurden nach dieser Auffassung primär die Menschenwürde (Art. 1 Abs. 1 S. 1 GG) und der besondere Schutz von Ehe und Familie (Art. 6 Abs. 1 GG) zu Rate gezogen.

In Bezug auf die Menschenwürde wurde die heterologe Insemination als ein Paradebeispiel für den *Verlust der Mitte* und als folgenschweres Exempel für einen Verstoß gegen die Menschenwürde bezeichnet.[327] Dabei wurden unter objektivrechtlichen Aspekten vor allem die befürchteten gesellschaftlichen Folgen eines Umsichgreifens der Fremdinsemination als menschenunwürdig angesehen.[328] Es wurde weiter angenommen, dass bereits alleine der Vorgang der künstlichen Befruchtung die personale Würde des Menschen „grundsätzlich negiere" und in nicht mehr allzu ferner Zukunft die Gefahr der „Menschenzüchtung" drohe (Vision des Termitenstaates – Aufkommen einer entpersönlichten und anonymisierten Population durch Verschiebung der Generationenfolge – Aufsplitterung der traditionellen Familienbeziehung – Gefährdung des gegenwärtigen Gesellschaftssystems).[329]

Neben der drohenden objektivrechtlichen Aushöhlung der Menschenwürdegarantie durch die rechtliche Duldung (oder gar gesetzliche Legitimation) der heterologen Insemination wurde individualrechtsbezogen postuliert, dass der Angriff auf die Menschenwürde der Frau in der allein mechanischen Samenübertragung und im Fehlen der personalen Gemeinschaft mit dem Samenspender liege.[330] Daneben sei zudem die Würde des Ehemannes dadurch verletzt, dass er an den Rand des Geschehens gedrängt werde.[331] Er werde vom „Mann zum Männchen", zur auswechselbaren „Nummer", zur „vertauschbaren Größe"[332] degradiert und die in dieser Degradierung zum Ausdruck kommende geringschätzige Auffassung von der Auswechselbarkeit des Ehemannes oder seiner Zeugungskräfte auch in der Ehe verstoße zutiefst gegen die Menschenwürde, da sie eine Missachtung der Person des Ehemannes darstelle.[333]

Überdies wurde betont, dass durch die heterologe Insemination die Institutsgarantie des Art. 6 Abs. 1 GG wie auch seine individualrechtsbezogene Abwehrfunktion verletzt sei. Da Ehe und Familie Kerneinheiten und Keimzellen der gesellschaftlichen Entwicklung seien, werde die bestehende gesellschaftliche Ordnung durch die heterologe künstliche Befruchtung in ihren Grundfesten erschüttert.[334]

Auf der Grundlage von Art. 6 Abs. 1 GG und dessen Leitbild der „Einehe" ginge die deutsche Rechtsordnung davon aus, dass Kinder innerhalb und nicht

---

[327] *Giesen*, Die künstliche Insemination als ethisches und rechtliches Problem, S. 175.
[328] *Balz*, Die heterologe künstliche Samenübertragung beim Menschen, S. 11.
[329] *Balz*, Die heterologe künstliche Samenübertragung beim Menschen, S. 11 f.; *Busse*, Das Recht des Kindes auf Kenntnis der eigenen Abstammung bei heterologer künstlicher Befruchtung, S. 117, m.w.N.
[330] *Balz*, Die heterologe künstliche Samenübertragung beim Menschen, S. 11.
[331] *Balz*, Die heterologe künstliche Samenübertragung beim Menschen, S. 11.
[332] *Dürig*, AöR 81 (1956), 117 (130).
[333] *Giesen*, Die künstliche Insemination als ethisches und rechtliches Problem, S. 174.
[334] *Busse*, Das Recht des Kindes auf Kenntnis der eigenen Abstammung bei heterologer künstlicher Befruchtung, S. 118; *Giesen*, JR 1984, 221 (229).

außerhalb der Ehe empfangen würden.[335] Mit dem Spender werde aber ein Dritter in die Lebens- und Geschlechtsgemeinschaft einbezogen, was unabhängig von den dafür vorliegenden Motiven, moralisch nicht akzeptabel sei.[336] Dem Einverständnis der Beteiligten werde folgerichtig kein Gewicht beigemessen, da Ehe und Familie unverzichtbare Rechtsgüter seien.[337] Unmoralisch sei auch, dass der Spender ohne Übernahme von Vaterschaftsverantwortung bei der Zeugung mitwirke und dass jede biologische Verbindung zwischen dem Kind und dem Ehemann seiner Mutter fehle.[338] Schwerwiegende Bedenken richteten sich damit gegen eine vom Recht (anders als im Falle des Ehebruchs) gebilligte Trennung von sozialen und biologischen Vaterschaftsbeziehungen.[339]

bbb) Andere Auffassung – Wirksamkeit des Vertrages über die heterologe Insemination

Von anderen Autoren wird die Wirksamkeit des Vertrages über die heterologe Insemination nicht in Frage gestellt[340]. Der Arztvertrag über eine künstliche heterologe Befruchtung sei grundsätzlich wirksam[341]. Eine Sittenwidrigkeit des Ver-

---

[335] *Giesen*, Die künstliche Insemination als ethisches und rechtliches Problem, S. 177.
[336] *Giesen*, JZ 1985, 652 (654).
[337] *Balz*, Die heterologe künstliche Samenübertragung beim Menschen, S. 13.
[338] *Giesen*, JZ 1985, 652 (654).
[339] *Balz*, Die heterologe künstliche Samenübertragung beim Menschen, S. 13.
[340] *Benecke*, Die heterologe künstliche Insemination im geltenden deutschen Zivilrecht, S. 94; *Bernat*, Rechtsfragen medizinisch assistierter Zeugung, S. 109; *Bundesnotarkammer*, Rundschreiben 40/97, DNotZ 1998, 241 (244); *Busse*, Das Recht des Kindes auf Kenntnis der eigenen Abstammung bei heterologer künstlicher Befruchtung, S. 192; *Coester-Waltjen*, FamRZ 1984, 230 (235); *Deutsch*, JZ 1983, 564 (564); so votierte auch die Mehrheit des 56. DJT 1986 in Berlin – danach sei die künstliche heterologe Insemination mit Art. 1 Abs. 1 und Art. 6 Abs. 1 GG sowie dem Sittengesetz vereinbar, vgl. Bericht von *Hamann*, JZ 1986, 1095 (1096); *Kamps*, MedR 1994, 339 (347); *Laufs/Uhlenbruck*, Handbuch des Arztrechts, S. 380 f., Rn. 74; *Starck*, Gutachten 56. DJT, A 7 ff.; *Waibl*, Kindesunterhalt als Schaden, S. 222; *Wanitzek*, Rechtliche Elternschaft bei medizinisch unterstützter Fortpflanzung, S. 7 f.; *Zierl*, DRiZ 1986, 302 (304); *Zimmermann*, FamRZ 1981, 929 (931); *Zimmermann*, DNotZ 1998, 404 (414).
[341] *Benecke*, Die heterologe künstliche Insemination im geltenden deutschen Zivilrecht, S. 88 ff.; *Bernat*, Rechtsfragen medizinisch assistierter Zeugung, S. 86; *ders.*, Lebensbeginn durch Menschenhand, S. 131 ff.; *Boin*, JA 1995, 425 (427); *Coester-Waltjen*, JURA 1987, 629 (631); *dies.*, FamRZ 1992, 369 (373); *Deutsch*, MDR 1985, 177 (178); *ders.*, NJW 1986, 1971 (1973); *ders.*, VersR 1995, 609 (611); *Eser/v. Lutterotti/Sporken*, Lexikon Medizin – Ethik – Recht, Sp. 560 - 582; *Giesen*, JZ 1985, 652 (654); *ders.*, in: Festschrift für Hegnauer, S. 55; *ders.*, JZ 1994, 286 (288 f.); *Hirsch*, in: Festschrift für Weißauer, S. 63; *Hirsch/Eberbach*, Auf dem Weg zum künstlichen Leben, S. 78; *Hohloch*, JuS 1995, 836 (837); *ders.*, JuS 1996, 75 (75); *Kienle*, ZRP 1995, 201 (202); *Laufs/Uhlenbruck*, Handbuch des Arztrechts, S. 377, Rn. 67; *Müller*, in: Festschrift für Steffen, S. 355; *Rüsken*, NJW 1998, 1745 (1745); *Selb*, Rechtsordnung und künstliche Reproduktion des Menschen, S. 52 ff.; *Sternberg-Lieben*, NStZ 1988, 1 (1 f.); *Waibl*, Kindesunterhalt als Schaden, S. 213.

trages über die Durchführung einer heterologen künstlichen Befruchtung gemäß § 138 Abs. 1 BGB aufgrund von daraus resultierenden Grundrechtsverletzungen sei nicht gegeben. Folglich seien auch gesetzliche Verbote der heterologen künstlichen Befruchtungen abzulehnen[342].

Der erstgenannten Auffassung sei entgegenzuhalten, dass Grundrechte nicht bloß gegen, sondern auch für die Zulässigkeit der heterologen Insemination sprechen könnten. Zum einen stünde die Verwirklichung des Kinderwunsches unter dem Schutz des Art. 2 Abs. 1 GG in den dort genannten Grenzen.[343] Zum anderen werde die Ehe noch durch die gemeinsam erlebte Schwangerschaft der Frau – wie bei anderen Paaren auch – gestärkt.[344] Aus den einschlägigen Publikationen ergebe sich nämlich, dass Ehen mit einem durch heterologe Insemination gezeugten Kind sogar weniger scheidungsanfällig seien als solche mit „natürlich" gezeugten Kindern.[345] Damit werde die Institution Ehe und Familie nicht gefährdet, sondern eher bestärkt, was dem Schutzgedanken des Art. 6 Abs. 1 GG entspreche. Ein Widerspruch zur Verfassung sei damit nicht erkennbar.

Neben dieser verfassungsrechtlichen Argumentation zeigten darüber hinaus sowohl legislatorische wie auch judikative Entwicklungen, dass ein Wandel der gesellschaftlichen Moralvorstellungen zugunsten der heterologen Insemination stattgefunden zu haben schien.

Als erstes wird dafür auf die Regelungen des Embryonenschutzgesetzes (EschG) verwiesen. Im Gegensatz zu Herkunft und Übertragung der Eizelle enthalte das EschG keine Regelung, die der Verwendung von Samenzellen, welche nicht vom Ehemann der Frau stammen, von der die zu befruchtende Eizelle stammt, entgegenstünde.[346] Auf Grundlage des EschG sei daher die Samenspende – im quasi-homologen wie auch im heterologen System – erlaubt.[347]

Auch spreche die Neufassung von § 1600 Abs. 4 BGB im Zuge des Kinderrechteverbesserungsgesetzes im Jahre 2002, welcher den Ausschluss des Anfechtungsrechtes von dem die heterologe Insemination in Anspruch nehmenden Paar normiere, für die gesellschaftliche Akzeptanz dieses Verfahrens.[348]

Das gleiche sei für das ärztliche Standesrecht festzustellen. Gemäß Punkt 3.1.1 der (Muster-) Richtlinie zur Durchführung der assistierten Reproduktion (2006) solle zwar grundsätzlich der Samen des Partners der Frau verwandt werden, bei der die künstliche Befruchtung durchgeführt werden soll (homologes System).[349] Doch werden in Punkt 5.3[350] der gleichen Richtlinie die besonderen Voraussetzungen zur Durchführung einer heterologen künstlichen Befruchtung

---

[342] *Deutscher Juristinnenbund*, JZ 1986, 777 (777).
[343] *Starck*, Gutachten 56. DJT, A 54.
[344] *Giesen*, JZ 1985, 652 (654); ebenso: *Pasquay*, Die künstliche Insemination, S. 160.
[345] *Bernat*, Rechtsfragen medizinisch assistierter Zeugung, S. 91.
[346] *May*, Rechtliche Grenzen der Fortpflanzungsmedizin, S. 147; ebenso: Rundschreiben 40/97 der *Bundesnotarkammer*, DNotZ 1998, 241 (242).
[347] *Günther*, in: Keller/Günther/Kaiser, EschG, Einführung B.V., Rn. 5, 12; *May*, Rechtliche Grenzen der Fortpflanzungsmedizin, S. 147.
[348] *Roth*, JZ 2002, 651 (653).
[349] DÄBl. 2006, A 1392 (A 1395).
[350] DÄBl. 2006, A 1392 (A 1397).

normiert, so dass daraus auf die Akzeptanz dieses Verfahrens – zumindest innerhalb der Ärzteschaft bzw. der Bundesärztekammer – geschlossen werden könne.

Zuletzt spreche auch eine Auswertung der im Zusammenhang mit der heterologen Insemination ergangenen Rechtsprechung für die grundsätzlich bestehende gesellschaftliche Anerkennung dieses Verfahrens.

So sei bei der vom Bundesgerichtshof erörterten Frage, ob die Anfechtung der Ehelichkeit[351] treuwidrig sei, der Senat (inzidenter) bereits 1983 von der Wirksamkeit der Erklärung hinsichtlich der Einigung über den Inseminationsvertrag ausgegangen.[352] Denn nur bei unterstellter Wirksamkeit der Erklärung erschiene ein Verstoß gegen den Grundsatz von Treu und Glauben überhaupt denkbar.[353]

Auch der Senat des Kammergerichts Berlin ginge davon aus, dass eine heterologe künstliche Insemination nicht evident sozialschädlich sei,[354] was gegen eine Nichtigkeit des Vertrages gemäß § 138 Abs. 1 BGB spreche.

Sogar die Rechtsprechung des Bundesfinanzhofes (BFH) liefere dieser Auffassung zufolge Anhaltspunkte für den zu belegenden gesellschaftlichen Wertewandel hinsichtlich der heterologen künstlichen Befruchtung. Gemäß einem Urteil des Bundesfinanzhofes vom 18. Mai 1999 sei eine Befruchtung im heterologen System im Gegensatz zum homologen nicht als außergewöhnliche Belastung im Rahmen der Einkommenssteuerermittlung anzuerkennen.[355] Aus diesem Urteil des Bundesfinanzhofes wird gefolgert, dass damit festgestellt werde, dass das Verfahren zwar nicht einkommensteuerrechtlich privilegierend zu berücksichtigen sei, es aber an sich als gesellschaftliches Phänomen erkannt werde, ohne dass durch das Urteil dieses Verfahren als unzulässig abgestempelt werden sollte.

ccc) Dritte Auffassung – Sittenwidrigkeitsurteil mittels Zweckorientierung

Eine dritte Auffassung spricht sich grundsätzlich ebenfalls für die Wirksamkeit von Verträgen über die heterologe Insemination aus. Dabei stellt sie entscheidend darauf ab, ob die heterologe Insemination (*in corpore* oder *in vitro*) zum Nutzen einer Ehe vorgenommen werde, um einem kinderlosen Ehepaar doch noch Empfängnis und Geburt eines Kindes zu ermöglichen.[356] Wenn die Behandlung solchen Zielen diene, würde man gegen den zugrunde liegenden Vertrag nicht unter *allen* Umständen Bedenken haben müssen, soweit bestimmte *Mindesterfordernisse* (insbesondere einwandfreie Dokumentation des Spenders) erfüllt seien.[357]

---

[351] BGH, Urt. v. 7. April 1983, AZ: IX ZR 24/82, BGHZ 87, 169 (169).
[352] *Busse*, Das Recht des Kindes auf Kenntnis der eigenen Abstammung bei heterologer künstlicher Befruchtung, S. 94.
[353] *Busse*, Das Recht des Kindes auf Kenntnis der eigenen Abstammung bei heterologer künstlicher Befruchtung, S. 94.
[354] KG, Beschl. v. 19. März 1985, AZ: 1 W 5729/84, OLGZ 1985, 291 (291).
[355] BFH, Urt. v. 18. Mai 1999, AZ: III R 46/97, BFHE 188, 566 (566).
[356] *Giesen*, JR 1984, 221 (225).
[357] *Giesen*, FamRZ 1981, 413 (416 f.); *ders.*, JR 1984, 221 (225).

ddd) Stellungnahme

Der Vertrag über eine heterologe Insemination ist nicht sittenwidrig i.S.d. § 138 Abs. 1 BGB und damit wirksam. Weder liegen Grundrechtsverletzungen bei den von einer Samenspende betroffenen Personen (namentlich Kind, Wunschvater, Wunschmutter oder Samenspender) oder Beeinträchtigungen von grundrechtlichen Institutsgarantien vor, noch kann das Kindeswohl ein Verbot der heterologen Insemination rechtfertigen, noch wird gegen das „Anstandsgefühl *aller* billig und gerecht Denkenden" verstoßen.

Zunächst berief sich die erstgenannte Ansicht zur Untermauerung ihrer Thesen auf die Doktrin der katholischen Kirche. Vor dem Hintergrund eines demokratischen Staatsverständnisses, das einen säkularisierten Staat zum Leitbild hat, kann dieses Argument keinen Bestand haben. Freilich werden Rechtsregeln mitunter auch von den weltanschaulich-religiösen Werthaltungen, die in der Bevölkerung prävalieren, geprägt.[358] Unabhängig von der fehlenden rechtlichen Bindungswirkung kirchlicher Empfehlungen tritt noch hinzu, dass das kirchliche Lehramt im Rahmen seiner staatsrechtspolitischen Empfehlungen außer Acht lässt, dass ein „Bruch zwischen genetischer Elternschaft, Austragungselternschaft und Erziehungsverantwortung" vom weltanschaulich weitgehend neutralen, demokratischen Verfassungsstaat nicht bloß toleriert, sondern sogar anerkannt ist.[359] Bei allem Verständnis für die strikte, in sich schlüssige moraltheologische Einordnung artifizieller reproduktionsmedizinischer Methoden durch den Vatikan kann sie für die rechtliche Beurteilung aber nicht ausschlaggebend sein.[360]

Es ist vielmehr festzuhalten, dass die Frage der Fortpflanzung, die Entscheidung zur Zeugung eines Kindes, in den höchstpersönlichen Bereich des Individuums fällt, der auch bezüglich der Art und Weise der Zeugung frei von staatlicher Regulierung sein sollte, wenn man nicht sogar aus Art. 1, 2 GG einen Anspruch auf Abstinenz des Staates in diesen Fragen herleiten will.[361] Dass bei künstlichen Befruchtungen praktisch immer ein Dritter (der Arzt) beteiligt ist, gibt zunächst keine Legitimation zu staatlicher Regulierung.[362] Eine solche Legitimation zu (mittelbarer) staatlicher Regulierung kann sich allenfalls aus einer grundrechtlichen Schutzpflicht des Staates ergeben. Dafür müssten aber entweder individuell Grundrechte verletzt sein oder generell Institutsgarantien in ihrem Bestand gefährdet werden; dies ist nicht der Fall.

Eine Menschenwürdeverletzung, wie von der erstgenannten Ansicht behauptet, kann in der Vornahme einer heterologen Insemination nicht gesehen werden. Zwar mag die Insemination (wie jeder andere medizinische Heileingriff auch) „widernatürlich" sein, daraus folgt aber nicht konsequenterweise ihre Menschenunwürdigkeit.[363] Es sind keine durchgreifenden Gründe ersichtlich, aus denen

---

[358] *Bernat*, MedR 1991, 308 (315).
[359] *Bernat*, Rechtsfragen medizinisch assistierter Zeugung, S. 88.
[360] *Keller*, MedR 1988, 59 (61).
[361] *Coester-Waltjen*, Gutachten 56. DJT, B 47, 119 und These D/B 127.
[362] *Coester-Waltjen*, Gutachten 56. DJT, B 119.
[363] *Pasquay*, Die künstliche Insemination, S. 148.

sich allgemein bei heterologen Befruchtungen ein Verstoß gegen das Prinzip der Menschenwürde ergeben könnte.[364]

Die Beteiligten machen durch den Entschluss zu einer heterologen Insemination von ihrer Selbstbestimmungsfähigkeit Gebrauch.[365] Somit wird keiner der Beteiligten zum „Objekt degradiert".[366]

Doch selbst wenn man eine derartige, aus der Selbstbestimmung folgende, Einwilligung mit Blick auf die Unverzichtbarkeit der Menschenwürde für unbeachtlich halten sollte, so gelangen die weiteren Ausführungen zu dem Ergebnis, dass bereits ein Eingriff in die Menschenwürde nicht vorliegt.

Zunächst ist festzuhalten, dass die Schwangerschaft mit einem fremden Spender nicht ohne weiteres die zustimmende Empfängerin entwürdigt.[367] Die Menschenwürde der Frau, in die der Samen übertragen wird, kann nicht berührt sein, wenn sie die Prozedur der künstlichen Befruchtung mittels Spendersamen selbst begehrt oder ihr zustimmt.[368] Sie verfolgt damit vielmehr, ihrem Persönlichkeitsrecht Ausdruck zu verleihen.[369]

Etwas anderes ergibt sich auch nicht aus dem Umstand der Technizität des Befruchtungsvorgangs als solchem. Denn in der speziell dem Zeugungsakt fehlenden Liebe eine Verletzung der Würde der Frau zu sehen, hieße zum einen eine Idealvorstellung zum Maßstab für die Wahrung menschlicher Würde zu machen, der auch in einer Vielzahl natürlicher Akte nicht genügt wird.[370] Zum anderen ist die Trennung der geschlechtlichen Vereinigung von der Zeugung durch das Paar nicht gewollt und im Gegenteil muss sein Bemühen, doch noch einem Kind das Leben zu schenken, aufgrund der damit verbundenen Belastungen, Risiken und Kosten als Ausdruck der elterlichen Liebe und elterlichen Fürsorge und Verantwortung gesehen und gewürdigt werden.[371] Der Tatsache, dass die Zeugung im Labor die menschliche Zeugung ersetzt, kann schließlich dadurch Rechnung getragen werden, dass – selbstverständlich durch den am Verfahren interessierten Arzt – das Vorliegen einer Indikation vor einer extrakorporalen Befruchtung sicher festgestellt werden muss.[372] Wollte man aufgrund des Fehlens der „lieben-

---

[364] *Zierl*, DRiZ 1986, 161 (163).
[365] *Bernat*, MedR 1986, 245 (246); *Herzog*, Die heterologe Insemination in verfassungsrechtlicher Sicht, S. 188.
[366] *Herzog*, Die heterologe Insemination in verfassungsrechtlicher Sicht, S. 188.
[367] *Deutsch/Spickhoff*, Medizinrecht, S. 368, Rn. 545; *May*, Rechtliche Grenzen der Fortpflanzungsmedizin, S. 155; *Starck*, Gutachten 56. DJT, A 55.
[368] *Starck*, Gutachten 56. DJT, A 22.
[369] *Starck*, Gutachten 56. DJT, A 22.
[370] *Pasquay*, Die künstliche Insemination, S. 149.
[371] *Giesen*, JZ 1985, 652 (655).
[372] *Giesen*, JZ 1985, 652 (655); der Indikationskatalog für die Vornahme einer künstlichen Befruchtung, speziell in der heterologen Form, ist in Punkt 2.1.6 der (Muster-) Richtlinie zur Durchführung der assistierten Reproduktion (2006) festgeschrieben, vgl. DÄBl. 2006, A 1392 (A 1394). Dazu zählen schwere Formen männlicher Fertilitätsstörungen, erfolglose Behandlung einer männlichen Fertilitätsstörung mit intrauteriner und/oder intratubarer Insemination und/oder in-vitro-Fertilisation und/oder intracytoplasmatischer Spermieninjektion im homologen Insemination und ein nach

den körperlichen Vereinigung" die künstliche Insemination in irgendeiner Form als menschenunwürdig bezeichnen, so müsste man damit auch jeden technischen Fortschritt als Verstoß gegen die Menschenwürde ablehnen, bei dem die Gefahr eines Missbrauchs nicht ausgeschlossen werden kann.[373] Dies wird jedoch nicht vertreten. Vielmehr tritt deutlich zu Tage, dass das Argument des „Ersetzens des Liebesaktes durch einen technischen Vorgang" eher vorgeschoben ist, um verfassungsrechtliche Bedenken äußern zu können. Dies zeigt sich unter anderem daran, dass dieselbe Technisierung im Falle der homologen Insemination nicht oder kaum beanstandet wird, ebenso wenig der technische Vorgang im Falle der extrakorporalen Befruchtung.[374]

Hinzu kommt, dass der Verweis auf die Möglichkeit der Adoption für das betroffene Paar, bzw. den infertilen Wunschvater, auch kein adäquater Ersatz für die heterologen Insemination darstellt. Vielmehr stellt die heterologe Insemination eine im Vergleich zur Adoption höherwertige Alternative dar.[375] Zum einen bewirkt eine Adoption nur ein Mutter-Sein, nicht aber ein Mutter-Werden: Die Frau kommt ansonsten niemals zu den von ihr vielleicht doch sehr ersehnten Erfahrungen von Schwangerschaft und Geburt.[376] Zum anderen steht die Zahl der adoptionswilligen Paare in keinem Verhältnis zur Zahl der Kinder, die zur Adoption freigegeben werden.[377] Auch ist das Adoptivkind mit den Annehmenden in der Regel gar nicht blutsverwandt, das aus heterologer Insemination hervorgegangene Kind zumindest mit der Mutter.[378]

Gleiches gilt für den Wunschvater. Das Verfahren einer heterologen Insemination wird angestrebt, weil der Wunschvater an einer Fertilitätsstörung leidet. Damit das Kind wenigstens mit einem der Elternteile genetisch verwandt ist, wird die Zeugungsunfähigkeit des Wunschvaters durch den fertilen Samen des Samenspenders kompensiert. Unbestritten ist, dass diese körperliche Unvollkommenheit des Wunschvaters seinen Wert als Mensch nicht herabzusetzen vermag.[379] Nichts anderes kann für den Versuch gelten, diese körperliche Unvollkommenheit ausgleichen zu wollen.[380] Konsequenterweise kann damit auch der Entschluss, „bloß" als geistiger/sozialer Vater des künstlich gezeugten Kindes fungieren zu wollen, nicht als Selbstentwürdigung bezichtigt werden. Wollte man diesen Entschluss zu einer geistigen Vaterschaft herabwürdigen, so wäre gleichzeitig jeder Adoptiv- und jeder Pflegevater entwürdigt.[381]

---

humangenetischer Beratung festgestelltes hohes Risiko für ein Kind mit schwerer genetisch bedingter Erkrankung.

[373] *Pasquay*, Die künstliche Insemination, S. 158.
[374] *Waibl*, Kindesunterhalt als Schaden, S. 215.
[375] *Bernat*, Lebensbeginn durch Menschenhand, S. 152.
[376] *Bernat*, Lebensbeginn durch Menschenhand, S. 152.
[377] *Bernat*, Lebensbeginn durch Menschenhand, S. 152.
[378] *Bernat*, Lebensbeginn durch Menschenhand, S. 152; *Giesen*, JZ 1985, 652 (654).
[379] *Pasquay*, Die künstliche Insemination, S. 150.
[380] *Pasquay*, Die künstliche Insemination, S. 150.
[381] *Pasquay*, Die künstliche Insemination, S. 151.

Auch auf den Schutz von Ehe und Familie (Art. 6 Abs. 1 GG) kann die Unzulässigkeit der heterologen Samenübertragung nicht gestützt werden.[382] Weder liegt ein Eingriff in die Institutsgarantie des Art. 6 Abs. 1 GG vor,[383] noch wird Art. 6 Abs. 1 GG unter subjektivrechtlichen Aspekten von der konsentierten heterologen Insemination betroffen.[384]

Die Institution „Familie" kann denklogisch durch die Vornahme einer heterologen Insemination überhaupt nicht betroffen sein, da im Fall einer Ehe, deren männlicher Partner zeugungsunfähig ist, erst durch die heterologe Samenübertragung eine Familie entsteht, die unter dem Schutz des Staates steht.[385]

Hinzukommt, dass die Institution Familie durch die Vornahme einer heterologen Insemination auch nicht gefährdet ist. Dafür müsste der Begriff der Familie gleichzusetzen sein mit der aus der geschlechtlichen Verbindung der Ehegatten folgenden Zeugung und anschließenden Geburt eines Kindes. Ein unlösbarer Zusammenhang zwischen Geschlechtsgemeinschaft, biologischer Abstammung und sozialer Zuordnung besteht aber weder heute, noch hat er jemals bestanden.[386] Was eine Familie grundsätzlich ausmacht, ist eher die soziale Bindung als die biologische Abstammung.[387]

Auch ist die durch Art. 6 Abs. 1 GG besonders geschützte Institution Ehe durch die Vornahme einer heterologen künstlichen Befruchtung nicht verletzt oder in ihrem Bestand gefährdet. Vielmehr wird die Ehe durch die damit mögliche Erfüllung des gemeinsamen Kinderwunsches gestärkt.

Die erstgenannte Ansicht proklamiert, dass die Institution Ehe dadurch gefährdet sein solle, dass ein Dritter durch die künstliche heterologe Insemination in sie eindringe. Dies sei mit einem ehegefährdenden Treuebruch gleichzustellen.

Dieser Argumentation ist zunächst entgegenzuhalten, dass die Grundentscheidung aller jener Rechtsordnungen, die nicht auch den Ehebruch pönalisieren, ist, dass es allein Sache der Ehegatten ist, den Bestand der Ehe aufs Spiel zu setzen und allein Sache der beiden Ehegatten, ihre Würde für sich zu bestimmen.[388]

Hinzukommt, dass eine heterologe künstliche Befruchtung mit einem Ehebruch nicht vergleichbar ist, da sie nicht zu einer Auflösung der ehelichen Partnerbindung führt oder führen soll und auch der geschlechtlichen Treue nicht widerspricht.[389] Die Situation für den Ehemann ist eher mit der eines Stiefvaters vergleichbar, in der es auch an der genetischen Verbindung zu dem Kind fehlt.[390]

Auch ist grundsätzlich davon auszugehen, dass die Erfüllung des gemeinsamen Kinderwunsches die Ehe der Partner stärkt und ihre emotionale Bindung zueinander intensiviert. So zeigten verschiedene Untersuchungen im Ausland

---

[382] *Starck*, Gutachten 56. DJT, A 28.
[383] *Waibl*, Kindesunterhalt als Schaden, S. 220.
[384] *Waibl*, Kindesunterhalt als Schaden, S. 216.
[385] *Starck*, Gutachten 56. DJT, A 28.
[386] *Waibl*, Kindesunterhalt als Schaden, S. 220.
[387] *Waibl*, Kindesunterhalt als Schaden, S. 220 f.
[388] *Selb*, Rechtsordnung und künstliche Reproduktion des Menschen, S. 52.
[389] *Waibl*, Kindesunterhalt als Schaden, S. 216.
[390] *Giesen*, JZ 1985, 652 (654).

(Belgien, Japan), dass die Scheidungsrate der Ehepaare mit einer heterologen Insemination unter der durchschnittlichen liegt.[391]

Zwar muss eine Stärkung der Ehe bei Vornahme einer heterologen Insemination nicht zwingend deren Konsequenz sein. Aufgrund der komplexen emotionalen Vorgänge innerhalb einer zwischenmenschlichen Beziehung ist davon auszugehen, dass es vom Einzelfall abhängt und nie deutlich vorausgesehen werden kann, ob sich eine heterologe Insemination positiv oder negativ auf das eheliche Verhältnis auswirkt.[392] Doch sollte den Eheleuten deshalb diese Chance zur Stärkung ihrer Ehe durch Erfüllen des gehegten Kinderwunsches nicht genommen werden.

Auch in seiner subjektivrechtlichen Ausprägung streitet Art. 6 Abs. 1 GG *für* und nicht gegen eine Zulassung der heterologen Insemination. Aus Art. 1 Abs. 1 S. 1 GG folgt das Recht auf Nachwuchs, das Recht auf Familiengründung.[393] Die heterologe Insemination ist für die Frau die einzige Möglichkeit, Nachwuchs zu erhalten, ohne dem Ehemann in geschlechtlicher Hinsicht untreu zu werden.[394] Bei Unzulässigkeit der heterologen Insemination wäre die Frau dieser Rechte vollständig beraubt.[395]

Neben der Grundrechtswidrigkeit der heterologen Insemination führte die erstgenannte Ansicht weiter an, dass eine Beeinträchtigung des Kindeswohls und die Gefahr der Menschenzüchtung mit seinen Konsequenzen der Inzestgefahr und der Generationenverschiebung die Sittenwidrigkeit der heterologen Insemination begründe.

Das Kindeswohl ist jedoch nicht durch die Vornahme einer heterologen Insemination verletzt. *Coester-Waltjen* führte dazu auf dem 56. Deutschen Juristentag eindrucksvoll (und seither oft zitiert) aus:

„Welches Kindeswohl soll verletzt sein? Im Mittelpunkt der Argumentation steht ein Kind, welches ohne die fragliche Vereinbarung nicht geboren worden wäre. Wie aber kann das Wohl eines Kindes verletzt sein, welches ohne diese Verletzung nicht existierte? Wenn man davon ausgeht, dass jedes menschliche Leben grundsätzlich als Wert zu verstehen ist, dann muss es zwangsläufig dem Wohl des Kindes eher entsprechen, geboren zu werden, als nicht zu existieren. Es gibt kein – und schon gar nicht verfassungsmäßig geschütztes – Recht, nicht zu leben oder nicht geboren zu werden; anderenfalls gleitet die Argumentation zu leicht auch in den Bereich des so genannten „lebensunwerten Lebens". Das Kindeswohl ist daher weder als Kriterium für die Sittenwidrigkeit einer Vereinbarung über die Zeugung eines Kindes geeignet, noch kann es rechtspolitisch eingesetzt werden, um de lege ferenda Zeugungen im Rahmen der Befruchtungstechnik zu verbieten oder zu beschränken. Denn die Gesellschaft ist nicht berufen zu entscheiden, ob Kinder an unserem Gemeinwesen teilhaben sollen, um aus einer negativen Antwort ein Recht zur Verhinderung dieser Kinder herzuleiten".[396]

---

[391] *Coester-Waltjen*, Gutachten 56. DJT, B 46.
[392] *Starck*, Gutachten 56. DJT, A 28.
[393] *Herzog*, Die heterologe Insemination aus verfassungsrechtlicher Sicht, S. 189.
[394] *Herzog*, Die heterologe Insemination aus verfassungsrechtlicher Sicht, S. 189.
[395] *Herzog*, Die heterologe Insemination aus verfassungsrechtlicher Sicht, S. 189.
[396] *Coester-Waltjen*, Gutachten 56. DJT, B 46; *Bernat*, Rechtsfragen medizinisch assistierter Zeugung, S. 94.

Ebenfalls überzeugt der Verweis auf die Gefahr inzestuöser Beziehungen und damit einhergehender Erbkrankheiten nicht. Zum einen kann die Gefahr, Erbkrankheiten unkontrolliert zu übertragen, durch umfassende Tests (Genomanalysen u. dgl.) und den Ausschluss von Spendern mit dominanten Erbträgern vermieden werden.[397] Zum anderen wird die Gefahr inzestuöser Beziehungen unter heterolog gezeugten Kindern überbewertet.[398] Auf der Basis eines mathematischen Modells kann unter den Grundannahmen der zufälligen Auswahl der Samenspender, der stochastischen Partnerfindung, eines Anteils von 0,3 % heterolog gezeugter Kinder an allen Lebendgeburten, von durchschnittlich 2,2 % natürlichen Geburten je Partnerschaft und einem Kind, das von einem Spender gezeugt worden ist, mit fünf bis sechs Fällen von Inzest in 10.000 Jahren gerechnet werden.[399] Daraus kann geschlossen werden, dass eine selbst zehnmalige, erfolgreiche Spendersamenverwendung das Konsanguinitätsrisiko nicht erheblich steigen lässt.[400] Selbst wenn es – was theoretisch immerhin denkbar ist – tatsächlich zum Inzest zwischen Halbgeschwistern kommen sollte, ist eine erbbiologisch schädliche Wirkung keine unmittelbare Folge dieser Geschlechtsverbindung.[401] Die eigentliche Gefahr für die Nachkommen droht nämlich nicht durch die Inzucht an sich, sondern durch das Aufeinandertreffen ungünstiger Erbanlagen im einzelnen Fall.[402]

Die behaupteten Gefahren können indes weiter bereits dadurch ausgeschlossen werden, dass Samenspender nur an der Zeugung einer bestimmten Zahl von Kindern mitwirken dürfen.[403]

Zuletzt ist ein gesellschaftlicher Wertewandel dahingehend festzustellen, dass eine heterologe künstliche Befruchtung nicht als Verstoß gegen das Anstandsgefühl *aller* billig und gerecht Denkenden eingeordnet werden kann.

Bisher fehlt es zwar noch an einer ausdrücklichen generellen Regelung der Zulässigkeit der heterologen Insemination, denn es bestehen gesetzliche und berufsrechtliche Zulässigkeitsbeschränkungen fort.[404] Jedoch ist insofern dem Verweis der zweitgenannten Auffassung auf die legislatorischen und judikativen Entwicklungen und der daraus gezogenen Schlussfolgerung eines gesellschaftlichen Wertewandels zugunsten der heterologen künstlichen Befruchtung vollumfänglich zuzustimmen.

---

[397] *Giesen*, JZ 1985, 652 (654).
[398] *Giesen*, JZ 1985, 652 (654).
[399] *Bernat*, Rechtsfragen medizinisch assistierter Zeugung, S. 90.
[400] *Bernat*, Rechtsfragen medizinisch assistierter Zeugung, S. 90.
[401] *Bernat*, Rechtsfragen medizinisch assistierter Zeugung, S. 90.
[402] *Bernat*, Rechtsfragen medizinisch assistierter Zeugung, S. 90.
[403] *Giesen*, JZ 1985, 652 (654).
[404] *Wanitzek*, FamRZ 2003, 730 (733).

Zusammenfassend lässt sich Folgendes festhalten: Vom religiösen, ethischen und moralischen Standpunkt aus muss jeder einzelne Arzt und Patient selbst entscheiden, von welchen medizinisch möglichen und ethisch vertretbaren Fortpflanzungshilfen er Gebrauch machen will.[405] Die in diesem Zusammenhang abgeschlossenen Verträge sind vor allem unter dem Prinzip der Verantwortung unter Berücksichtigung der jeweiligen Folgen zu betrachten.[406]

Die vorhergehenden Untersuchungen führten dabei zu dem Ergebnis, dass die heterologe Insemination nicht in solchem Maß unsittlich ist, dass sie gegen geschriebene oder ungeschriebene Grundsätze des Rechts verstoßen würde.[407]

cc) Zwischenergebnis
Der zwischen Befruchtungsarzt und Wunschmutter geschlossene Inseminationsvertrag ist nicht sittenwidrig gemäß § 138 Abs. 1 BGB.

b) Voraussetzungen der Durchführung einer heterologen Insemination
aa) Einleitung
Die Voraussetzungen der Durchführung einer heterologen Insemination ergeben sich aus der (Muster-) Richtlinie der Ärztekammer zur Durchführung assistierter Reproduktion (2006) und der Musterberufsordnung der Ärzte (MBO-Ä). Unter anderem wird dort in der Kommentierung zu Punkt 3.1.1. der (Muster-) Richtlinie zur Durchführung der assistierten Reproduktion ausdrücklich bestimmt, dass allein stehenden Frauen oder Frauen, die in einer gleichgeschlechtlichen Partnerschaft leben, heterologe reproduktionsmedizinische Verfahren nicht zur Verfügung stünden.[408]

bb) (Muster-) Richtlinie zur Durchführung assistierter Reproduktion der Bundesärztekammer (2006) und Musterberufsordnung der Ärzte (MBO-Ä)
Die heterologe Insemination fällt, unabhängig davon, ob sie in-vitro oder in corpore durchgeführt wird, unter die Verfahren assistierter Reproduktion.[409] Bei der assistierten Reproduktion handelt es sich um ein besonderes medizinisches Verfahren gemäß § 13 der MBO-Ä.[410] Sollte die Befruchtung in-vitro erfolgen, so stellt diese Maßnahme zur Behandlung der Sterilität eine ärztliche Tätigkeit dar, welche nur im Rahmen der von der Ärztekammer als Bestandteil der Berufsordnung beschlossenen Richtlinien zulässig ist.[411] Diese Richtlinien sind zwar als solche nicht Bestandteil der Berufsordnungen der einzelnen Landesärztekammern geworden, über die „Generalpflichtenklausel" des § 1 der jeweiligen Be-

---

[405] *Harder*, JuS 1986, 505 (512).
[406] *Coester-Waltjen*, Gutachten 56. DJT, B 119.
[407] *Herzog*, Die heterologe Insemination in verfassungsrechtlicher Sicht, S. 188.
[408] DÄBl. 2006, A 1932 (A 1400).
[409] Zu den Verfahren der Reproduktionsmedizin siehe oben A. I.
[410] Musterberufsordnung für Ärzte.
[411] *Redeker/Busse*, Fortpflanzungsmedizin und Humangenetik, S. 219.

rufsordnung wirken ihre Bestimmungen jedoch auf die ärztliche Berufspflicht ein mit der Folge, dass ein Verstoß gegen die Richtlinien zu berufsgerichtlichen Maßnahmen führen könnte.[412]

cc) Voraussetzungen nach der (Muster-) Richtlinie zur Durchführung assistierter Reproduktion der Bundesärztekammer (2006) und der MBO-Ä

Im Einzelnen werden durch das ärztliche Standesrecht folgende Voraussetzungen für die ordnungsgemäße Durchführung einer heterologen Insemination in-vitro normiert:

- Medizinisch-therapeutische Voraussetzungen:
  - Bei der Beurteilung der Wirksamkeit von Verträgen über die Anwendung moderner Fortpflanzungtechniken ist immer zu beachten, dass der Grundsatz der Subsidiarität gilt.[413] Danach sind künstliche Fortpflanzungshilfen nur dann zulässig, wenn die natürliche Zeugung und Empfängnis unmöglich ist und auch traditionelle Behandlungsmethoden mit Medikamenten oder operative Eingriffe die Unfruchtbarkeit nicht beheben können.[414] Das bedeutet, dass eine Befruchtung im homologen System wegen Unfruchtbarkeit des Mannes nicht möglich sein darf oder ein nach humangenetischer Beratung festgestelltes Risiko für ein Kind mit schwerer genetisch bedingter Erkrankung besteht.[415]
  - Der Einsatz von heterologem Samen ist medizinisch zu begründen und es ist darzulegen, warum der Einsatz von homologem Samen nicht erfolgreich war oder nicht zum Einsatz kommen konnte.[416]
  - Der Befruchtungsarzt hat sicherzustellen, dass die Samenprobe vorab auf HIV 1 und 2, Hepatitis B und C, Treponema pallidum und CMV untersucht wurde.[417]

---

[412] *Hess*, MedR 1986, 240 (243); *Jungfleisch*, Fortpflanzungsmedizin als Gegenstand des Strafrechts?, S. 45 f.

[413] *Bernat*, Lebensbeginn durch Menschenhand, S. 126; *Giesen*, JZ 1985, 652 (653); *Laufs/Uhlenbruck*, Handbuch des Arztrechts, S. 379, Rn. 71.

[414] Punkt 2.1.6, Spiegelstrich 2, der (Muster-) Richtlinie zur Durchführung der assistierten Reproduktion, DÄBl. 2006, A 1392 (A 1394); *Giesen*, JR 1984, 221 (225); *ders.*, JZ 1985, 652 (653), Fn. 68; *Hamann*, JZ 1986, 1095 (1096); *Harrer*, Zivilrechtliche Haftung bei durchkreuzter Familienplanung, S. 349; *Kollhosser*, JA 1985, 553 (558); *Laufs/Uhlenbruck*, Handbuch des Arztrechts, S. 379, Rn. 71.

[415] *Kirchmeier*, FamRZ 1998, 1281 (1282); vgl. Punkt 2.1.6 und 2.1.7 der (Muster-) Richtlinie zur Durchführung assistierter Reproduktion, DÄBl. 2006, A 1392 (A 1394).

[416] Punkt 5.3.1 der (Muster-) Richtlinie zur Durchführung assistierter Reproduktion (2006), DÄBl. 2006, A 1392 (A 1397).

[417] Punkt 5.3.1 der (Muster-) Richtlinie zur Durchführung assistierter Reproduktion (2006), DÄBl. 2006, A 1392 (A 1397).

- Vor einer heterologen Insemination müssen die künftigen Eltern über die möglichen psychosozialen und ethischen Probleme, welche die heterologe Insemination mit sich bringt, beraten werden. Es kann ein Psychotherapeut oder eine psychosoziale Beratungsstelle angeboten werden.[418]
- Voraussetzungen, die zur Wahrung des Rechts des Kindes auf Kenntnis der eigenen Abstammung normiert wurden:
  - Die Verwendung von Mischsperma muss ausgeschlossen sein, da durch sie die spätere Identifikation des biologischen Vaters erschwert würde.[419]
  - Der Samenspender muss sich mit der Bekanntgabe seines Namens an das Kind durch den Arzt für den Fall ausdrücklich einverstanden erklärt haben, sofern ein entsprechendes Auskunftsersuchen an den Arzt gerichtet wird.[420]
  - Es soll eine einwandfreie Dokumentation aller Vorgänge erfolgen.[421] Dabei muss der Befruchtungsarzt die Identität des Samenspenders und die Verwendung der Samenspende dokumentieren.[422]
- Voraussetzungen bezüglich des kinderlosen Paares:
  - Die Wirksamkeit des Vertrages über die heterologe Insemination setzt voraus, dass das Einverständnis[423] zwischen beiden Ehegatten über die Vornahme des Eingriffs hergestellt wurde.[424]
  - Die Eltern müssen sich mit der Dokumentation von Herkunft und Verwendung der Samenspende einverstanden erklärt haben und den Befruchtungsarzt gegenüber dem Kind hinsichtlich des Auskunftsanspruches von seiner Schweigepflicht befreit haben.[425]

---

[418] Punkt 5.3.2 der (Muster-) Richtlinie zur Durchführung der assistierten Reproduktion (2006), DÄBl. 2006, A 1392 (A 1397).
[419] *Kirchmeier*, FamRZ 1998, 1281 (1282); Punkt 5.3.1 der (Muster-) Richtlinie zur Durchführung der assistierten Reproduktion (2006), DÄBl. 2006, A 1392 (A 1397).
[420] *Kirchmeier*, FamRZ, 1998, 1281 (1282); Punkt 5.3.3.2, Spiegelstrich 2 und 3 der (Muster-) Richtlinie zur Durchführung der assistierten Reproduktion (2006), DÄBl. 2006, A 1392 (A 1398).
[421] *Keller*, MedR 1988, 59 (62); *Kirchmeier*, FamRZ 1998, 1281 (1282); *Laufs/Uhlenbruck*, Handbuch des Arztrechts, S. 380, Rn. 75; *Redeker/Busse*, Fortpflanzungsmedizin und Humangenetik, S. 213.
[422] Punkt 5.3.3.2, Spiegelstrich 1 der (Muster-) Richtlinie zur Durchführung der assistierten Reproduktion (2006), DÄBl. 2006, A 1392 (A 1398).
[423] Die genaue Rechtsnatur der „Einwilligung in die heterologe Befruchtung ist umstritten. Vgl. *Wanitzek*, FamRZ 2003, 730 (734); mit *Roth*, DNotZ 2003, 805 (809 f.) ist jedoch jedenfalls die Anwendbarkeit der Vorschriften über die Willenserklärungen zu bejahen; ebenso: *Wehrstedt*, RNotZ 2005, 109 (113), Fn. 41.
[424] *Keller*, MedR 1988, 59 (62); *Laufs/Uhlenbruck*, Handbuch des Arztrechts, S. 380, Rn. 74.
[425] Punkt 5.3.3.2, Spiegelstrich 3 der (Muster-) Richtlinie zur Durchführung der assistierten Reproduktion (2006), DÄBl. 2006, A 1392 (A 1398).

- Voraussetzungen hinsichtlich der Konsequenzen für den Samenspender:
  - Der Befruchtungsarzt soll sich vor Verwendung des heterologen Samens vergewissern, dass der Samenspender über mögliche rechtliche Konsequenzen unterrichtet worden ist.[426]
  - Eine <u>Aufklärung der Ehegatten</u> soll darüber erfolgen, dass die Möglichkeit der Ehelichkeitsanfechtung besteht und welche Rechtsfolgen sich daraus ergeben.[427]

Um nicht in Konflikt mit dem geltenden ärztlichen Standesrecht zu geraten, werden diese von Seiten der Bundesärztekammer aufgestellten Voraussetzungen derzeit bei reproduktionsmedizinischen Behandlungen von der Ärzteschaft mehrheitlich befolgt. Auf einen Selbstbindungswillen des einzelnen Arztes kann somit geschlossen werden.[428] Schließlich kann gemäß Punkt 5.5 der (Muster-) Richtlinie zur Durchführung der assistierten Reproduktion (2006) die Nichtbeachtung der Richtlinie neben strafrechtlichen auch berufsrechtliche Sanktionen nach sich ziehen.[429] Zwar ist vorliegend problematisch, ob die Richtlinien über die Durchführung der assistierten Reproduktion überhaupt wirksam sind, doch unabhängig von dieser Frage der Unwirksamkeit der Richtlinie werden sie derzeit als ärztliches Standesrecht angewandt, so dass sich eine solche Gefahr der strafrechtlichen Sanktionierung zunächst durchaus stellen kann, bevor die Unwirksamkeit der Richtlinie nicht mit Geltung für den betroffenen Arzt festgestellt wurde.

---

[426] *Kirchmeier*, FamRZ 1998, 1281 (1282); *Laufs/Uhlenbruck*, Handbuch des Arztrechts, S. 380, Rn. 75; *Redeker/Busse*, Fortpflanzungsmedizin und Humangenetik, S. 213; Punkt 5.3.3.1 der (Muster-) Richtlinie zur Durchführung der assistierten Reproduktion (2006), DÄBl. 2006, A 1392 (A 1398).

[427] *Kirchmeier*, FamRZ 1998, 1281 (1282); ebenso: *Redeker/Busse*, Fortpflanzungsmedizin und Humangenetik, S. 213; Punkt 5.3.3.1 der (Muster-) Richtlinie zur Durchführung der assistierten Reproduktion (2006), DÄBl. 2006, A 1392 (A 1398).

[428] *Waibl*, Kindesunterhalt als Schaden, S. 396.

[429] DÄBl. 2006, A 1392 (A 1398).

dd) Kompetenz der Bundesärztekammer zur Normierung der Voraussetzung reproduktionsmedizinischer Maßnahmen[430]

Es ist zweifelhaft, ob die Ärztekammern die Voraussetzungen der in-vitro-Fertilisation (und damit zugleich die Voraussetzungen einer heterologen Insemination mittels des Verfahrens der in-vitro-Fertilisation) verbindlich festlegen dürfen.[431]

aaa) Berufsständische Satzungsautonomie

Die Voraussetzungen der heterologen künstlichen Befruchtung werden in der (Muster-) Richtlinie zur Durchführung der assistierten Reproduktion (2006) festgelegt, welche ihrerseits Bestandteil der ärztlichen Berufsordnungen ist, wodurch sie an deren Geltungsanspruch teilhat.[432] Bei den Berufsordnungen selbst handelt es sich um öffentlich-rechtliche Satzungen,[433] weil die Ärztekammern der einzelnen Bundesländer als berufsständische Kammern eines freien Berufes öffentlich-rechtliche Körperschaften sind, die auf dem Prinzip der Pflichtmitgliedschaft basieren.[434] Sie haben durch die Kammer- bzw. Heilberufsgesetze der Länder ausdrücklich die Kompetenz erhalten „Berufsordnungen" als öffentlich-rechtliche Satzungen zu erlassen, in denen in Konkretisierung der gesetzlichen Vorgaben die Berufspflichten der Kammerangehörigen niedergelegt werden.[435] Dabei ist zu beachten, dass es sich bei der Bundesärztekammer – trotz des insoweit irreführ-

---

[430] Die Grenzziehung der Satzungsgewalt der Ärztekammer ist hoch komplex. Eine umfassende Erörterung würde an dieser Stelle den Rahmen des Prüfungsgegenstandes überschreiten. Es soll bloß ein kurzer Ausblick erfolgen, inwiefern eine Regelung der Voraussetzungen der heterologen Befruchtungsverfahren durch die Richtlinien der Bundesärztekammer problematisch sein kann. Zur weiteren Lektüre des Problemkreises (u.a. der Anwendung von Art. 80 Abs. 1 S. 2 GG analog auf die die Ärztekammer zum Handeln ermächtigende gesetzliche Grundlage) siehe: *Bieräugel*, Die Grenzen berufsständischer Rechte – im Wesentlichen dargestellt am Berufsstand der Ärzte, S. 93 ff.; *Brandstetter*, Der Erlass von Berufsordnungen durch die Kammern der freien Berufe, S. 122; *Hamann*, Autonome Satzungen und Verfassungsrecht, S. 17 ff., BVerfG, Beschl. v. 9. Mai 1972, AZ: 1 BvR 518/62 und 308/64, BVerfGE 33, 125 ff. („*Facharzt-Beschluss*") sowie Beschl. v. 2. Mai 1961, AZ: 1 BvR 203/53, BVerfG 12, 319; *Kleine-Cosack*, Berufsständische Autonomie und Grundgesetz, S. 215 ff.; *Starck*, Grundgesetz und ärztliche Berufsordnungen, S. 17; *Taupitz*, Die Standesordnungen der freien Berufe; Wendelstein, Ärztekammer – ärztliche Individualrechtsbeziehungen, S. 41 ff.

[431] *Schröder*, VersR 1990, 243 (245).

[432] *Jungfleisch*, Fortpflanzungsmedizin als Gegenstand des Strafrechts?, S. 49; *Taupitz*, Die Standesordnungen der freien Berufe, S. 776.

[433] Satzungen sind Rechtsvorschriften, die von einer juristischen Person des öffentlichen Rechts „im Rahmen der ihr gesetzlich verliehenen Autonomie mit Wirksamkeit für die ihr angehörigen und unterworfenen Personen erlassen werden" – vgl. *Jungfleisch*, Fortpflanzungsmedizin als Gegenstand des Strafrechts?, S. 50, Fn. 64 m.w.N.

[434] *Jungfleisch*, Fortpflanzungsmedizin als Gegenstand des Strafrechts?, S. 49.

[435] *Jungfleisch*, Fortpflanzungsmedizin als Gegenstand des Strafrechts?, S. 49; *Taupitz*, Die Standesordnungen der freien Berufe, S. 629 ff.

renden Namens – nicht um eine öffentlich-rechtliche Kammer, sondern um einen privatrechtlichen Dachverband auf Bundesebene handelt, dem daher auch keine Satzungsautonomie zukommt.[436] Entsprechend haben die von der Bundesärztekammer geschaffenen Musterberufsordnungen nicht den Charakter objektiven Rechts, sondern bedürfen der Transformation in die Berufsordnungen der Landesärztekammern.[437]

Zweifel an der Kompetenz der Ärztekammern kommen auf, weil der traditionelle Bereich berufsregelnder Maßnahmen verlassen sein könnte, da in der Richtlinie Rechte und Interessen Dritter mittelbar oder unmittelbar berührt bzw. eingeschränkt werden.[438]

bbb) Grenzen der Satzungsautonomie – Wesentlichkeitstheorie und Parlamentsvorbehalt (Facharztbeschluss des BVerfG)

Zwar kann den autonomen Körperschaften (beispielsweise der Ärztekammer) – in Grenzen – die Befugnis zugestanden werden, freiheitsbeschränkende Regelungen zu treffen.[439] Problematisch kann allerdings sein, welche Grenzen der autonomen Satzungsgewalt gezogen werden müssen[440] bzw. bis zu welchem Maß der Gesetzgeber freiheitsbeschränkende Regelungen der Satzungsautonomie überhaupt zulassen darf.[441]

Der *Parlamentsvorbehalt* und die *Wesentlichkeitstheorie* des Bundesverfassungsgerichts legen die Grenzen der Satzungsautonomie fest.[442] Diese beiden Regeln besagen, dass wesentliche Entscheidungen „nicht am Parlament vorbei" getroffen werden dürfen.[443] Wesentliche Entscheidungen in diesem Sinne sind Entscheidungen, die für die Grundrechtsausübung wesentlich sind.[444] Nach dem *Facharzt-Beschluss* des Bundesverfassungsgerichts vom 9. Mai 1972 sind der Rechtsetzungsautonomie von Berufsverbänden umso engere Grenzen gezogen, je stärker die Regeln in Grundrechte der Verbandsmitglieder eingreifen oder außenstehende Dritte berühren.[445] Regelungen, die den Kreis der eigenen Angele-

---

[436] *Jungfleisch*, Fortpflanzungsmedizin als Gegenstand des Strafrechts?, S. 50.
[437] *Jungfleisch*, Fortpflanzungsmedizin als Gegenstand des Strafrechts?, S. 50; *Laufs*, NJW 1997, 3071 (3072); *Wanitzek*, Rechtliche Elternschaft bei medizinisch unterstützter Fortpflanzung, S. 13.
[438] Vgl. *Schröder*, VersR 1990, 243 (248).
[439] *Schröder*, VersR 1990, 243 (247).
[440] *Kleine-Cosack*, Berufsständische Autonomie und Grundgesetz, 248 ff., 277 f., 281 ff.; *Schmidt*, Staatsorganisationsrecht, S. 80; *Taupitz*, Die Standesordnungen der freien Berufe, 801 ff.
[441] *Schröder*, VersR 1990, 243 (247).
[442] *Becker/Sichert*, JuS 2000, 144 (147); *Schmidt*, Staatsorganisationsrecht, S. 80; *Schnapp/Kaltenborn*, JuS 2000, 937 (939).
[443] *Degenhart*, Staatsrecht I, Staatsorganisationsrecht, S. 30, Rn. 69.
[444] *Degenhart*, Staatsrecht I, Staatsorganisationsrecht, S. 132, Rn. 336.
[445] BVerfG, Beschl. v. 9. Mai 1972, AZ: 1 BvR 518/62 und 308/64, BVerfGE 33, 125 (156 ff.); kritische Auseinandersetzung damit in *Dölker*, Anforderungen an Ermächtigungsgrundlagen von Satzungen, S. 35 ff.; *Laufs*, JZ 1986, 769 (770), Fn. 25.

genheiten der Berufsangehörigen überschreiten, hat der Gesetzgeber selbst zu treffen.[446]

Greift somit die Richtlinie zur Durchführung der assistierten Reproduktion in Grundrechte außen stehender Dritter, d.h. insbesondere von Patienten, ein, so hat die Ärztekammer ihre Satzungsautonomie überschritten und die Richtlinie wäre damit unwirksam.

ccc) Beeinträchtigung Rechte Dritter durch die Richtlinie zur Durchführung der assistierten Reproduktion

Insbesondere durch die Normierung von Punkt 3.1.1 der (Muster-) Richtlinie zur Durchführung der assistierten Reproduktion (2006), in welcher die statusrechtlichen Voraussetzungen der Patienten eines reproduktionsmedizinischen Verfahrens festgelegt werden, könnte die Ärztekammer ihre Satzungsautonomie überschritten haben. Danach sollen die Methoden der assistierten Reproduktion grundsätzlich nur bei Ehepaaren angewandt werden, wobei nur ausnahmsweise die Samenzellen eines Dritten verwandt werden sollen. Ausnahmsweise können die heterologen reproduktionsmedizinischen Verfahren auch bei einer nicht verheirateten Frau angewandt werden, sofern sie mit einem nicht verheirateten Mann in einer fest gefügten Partnerschaft zusammenlebt und dieser Mann die Vaterschaft an dem so gezeugten Kind anerkennen wird.[447] In concreto bedeutet dies, dass prinzipiell allein stehende Frauen sowie Frauen in gleichgeschlechtlichen Beziehungen von der Anwendung reproduktionsmedizinischer Maßnahmen ausgeschlossen werden.

Damit greift die (Muster-) Richtlinie zur Durchführung der assistierten Reproduktion (2006) in das Recht auf Fortpflanzung[448] von allein stehenden Frauen und Frauen in gleichgeschlechtlichen Partnerschaften ein.

ddd) Überschreitung der Satzungsautonomie durch Regelungen betreffend der heterologen Insemination in Punkt 3.1.1 der (Muster-) Richtlinie zur Durchführung der assistierten Reproduktion (2006)

Durch Punkt 3.1.1 der (Muster-) Richtlinie zur Durchführung der assistierten Reproduktion (2006) werden Interessen berührt, die verfassungsrechtlichen Schutz genießen.[449] Das Standesrecht versucht – mangels gesetzlicher Regelungen – zwischen Kindeswohl und Kinderwunsch einen Ausgleich zu schaffen bzw. eine Abwägung zu Lasten potentieller Eltern zu treffen.[450] Derartige Entscheidungen zu Lasten Außenstehender sind aber unabhängig von ihrer mögli-

---

[446] *Laufs*, JZ 1986, 769 (770 f.), Fn. 25.
[447] Punkt 3.1.1 der (Muster-) Richtlinie zur Durchführung der assistierten Reproduktion (2006), DÄBl. 2006, A 1392 (A 1395).
[448] Ob es ein Recht auf Fortpflanzung gibt, bzw. es aus dem Grundgesetz hergeleitet werden kann, ist umstritten. Ausführlich wird dies in Frage 4 und 5 erörtert werden.
[449] *Jungfleisch*, Fortpflanzungsmedizin als Gegenstand des Strafrechts?, S. 53; *Schröder*, VersR 1990, 243 (249).
[450] *Schröder*, VersR 1990, 243 (249, 253).

chen Sachgerechtigkeit und behaupteten materiellen Übereinstimmung mit dem Grundgesetz Aufgaben des Gesetzgebers und damit einer berufsständischen Regelung entzogen.[451] Aufgrund der Überschreitung der Satzungsautonomie ist die Richtlinie der Ärztekammer (zumindest hinsichtlich des untersuchten Punktes 3.1.1) unwirksam.

Eine gesetzliche Regelung der Voraussetzungen und der Zulässigkeit des Verfahrens der heterologen künstlichen Befruchtung ist dringend erforderlich. Allein eine Kodifikation im ärztlichen Standesrecht steht nicht mit dem Demokratiegebot des Art. 20 Abs. 3 GG in Einklang. Mit Einführung eines solchen Gesetzes würde eine rechtlich sichere Basis für die Tätigkeit von Reproduktionsmedizinern geschaffen.

5. Frage 2 – Zulässigkeit der heterologen Insemination bei unverheirateten Paaren

a) Einleitung

Aus dem ärztlichen Standesrecht folgt heute seit der Novelle der Richtlinie zur Durchführung der assistierten Reproduktion im vergangenen Jahr eine Beschränkung des Zugangs zu heterologen reproduktionsmedizinischen Verfahren für unverheiratete Paare nur noch aus dem Erfordernis, dass die Partner in einer fest gefügten Partnerschaft zusammenleben, die Partner nicht anderweitig verheiratet sein dürfen und der Mann erklärt, dass er die Vaterschaft an dem so gezeugten Kind anerkennen werde.[452] Früher mussten sich unverheiratete Paare darüber hinaus gemäß Punkt 3.2.3 Abs. 3 der Richtlinie zur Durchführung der assistierten Reproduktion (1998) a.F. noch einem Genehmigungsverfahren der Ärztekammer unterziehen.[453] Dieses Erfordernis wurde durch die Novellierung der Richtlinie aufgehoben.

Aus der standesrechtlichen Zulässigkeit der Anwendung heterologer reproduktionsmedizinischer Verfahren auf eine unverheiratete Frau, die in einer nichtehelichen Partnerschaft lebt, kann aber nicht unmittelbar auf die Wirksamkeit eines Vertrages geschlossen werden, der die Anwendung eines solchen Verfahrens zum Gegenstand hat. Noch immer wird in diesem Zusammenhang vertreten, dass derartige Verträge gemäß § 138 Abs. 1 BGB aufgrund von Sittenwidrigkeit, die auf Grundrechtsverletzungen beruhe, nichtig seien.

Gegen diese zivilrechtliche Unwirksamkeit eines Vertrages über eine heterologe Insemination mit einer unverheirateten Frau, die in einer nichtehelichen Lebensgemeinschaft lebt, kann neben der standesrechtlichen Anerkennung eines

---

[451] Vgl. *Günther*, GA 1987, 433 (438); *Jungfleisch*, Fortpflanzungsmedizin als Gegenstand des Strafrechts?, S. 53; *Pap*, MedR 1986, 229 (236); *Schröder*, VersR 1990, 243 (249, 253); *Spiekerkötter*, Verfassungsfragen der Humangenetik, S. 101 f.

[452] Punkt 3.1.1 der (Muster-) Richtlinie zur Durchführung der assistierten Reproduktion (2006), DÄBl. A 1392 (A 1395).

[453] Punkt 3.2.3 der Richtlinie zur Durchführung der assistierten Reproduktion (1998), DÄBl. 1998, A 3166 (A 3168).

solchen Verfahrens das Menschenrecht des „Rechtes auf Fortpflanzung" sprechen.

b) Recht auf Fortpflanzung

Ob ein so genanntes „Recht auf Fortpflanzung" besteht und ob es auch den Zugang zu reproduktionsmedizinischen Verfahren umfasst, ist umstritten.

aa) Erste Ansicht – Kein verfassungsrechtlich garantiertes Recht auf Fortpflanzung

Nach einer Ansicht gebe es kein allgemeines Recht auf Fortpflanzung. Die Verfassung ginge in Art. 6 Abs. 1 GG davon aus, dass eine Familie auf der Basis einer Ehe gegründet werde und dadurch ihren rechtlichen und sittlichen Zusammenhalt finde.[454] Demnach sei ein Recht auf Fortpflanzung bloß in dem geschützten Rahmen der Ehe anzuerkennen.

bb) Andere Ansicht – Recht auf Fortpflanzung aus dem GG und der Europäischen Menschenrechtskonvention (EMRK)

Die Gegenansicht hingegen bejaht umfassend das Bestehen eines Rechts auf Fortpflanzung, unabhängig von dem Vorhandensein einer bestehenden Ehe.

Begründet wird dies zum einen mit der gesellschaftlichen Anerkennung anderer Formen des Zusammenlebens als der der Ehe. Die Freiheit sich fortzupflanzen sei rechtlich zwar zunächst seit dem Fortfall der Beschränkungen der Eheschließungsfreiheit als Teil der Eheschließungsfreiheit anzusehen gewesen und sei nunmehr aber, entsprechend dem allgemeinen Prozess, nichteheliche Geschlechtsgemeinschaften zu tolerieren, als Teil der allgemeinen Handlungsfreiheit (Art. 2 Abs. 1 GG) zu werten.[455]

Die Existenz eines Rechts auf Fortpflanzung lege darüber hinaus schon Art. 8 EMRK nahe, der den *Anspruch jeder Person auf Achtung ihres Privatlebens* verbürge.[456] Da unter anderem die künstliche Befruchtung Privatsache der Beteiligten sei,[457] werde mithin bereits aus Art. 8 EMRK ein Recht auf Fortpflanzung hergeleitet.

Noch konkreter werde der Schutz der Fortpflanzung jedoch in Art. 12 EMRK betont, der Männern und Frauen mit Erreichung ihres heiratsfähigen Alters das *Recht* zugestehe, eine Ehe einzugehen und *eine Familie zu gründen*.[458] Daraus folge, dass ein Recht auf Fortpflanzung existiere. Die Formulierung „das Recht eine Ehe einzugehen" bedeute dabei keine Beschränkung der Fortpflanzung bloß auf den ehelichen Bereich, sondern sei ein parallel daneben bestehendes Recht, sofern diese Form des Zusammenlebens von den Beteiligten gewünscht werde.

---

[454] Anhang, Richtlinie zur Durchführung der assistierten Reproduktion, DÄBl. 1998, A 3166 (A 3170).
[455] *Ramm*, JZ 1989, 861 (870).
[456] *Bernat*, MedR 1991, 308 (309).
[457] *Ramm*, JZ 1989, 861 (873).
[458] *Bernat*, MedR 1991, 308 (309); ebenso: *Sina*, FamRZ 1997, 862 (865).

Nach dieser Auffassung müsse das Recht auf Fortpflanzung konsequenterweise auch den Zugang zu reproduktionsmedizinischen Verfahren beinhalten.[459] Das Recht, Nachkommen zu haben, ließe sich von Verfassungs wegen nicht auf das Recht verengen, Kinder auf natürlichem Wege zu empfangen oder zu zeugen; es schließe den Einsatz medizinischer Hilfe zur Verwirklichung des Kinderwunsches ein.[460] Die (positive) Freiheit sich fortzupflanzen habe durch den Fortschritt der Wissenschaft eine neue Bedeutung erhalten und bedeute die Bejahung der künstlichen Befruchtung – und zwar im vollen Umfang.[461]

Deshalb stünde auch die Reglementierung der heterologen künstlichen Befruchtung nicht im freien rechtspolitischen Ermessen des Gesetzgebers; diesbezügliche Regelungen seien vielmehr schwerwiegende Eingriffe in das Selbstbestimmungsrecht der Frau (bzw. des zur Überwindung wegen eines bei ihm vorliegenden biologischen Defektes auf künstliche Befruchtung angewiesenen Mannes).[462] Dieses Selbstbestimmungsrecht dürfe zwar für die Rechtspolitik ebenso wenig alleinige rechtliche Richtschnur sein wie für die Auslegung des Gesetzes, seine Beschränkung bedürfe jedoch einer abgewogenen Rechtfertigung.[463] Denn Kinder zu haben und aufzuziehen bedeute für viele Menschen eine zentrale Sinngebung ihres Lebens, und ungewollte Kinderlosigkeit werde von ihnen häufig als schwere Belastung erlebt.[464] Die Durchführung einer künstlichen Befruchtung ermögliche dem Paar schließlich das „Fortleben in einem Kind" als Konkretisierung der Menschenwürde.[465]

Sollte das Recht auf Fortpflanzung nicht auch das Recht auf Zulassung zu reproduktionsmedizinischen Verfahren umfassen, käme es darüber hinaus zu einer unzulässigen Differenzierung zwischen fertilen und infertilen Menschen bzw. Paaren. Eine Differenzierung zwischen Menschen, die sich auf „natürliche Weise" fortpflanzen und solchen, die dies nur durch medizinische Hilfe können, schiene schwer mit dem Gleichheitssatz (Art. 3 Abs. 1 GG) vereinbar.[466]

cc) Stellungnahme

Eine Beschränkung des Rechts auf Fortpflanzung auf eine bestehende Ehe erscheint durch die gesellschaftliche Anerkennung von Familien mit Kindern, deren Eltern unverheiratet sind, nicht mehr als zeitgemäß. Mit Blick auf die Höchstpersönlichkeit der Entscheidung, Kinder zur Welt zur bringen, ist es nahe liegend, dies als Ausfluss des Persönlichkeitsrechtes (Art. 2 Abs. 1 i.V.m. Art. 1 Abs. 1 S. 1 GG) anzusehen. Durch den Einfluss der Menschenwürde in das Persönlichkeitsrecht ist die Einordnung des Rechtes auf Fortpflanzung als Men-

---

[459] aA *Balz*, Heterologe künstliche Samenübertragung beim Menschen, S. 23.
[460] *Rüsken*, NJW 1998, 1745 (1749); z.T. wird terminologisch an dieser Stelle der Begriff der „reproduktiven Autonomie" verwendet – vgl. *Damm*, VersR 2006, 730 (732).
[461] *Ramm*, JZ 1989, 861 (874).
[462] *Rüsken*, NJW 1998, 1745 (1749).
[463] *Rüsken*, NJW 1998, 1745 (1749).
[464] *Rüsken*, NJW 1998, 1745 (1749).
[465] *Busse*, Das Recht des Kindes auf Kenntnis der eigenen Abstammung bei heterologer künstlicher Befruchtung, S. 192.
[466] *Bernat*, Rechtsfragen medizinisch assistierter Zeugung, S. 94 f.

schenrecht konsequent. Um den Gleichheitssatz des Art. 3 Abs. 1 GG (oder gar das Benachteiligungsverbot des Art. 3 Abs. 3 S. 2 GG, sofern man die Infertilitätsstörung als Behinderung[467] begreift) nicht zu verletzen, muss das Recht auf Fortpflanzung auch infertilen Menschen, bzw. Paaren zugestanden werden. Daraus folgt, da dieses „Handicap" nicht anders als mit reproduktionsmedizinischen Maßnahmen zu überbrücken ist, dass grundsätzlich auch reproduktionsmedizinische Maßnahmen vom Recht auf Fortpflanzung umfasst sind. Ob diese im konkreten Fall aufgrund von entgegenstehenden Grundrechten Dritter oder aufgrund des Kindeswohls in zulässiger Weise angewendet werden dürfen, kann nicht zur pauschalen Verneinung des Rechtes auf Fortpflanzung führen, sondern muss vielmehr im Rahmen einer konkreten Abwägung Berücksichtigung finden.

c) *Ausprägung des Rechts auf Fortpflanzung bei nichtehelicher Lebensgemeinschaft*

Ob Grundrechte Dritter und das Kindeswohl eine Einschränkung des Rechts auf Fortpflanzung und damit eine Beschränkung der Anwendung (heterologer) künstlicher Befruchtungsverfahren bei nicht verheirateten Paaren gebieten, ist umstritten. So gab es bereits 1986 auf dem 56. Deutschen Juristentag in Berlin eine intensive Erörterung darüber, ob die heterologe Insemination nur bei Ehepaaren oder auch bei sonstiger stabiler nichtehelicher Partnerbeziehung zuzulassen sei.[468]

aa) Erste Ansicht – Beschränkung des Rechts auf Fortpflanzung

Einer Ansicht nach bestünden gegen die grundsätzliche Zulassung künstlicher Befruchtungen im heterologen System bei nicht verheirateten Paaren im Hinblick auf Art. 6 Abs. 1 GG verfassungsrechtliche Bedenken.[469] Liberale Tendenzen könnten nicht darüber hinwegtäuschen, dass die manipulierte oder willkürliche Erzeugung von Kindern außerhalb der Bindung einer Ehe und daher außerhalb einer gesicherten Verantwortlichkeit mit den Wertentscheidungen des Grundgesetzes nicht in Einklang stehe.[470] Die grundsätzliche Bindung der Anwendung der Methoden der assistierten Reproduktion an eine bestehende Ehe finde ihre Rechtfertigung in dem verfassungsrechtlich verankerten besonderen Schutz von Ehe und Familie.[471] Im Interesse des Kindes sollten deshalb Zeugungshilfen nur innerhalb einer bestehenden Ehe geleistet werden.[472] Dies stelle

---

[467] „Behinderung" i.S.d. Art. 3 Abs. 3 S. 2 GG wird vom BVerfG definiert als die Auswirkung einer nicht nur vorübergehenden Funktionsbeeinträchtigung, die auf einem regelwidrigen körperlichen, geistigen oder seelischen Zustand beruht. Vgl. dazu *Sachs*, GG, S. 254, Rn. 133, m.w.N.

[468] *Hamann*, JZ 1986, 1095 (1096).

[469] *Laufs/Uhlenbruck*, Handbuch des Arztrechts, S. 384, Rn. 82, Fn. 240.

[470] *Keller*, MedR 1988, 59 (63).

[471] Anhang Richtlinie zur Durchführung assistierter Reproduktion, DÄBl. 1998, A 3166 (A 3170); *Kollhosser*, JA 1985, 553 (558).

[472] *Hamann*, JZ 1986, 1095 (1096); *Kollhosser*, JA 1985, 553 (558); ebenso: *Selb*, Rechtsordnung und künstliche Reproduktion des Menschen, S. 127.

für das nicht verheiratete Paar auch keine unverhältnismäßige Einschränkung dar. Denn bei einem intensiven Kinderwunsch sei es für sie schließlich zumutbar, die Ernsthaftigkeit der beabsichtigten Familiengründung durch die Eheschließung zu dokumentieren.[473]

bb) Andere Ansicht – Unbeschränktes Recht auf Fortpflanzung

Nach anderer Ansicht seien reproduktionsmedizinischen Verfahren unbeschränkt zulässig. Dafür wird geltend gemacht, dass es nicht Aufgabe der Juristen sein könne, zu Lasten der unverheirateten Paare „Moral zu stiften".[474]

Eine Gefährdung des Kindeswohles sei nicht ersichtlich. Denn das Kindeswohl könne nicht allein durch den Umstand des fehlenden Ehebundes beeinträchtigt sein:

„Spricht nicht gerade die Tatsache schon von vornherein für ein gedeihliches Heranwachsen des Kindes, dass es sich im Rahmen medizinisch assistierter Zeugung um geplante Elternschaft handelt?"[475]

Deshalb fiel das Votum des 56. Deutschen Juristentages in Berlin nach kontroverser Diskussion zugunsten der Zulässigkeit der heterologen Insemination auch bei nicht verheirateten Paaren aus.[476]

cc) Stellungnahme und Lösungsvorschlag

Im Ergebnis ist der zweitgenannten Auffassung zuzustimmen. Es sind keine durchgreifenden Gründe ersichtlich, welche das Recht auf Fortpflanzung bei einem nicht verheirateten Paar, welches eine heterologe Insemination begehrt, beschneiden könnten.

Zum einen besteht nicht die Gefahr einer Kindeswohlgefährdung. Es hängt nicht vom familienrechtlichen Status ab, ob das Kind mit der erforderlichen persönlichen Fürsorge aufgezogen wird oder nicht. Zum anderen scheidet eine Beeinträchtigung von Art. 6 Abs. 1 GG aus. Weder sollen Ehepaare gegenüber nicht verheirateten Paaren dadurch schlechter gestellt werden, dass auch diesen heterologe reproduktionsmedizinische Verfahren zur Verfügung gestellt werden, noch ist der besondere Schutz von Ehe und Familie beeinträchtigt. Dabei ist auch zu erwähnen, dass das Recht auf Fortpflanzung ein ebenfalls verfassungsrechtlich geschütztes Recht darstellt, welches darüber hinaus in den Vorschriften der Europäischen Menschenrechtskonvention noch eine weitere Konkretisierung erfahren hat.

Die Selbstverantwortlichkeit für die eigene Beziehung wie auch die Fremdverantwortlichkeit für das Kind sollten mehr in den Vordergrund gerückt werden. Vor diesem Hintergrund ist auch der Vorschlag der ersten Auffassung, es sei zumutbar, dass der Bund der Ehe miteinander eingegangen werden soll, um in den Genuss der reproduktionsmedizinischen Verfahren zu gelangen, absurd.

---

[473] *Harrer*, Zivilrechtliche Haftung bei durchkreuzter Familienplanung, S. 363.
[474] *Hamann*, JZ 1986, 1095 (1096).
[475] *Bernat*, Rechtsfragen medizinisch assistierter Zeugung, S. 97.
[476] *Goebel*, MDR 1986, 988 (989); *Hamann*, JZ 1986, 1095 (1096).

Die Entscheidung über eine Heirat und die dieser Entscheidung zu Grunde liegenden Motive hat jedes Paar für sich individuell zu treffen und zu definieren. Auch eine Entscheidung gegen eine Heirat ist folglich nicht geeignet, als Kriterium Für oder Wider der Anwendung eines medizinischen Verfahrens, zu dienen.

Zwar mag es korrekt sein, dass das Kind durch die Ehelichkeitsvermutung rechtlich in dem Sinne abgesichert ist, dass unmittelbar mit Geburt ein Vater im Rechtssinne feststeht. Dazu ist zum einen zu bemerken, dass diese Vermutung widerleglich und das Kind selbst gemäß § 1600 Abs. 4 BGB zur Anfechtung der Vaterschaft des Wunschvaters berechtigt ist, so dass der Schutz des Kindes in dieser Hinsicht also unvollständig ist. Zum anderen kann die gleiche rechtliche Sicherheit für das Kind durch eine Anerkennung der Vaterschaft seitens des Partners (§ 1592 Nr. 3 BGB) erreicht werden, zumal dies in Punkt 3.1.1 der (Muster-) Richtlinie zur Durchführung der assistierten Reproduktion (2006) zur Voraussetzung für den Zugang zu heterologen reproduktionsmedizinischen Verfahren gemacht wird.[477]

d) Zwischenergebnis

Das Recht auf Zulassung zu reproduktionsmedizinischen Verfahren korrespondiert mit dem Recht auf Fortpflanzung. Es existieren keine verfassungsrechtlichen Interessen, welche in verhältnismäßiger Weise dieses Recht eines nicht verheirateten Paares mit Blick auf den Zugang zu einem heterologen System beschneiden könnten. Die heterologe Insemination bei einem unverheirateten Paar ist folglich uneingeschränkt zulässig und ein darüber geschlossener Vertrag zivilrechtlich wirksam.

6. Frage 3 – Zulässigkeit der heterologen Insemination bei einer allein stehenden Frau

a) Einleitung

Der Durchführung eines heterologen reproduktionsmedizinischen Verfahrens bei einer allein stehenden Frau steht derzeit das ärztliche Standesrecht entgegen.[478] Wie bereits dargestellt, überschreitet die Ärztekammer mit diesem Verbot ihre Satzungskompetenz.[479] Ein etwaiger Verstoß gegen das ärztliche Standesrecht kann demnach nicht zur Nichtigkeit eines Vertrages einer allein stehenden Frau mit einem Arzt über die Durchführung einer heterologen Insemination gemäß § 134 BGB führen.

Doch könnte ein Vertrag mit einer allein stehenden Frau gemäß § 138 Abs. 1 BGB sittenwidrig und damit nichtig sein. Ein solcher Sittenverstoß wäre jedoch allenfalls dann anzunehmen, wenn bei der Vornahme einer heterologen Insemination Grundrechtsverletzungen zu befürchten wären.

---

[477] DÄBl. 2006, A 1392 (A 1395).
[478] Kommentierung zu Punkt 3.1.1 der (Muster-) Richtlinie zur Durchführung der assistierten Reproduktion (2006), DÄBl. 2006, A 1392 (A 1400).
[479] Siehe dazu: C. IV. 4. b. dd. ddd.

b) Partnerbezogenheit des Rechtes auf Fortpflanzung

Eine heterologe Insemination bei einer allein stehenden Frau ist zulässig und ein darüber geschlossener Vertrag wirksam, wenn auch ihr ein Recht auf Fortpflanzung zusteht, welches nicht aufgrund anderer Verfassungsgüter eingeschränkt werden muss.

Oben wurde dargestellt, dass grundsätzlich ein Recht auf Fortpflanzung anzuerkennen ist.[480] Diese Feststellung wurde aber insbesondere im Zusammenhang mit Paarkonstellationen getroffen. Ob das Recht auf Fortpflanzung darüber hinaus auch in nicht partnerbezogenen Konstellationen einschlägig ist, ist umstritten.

aa) Erste Auffassung – Partnerbezogenheit des Rechtes auf Fortpflanzung

Nach einer Ansicht sei das Recht auf Fortpflanzung partnerbezogen und setze insoweit voraus, dass das negative Freiheitsrecht des anderen, sich nicht fortpflanzen zu wollen, respektiert werde.[481] Diese Überlegung schließe ein, dass ein Recht auf Fortpflanzung nur im Rahmen des Kinderwunsches eines *Paares* zuerkannt werde. Das Recht auf Fortpflanzung werde dieser Ansicht zufolge fragwürdig, wenn es diesen Partnerbezug verliere und eine Frau ein „vaterloses" Kind haben wolle.[482]

bb) Andere Auffassung – Recht auf Fortpflanzung als Individualentscheidung

Eine andere Ansicht legt einen individualrechtsbezogenen Ansatz zugrunde und bejaht deshalb auch ein Recht auf Fortpflanzung bei einer allein stehenden Frau.

Besonders deutlich trete die Individualrechtsbezogenheit im Rahmen künstlicher Befruchtungen zutage. Dort sei die Fortpflanzung keine partnerschaftliche natürliche Entscheidung, sondern setze sich aus Individualentscheidungen zusammen, die der rechtlichen Wertung bedürften.[483]

cc) Stellungnahme

Hinsichtlich der dogmatischen Grundlage des Rechtes auf Fortpflanzung liegt dieser Dissertation die Auffassung zugrunde, dass dieses als Ausfluss des individuell zugestandenen Persönlichkeitsrechtes (Art. 2 Abs. 1 i.V.m. Art. 1 Abs. 1 S. 1 GG) zu begreifen ist.[484] Zwar bedarf es – biologisch betrachtet – zur Fortpflanzung sowohl männlicher wie auch weiblicher Gameten. Rechtlich darf dies jedoch nicht zu der Annahme verleiten, ein Recht auf Fortpflanzung könne ausschließlich innerhalb einer Paarkonstellation zugestanden werden. Die Entscheidung über das „Ob" der Fortpflanzung, wie es sich negativ auch in dem Erfordernis des Einverständnisses des Wunschvaters und auch des Samenspenders

---

[480] Siehe dazu: C. IV. 5. b.
[481] *Ramm*, JZ 1989, 861 (874).
[482] *Ramm*, JZ 1989, 861 (874).
[483] *Ramm*, JZ 1989, 861 (863).
[484] Siehe dazu: C. IV. 5. b. bb.

manifestiert, ist eine höchstpersönliche und damit auch individuelle Entscheidung. Spiegelbildlich folgt aus dieser Überlegung positiv damit auch die Individualbezogenheit eines Rechtes über die Entscheidung zur Fortpflanzung. Einer allein stehenden Frau steht das Recht auf Fortpflanzung folglich ebenfalls zu.

c) Beschränkungen des Rechts auf Fortpflanzung bei allein stehender Frau

Jedoch könnte das Recht auf Fortpflanzung der allein stehenden Frau in verfassungsrechtlich zulässiger Weise eingeschränkt werden, wenn Rechte Dritter, insbesondere das Wohl des Kindes, der Durchführung einer heterologen künstlichen Befruchtung bei einer allein stehenden Frau entgegenstehen.

aa) Erste Auffassung – Unzulässigkeit der Anwendung reproduktionsmedizinischer Maßnahmen bei einer allein stehenden Frau

Einer konservativen Ansicht zufolge sei die künstliche Insemination bei einer unverheirateten Frau unzulässig.[485] So votierte der 56. Deutsche Juristentag 1986 in Berlin gegen die rechtliche Zulässigkeit der heterologen Insemination bei unverheirateten und allein stehenden Frauen.[486] Auch das ärztliche Standesrecht teilt diesen Standpunkt.[487]

Zur Begründung wird auf die Würde des Menschen (Art. 1 Abs. 1 S. 1 GG) und auf den verfassungsrechtlichen Grundsatz des besonderen Schutzes von Ehe und Familie abgestellt (Art. 6 Abs. 1 GG).[488] Da die künstliche Samenübertragung gegen die derzeitigen Auffassungen bezüglich der Geschlechtsmoral nicht in der Weise wie der außereheliche Beischlaf verstoße, sei die Insemination bei einer ledigen Frau geeignet, der Umgehung von Ehe und Familie in der Gesellschaft Anerkennung zu verschaffen.[489] Darin liege eine echte Gefährdung für die Institution Ehe und Familie.[490]

Darüber hinaus wird ein Verstoß gegen das Recht des Kindes auf Kenntnis der eigenen Abstammung bejaht: die Mutter beraube das Kind vorsätzlich seines Vaters.[491]

Zwar könne auch das Grundgesetz nicht verhindern, dass auf natürliche Weise nichteheliche Kinder gezeugt werden; es könne aber vom Arzt verlangen, dass er

---

[485] *Bernat*, Lebensbeginn durch Menschenhand S. 148; *Kleineke*, Das Recht auf Kenntnis der eigenen Abstammung, S. 305; *Kollhosser*, JA 1985, 553 (558); *Wanitzek*, FamRZ 2003, 730 (733).
[486] *Hamann*, JZ 1986, 1095 (1096).
[487] Kommentierung zu Punkt 3.1.1 der (Muster-) Richtlinie zur Durchführung der assistierten Reproduktion (2006), DÄBl. 2006, A 1392 (A 1400).
[488] *Harder*, JuS 1986, 505 (511); *Herzog*, Die heterologe Insemination in verfassungsrechtlicher Sicht, S. 189.
[489] *Herzog*, Die heterologe Insemination in verfassungsrechtlicher Sicht, S. 189.
[490] *Herzog*, Die heterologe Insemination in verfassungsrechtlicher Sicht, S. 189.
[491] *Kleineke*, Das Recht auf Kenntnis der eigenen Abstammung, S. 304; *Pasquay*, Die künstliche Insemination, S. 158.

die verfassungsrechtliche Werteordnung beachte und künstliche Hilfen nur bei der Zeugung ehelicher Kinder leiste.[492] Das Verbot der Durchführung einer heterologen künstlichen Befruchtung im ärztlichen Standesrecht entspreche damit in materieller Hinsicht den Vorgaben des Grundgesetzes als objektive Werteordnung (Sicherstellung der sozialen Vaterschaft).[493] Es sei gesellschaftspolitisch unerwünscht, dass uneheliche Kinder bewusst in die Welt gesetzt werden, die von vornherein nur einen Elternteil, die Mutter, haben.[494] Das Kind habe schließlich einen Anspruch auf beide Eltern.[495] Das Zusammenspiel von Art. 2 Abs. 1 mit Art. 6 Abs. 1 GG ergebe damit, dass die Frau kein Recht auf ein juristisch vaterloses Kind habe.[496] Hier versage die „Naturanalogie" zu einer Frau, die sich natürlich anonym schwängern lassen könne.[497] Deshalb sah *Becker* in den 1950er Jahren in der heterologen Insemination bei unverheirateten Frauen den *Ausdruck der schwersten Dekadenz seiner Zeit*.[498]

bb) Andere Auffassung – Zulässigkeit der Anwendung reproduktionsmedizinischer Verfahren bei einer allein stehenden Frau

Nach einer liberalen Auffassung sei die Insemination bei einer nichtverheirateten Frau nicht sittenwidrig.[499]

Zum einen fehle auch dem nichtehelichen Kind aus tatsächlichen Gründen häufig eine männliche Bezugsperson, zum anderen sei gesetzlich nach § 1741 Abs. 2 S. 1 BGB auch die Adoption durch eine allein stehende Person möglich,[500] so dass weder tatsächlich noch gesetzlich ein Recht des Kindes angenommen werden könne, in einer vollständigen Familie aufzuwachsen.[501] Das Kind habe nämlich keinen Anspruch auf beide Eltern.[502] Vielmehr müsse es sein

---

[492] *Harder*, JuS 1986, 505 (511).
[493] *May*, Rechtliche Grenzen der Fortpflanzungsmedizin, S. 161; Die behauptete materielle Richtigkeit des Verbotes war nicht der Anlass, die Regelung in Punkt 3.1.1 der (Muster-) Richtlinie zur Durchführung der assistierten Reproduktion (2006) als nichtig zu betrachten. Vielmehr ergibt sich aus der Grundrechtsrelevanz für außerhalb der Ärzteschaft stehende Dritte, dass diese Frage vom Gesetzgeber aufgrund des Wesentlichkeitsvorbehaltes selbst geregelt werden muss. Insofern liegt eine Überschreitung der Satzungsautonomie durch die Ärztekammer vor.
[494] *Bernat*, Lebensbeginn durch Menschenhand, S. 156, Fn. 128 m.w.N.; *Deutsch/Spickhoff*, Medizinrecht, S. 367, Rn. 545.
[495] *Benda*, NJW 1985, 1730 (1732).
[496] *Holzhauer*, FamRZ 1986, 1162 (1163).
[497] *Holzhauer*, FamRZ 1986, 1162 (1163).
[498] *Giesen*, Die künstliche Insemination als ethisches und rechtliches Problem, S. 175, Fn. 1067.
[499] *Waibl*, Kindesunterhalt als Schaden, S. 220.
[500] Ebenso: *Deutsch/Spickhoff*, Medizinrecht, S. 367, Rn. 544.
[501] *Waibl*, Kindesunterhalt als Schaden, S. 220.
[502] *Harrer*, Zivilrechtliche Haftung bei durchkreuzter Familienplanung, S. 364.

Leben und damit auch die Umstände, in die es hineingeboren wird, als tatsächliches Faktum hinnehmen.[503]

cc) Stellungnahme

Die Anwendung reproduktionsmedizinischer Verfahren bei einer allein stehenden Frau sind nicht unzulässig und ein darauf gerichteter Vertrag wirksam. Sie widersprechen weder Verfassungsprinzipien noch einem gesamtgesellschaftlichen Moralkonsens oder dem Kindeswohl.

Die erstgenannte Auffassung scheint weniger aus juristischen, sondern vielmehr aufgrund emotionaler Argumente die Anwendung reproduktionsmedizinischer Maßnahmen für unzulässig zu erklären. Sie berücksichtigt in ihrer Argumentation weder hinreichend das Grundrecht auf freie Entfaltung der Persönlichkeit (Art. 2 Abs. 1 GG), das natürlich auch allein stehenden Frauen zusteht, noch das Recht auf Fortpflanzung (Art. 2 Abs. 1 i.V.m. Art. 1 Abs. 1 S. 1 GG), noch den Verfassungsgrundsatz des Art. 6 Abs. 5 GG, wonach den nichtehelichen Kindern durch die Gesetzgebung die gleiche Rechtsstellung wie den ehelichen Kindern eingeräumt werden soll.[504]

Auch die Berufung auf die Menschenwürde der Frau, auf die Gefahr ihrer Ausbeutung oder ihres Missbrauchs als bloßer „Gebärmaschine" erscheint verfehlt angesichts der Tatsache, dass sich heutzutage das Selbstbestimmungsrecht der Frau sogar gegenüber dem Schutz ungeborenen Lebens in weitem Umfang durchsetzen konnte.[505] Die Frau muss nicht vor sich selbst geschützt werden.[506] Die Entscheidung zu einer künstlichen Befruchtung und ein Kind zu gebären ist vielmehr als Ausdruck ihres Allgemeinen Persönlichkeitsrechts zu begreifen.

Schließlich darf auch der besondere verfassungsrechtliche Schutz von Ehe und Familie nicht dazu herhalten, unverheiratete Frauen zu diskriminieren.[507] Es wäre jedenfalls bedenklich, wenn man eine allein stehende Frau erst zur Eheschließung „zwingen" wollte, bevor man ihr die medizinisch möglichen und rechtlich vertretbaren Fortpflanzunghilfen zuteil werden ließe.[508]

Weiter erlaubt das Gesetz selbst – ohne verfassungsrechtliche Verurteilung – auch eine Adoption durch allein stehende Personen (§ 1741 Abs. 2 S. 1 BGB).[509] Bereits aus dieser gesetzgeberischen Wertung ergibt sich, dass ein derartiger Vorgang nicht in Widerspruch zu Art. 6 Abs. 1 GG steht.[510]

Auch Überlegungen, dass das Wohl des so gezeugten Kindes durch die alleinige Beziehung zur Mutter gefährdet sein könnte, dürfen hier, nicht herangezogen werden, da die Handlungsalternative, die Nichtzeugung dieses Kindes, dem Wohl *dieses Kindes* nicht dienen kann.[511] Darüber hinaus kann die Frage des

---

[503] *Harrer*, Zivilrechtliche Haftung bei durchkreuzter Familienplanung, S. 364.
[504] *Harder*, JuS 1986, 505 (511).
[505] *Harder*, JuS 1986, 505 (511).
[506] *Harder*, JuS 1986, 505 (511); *Hoerster*, JuS 1983, 93 (96).
[507] *Harder*, JuS 1986, 505 (512).
[508] *Harder*, JuS 1986, 505 (512).
[509] Vgl. § 1741 Abs. 2 S. 1 BGB n.F.; *Harder*, JuS 1986, 505 (512).
[510] *Coester-Waltjen*, Gutachten 56. DJT, B 74.
[511] *Coester-Waltjen*, Gutachten 56. DJT, B 74.

Kindeswohles nicht antizipiert beantwortet werden. Ob die die Insemination begehrende Frau eine „gute Mutter" sein wird und ob dem Kind die erforderliche Liebe und Fürsorge zuteil werden wird, ist von vielgestaltigen Faktoren abhängig, so dass eine eindeutige Prognose schwerlich möglich sein wird. Allein die Tatsache, dass die Frau das Kind alleine aufziehen möchte, kann aber nicht unmittelbar die Vermutung der Kindeswohlgefährdung nach sich ziehen.

Zwar ist es richtig, dass bei der Zulassung der Anwendung reproduktionsmedizinischer Verfahren an allein stehenden Frauen ein „vaterloses" Kind geboren wird. Doch könnte selbst die perfekte gesetzliche Regelung nicht verhindern, dass „vaterlose" Kinder geboren werden.[512] Wie stets in der Geschichte wird auch von diesem Fortschritt der medizinischen Kunst Gebrauch gemacht werden und das Recht dagegen machtlos sein.[513] Dies mag nicht als Argument für die Zulassung des Verfahrens bei allein stehenden Frauen begriffen werden, da das Recht der Verbreitung von „Vaterlosigkeit" entgegenwirken könnte.[514] Gesellschaftspolitisch sinnvoller wäre es aber (aufgrund der oftmals als „natürliches Faktum entstehenden Vaterlosigkeit" von Kindern), die Ursachen abzustellen, die ein „vaterloses" Kind allgemein als nicht wünschenswert erscheinen lassen könnten,[515] anstelle einer allein stehenden Frau den Zugang zur Reproduktionsmedizin alleine aufgrund ihres Familienstandes zu verweigern.

Ein Blick über die Landesgrenzen hinaus scheint diese Auffassung zu bestätigen. Länder mit ähnlich geprägter Gesellschaftsstruktur und ebenfalls primär christlich orientierten Moralvorstellungen bewerten den Zugang von allein stehenden Frauen zu so genannten Samenbanken nicht als sittlich anstößig (insb. die USA, welche ansonsten einen eher konservativen Standpunkt bei Themen mit sexuellem Bezug einnehmen). Grundlegend anders kann es sich in Deutschland nicht verhalten. Allenfalls eine Verletzung der Verfassung könnte die These der Unzulässigkeit reproduktionsmedizinischer Maßnahmen bei allein stehenden Frauen stützen. Eine solche Verletzung ist aber nicht gegeben.

d) Zwischenergebnis

Die Anwendung reproduktionsmedizinischer Verfahren bei einer allein stehenden Frau ist zulässig. Darauf gerichtete Verträge sind nicht sittenwidrig und damit nicht nichtig gemäß § 138 Abs. 1 BGB.

---

[512] *Ramm*, JZ 1989, 861 (873).
[513] *Ramm*, JZ 1989, 861 (873).
[514] *Ramm*, JZ 1989, 861 (873).
[515] *Ramm*, JZ 1989, 861 (873).

7. Frage 4 – Zulässigkeit der heterologen Insemination bei lesbischen Paaren

a) Einleitung

Ebenfalls Gegenstand kontroverser Diskussionen ist die Frage, ob auch lesbischen Frauen (mit Freundin oder sogar bereits „verpartnert") reproduktionsmedizinische Maßnahmen in Anspruch nehmen können, um ein Kind „ohne Mann" zur Welt zu bringen und ob Verträge mit diesem Inhalt wirksam geschlossen werden können.

b) (Muster-) Richtlinie zur Durchführung der assistierten Reproduktion (2006)

Der Zulässigkeit der Anwendung reproduktionsmedizinischer Maßnahmen bei einem lesbischen Paar könnte zunächst die (Muster-) Richtlinie zur Durchführung der assistierten Reproduktion (2006) entgegenstehen. Nicht nur für allein stehende Frauen statuiert das ärztliche Standesrecht das Verbot der Anwendung reproduktionsmedizinischer Maßnahmen. In der Kommentierung zu Punkt 3.1.1 der (Muster-) Richtlinie zur Durchführung der assistierten Reproduktion (2006) wird dieses Verbot auch für gleichgeschlechtliche Beziehungen ausdrücklich festgeschrieben.[516] Aufgrund der Überschreitung der Satzungsautonomie ist diese Regelung jedoch unwirksam.[517] Die Unwirksamkeit des Vertrages kann sich damit aus § 134 BGB nicht ergeben.

c) Lebenspartnerschaftsgesetz (LPartG)

Auch könnte die Sittenwidrigkeit eines derartigen Vertrages mit Blick auf die Einführung des Lebenspartnerschaftsgesetzes zu verneinen sein. Das Lebenspartnerschaftsgesetz könnte als Zeichen der Akzeptanz gleichgeschlechtlicher Partnerschaften gewertet werden, so dass auch bei Vornahme einer heterologen künstlichen Befruchtung bei einer in einer eingetragenen Lebenspartnerschaft lebenden Frau ein Verstoß gegen das Anstandsgefühl aller billig und gerecht Denkenden ausgeschlossen wäre. Aus dem Erlass dieser Regelung könnte sich also die Zulässigkeit der Anwendung reproduktionsmedizinischer Verfahren bei Frauen in lesbischen Beziehungen ergeben.

Nach dem Lebenspartnerschaftsgesetz können auch gleichgeschlechtliche Paare (schwul und lesbisch) miteinander eine Lebenspartnerschaft eingehen. Der Gesetzgeber hat somit mit der „eingetragenen Lebenspartnerschaft" ein Rechtsinstitut geschaffen, das Paaren des gleichen Geschlechts eine Rechtsform für ihre Gemeinschaft bietet.[518]

Aufgrund dessen, dass die Anwendung reproduktionsmedizinischer Maßnahmen bei einem Ehepaar homolog wie auch heterolog zulässig ist, könnte dies ebenfalls für die Frauen einer eingetragenen Lebenspartnerschaft Geltung beanspruchen. Da der Gesetzgeber sich aber durch Art. 6 Abs. 1 GG gehindert sah,

---

[516] DÄBl. 2006, A 1392 (A 1400).
[517] Siehe dazu: C. IV. 4. b. dd. ddd.
[518] *Schwab*, Familienrecht, S. 411, Rn. 870.

Paare des gleichen Geschlechts offen zur Eheschließung zuzulassen, hat er eine Rechtsform gewählt, die zwar der Ehe stark ähnelt, sich aber in vieler Hinsicht auch davon unterscheidet.[519] Die Mischung aus Eherecht und anderen, wenngleich ähnlichen Regelungen schafft spezielle Rechtsfragen, deren Lösung nicht dem Eherecht entnommen werden können.[520] Dies gilt auch für die Frage der Zulassung zu reproduktionsmedizinischen Verfahren.

Da die Lebenspartnerschaft der Ehe demnach nicht „gleichgestellt" ist, kann aus dem Eingehen des Lebenspartnerschaftsbundes nicht unmittelbar auf die Zulässigkeit der Anwendung reproduktionsmedizinischer Maßnahmen für ein lesbisches Paar/eine lesbische Frau geschlossen werden.

d) Konkretisierung des Rechts auf Fortpflanzung bei lesbischen Partnerschaften

Aufgrund der (behaupteten) mangelnden Vergleichbarkeit von Ehe und eingetragener Lebenspartnerschaft ist umstritten, ob lesbische Paare Zugang zu reproduktionsmedizinischen Maßnahmen erhalten können und ein Vertrag über die Durchführung assistierter Reproduktion zwischen dem Befruchtungsarzt und der Partnerin einer lesbischen Beziehung damit wirksam ist.

Nach einer Auffassung sind bei gleichgeschlechtlichen Paaren die Verfahren der assistierten Reproduktion ausnahmslos unzulässig.[521]

Nach anderer Auffassung ist die Anwendung der Verfahren assistierter Reproduktion bei lesbischen Paaren ebenso zulässig, wie auch bei einer allein stehenden Frau.[522]

Ein Vergleich mit einer nicht ehelichen Lebensgemeinschaft und der Zulässigkeit der Anwendung reproduktionsmedizinischer Maßnahmen bei einer allein stehenden Frau müssen schlussendlich zu dem Ergebnis der Zulässigkeit der Anwendung reproduktionsmedizinischer Maßnahmen bei einer lesbischen Frau/lesbischen Partnerschaft führen. Dies ergibt sich aus einer stringenten Fortführung der bisher erörterten Argumente. Hauptargument für die generelle Zulassung zu reproduktionsmedizinischen Verfahren war das „Recht auf Fortpflanzung". Dieses kann seinerseits jedoch insbesondere aus Kindeswohlgesichtspunkten eingeschränkt werden.

Da das Recht auf Fortpflanzung nicht partnerbezogen ist,[523] sondern individuell jedem Menschen zuzugestehen ist, kann alleine die sexuelle Orientierung nicht ausschlaggebend sein, dieses einem Menschen abzusprechen. Einer lesbischen Frau ist dieses folglich auch zuzugestehen.

Zwar kann das Recht auf Fortpflanzung aus Kindeswohlaspekten einzuschränken sein. Wie dargestellt, ist das Kindeswohl aber weder bei einer nicht ehelichen Lebensgemeinschaft noch bei einer allein stehenden Frau gefährdet. Ein Vergleich mit diesen Formen des Zusammenlebens muss zu dem Ergebnis

---

[519] *Schwab*, Familienrecht, S. 411, Rn. 871.
[520] *Schwab*, Familienrecht, S. 411, Rn. 871.
[521] *Wanitzek*, FamRZ 2003, 730 (733).
[522] *Coester-Waltjen*, Gutachten 56. DJT, B 74.
[523] Siehe dazu: C. IV. 6. b. cc.

führen, dass für eine lesbische Frau oder eine lesbische Partnerschaft nichts anderes zu gelten hat. Alleine der Umstand der homosexuellen Orientierung kann eine Kindeswohlgefährdung nicht begründen. Zwar mag das Kind in konservativem Umfeld gewissen Anfeindungen ausgesetzt sein. Dies ist jedoch zum einen nicht zwingend, zum anderen kann dies kein Argument dafür sein, dieses Kind nicht zeugen zu dürfen. Ansonsten würde einer intoleranten und diskriminierenden Gesellschaftsstruktur Vorschub geleistet. Vielmehr ist es als Teil der individuellen Entscheidung über die eigene Fortpflanzung der lesbischen Frau anzusehen, ob sie sich diesen möglicherweise auf sie und ihre Familie zukommenden gesellschaftlichen Schwierigkeiten aussetzen möchte. Die Gefahr, keine gesellschaftliche Anerkennung zu genießen besteht darüber hinaus auch bei anderen Faktoren (Ehe mit extrem großem Altersunterschied, Beziehung nach vorausgegangener Untreue, starker sozialer Unterschied der Elternteile).

Zwar mag es nicht der Wille des Gesetzgebers gewesen sein, die eingetragene Lebenspartnerschaft vollends der Ehe gleichzusetzen. Jedenfalls ergibt sich aber, bis auf die Gleichgeschlechtlichkeit, zu einer nicht ehelichen Lebensgemeinschaft kein wesentlicher Unterschied. Der Unterschied der Gleichgeschlechtlichkeit kann allein nicht ausreichen, um lesbischen Frauen den Zugang zu reproduktionsmedizinischen Maßnahmen zu verwehren. Analog zu den Grundsätzen über nichteheliche Lebensgemeinschaften muss auch bei lesbischen eingetragenen wie auch nicht eingetragenen Partnerschaften von der Zulässigkeit der Anwendung reproduktionsmedizinischer Maßnahmen ausgegangen werden.

Ein Vergleich mit einer allein stehenden Frau führt zum gleichen Ergebnis. Hier sind ebenfalls keine Kindeswohlgesichtspunkte ersichtlich, die ihr den Zugang zu reproduktionsmedizinischen Verfahren verwehren könnten. Nichts anderes kann für eine lesbische Frau gelten. Ob diese dann schlussendlich ihre sexuelle Orientierung durch das Eingehen einer Beziehung mit einer anderen Frau offenbart, kann ebenfalls nicht die Unzulässigkeit der Anwendung reproduktionsmedizinischer Maßnahmen begründen.

e) Zwischenergebnis

Lesbischen Frauen, unabhängig davon, ob sie alleine, in einer Beziehung oder einer eingetragenen Lebenspartnerschaft leben, ist Zugang zu reproduktionsmedizinischen Maßnahmen zu gewähren. Ein darauf gerichteter Vertrag ist nicht sittenwidrig und damit nicht nichtig i.S.d. § 138 Abs. 1 BGB.

8. Ergebnis

Verträge über heterologe künstliche Befruchtung sind wirksam. Dabei kommt es nicht darauf an, ob die zu befruchtende Frau mit dem Wunschvater verheiratet ist oder in einer nicht ehelichen Lebensgemeinschaft lebt, allein stehend ist oder in einer homosexuellen Beziehung, verpartnert oder nicht verpartnert, lebt.

Zwar steht das ärztliche Standesrecht derzeit der Durchführung eines solchen Verfahrens bei einer allein stehenden Frau oder einer Frau in einer gleichgeschlechtlichen Beziehung entgegen. Doch überschreitet die Ärztekammer mit dieser Regelung ihre Satzungskompetenz. Aufgrund des Wesentlichkeitsvorbehalts ist ein Tätigwerden des Gesetzgebers in diesem Bereich unerlässlich.

Erwünscht wären familienrechtliche Maßgaben des Bundesgesetzgebers zu den Voraussetzungen und Folgen der künstlichen Befruchtung bei nicht verheirateten und gleichgeschlechtlichen Paaren und im heterologen System.[524] Aufgrund des Rechtes auf Fortpflanzung und der nicht erwiesenen Kindeswohlgefährdung sollte der Gesetzgeber sich ausdrücklich auch zugunsten der uneingeschränkten Anwendung reproduktionsmedizinischer Verfahren bei nicht ehelichen Lebensgemeinschaften, allein stehenden Frauen und Frauen in gleichgeschlechtlichen Partnerschaften aussprechen.

V. Schritt 4 – Status des heterolog gezeugten Kindes (vor Anfechtung der Vaterschaft)

1. Einleitung

a) Erfordernis der Klärung der Abstammung vor Anfechtung der Vaterschaft des Wunschvaters

Unmittelbar mit der Geburt des Kindes ist eine rechtliche Vaterschaft des Samenspenders, mangels Ehe mit der Frau,[525] welche mit seinem Samen befruchtet wurde, nicht gegeben. Vielmehr ergibt sich die rechtliche Vaterschaft erst nach einer ggf. erforderlichen[526] erfolgreichen Anfechtung des „bisherigen" (Wunsch-)Vaters und einer gerichtlichen Feststellung der Vaterschaft des Samenspenders. Bis zur Feststellung des Samenspenders gibt es damit eine Aufspaltung der genetischen und rechtlichen Vaterschaft auf Samenspender und Wunschvater.[527] Der Samenspender kann Ansprüchen des Kindes folglich erst dann ausgesetzt sein, wenn seine Vaterschaft gerichtlich festgestellt wurde (§§ 1592 Nr. 3, 1600 d Abs. 1 BGB).

Es ist die Klärung der Vorfrage notwendig, in welchem familienrechtlichen Status sich das künstlich gezeugte Kind vor der Feststellung der Vaterschaft des Samenspenders befindet. In diesem Zusammenhang werden die Änderungen, die das Abstammungsrecht durch das Kindschaftsrechtsreformgesetz[528]

---

[524] *Laufs*, Auf dem Wege zu einem Fortpflanzungsmedizingesetz?, S. 43.

[525] Das bedeutet, dass die Ehelichkeitsvermutung des § 1592 Nr. 1 BGB nicht eingreift.

[526] Es sind Fälle denkbar, in denen das Kind bislang „vaterlos" war und deshalb keine bestehende Vaterschaft angefochten werden muss (z.B. bei fehlendem Vaterschaftsanerkenntnis in einer nicht ehelichen Lebensgemeinschaft, bei der Geburt eines Kindes durch eine allein stehende nicht verheiratete Frau, etc.).

[527] Vgl. *Wehrstedt*, RNotZ 2005, 109 (114); *Wohn*, Medizinische Reproduktionstechniken und das neue Abstammungsrecht, S. 91.

[528] Zur Reform des Kindschaftsrechts wurden noch drei weitere Gesetze erlassen: das Gesetz zur Abschaffung der Amtspflegschaft und zur Neuordnung des Rechts der Beistandschaft (Beistandschaftsgesetz, vom 4. Dezember 1997, BGBL. I S. 2846), das Gesetz zur erbrechtlichen Gleichstellung nichtehelicher Kinder (Erbrechtsgleich-

(1. Juli 1998) und das Kinderrechteverbesserungsgesetz[529] (9. April 2002) erfahren hat, beleuchtet.

Zu beachten ist dabei, dass für die Anwendung heterologer reproduktionsmedizinischer Verfahren bei einer allein stehenden unverheirateten Frau und bei Frauen, die in einer gleichgeschlechtlichen Partnerschaft leben, angeführt wird, dass diese in diesen Konstellationen nicht angewendet werden dürften.[530] Hier muss betont werden, dass es für die Klärung der Vater- und Mutterschaft nicht auf die Zulässigkeit der jeweiligen Reproduktionstechnik ankommt.[531] Das Privatrecht muss vielmehr, im Interesse des Kindes, unabhängig von der Erlaubt- oder Verbotenheit einer Reproduktionstechnik, die Frage beantworten können, wer Vater und Mutter ist.[532]

b) Kindschaftsrechtsreformgesetz (1998)

Im Kindschaftsrechtsreformgesetz (KindRG) wurde mit Blick auf Fälle medizinisch unterstützter Fortpflanzung in § 1591 BGB die rechtliche Mutterschaft geregelt.[533] Danach ist Mutter des Kindes immer die Frau, die es geboren hat (Legaldefinition der Mutterschaft).

Doch wurde keine Sonderregelung der Vaterschaft bei künstlichen Zeugungstechniken getroffen, obgleich dem Gesetzgeber des KindRG die vielfach kritisierte Rechtsprechung des Bundesgerichtshofes zur Anfechtbarkeit der Abstammung vom Ehemann bei heterologer Insemination[534] bekannt war und in der Reformdiskussion vielfach, zuletzt vom Bundesrat eine Lösung im Sinne des Ausschlusses der Anfechtung durch den Ehemann bei konsentierter heterologer Insemination der Ehefrau gefordert wurde.[535] Der Gesetzgeber wollte eine Regelung über den Ausschluss der Vaterschaftsanfechtung bei konsentierter heterolo-

---

stellungsgesetz, ErbGleichG, vom 16. Dezember 1997, BGBl. I S. 2968 berichtigt gemäß Mitteilung vom 17. März 1998, BGBl. I S. 524) sowie das Gesetz zur Vereinheitlichung des Unterhaltsrechts minderjähriger Kinder (Kinderunterhaltsgesetz, KindUG vom 6. April 1998, BGBl. I S. 666).

Ziel des Gesetzgebers war zunächst die Gleichstellung aller Kinder. Dies sollte vor allem durch die Aufgabe der Unterscheidung zwischen ehelicher und nichtehelicher Abstammung sowie die Streichung der entsprechenden Formulierungen im Gesetzestext erreicht werden, vgl. BT-Drucks. 13/4899, S. 29.

[529] BGBl. 2002 I, S. 1239.
[530] Siehe oben C. IV. 6. a. und C. IV. 7. b. Dieser Standpunkt wird in der vorliegenden Arbeit aber nicht vertreten. Vielmehr wurde die Unzulässigkeit dieser Regelung des ärztlichen Standesrechtes festgestellt und die Verfassungskonformität auch bei einer allein stehenden Frau und Frauen in gleichgeschlechtlichen Beziehungen betont, siehe oben C. IV. 6. d. und C. IV. 7. e.
[531] *Wohn*, Medizinische Reproduktionstechniken und das neue Abstammungsrecht, S. 7.
[532] *Bernat*, MedR 1986, 245 (245); *Wohn*, Medizinische Reproduktionstechniken und das neue Abstammungsrecht, S. 7.
[533] *Wanitzek*, Rechtliche Elternschaft bei medizinisch unterstützter Fortpflanzung, S. 14.
[534] Siehe dazu C. VI. 6. b. bb. aaa.
[535] *Rauscher*, in: Staudinger, BGB, Anh zu § 1592, Rn. 2; *Helms*, FuR 1996, 178 (189); *Kirchmeier*, FamRZ 1998, 1281 (1283).

ger Insemination nicht ohne Zusammenhang mit der Regelung der Zulässigkeit solcher Maßnahmen treffen und daher eine abstammungsrechtliche Regelung der – öffentlich-rechtlichen und strafrechtlichen – Regelung des Gesamtkomplexes der Fortpflanzungsmedizin vorbehalten.[536]

c) Kinderrechteverbesserungsgesetz (2002)

Dem KindRG folgte im Jahre 2002 das Kinderrechteverbesserungsgesetz (KindRVerbG) nach. Das Kinderrechteverbesserungsgesetz begann seinen Lauf durch das Gesetzgebungsverfahren als Antrag der Länder Hamburg und Sachsen-Anhalt.[537] Da hinsichtlich der rechtlichen Vaterschaft trotz dringender Anmahnung und erbrachter Vorschläge bislang keine gesetzliche Regelung für den speziellen Fall des durch medizinisch assistierte Zeugung entstandenen Kindes, vor allem den Fall aufgrund Samenspende gespaltener Vaterschaft, erfolgte, hatte die Rechtsprechung auf der Grundlage der allgemeinen abstammungsrechtlichen Bestimmungen des BGB Lösungen für derartige Fälle zu entwickeln.[538] Zwar wurde im Zuge des Kinderrechteverbesserungsgesetzes der Anfechtungsausschluss der Wunscheltern bei konsentierter heterologer Insemination normiert (§ 1600 Abs. 2 a.F., jetzt Abs. 4 BGB), doch führte auch die Reform des Abstammungsrechts im Zuge des Kinderrechteverbesserungsgesetzes nicht zu einer umfassenden Klärung der im Zusammenhang mit der heterologen künstlichen Befruchtung entstehenden abstammungsrechtlichen Fragen.

2. Rechtsfragen

Folgende Rechtsfragen stellen sich hinsichtlich des familienrechtlichen Status des Kindes, in welchen es hineingeboren wird:

1. Welchen familienrechtlichen Status hat ein Kind, das in eine bestehende Ehe geboren wird und mit dem Samen eines Samenspenders gezeugt wurde?
2. Welchen familienrechtlichen Status hat ein Kind, das in eine nicht eheliche Beziehung geboren wird und mit dem Samen eines Samenspenders gezeugt wurde?
3. Besteht die Möglichkeit der Anerkennung der Vaterschaft durch den Wunschvater? Ab welchem Zeitpunkt kann die Anerkennung der Vaterschaft erfolgen (Stichwort: „präkonzeptionelle Anerkennung")?
4. Welchen familienrechtlichen Status hat ein Kind, das eine allein stehende, nicht verheiratete Frau zur Welt bringt?
5. Welchen familienrechtlichen Status hat ein Kind, das in eine lesbische Beziehung geboren wird? Macht es dabei einen Unterschied, ob das lesbische Paar eine eingetragene Lebenspartnerschaft miteinander eingegangen ist, oder nicht?

---

[536] *Rauscher*, in: Staudinger, BGB, Anh zu § 1592, Rn. 2; BT-Drucks. 13/4899, S. 166.
[537] BR-Drucks. 369/99 vom 16.6.1999; *Janzen*, FamRZ 2002, 785 (785).
[538] *Wanitzek*, Rechtliche Elternschaft bei medizinisch unterstützter Fortpflanzung, S. 16.

3. Frage 1 – Status des Kindes bei bestehender Ehe

Einfach ist die rechtliche Zuordnung des heterolog gezeugten Kindes im Falle einer bestehenden Ehe. Die Eheleute sind rechtlich unmittelbar aufgrund des ehelichen Status als Eltern des Kindes anzusehen.[539]

Hinsichtlich der Wunschmutter folgt dies aus der gesetzlichen Definition der Mutterschaft in § 1591 BGB. Die Vaterschaft des Wunschvaters besteht gemäß § 1592 Nr. 1 BGB,[540] wonach Vater eines Kindes der Mann ist, der zum Zeitpunkt der Geburt mit der Mutter des Kindes verheiratet ist.[541] Dies gilt unabhängig von einer genetischen Verwandtschaft des Mannes zum Kind,[542] also auch bei einer heterologen Insemination oder IVF.[543] Die Umformulierung der Ehelichkeitsvermutung in eine Vaterschaftsvermutung bedeutet insofern gegenüber dem bisherigen Recht keine sachliche Änderung.[544]

4. Frage 2 – Status des Kindes bei nicht ehelicher Lebensgemeinschaft

a) Mutterschaft

Hinsichtlich der Mutterschaft ergeben sich auch im Falle der nichtehelichen Lebensgemeinschaft keine Besonderheiten. Auch hier verbleibt es bei der Regelung des § 1591 BGB, wonach die Mutter des Kindes immer die Frau ist, die es geboren hat.

---

[539] Ebenso: *Benecke*, Die heterologe künstliche Befruchtung im geltenden deutschen Zivilrecht, S. 9; *Junghans*, Der familienrechtliche Status des durch artifizielle Insemination gezeugten Kindes, S. 278; *Merz*, Die medizinische, ethische und juristische Problematik artifizieller menschlicher Fortpflanzung, S. 184.

[540] Die Regelung des § 1592 Nr. 1 BGB basierte auf der früheren Vorstellung, dass allein der Ehemann Erzeuger des Kindes sein kann: „pater vero is est, quem nuptiae demonstrant", vgl. *Wohn*, Medizinische Reproduktionstechniken und das neue Abstammungsrecht, S. 56.

[541] Gemäß § 1593 BGB gilt § 1592 Nr. 1 BGB entsprechend, wenn die Ehe durch Tod aufgelöst wurde und innerhalb von 300 Tagen nach der Auflösung ein Kind geboren wird. Auf diesen Sonderfall wird im Folgenden nicht eingegangen.

[542] *Bernat*, MedR 1986, 245 (245); *Marian*, Die Rechtsstellung des Samenspenders bei der Insemination, S. 32; *Taupitz/Schlüter*, AcP 205 (2005), 591 (593); *Wehrstedt*, RNotZ 2005, 109 (110).

[543] *Berger*, in: Jauernig, BGB, § 1592, Rn. 3; *Sauer*, Die Vaterschaftsanfechtung, S. 90 f.; *Taupitz*, Gutachten zu zivilrechtlichen Fragen der heterologen Insemination / IVF / ICSI, S. 14; *Wanitzek*, Rechtliche Elternschaft bei medizinisch unterstützter Fortpflanzung, S. 247.

[544] *Gaul*, FamRZ 1997, 1441 (1446); *Jungfleisch*, Fortpflanzungsmedizin als Gegenstand des Strafrechts?, S. 59; *Marian*, Die Rechtsstellung des Samenspenders bei der Insemination, S. 31 ff.

b) Vaterschaft

Doch greift – mangels bestehender Ehe zwischen den Wunscheltern – nicht die Vermutung der Vaterschaft des Wunschvaters gemäß § 1592 Nr. 1 BGB ein. Ist die Mutter nicht verheiratet, so ist das Kind damit statusrechtlich zunächst vaterlos.[545]

Für den Wunschvater besteht aber nach §§ 1592 Nr. 2, 1594 ff. BGB die Möglichkeit, die Vaterschaft anzuerkennen.[546] Ist dies erfolgt, so gilt er als (rechtlicher) Vater des Kindes.[547]

Der Wunschvater ist aufgrund der fehlenden biologischen Verbindung zum Kind aber nicht tatsächlich dessen Vater und würde im Rahmen eines Vaterschaftsanerkennungsverfahrens eine unrichtige Erklärung abgeben. Doch ist die Unrichtigkeit der Anerkenntniserklärung für die Möglichkeit der Anerkennung der Vaterschaft unschädlich.[548] Denn in den Fällen der Adoption (§§ 1741 ff. BGB) und auch beim bewusst unrichtig abgegebenen Vaterschaftsanerkenntnis (§ 1592 Nr. 2 i.V.m. §§ 1594 ff. BGB) akzeptiert der Gesetzgeber ein Auseinanderfallen von biologischer Wahrheit und juristischer Zuordnung.[549]

Bei heterologer medizinisch assistierter Zeugung erfolgt die Vaterschaftsanerkennung durch den Wunschvater damit geradezu typischerweise entgegen der genetischen Wahrheit.[550] Da die Anerkennung entgegen der genetischen Wahrheit und entgegen dem eigenen Wissen hierüber wirksam erfolgen kann,[551] wird dies, auch auf der Grundlage des herrschenden, ausschließlich genetischen Abstammungsbegriffs,[552] als unproblematisch betrachtet.[553]

In dem Fall, dass der Partner der nicht ehelichen Lebensgemeinschaft auch der biologische Vater des Kindes ist, hat die Anerkennung keine „statusbegrün-

---

[545] *Löhnig*, Das Recht des Kindes nicht miteinander verheirateter Eltern, Rn. 2; *Wehrstedt*, RNotZ 2005, 109 (111); *Wohn*, Medizinische Reproduktionstechniken und das neue Abstammungsrecht, S. 92.
[546] Die Rechtsnatur des Vaterschaftsanerkenntnisses ist umstritten. Siehe dazu: *Göppinger*, DRiZ 1970, 140 (144) m.w.N.; zum Problem, ob die Nichtehelichkeit des Kindes Wirksamkeitsvoraussetzung für ein Vaterschaftsanerkenntnis ist siehe *Becker-Eberhard*, in: Festschrift für Gitter, S. 53 - 70.
[547] Zu den rechtlichen Problemen im Rahmen der Anerkennung der Vaterschaft siehe unten C. V. 5.
[548] Vgl. *Holzhauer*, in: Erman, BGB, § 1598, Rn. 7; *Seidel*, in: MüKo, BGB, Vor § 1591, Rn. 19; *Wellenhofer-Klein*, in: MüKo, BGB, § 1594, Rn. 4; *Diederichsen*, in: Palandt, BGB, § 1594, Rn. 4; *Rauscher*, in: Staudinger, § 1592, Rn. 53; *Mutschler*, FamRZ 1994, 65 (67).
[549] Vgl. *Bernat*, MedR 1986, 245 (248).
[550] *Wanitzek*, Rechtliche Elternschaft bei medizinisch unterstützter Fortpflanzung, S. 332 f.
[551] *Wanitzek*, Rechtliche Elternschaft bei medizinisch unterstützter Fortpflanzung, S. 52 f.
[552] a.A. *Wanitzek*, Rechtliche Elternschaft bei medizinisch unterstützter Fortpflanzung.
[553] *Wanitzek*, Rechtliche Elternschaft bei medizinisch unterstützter Fortpflanzung, S. 333.

dende", sondern nur „statusfestigende" Wirkung.[554] Anders verhält es sich aber in der Situation der heterologen künstlichen Befruchtung. In dieser Konstellation fallen biologische und rechtliche Vaterschaft auf zwei Väter, den Wunschvater und den Samenspender, auseinander. Damit hat in diesem Falle die Anerkennung ausnahmsweise „statusbegründende" Wirkung, da vormals keinerlei Statusverhältnis zwischen Kind und Wunschvater bestand.[555]

Zu beachten ist, dass aber nicht schon die Einwilligung in die künstliche Befruchtung mittels Spendersamen als solche eine Anerkennung des Wunschvaters darstellt. Vielmehr bedürfe es dazu des gesonderten Aktes der Anerkennungserklärung, welcher aber zeitgleich durchaus mit der Einwilligung in die Vornahme der heterologen künstlichen Insemination zusammenfallen könne.[556] Dies folge daraus, dass die Einwilligung i.S.d. § 1600 Abs. 4 BGB nicht zur Begründung der Vaterschaft genüge, da diese nur die Anfechtung der Vaterschaft ausschließt, die (juristische) Vaterschaft aber nicht begründe.[557]

Neben der Anerkennung kann auch die gerichtliche Feststellung der Vaterschaft nach §§ 1592 Nr. 3 i.V.m. 1600 d Abs. 1 BGB grundsätzlich die Vaterschaft eines Mannes begründen.

Die Entscheidung des Richters im Vaterschaftsfeststellungsverfahren ist in der Regel durch Gutachten vorbestimmt, wobei die Blutgruppenuntersuchung als serologisches Beweisverfahren im Vordergrund steht.[558] Mithin bliebe eine Vaterschaftsfeststellung des Wunschvaters ohne Erfolg, da die Vaterschaftsfeststellung mangels genetischer Vaterschaft nicht zu einer entsprechenden Feststellung führen könne.[559] Aussicht auf Erfolg hätte dann nur die Feststellungsklage gegenüber dem Samenspender als biologischen Vater des Kindes.[560]

5. Frage 3 – (Präkonzeptionelle) Vaterschaftsanerkennung

Im vorangegangenen Abschnitt wurde festgestellt, dass die Zustimmung des Wunschvaters zur heterologen künstlichen Befruchtung zwar nicht zugleich die Erklärung zur Anerkennung der Vaterschaft darstellt,[561] doch könnte diese Erklärung zeitgleich mit der Zustimmung zur heterologen Insemination abgegeben

---

[554] *Gaul*, FamRZ 1997, 1441 (1449).
[555] Die statusbegründende Wirkung der Anerkennung bei Widerspruch zu den wahren Abstammungsverhältnissen ist umstritten, vgl. *Seidel*, in: MüKo, BGB, § 1592, Rn. 9.
[556] Zur Problematik eines sog. „präkonzeptionellen Anerkenntnisses" siehe unten, Frage 3.
[557] *Spickhoff*, in: Festschrift für Schwab, S. 941.
[558] *Schwab*, Familienrecht, S. 230, Rn. 489; *Wohn*, Medizinische Reproduktionstechniken und das neue Abstammungsrecht, S. 68.
[559] *Wohn*, Medizinische Reproduktionstechniken und das neue Abstammungsrecht, S. 92.
[560] *Wohn*, Medizinische Reproduktionstechniken und das neue Abstammungsrecht, S. 92.
[561] Siehe oben C. IV. 6. b. bb. bbb. (4) (b).

werden. Ob eine solche *präkonzeptionelle Anerkennung*, also die Anerkennung der Vaterschaft *vor Zeugung* des Kindes möglich ist und welchen Voraussetzungen eine wirksame Vaterschaftsanerkennung generell unterliegt, ist Gegenstand des nun folgenden Abschnitts.

a) Voraussetzungen der Vaterschaftsanerkennung, §§ 1592 Nr. 2 i.V.m. 1594 – 1598 BGB

Die Voraussetzungen einer wirksamen Vaterschaftsanerkennung gemäß § 1592 Nr. 2 BGB sind in den §§ 1594 – 1598 BGB normiert.

aa) Rechtsnatur der Anerkennung

Zunächst muss der Wunschvater, der die Vaterschaft des Kindes anstrebt eine *Anerkennungserklärung* abgegeben haben. Die Rechtsnatur dieser Anerkennungserklärung ist umstritten.

aaa) Erste Auffassung – Anerkennung als Willenserklärung

Eine Auffassung ordnet die Anerkennungserklärung dogmatisch als *Willenserklärung* ein.[562]

Der Gesetzgeber des KindRG habe den Begriff „Anerkennung" nunmehr einheitlich im Sinne der Willenserklärung des Anerkennenden verstanden.[563] Die Rechtsnatur der Anerkennung als solche ergebe sich dabei mittelbar aus den §§ 1594 ff. BGB und folge aus dem in § 1592 Nr. 2 BGB festgelegten Zweck der Anerkennung, eine der gesetzlich zugelassenen Grundlagen der Feststellung der Vaterschaft mit Wirkung für und gegen alle zu sein.[564] Mit der Anerkennung werde der rechtsgeschäftliche Wille bekundet, die gesamten Folgen der Vaterschaft (Sorgerecht, Unterhaltspflicht, Erbrecht etc.) auf sich zu nehmen.[565]

bbb) Andere Auffassung – Anerkennung als „Wissenserklärung"

Eine andere Auffassung ordnet die Anerkennung als *Wissenserklärung* ein.[566]

Diese Auffassung postuliert, dass die Vaterschaftsanerkennung eine Doppelnatur habe. Indem der Anerkennende eine Erklärung dahin abgebe, aufgrund seiner Beiwohnung in der Empfängniszeit sehe er das Kind als von ihm gezeugt an, gebe er eine Wissenserklärung ab. Zugleich bekunde er den rechtsgeschäftlichen Willen, Vater zu sein.[567]

ccc) Stellungnahme

Die zweitgenannte Auffassung ist abzulehnen. Sie spaltet künstlich die Erklärung des Anerkennenden in zwei Teile auf, obwohl diese Aufspaltung aufgrund

---

[562] *Wellenhofer-Klein*, in: MüKo, BGB, § 1594, Rn. 4; *Diederichsen*, in: Palandt, BGB, § 1594, Rn. 4.
[563] *Rauscher*, in: Staudinger, BGB, § 1594, Rn. 4.
[564] *Rauscher*, in: Staudinger, BGB, § 1594, Rn. 4.
[565] *Wellenhofer-Klein*, in: MüKo, BGB, § 1594, Rn. 4.
[566] *Diederichsen*, in: Palandt, BGB, § 1594, Rn. 4.
[567] *Diederichsen*, in: Palandt, BGB, § 1594, Rn. 4.

der Vielgestaltigkeit der Gründe für die Abgabe einer Anerkenntniserklärung nicht möglich ist. Beispielsweise scheitert die Annahme einer Einordnung der Anerkennung als Wissenserklärung in den Fällen, in welchen eine entgegen der „genetischen Wahrheit" unrichtige Anerkennung erklärt wird. So passt die Einordnung der Anerkennung als „Wissenserklärung" allenfalls dort, wo jemand *nicht* wider besseres Wissen anerkennt.[568]

Auch zeigt der Regelungsinhalt des § 1594 Abs. 3 BGB, dass der Gesetzgeber von dem Vorliegen einer Willenserklärung ausgegangen ist. Denn bloß hinsichtlich einer Willenserklärung kann die Bedingungs- und Befristungsfeindlichkeit festgestellt werden.

bb) Keine anderweitig bestehende Vaterschaft eines anderen Mannes, § 1594 Abs. 2 BGB

Gemäß § 1594 Abs. 2 BGB darf zur Wirksamkeit der Anerkennungserklärung des Wunschvaters nicht die Vaterschaft eines anderen Mannes bestehen. Dabei sichert diese Bestimmung die *negative Sperrwirkung* einer anderweitig bestehenden Vaterschaft gegen eine Vaterschaft aufgrund Anerkennung.[569] Bei einer Anerkennung im Zusammenhang mit einer heterologen künstlichen Befruchtung wird keine entgegenstehende Vaterschaft bestehen.

cc) Keine Anerkennung unter Bedingung und Zeitbestimmung, § 1594 Abs. 3 BGB

§ 1594 Abs. 3 BGB verbietet eine Anerkennung unter einer Bedingung (§ 158 BGB) oder Zeitbestimmung (§ 163 BGB), denn solche Einschränkungen seien mit dem sich aus § 1592 Nr. 2 BGB ergebenden Zweck der Anerkennung unvereinbar.[570] Denn eine wirksam gewordene Anerkennung stelle den Personenstand mit Wirkung für und gegen alle fest und könne daher nicht in der Schwebe gehalten werden.[571]

Es ist zu beachten, dass das Hinzufügen einer Bedingung oder Zeitbestimmung zu der Anerkennung diese *unwirksam* macht, nicht lediglich schwebend unwirksam.[572] Ein späterer Wegfall der Bedingung oder das Gegenstandsloswerden der Bedingung kann also die Anerkennung nicht heilen.[573]

Relevant wird die Regelung des § 1594 Abs. 3 BGB insbesondere bei der Beantwortung der Rechtsfrage, ob eine so genannte *präkonzeptionelle Anerkennung*, d.h. eine Anerkennung der Vaterschaft bereits vor Zeugung des Kindes, möglich ist.[574]

---

[568] *Wellenhofer-Klein*, in: MüKo, BGB, § 1594, Rn. 4.
[569] *Seidel*, in: MüKo, BGB, § 1592, Rn. 91; *Rauscher*, in: Staudinger, BGB, § 1594, Rn. 5.
[570] *Rauscher*, in: Staudinger, BGB, § 1594, Rn. 6.
[571] *Rauscher*, in: Staudinger, BGB, § 1594, Rn. 6.
[572] *Rauscher*, in: Staudinger, BGB; § 1594, Rn. 41.
[573] *Rauscher*, in: Staudinger, BGB, § 1594, Rn. 41.
[574] Siehe dazu unten C. V. 5. b.

dd) Zustimmung der Kindsmutter, § 1595 Abs. 1 BGB

Nach § 1595 Abs. 1 BGB bedarf die Vaterschaftsanerkennung der Zustimmung der Mutter.[575] Auch die Zustimmung der Mutter ist – ebenso wie die Anerkennungserklärung des Wunschvaters – aufgrund des Verweises in § 1595 Abs. 3 BGB bedingungsfeindlich, da durch sie die Anerkennung erst ermöglicht wird und die Anerkennung ihrerseits zu einer Änderung des Personenstandes für und gegen alle führt und deshalb nicht in der Schwebe gehalten werden kann.[576]

Deshalb kann sich ähnlich wie hinsichtlich der Anerkennung des Mannes an dieser Stelle das Problem einer so genannten *präkonzeptionellen Zustimmung zur Anerkennung der Vaterschaft* stellen. Insofern wird auf die unten folgende Diskussion des Problems der präkonzeptionellen Anerkennung verwiesen.[577] Die Argumente sind aufgrund des Verweises in § 1595 Abs. 3 BGB analog auf die präkonzeptionelle Zustimmung zur Vaterschaftsanerkennung übertragbar.

ee) Öffentliche Beurkundung von Anerkennung und Zustimmung, § 1597 Abs. 1 BGB

Hinsichtlich der Form wird für die Anerkennungserklärung des Wunschvaters wie auch für die Zustimmung der Mutter nach § 1597 Abs. 1 BGB die öffentliche Beurkundung gefordert. Bei fehlender öffentlicher Beurkundung ist die Anerkennung nach § 1598 Abs. 1 BGB unwirksam, sofern nicht zwischenzeitlich Heilung des Formmangels durch Zeitablauf von fünf Jahren nach § 1598 Abs. 2 BGB eingetreten ist.[578]

ff) Kein Widerruf der Anerkennung, § 1597 Abs. S. 1 BGB

Zuletzt darf die Anerkennung durch den Wunschvater nicht widerrufen worden sein. Eine – wenn auch nur unter engen Voraussetzungen dem anerkennenden Mann zugestandene – Widerrufsmöglichkeit bietet jedoch § 1597 Abs. 3 S. 1 BGB. Der Widerruf ist nur dann möglich, wenn die Anerkennung ein Jahr nach der Beurkundung noch nicht wirksam geworden ist (z.B. bei fehlender Übersendung der beglaubigten Abschriften der Anerkennung und aller anderer Erklärungen, vgl. § 1597 Abs. 2 BGB).[579]

b) Präkonzeptionelle Anerkennung

Zwar wird durch § 1592 Nr. 2 BGB die Möglichkeit der Vaterschaftsanerkennung geschaffen. Fraglich ist aber, ab welchem Zeitpunkt die Anerkennung der Vaterschaft erfolgen kann.

---

[575] Zur rechtspolitischen Fragwürdigkeit des Zustimmungsrechtes der Kindsmutter siehe: *Holzhauer*, in: Erman, BGB, § 1595, Rn. 2.
[576] Vgl. *Rauscher*, in: Staudinger, BGB, § 1594, Rn. 6.
[577] Siehe unten C. V. 5. b.
[578] Ebenso: *Wellenhofer-Klein*, in: MüKo, BGB, § 1594, Rn. 4, 10.
[579] Ebenso: *Wellenhofer-Klein*, in: MüKo, BGB, § 1594, Rn. 7.

Normalerweise, d.h. bei Befruchtung über den natürlichen Wege mittels Samen des Partners der Frau der nichtehelichen Lebensgemeinschaft, erfolgt die Anerkennung frühestens, wenn eine Schwangerschaft der Partnerin festgestellt wurde.[580] Im Falle einer künstlichen Befruchtung könnte aber auch eine Anerkennung bereits vor der Zeugung (so genannte *präkonzeptionelle Anerkennung*) von den Wunscheltern gewünscht sein.

aa) Pränatale Anerkennung, § 1594 Abs. 4 BGB

Nach § 1594 Abs. 4 BGB kann die Anerkennung bereits wirksam vor Geburt des Kindes erklärt werden (so genannte *„pränatale Anerkennung"*). Unproblematisch kann die Vaterschaft deshalb nach einer erfolgreichen Zeugung durch heterologe Insemination, aber vor der Geburt anerkannt werden.[581]

Umstritten ist jedoch, ob über den Wortlaut des § 1594 Abs. 4 BGB hinaus, nicht nur eine „pränatale", sondern auch eine „präkonzeptionelle" Anerkennung der Vaterschaft möglich ist.[582]

bb) Erste Ansicht – Unzulässigkeit der präkonzeptionellen Anerkennung

Eine Ansicht verneint die Zulässigkeit der präkonzeptionellen Anerkennung der Vaterschaft.[583]

Zur Unterstützung ihrer These beruft sie sich dabei insbesondere auf die Regelung des § 1594 Abs. 3 BGB, wonach eine Anerkennung unter einer Bedin-

---

[580] *Taupitz/Schlüter*, AcP 205 (2005), 591 (594).
[581] BT-Drucks. 5 /2370, S. 26; *Spickhoff*, AcP 197 (1997), 398 (425); auch schon an dieser Stelle fragt sich aber, ob mit Zeugung schon die Zeugung in-vitro ausreicht oder eine Nidation des Embryos in die Gebärmutterschleimhaut der Wunschmutter erforderlich ist.
[582] Dieses Problem wird stets unter dem Stichwort „präkonzeptionelle Anerkennung" erörtert. Grundsätzlich stellen sich aber für die nach § 1595 Abs. 1 BGB erforderliche Zustimmung der Kindsmutter die gleichen rechtlichen Problemstellungen. Insofern sind die Argumente analog auf die Frage der Zulässigkeit der „präkonzeptionellen Zustimmung zur Vaterschaftsanerkennung" nach § 1595 Abs. 1 BGB anzuwenden.
Das Zustimmungserfordernis des § 1591 Abs. 1 BGB erhielt durch das Kindschaftsrechtsreformgesetz 1998 Einzug in das Abstammungsrecht des BGB.
Unter „Anerkennung" ist zudem nun einheitlich nur noch die „Anerkenntniserklärung" des Mannes zu verstehen. Davon zu unterscheiden ist die Feststellungswirkung bzgl. des familienrechtlichen Status. So die amtliche Begründung, BT-Drucks. 13/4899, S. 84; *Wohn*, Medizinische Reproduktionstechniken und das neue Abstammungsrecht, S. 58.
[583] *Eckersberger*, MittBayNot 2002, 261 (262); *Gaul*, FamRZ 1997, 1441 (1449); *Kirchmeier*, FamRZ 1998, 1281 (1286); Sauer, Die Vaterschaftsanfechtung, S. 140; *Schumacher*, FamRZ 1987, 313 (317); *Wanitzek*, Rechtliche Elternschaft bei medizinisch unterstützter Fortpflanzung, S. 333 f.; *Wehrstedt*, RNotZ 2005, 109 (111); *Wohn*, Medizinische Reproduktionstechniken und das neue Abstammungsrecht, S. 61.

gung oder Zeitbestimmung unwirksam sei. Die Anerkennungserklärung sei also ein bedingungsfeindliches Gestaltungsgeschäft.[584]

Die präkonzeptionelle Anerkennung sei nicht möglich, da sie ihrerseits unter der Bedingung stünde, dass es überhaupt zur Empfängnis komme.[585] Fehle die Verknüpfung mit der Bedingung, dass das Kind aus der konsentierten heterologen Befruchtung stamme, habe man quasi ein *objektsloses Anerkenntnis*.[586] Daraus folge, dass eine präkonzeptionelle Anerkennung dem Wortlaut des § 1594 Abs. 3 BGB widerspreche.[587] Die Anerkennung müsse daher, um Wirksamkeit zu erlangen, nach der Empfängnis wiederholt werden.[588]

Ein weiterer Einwand gegen die Möglichkeit einer Vaterschaftsanerkennung vor der Zeugung bei heterologer Insemination wird darin erblickt, dass der nichteheliche Partner zumindest ebenso wie ein Ehemann die Möglichkeit des jederzeitigen Widerrufs der zuvor erteilten Zustimmung zur heterologen Insemination behalten müsse, solange keine Befruchtung erfolgt sei.[589] Einer derartigen Widerrufsmöglichkeit könne die Rechtsnatur der Anerkennungserklärung als abgegebene, wenngleich nicht empfangsbedürftige Willenserklärung entgegenstehen.[590]

Neben diesen rechtsdogmatischen Bedenken stieße aber auch die praktische Durchführung einer präkonzeptionellen Anerkennung auf Schwierigkeiten. Die Erklärung des Mannes bereits vor Zeugung des Kindes müsse sinngemäß dahingehend lauten, dass er jedes Kind, das seine Partnerin bekommen werde, als eigenes anerkenne.[591] Eine solche „Blanko"-Anerkennung wolle der Partner im Regelfall aber gerade nicht abgeben, sondern nur für die Kinder, die mit seiner Einwilligung im Wege der künstlichen Befruchtung gezeugt würden.[592] Eine solche Einschränkung in Form einer Bedingung verstieße aber gegen den ausdrücklichen Wortlaut des § 1594 Abs. 3 BGB.[593]

---

[584] *Zimmermann*, DNotZ 1998, 404 (409).
[585] *Eckersberger*, MittBayNot 2002, 261 (262).
[586] *Kirchmeier*, FamRZ 1998, 1281 (1286).
[587] *Taupitz*, Gutachten zu zivilrechtlichen Fragen der heterologen Insemination / IVF / ICSI, S. 15 f.; jedoch sei eine Verpflichtung zur Anerkennung nach der Empfängnis als wirksam anzusehen. Denn in diesem Fall könne es nicht zu einem „objektlosen" Anerkenntnis kommen, weil der Wunschvater seine Verpflichtung nur im Falle der Empfängnis zu erfüllen habe. Zudem habe der Gesetzgeber auch durch die Einführung des § 1600 Abs. 4 BGB die Bedeutung „rechtsgeschäftlicher" Erklärungen für Statusfragen ausdrücklich anerkannt, vgl. *Wehrstedt*, RNotZ 2005, 109 (113).
[588] *Wellenhofer-Klein*, in: MüKo, BGB, § 1594, Rn. 41.
[589] *Spickhoff*, AcP 197 (1997), 398 (426).
[590] *Spickhoff*, AcP 197 (1997), 398 (426).
[591] *Wehrstedt*, RNotZ 2005, 109 (113).
[592] *Wehrstedt*, RNotZ 2005, 109 (113).
[593] *Wehrstedt*, RNotZ 2005, 109 (113).

cc) Andere Auffassung – Teleologische Reduktion des § 1594 Abs. 3 BGB

Andere Vertreter der Literatur hingegen sprechen sich für die Zulässigkeit der präkonzeptionellen Anerkennung der Vaterschaft aus.[594] In dem Fall der heterologen Insemination erschiene es auch sinnvoll, die Zustimmung zur Insemination und die Anerkennung der Vaterschaft *uno actu* (gleichzeitig) zu erklären.[595] Einschränkend wird aber auch von diesen Vertretern gefordert, dass sich die Anerkennung dabei auf eine konkret bevorstehende (Er-)Zeugung beziehen müsse.[596]

Diese Ansicht zieht zunächst den Wortlaut des § 1594 Abs. 4 BGB zu Rate. Danach sei eine Anerkennung schon *vor der Geburt* des Kindes möglich. Darunter fiele auch eine Anerkennung *vor der Zeugung* des Kindes.[597]

Auch der Telos der Vaterschaftsanerkennung – die Schaffung frühzeitiger Rechtssicherheit hinsichtlich der Vaterschaft[598] und die damit verfolgte Schützung des Kindeswohls – sprächen grundsätzlich für die Zulassung der präkonzeptionellen Anerkennung. Wenn im Wege der künstlichen Befruchtung ganz bewusst die Zeugung eines Kindes geplant werde, müsse einem Paar sowohl unter Berücksichtigung des Grundrechts auf Elternschaft als auch zum Wohl des Kindes zu diesem Zeitpunkt bereits die Möglichkeit eingeräumt werden, rechtsverbindliche Erklärungen abzugeben, die eine eindeutige Zuordnung zuließen.[599]

Ein Verstoß der präkonzeptionellen Anerkennung gegen § 1594 Abs. 3 BGB vermeidet diese Auffassung, indem sie die Vorschrift teleologisch reduziert. Als Bedingung im Sinne des § 1594 Abs. 3 BGB solle nur das aufgefasst werden, was sich nicht auf die Zeugung mit Spendersamen selbst beziehe.[600]

Für die Zulässigkeit der teleologischen Reduktion des § 1594 Abs. 3 BGB spreche, dass anerkannt sei, dass die Geburt des Kindes, nach überwiegender Auffassung sogar die Lebendgeburt, „Bedingung" der Wirksamkeit der Anerkennung sei.[601] Selbst die Rechtsfolgen der Anerkennung stünden damit schon nach dem Gesetz unter der Voraussetzung der Schwangerschaft.[602]

---

[594] *Hager*, in: Festschrift für Schwab, S. 780, der davon ausgeht, dass eine Anerkennung bereits vor der heterologen Insemination erklärt werden könnte, um das Kind vor fehlender rechtlicher Zuordnung zum Wunschvater zu schützen; *Holzhauer*, in: Erman, BGB, § 1594, Rn. 8; *Wellenhofer-Klein*, in: MüKo, BGB, § 1594, Rn. 41; *Diederichsen*, in: Palandt, BGB, § 1594, Rn. 9; *Roth*, DNotZ 2003, (805) 808; *Spickhoff*, in: Festschrift für Schwab, S. 941 f.; *ders.*, AcP 197 (1997), 398 (426).
[595] *Wellenhofer-Klein*, in: MüKo, BGB, § 1594, Rn. 41.
[596] *Holzhauer*, in: Erman, BGB, § 1594, Rn. 8.
[597] *Taupitz*, Gutachten zu zivilrechtlichen Fragen der heterologen Insemination / IVF / ICSI, S. 15; *Taupitz/Schlüter*, AcP 205 (2005), 591 (594).
[598] *Holzhauer*, in: Erman, § 1594, Rn. 8; *Wellenhofer-Klein*, in: MüKo, § 1594, Rn. 41; *Roth*, DNotZ 2003, 805 (809).
[599] *Wehrstedt*, RNotZ 2005, 109 (113); *Zimmermann*, DNotZ 1998, 404 (415 ff.).
[600] *Spickhoff*, AcP 1997 (197), 398 (427).
[601] *Spickhoff*, AcP 197 (1997), 398 (425).
[602] *Spickhoff*, AcP 197 (1997), 398 (425).

dd) Stellungnahme und Zwischenergebnis

Der zweitgenannten Auffassung ist zu folgen. Die präkonzeptionelle Anerkennung ist, bei teleologischer Reduktion des § 1594 Abs. 3 BGB, zulässig.

Dafür spricht zum einen die hinter der Regelung des § 1594 Abs. 4 BGB stehende gesetzliche Wertung, die den Gesetzgeber die pränatale, d.h. vorgeburtliche Anerkennung, befürworten ließ. Der Gesetzgeber erkannte durch Schaffung der Regelung des § 1594 Abs. 4 BGB ein Bedürfnis nach einer Anerkennung der Vaterschaft vor der Geburt des Kindes an, um die seelischen Belastungen der Mutter zu verringern, die Unsicherheiten der Vaterschaft zu beseitigen und eine schnelle Klärung des Personenstandes und der Unterhaltsansprüche zu ermöglichen.[603] Diese Gründe gelten aber nicht nur für die Zeit zwischen Zeugung und Geburt, sondern genauso schon vor der Geburt.[604] Insofern ist die Situation der pränatalen und präkonzeptionellen Anerkennung, was den Konflikt der daran beteiligten Personen angeht, identisch. Um den Schutzgedanken des § 1594 Abs. 4 BGB nicht zu vernachlässigen, ist die Möglichkeit der präkonzeptionellen Anerkennung unverzichtbar, um auch an dieser Stelle seelischen Belastungen der Mutter und Rechtsunsicherheit für das zu zeugende Kind, die aus der noch nicht geklärten Frage der rechtlichen Verantwortlichkeit durch Begründung der Vaterschaft resultieren, entgegenzuwirken.

Auch spricht das Gleichbehandlungsgebot ehelicher und nichtehelicher Kinder für die Zulässigkeit der präkonzeptionellen Anerkennung. Würde man die Zulässigkeit der präkonzeptionellen Anerkennung verneinen, so würde dies dazu führen, dass es vom Vorliegen einer Ehe abhinge, ab welchem Zeitpunkt für das zu zeugende Kind Rechtssicherheit hinsichtlich der Vaterschaft bestünde. Durch das alleinige Bestehen der Ehe greift die Vermutung des § 1592 Nr. 1 BGB ein, das Kind ist demnach allein deshalb vor der rechtlichen „Vaterlosigkeit" geschützt. Dieser Schutz würde einem Kind, das über ein heterologes reproduktionsmedizinisches Verfahren bei nicht verheirateten Eltern gezeugt wird, verwehrt,[605] sollte die Möglichkeit der präkonzeptionellen Anerkennung den Wunscheltern verschlossen bleiben.

Aufgrund der Pflicht zur öffentlichen Beurkundung der Anerkennung gemäß § 1597 Abs. 1 BGB ist auch ausgeschlossen, dass die präkonzeptionelle Anerkennung unüberlegt und übereilt abgegeben wird.[606]

---

[603] BT-Drucks. 5/2370, S. 27; *Spickhoff*, AcP 197 (1997), 399 (425).
[604] *Taupitz/Schlüter*, AcP 205 (2005), 591 (595).
[605] Bzw. wäre das Kind der Gefahr ausgesetzt, dass es nach seiner Zeugung, zu der der Wunschvater seine Einwilligung erteilt hat, keine Anerkennung mehr erfolgt und es der rechtlichen Vaterlosigkeit ausgesetzt wäre. Schließlich wäre eine Feststellung der Vaterschaft des Wunschvaters mangels genetischer Verbindung nicht möglich, so dass auf den Samenspender rekurriert werden müsste.
[606] *Taupitz/Schlüter*, AcP 205 (2005), 591 (595).

Die Anerkennung vor der Zeugung im Vergleich zur Anerkennung vor der Geburt bedeutet nur eine geringfügige Vorverlagerung des Zeitpunktes der Anerkennung und auch kein Mehr an Pflichten, da die Anerkennung in jedem Fall erst mit der Geburt vollwirksam wird.[607] Auf der anderen Seite wären die Konsequenzen bei einer erfolgten Einwilligung in die heterologe Befruchtung, erfolgter Zeugung des Kindes und anschließend ausbleibender Anerkennung der Vaterschaft seitens des Wunschvaters (bei dem Verneinen der Zulässigkeit der präkonzeptionellen Anerkennung) für das Kind massiv.

Um einen Wertungswiderspruch zur Regelung des § 1594 Abs. 3 BGB zu vermeiden, ist es aber erforderlich, diese Regelung im Bezug auf die präkonzeptionelle Anerkennung teleologisch zu reduzieren. Die präkonzeptionelle Anerkennung ist demnach zulässig, muss sich aber einschränkend auf eine konkret bevorstehende Zeugung beziehen,[608] damit eine möglichst große Parallele zur Anerkennung vor der Geburt hergestellt und der Wunschvater davor geschützt ist, ein Kind anzuerkennen, das nicht mit seiner konkreten Zustimmung gezeugt wurde.[609] Es ist sinnvoll und zulässig[610] die Zustimmung zur Verwendung von Spendersamen mit der Anerkennung des zu zeugenden Kindes zu verknüpfen.[611]

6. Frage 4 – Status des Kindes bei einer allein stehenden, unverheirateten Mutter

Mutter des Kindes ist gemäß § 1591 BGB die allein stehende Frau, die das Kind ausgetragen und geboren hat.

Die Frage nach der Vaterschaft stellt sich bei der Geburt eines mittels Samenspende gezeugten Kindes durch eine allein stehende Frau in besonderem Maße, da schließlich kein „Wunschvater" vorhanden ist. Einziger potentieller Vater ist in diesem Fall der Samenspender als genetischer Vater des Kindes. Solange dessen Vaterschaft aber gerichtlich nicht festgestellt wurde (§§ 1592 Nr. 3, 1600 d Abs. 1 BGB), ist das künstlich gezeugte Kind rechtlich betrachtet „vaterlos".

Doch ist darauf aufmerksam zu machen, dass die Mutter verpflichtet ist, die Vaterschaftsfeststellung im wohlverstandenen Interesse des Kindes zu betreiben.[612] Verletzt sie diese Pflicht, kann das Familiengericht eingreifen und einen

---

[607] *Wellenhofer-Klein*, in: MüKo, BGB, § 1594, Rn. 41; *Taupitz/Schlüter*, AcP 205 (2005), 591 (595).
[608] *Holzhauer*, in: Erman, § 1594, Rn. 8; *Spickhoff*, AcP 197 (1997), 398 (427).
[609] *Taupitz*, Gutachten zu zivilrechtlichen Fragen der heterologen Insemination / IVF / ICSI, S. 16.
[610] Laut *Taupitz* stellt sich als Problem bei der gleichzeitigen Erklärung der Zustimmung zur heterologen Befruchtung und der Anerkennung des Kindes ausschließlich das der Zulässigkeit der präkonzeptionellen Anerkennung – vgl. *Taupitz*, Gutachten zu zivilrechtlichen Fragen der heterologen Insemination / IVF / ICSI, S. 16, Fn. 56.
[611] *Taupitz*, Gutachten zu zivilrechtlichen Fragen der heterologen Insemination / IVF / ICSI, S. 16.
[612] *Wehrstedt*, RNotZ 2005, 109 (111).

Ergänzungspfleger mit der Wahrnehmung dieser Aufgabe betrauen.[613] Damit ist die Mutter rechtlich verpflichtet, den Samenspender im Wege eines Vaterschaftsfeststellungsverfahrens gerichtlich als Vater ihres Kindes festzustellen lassen.

Vor diesem Hintergrund kommt der Einwilligung des Samenspenders bezüglich des Verwendungszweckes seiner Samenprobe eine besondere Bedeutung zu. Es sollte darauf geachtet werden, dass ihm die Möglichkeit verbleibt, zu entscheiden, ob er sein Erbgut – mit Blick auf die vermögensrechtlichen Pflichten, die mit einer Vaterschaft verbunden sind – auch einer allein stehenden Frau zur Verfügung stellen möchte. Doch selbst wenn eine solche Einwilligung des Samenspenders nicht vorlag, steht dies einer Feststellung seiner Vaterschaft mit den damit verbundenen Rechtsfolgen nicht entgegen. Für ihn besteht allenfalls die Möglichkeit der Schadloshaltung im Regresswege bei dem Samenspendearzt.

7. Frage 5 – Status des Kindes bei Geburt in eine lesbische Beziehung

a) Keine Vaterschaft der „zweiten Wunschmutter"

Hinsichtlich der Mutterschaft greift selbstverständlich auch bei der Geburt des Kindes durch die Partnerin einer lesbischen Beziehung die Regelung des § 1591 BGB ein, wonach Mutter die Frau ist, die das Kind geboren hat.

Bei einer lesbischen Beziehung – gleich ob verpartnert, oder nicht verpartnert – kann natürlich keine Vaterschaft der Partnerin der gebärenden Frau im rechtlichen Sinne bestehen, so dass die Begründung der Statusbeziehung zwischen Kind und (nicht-gebärender) Wunschmutter gemäß den Varianten des § 1592 BGB ausscheidet.

b) Annahme als Kind gemäß § 9 Abs. 7 LPartG

Doch kann gemäß § 9 Abs. 7 LPartG eine Statusbeziehung zwischen Kind und „zweiter Wunschmutter" geschaffen werden, sofern die Wunschmütter in einer eingetragenen Lebenspartnerschaft leben. Danach haben gleichgeschlechtliche Lebenspartner die Möglichkeit, Kinder des anderen Lebenspartners zu adoptieren.[614] Damit wurde für Lebenspartnerschaften die Möglichkeit der Stiefkindadoption geschaffen.[615] Nach einer Pressemitteilung der Bundesjustizministerin

---

[613] Vgl. §§ 1666, 1909 Abs. 1 S. 1 BGB; *Löhnig*, Das Recht des Kindes nicht miteinander verheirateter Eltern, Rn. 35 ff.; *Wehrstedt*, RNotZ 2005, 109 (111).

[614] § 9 Abs. 7 LPartG – Ein Lebenspartner kann ein Kind seines Lebenspartners allein annehmen. Für diesen Fall gelten § 1743 Satz 1, § 1751 Abs. 2 und 4 Satz 2, § 1754 Abs. 1 und 3, § 1755 Abs. 2, § 1756 Abs. 2, § 1757 Abs. 2 Satz 1 und § 1772 Abs. 1 Satz 1 Buchstabe c des BGB entsprechend. Rechtsfolge ist, dass das Kind mit der Adoption die rechtliche Stellung eines gemeinschaftlichen Kindes der Lebenspartner erlangt; die Lebenspartner die gemeinsame Sorge für das Kind ausüben und dass das Verwandtschaftsverhältnis zum leiblichen Vater und seinen Verwandten erlischt, vgl. *Standesbeamtenfachausschuss*, StAZ 2006, 174 (174).

[615] *Walter*, MittBayNot 2005, 193 (198).

soll dies insbesondere in Fällen der heterologen Behandlung einer Frau zugunsten deren Lebenspartnerin gelten.[616]

Diese Annahme als Kind kann aber erst nach der Geburt des Kindes erfolgen. Das gleichgeschlechtliche Paar hat damit auch nach der Einfügung des § 9 Abs. 7 LPartG keine Handhabe, vor Beginn der reproduktionsmedizinischen Behandlung eine rechtlich verbindliche Verpflichtung zur Annahme des Kindes durch die Lebenspartnerin zu begründen.[617] Mit § 9 Abs. 7 LPartG ist mithin kein Äquivalent zur Vaterschaftsanerkennung geschaffen worden.[618] Diese Ungleichbehandlung sollte der Gesetzgeber beheben, um auch hier das Kind umfassend abzusichern. Analog zu den Erörterungen zur präkonzeptionellen Anerkennung wäre es wünschenswert, wenn in diesem Falle auch bereits schon vor der Zeugung des Kindes eine Annahme als Kind durch die (nicht-gebärende) Wunschmutter möglich ist.

c) Vaterschaftsfeststellung des Samenspenders

Auch beim Vorliegen einer eingetragenen lesbischen Lebenspartnerschaft besteht für den Samenspender die Gefahr, als Vater des Kindes gerichtlich festgestellt zu werden. Praktisch stellt sich diese Frage oftmals jedoch nicht, da die Spende aufgrund des entgegenstehenden deutschen ärztlichen Standesrechtes zumeist aus dem Ausland bezogen wird und dort die Anonymität des Spenders gewahrt worden sein könnte.

8. Ergebnis

Die gebärende Frau ist gemäß § 1591 BGB per definitionem stets die Mutter des Kindes.

Bei bestehender Ehe wird die Vaterschaft des Wunschvaters nach § 1592 Nr. 1 BGB vermutet.

Im Falle einer nichtehelichen Lebensgemeinschaft muss der Wunschvater die Vaterschaft gemäß den §§ 1592 Nr. 3, 1594 ff. BGB anerkennen, wobei eine präkonzeptionelle Anerkennung möglich ist.

Wird das Kind durch eine allein stehende Frau zur Welt gebracht, ist das Kind zunächst rechtlich vaterlos, doch muss die Mutter die Feststellung der Vaterschaft des Samenspenders unterstützen.

Bei einer eingetragenen Lebenspartnerschaft besteht nach § 9 Abs. 7 LPartG die Möglichkeit, dass die nicht-gebärende Wunschmutter das Kind nach seiner Geburt adoptiert.

---

[616] Vgl. Pressemitteilung des Bundesministeriums der Justiz vom 29. Oktober 2004.
[617] *Wehrstedt*, RNotZ 2005, 109 (117).
[618] *Wehrstedt*, RNotZ 2005, 109 (117).

VI. Schritt 5 – Anfechtung der Vaterschaft des Wunschvaters und gerichtliche Feststellung der Vaterschaft des Samenspenders

1. Fall

Das Kind hat erfahren, dass es im Wege einer heterologen künstlichen Befruchtung gezeugt wurde. Nun möchte es verbindlich wissen, wer sein „biologischer Vater" ist.

2. Einleitung

Das nun folgende Kapitel behandelt die (ggf. erforderliche) Anfechtung der Vaterschaft des Wunschvaters und die daran anschließende Feststellung des Samenspenders als rechtlichen Vater des Kindes.

Während bisher in dieser Arbeit viele rechtliche Vor- und Verständnisfragen hinsichtlich der Rechtsstellung des Samenspenders erörtert wurden, ergeben sich bei einer Anfechtung der Vaterschaft des Wunschvaters und der Feststellung des Samenspenders als Vater des heterolog gezeugten Kindes erstmals *unmittelbare rechtliche Konsequenzen für den Samenspender*. Die Gefahr seiner rechtlichen Inanspruchnahme durch das Kind, zumindest hinsichtlich des Unterhaltsanspruches, steht damit unmittelbar bevor. An dieser Stelle wird die Vereinbarung einer Haftungsfreizeichnung des Samenspenders damit ebenfalls erstmals relevant.

Zu betonen ist, dass in diesem Kapitel grundsätzlich von der Standardsituation verheirateter Wunscheltern ausgegangen wird. Zwar kann das Kind, wie im letzten Kapitel erörtert, auch in andere Lebenskonstellationen hineingeboren worden sein. Hinsichtlich der Rechtsfolgen für den Samenspender macht es aber keinen Unterschied, ob vor seiner gerichtlichen Feststellung als Vater des Kindes noch die Vaterschaft eines anderen Mannes beseitigt werden muss oder nicht. Dies stellt hinsichtlich seiner möglichen gerichtlichen Feststellung als Vater des Kindes nur ein vorab durch das Kind (vgl. § 1600 Abs. 4 BGB) noch zusätzlich zu überwindendes Hindernis dar. Interessant ist es aber, im Rahmen einer „Gefahrprognose" die Frage zu beantworten, inwiefern sich für den Samenspender überhaupt die Möglichkeit einer gerichtlichen Feststellung als Vater stellt. Mit anderen Worten: Muss der Samenspender bei allen „Arten von Wunscheltern" eine spätere Feststellung als Vater zwingend fürchten oder ergeben sich dort – in rechtlicher, nicht soziologischer Hinsicht – Unterschiede?

Möchte das Kind ergründen, wer sein biologischer Vater ist, so muss es einen mühsamen Weg beschreiten. Zunächst muss das Kind überhaupt *Auskunft* über die Identität des Samenspenders erlangen. Dies geschieht entweder, indem es sich an seine Wunscheltern oder an den Befruchtungsarzt wendet und von ihnen Auskunft über die Identität des Samenspenders begehrt. Oftmals wissen die Wunscheltern nicht, wer der Samenspender war. Doch besteht für den Befruchtungsarzt eine Dokumentationspflicht hinsichtlich der persönlichen Daten des

Samenspenders.[619] Sollte der Befruchtungsarzt diese Daten wegen der Vereinbarung einer anonymen Samenspende mit dem Samenspender nicht freigeben wollen oder möchten die Wunscheltern dem Kind die Auskunft nicht erteilen, obwohl ihnen die Identität des Samenspenders bekannt ist, so muss das Kind diese Informationen durch Geltendmachung eines Auskunftsbegehrens gerichtlich einklagen.

Ist dem Kind nun die Identität des Samenspenders bekannt, so ist damit noch nicht die biologische Vaterschaft des Samenspenders gerichtlich überprüft worden. Die Richtigkeit der Angaben kann das Kind bloß im Wege einer Vaterschaftsfeststellung des Samenspenders inzident überprüfen lassen.

Diese Vaterschaftsfeststellung des Samenspenders kann das Kind aber nur dann erreichen, wenn keine andere Vaterschaft nach § 1591 Nr. 1, Nr. 2 (oder § 1593 BGB) besteht, vgl. § 1600 d Abs. 1 BGB. Das heißt, dass der Wunschvater nicht kraft Eingreifens der Ehelichkeitsvermutung (§ 1592 Nr. 1 BGB) oder kraft Anerkennung der Vaterschaft (§ 1592 Nr. 2 BGB) als Vater des Kindes gelten darf. Ist dies aber der Fall, muss diese rechtliche Vaterschaft erst durch eine *Anfechtung der Vaterschaft* des Wunschvaters beseitigt werden.

Steht diese Vaterschaft des Wunschvaters nun nicht mehr entgegen, so kann das Kind nun den Samenspender gerichtlich als seinen *Vater feststellen* lassen und im Rahmen dieses Verfahrens *inzident* die Richtigkeit der *Angaben über die Identität* des Samenspenders *überprüfen* lassen.

3. Rechtsfragen

Im Kapitel der Anfechtung der Vaterschaft des Wunschvaters und der gerichtlichen Feststellung der rechtlichen Vaterschaft des Samenspenders stellen sich folgende Rechtsfragen:

1. Macht es hinsichtlich der Wahrscheinlichkeit der Anstrengung der Vaterschaftsfeststellungsklage seitens des Kindes einen Unterschied, in welche Form des Zusammenlebens es hineingeboren wurde („Gefahrprognose hinsichtlich der Möglichkeit der Anstrengung eines Vaterschaftsfeststellungsverfahrens"; § 9 Abs. 7 LpartG n.F.)?
2. Von wem kann das Kind Auskunft über die Identität des Samenspenders verlangen? Wie kann das Kind diesen Auskunftsanspruch gerichtlich einklagen, sofern ihm die Auskunftserteilung bezüglich der Identität des Samenspenders verweigert wird (Fragen der prozessualen Geltendmachung und Durchsetzung des Auskunftsanspruches)?
3. Was sind die Voraussetzungen einer Anfechtung der Vaterschaft des Wunschvaters? Wer kann die Vaterschaft des Wunschvaters durch Anfechtung der Vaterschaft beseitigen (Anfechtungsberechtigung, § 1600 Abs. 4 BGB n.F.)?

---

[619] Vgl. Punkt 5.3.3.2 der (Muster-) Richtlinie zur Durchführung der assistierten Reproduktion (2006), DÄBl. 2006, A 1392 (A 1398).

4. Was sind die Voraussetzungen einer Vaterschaftsfeststellungsklage gegen den Samenspender?
5. Was sind die rechtlichen Konsequenzen für den Samenspender, die unmittelbar an seine gerichtliche Feststellung als Vater des Kindes anknüpfen?
6. Kann das Kind die Vaterschaft des Samenspenders rechtsfolgenlos, d.h. losgelöst von den sich aus der Vaterschaft für den Samenspender ergebenden rechtlichen Verpflichtungen und ohne eine Beseitigung der Vaterschaft des Wunschvaters, feststellen lassen (Problem der „isolierten/rechtsfolgenlosen Abstammungs- / Vaterschaftsfeststellungsklage")?

4. Frage 1 – „Gefahrprognose" hinsichtlich der Möglichkeit der Anstrengung eines Vaterschaftsfeststellungsverfahrens

Wie bereits mehrfach angesprochen, kann das Kind in eine bestehende Ehe, in eine nicht eheliche Lebensgemeinschaft in eine lesbische verpartnerte oder nicht verpartnerte Beziehung hineingeboren oder von einer allein stehenden Frau zur Welt gebracht werden.

In welcher Konstellation das Kind zur Welt kommt hat Auswirkungen auf seinen familienrechtlichen Status zu den Wunscheltern.[620] Unter Umständen bedarf es zur Begründung eines familienrechtlichen Verhältnisses zwischen Kind und Wunschvater bzw. (nicht-gebärender) Wunschmutter noch des Zwischenaktes der Anerkennung der Vaterschaft bei einer nicht ehelichen Lebensgemeinschaft gemäß § 1592 Nr. 2 BGB[621] bzw. der Adoption durch die zweite Wunschmutter bei einer eingetragenen Lebenspartnerschaft gemäß § 9 Abs. 7 LPartG. Daraus folgt, dass je nach Konstellation eine unterschiedlich intensive Gefahr für den Samenspender besteht, mit einer gerichtlichen Feststellung als Vater des Kindes rechnen zu müssen. Dabei ist diese Gefahr nicht soziologisch in dem Sinne zu verstehen, dass die unterschiedlichen Formen des Zusammenlebens Auswirkungen auf das Entstehen des Wunsches des Kindes zur Erforschung seiner genetischen Wurzeln hätten oder ein besonderes Motiv zur Beseitigung der Vaterschaft bestünde. Vielmehr sind, je nach Konstellation, unterschiedliche Wege für das Kind zu beschreiten, um die Vaterschaft des Samenspenders überhaupt gerichtlich feststellen lassen zu können, um dort inzident die Abstammung von ihm der gerichtlichen Überprüfung zuführen zu können.

a) Vaterschaftsfeststellung des Samenspenders bei Ehe oder nicht ehelicher Lebensgemeinschaft der Wunscheltern

Besteht noch die Vaterschaft des Wunschvater, muss das Kind diese gemäß § 1600 d Abs. 1, 1. Alt. BGB anfechten, wenn sie sich aus der Ehelichkeitsvermutung (§ 1592 Nr. 1 BGB) ergibt, und gemäß § 1600 d Abs. 1, 2. Alt. BGB, wenn der Wunschvater die Vaterschaft anerkannt hatte (§ 1592 Nr. 2 BGB).

---

[620] Siehe dazu das Kapitel C. V.
[621] Siehe oben C. V. a.

b) Vaterschaftsfeststellung des Samenspenders bei allein stehender Mutter des Kindes

Hat eine allein stehende Frau ein Kind mittels Spendersamen gezeugt und zur Welt gebracht, so ist das Kind zunächst rechtlich „vaterlos". Der Vaterschaftsfeststellung des Samenspenders steht also eine „Hürde" weniger entgegen, so dass sich die Gefahr seiner Feststellung als rechtlicher Vater des Kindes schon allein aufgrund dieser Tatsache erhöht. Darüber hinaus potenziert sich für den Samenspender auch die Gefahr, dass er alsbald als Vater des Kindes gerichtlich festgestellt wird dadurch, dass es grundsätzlich der Mutter obliegt, den Vater des Kindes aus Kindeswohlgesichtspunkten zu benennen.[622]

c) Vaterschaftsfeststellung des Samenspenders bei lesbischer Beziehung

aa) Nicht verpartnerte lesbische Lebensgemeinschaft

Identisch fällt die „Gefahrprognose" hinsichtlich der Feststellung des Samenspenders als Vater des Kindes im Falle einer lesbischen Beziehung aus, bei der die Partnerinnen keine eingetragene Lebenspartnerschaft miteinander begründet haben. Auch hier ist das Kind rechtlich vaterlos, da es ein Äquivalent zur Vaterschaftsanerkennung im Lebenspartnerschaftsrecht nicht gibt.[623]

bb) Eingetragener Lebenspartnerschaft, § 9 Abs. 7 LPartG

Doch sind die lesbischen Frauen verpartnert, so verkehrt sich die Situation völlig ins Gegenteil. In diesem Falle besteht nach § 9 Abs. 7 LPartG die Möglichkeit der Kindesannahme durch die nicht-gebärende Wunschmutter. Rechtsfolge ist, dass sämtliche bisherigen Verwandtschaftsverhältnisse – natürlich außer dem der Mutterschaft der gebärenden Mutter und Lebenspartnerin – erlöschen.[624]

Zwar bestand bis dato, mangels erfolgter Vaterschaftsfeststellung noch kein rechtliches Vater-Kind-Verhältnis zwischen dem Samenspender und dem Kind. Doch kann er trotzdem nun als Vater des Kindes festgestellt werden. Diese Vaterschaftsfeststellung mit allen rechtlichen Konsequenzen für den Samenspender kann jedoch über einen Umweg/"Trick" vermieden werden, indem man die Rechtsfolge des Erlöschens der Verwandtschaftsbeziehungen des § 9 Abs. 7 LPartG zur Absicherung des Samenspenders ausnutzt.

Beim Vorliegen einer lesbischen Lebenspartnerschaft wäre dem Samenspender, selbstverständlich neben der zusätzlichen Absicherung durch eine Haftungsfreizeichnung, zu raten, dass er sich vor der Annahme der nichtgebärenden Mutter nach § 9 Abs. 7 LPartG als Vater des Kindes feststellen lässt und die nichtgebärende Mutter erst anschließend das Kind annimmt. Durch das daraus folgende Erlöschen der Verwandtschaftsbeziehung zum Samenspender wäre er auf der einen Seite rechtlich abgesichert, was die monetären Ansprüche des Kindes anbetrifft, und auf der anderen Seite hätte das Recht des Kindes auf Kenntnis der eigenen Abstammung ausreichend Berücksichtigung gefunden.

---

[622] Siehe dazu C. VI. 4. b.
[623] Siehe oben C. VI. 4. c. bb.
[624] Zum Inhalt der Regelung des § 9 Abs. 7 LPartG siehe oben C. VI. 4. c. bb.

Im Ergebnis führt dieses Vorgehen zu den Konsequenzen einer „rechtsfolgenlosen Vaterschaftsfeststellung", da der Samenspender somit vor der Inanspruchnahme seitens des Kindes aufgrund des Auflösens des Statusverhältnisses durch die Adoption durch die Lebenspartnerin geschützt ist. Damit besteht in dieser Konstellation eine Möglichkeit, auf der einen Seite den Samenspender umfassend vor einer rechtlichen Inanspruchnahme zu schützen und auf der anderen Seite dem Recht des Kindes auf Kenntnis der eigenen Abstammung zur Geltung zu verhelfen, was in den anderen Fällen ausscheidet, da dort die Klärung der biologischen Abstammung immer zwingend mit einer gerichtlichen Feststellung der Vaterschaft des Samenspenders verbunden ist, welche dann anschließend nicht mehr beseitigt werden kann.

d) Zwischenergebnis

Festzustellen bleibt, dass die Form des Zusammenlebens faktisch damit Auswirkungen auf die Möglichkeit oder zumindest auf die Schwierigkeiten der Feststellung des Samenspenders als rechtlichen Vater des Kindes hat. Dies schafft einen Wertungswiderspruch, den es zu beseitigen gilt, da es für das Kind keinen Unterschied machen darf, in welchem Beziehungsstatus die Eltern zueinander stehen. Das gilt sowohl hinsichtlich Ehelichkeit und Nichtehelichkeit wie auch bzgl. der sexuellen Orientierung der Eltern. Mit dem Appell zur Aufforderung an den Gesetzgeber, die benannten Ungleichheiten zu beseitigen, soll aber nicht zugleich die Aussage getroffen werden, dass der Samenspender in allen Fällen insgesamt schutzlos Ansprüchen des Kindes ausgesetzt sein sollte. Als Alternative wäre vielmehr die Kodifikation einer rechtsfolgenlosen Vaterschaftsfeststellung anzustreben, um sowohl die Interessen des Kindes an der Kenntnis der eigenen Abstammung wie auch die Interessen des Samenspenders am Schutz vor der Inanspruchnahme hinsichtlich Unterhalt und Erbe hinreichend zu berücksichtigen.

5. Frage 2 – Auskunftsansprüche des Kindes gegen seine Eltern und den Befruchtungsarzt

Das Kind muss die Identität des Samenspenders erfahren, bevor es die tatsächliche biologische Abstammung von ihm der gerichtlichen Überprüfung im Wege eines Vaterschaftsfeststellungsverfahrens zuführen kann.

a) Adressaten des Auskunftsbegehrens

Mit diesem Auskunftsbegehren kann es sich dem Grunde nach sowohl an die Wunscheltern als auch an den Befruchtungsarzt wenden.

aa) Auskunftsersuchen gestellt an die Wunscheltern

Zwar werden die Wunscheltern zumeist nicht die Identität des Samenspenders kennen, zumindest trifft sie diesbezüglich nicht wie den Befruchtungsarzt eine Dokumentationspflicht. Sollten sie aber Kenntnis von der Identität des Samenspenders haben, so könte das Kind das Auskunftsbegehren auch an seine sozialen Eltern richten. Ansonsten könnte das Kind zumindest einen Auskunftsanspruch auf Benennung des Befruchtungsarztes gegen die Eltern geltend machen, da ihm dann zumindest die Möglichkeit eröffnet wäre, über den Befruchtungsarzt, dem eine entsprechende Dokumentationspflicht obliegt, die Identität des biologischen Vaters zu erfahren.

aaa) Auskunftsanspruch gegen die Wunscheltern aus §§ 242 i.V.m. 1618 a BGB

Rechtsgrundlagen für den Auskunftsanspruch des Kindes gegen die sozialen Eltern sind die § 242 (Treu und Glauben) und § 1618 a BGB (Pflicht zu Beistand und Rücksicht).[625]

bbb) Prozessuale Probleme der Durchsetzbarkeit und Vollstreckbarkeit des Auskunftsanspruches gegen die Wunscheltern

Es ergeben sich hinsichtlich der gerichtlichen Durchsetzung des Auskunftsanspruches gegen die Eltern zwei prozessuale Probleme. Zum einen könnte die Durchsetzung des Auskunftsanspruches einen Widerspruch gegen die Regelung des Zeugnisverweigerungsrechtes aus persönlichen Gründen gemäß § 383 Abs. 1 Nr. 3 ZPO darstellen und zum anderen ist fraglich, ob der Auskunftsanspruch nach Erstreiten des Titels sodann auch vollstreckbar ist (§ 888 Abs. 1 ZPO).

(1) Kollision mit dem Zeugnisverweigerungsrecht des § 383 Abs. 1 Nr. 3 ZPO

Die Regelung des § 383 Abs. 1 Nr. 3 ZPO gewährt Eltern, die über die abstammungserheblichen Tatsachen nach einer heterologen künstlichen Befruchtung als Zeugen Auskunft geben sollen, als direkten Vorfahren des klagenden Kindes ein Auskunftsverweigerungsrecht.[626]

Die Ausnahme des § 383 Abs. 1 Nr. 3 ZPO greift aber nicht ein, wenn es um Tatsachen wie Samenspende oder Eispende oder beteiligte Ärzte geht[627]. Einen Wertungswiderspruch zwischen der zu bejahenden Auskunftspflicht darüber und der Regelung des Aussageverweigerungsrechts im Falle der Zeugenvernehmung gibt es hier nicht[628]. Dies lässt sich damit erklären, dass ein Zeugnisverweigerungsrecht gemäß § 383 Abs. 1 Nr. 3 ZPO aus persönlichem Grund den Verwandten einer Partei vor einem unüberbrückbaren Interessenkonflikt schützen soll. Dieser Interessenkonflikt liegt bei der Geltendmachung eines Auskunftsbegehrens durch das Kind gegen seine Eltern aber gerade nicht vor.

---

[625] *Diederichsen*, in: Palandt, BGB, § 1618 a, Rn. 5; *Frank/Helms*, FamRZ 1997, 1258 (1258); *Moritz*, JURA 1990, 134 (135), der zusätzlich zu § 1618 a BGB noch die Art. 1 Abs. 1, Art. 2 Abs. 1 und Art. 6 Abs. 5 GG zitiert; *Schwab*, Familienrecht, S. 233, Rn. 495.
Zu der streitigen Frage, ob es sich bei § 1618 a BGB überhaupt um eine Anspruchsnorm handelt oder nur um einen beschreibenden Rechtssatz (lex imperfecta) siehe *Frank/Helms*, FamRZ 1997, 1258 (1263) und *Moritz*, JURA 1990, 134 (135 ff.).

[626] *Seidel*, in: MüKo, BGB, § 1589, Rn. 41; zur Systematik der §§ 383 ff. ZPO siehe *Musielak*, GK ZPO, S. 258, Rn. 433 ff.

[627] *Seidel*, in: MüKo, BGB, § 1589, Rn. 41.

[628] *Seidel*, in: MüKo, BGB, § 1589, Rn. 41.

Die Regelung des § 383 Abs. 1 Nr. 3 ZPO steht dem Auskunftsanspruch des Kindes in prozessualer Hinsicht folglich nicht entgegen.

(2) Vollstreckbarkeit des Auskunftsanspruches gegen die Eltern gemäß § 888 Abs. 1 ZPO

Es wurde bereits festgestellt, dass das natürlich gezeugte Kind gegen seine Mutter den bestehenden Auskunftsanspruch auf Benennung des leiblichen Vaters nicht vollstrecken kann, da dieser Vollstreckung das Persönlichkeitsrecht der Mutter entgegensteht.[629] Fraglich ist, ob im Falle des Auskunftsbegehrens des Kindes bei einer heterologen Insemination § 888 Abs. 1 ZPO entsprechend anzuwenden ist,[630] so dass das Kind aus dem Titel, der ihm einen Auskunftsanspruch zuspricht, nicht vollstrecken könnte.

Dies ist aufgrund der unterschiedlichen Interessenlage der beiden Situationen zu verneinen. Weder das Persönlichkeitsrecht der Mutter noch des Wunschvaters des Kindes können die Vollstreckung des Auskunftsanspruches des Kindes hindern. Hier geht es schließlich nicht um eine Frage des intimen Sexualverkehrs, sondern um eine „quasi geschäftsmäßige" Frage.[631]

bb) Auskunftsersuchen gestellt an den Befruchtungsarzt
aaa) Auskunftsanspruch aus Vertrag mit Schutzwirkung zugunsten Dritter

Das Kind hat gegen den Befruchtungsarzt einen Anspruch auf Auskunftserteilung hinsichtlich der Identität des Samenspenders.[632] Den Arzt trifft diesbezüglich eine Dokumentationspflicht[633] und der Anspruch des Kindes folgt mittelbar aus dem Vertrag über die Vornahme der heterologen Insemination über das Institut des Vertrages mit Schutzwirkung zugunsten Dritter.[634]

bbb) Befreiung des Arztes von der Schweigepflicht

Zum Teil wird behauptet, dass das Kind, wenn es diesen Auskunftsanspruch gegen den Befruchtungsarzt geltend mache, auf Erklärung einer Befreiung des Arztes von der Schweigepflicht klagen müsse, welche sodann nach § 894 Abs. 1 ZPO zu vollstrecken sei.[635]

Dem ist zu entgegen, dass eine derartige Befreiung des Arztes von der Schweigepflicht nicht erforderlich ist, da dem Auskunftsanspruch des Kindes gegen den Befruchtungsarzt nicht die Regelung des § 203 Abs. 1 Nr. 1 StGB entgegensteht.[636] Zudem hat der Befruchtungsarzt gemäß Punkt 5.3.3.2 der (Mus-

---

[629] Siehe oben C. III. 6. c. bb; *Frank/Helms*, FamRZ 1997, 1258 (1261).
[630] *Seidel*, in: MüKo, BGB, § 1589, Rn. 41.
[631] *Seidel*, in: MüKo, BGB, § 1589, Rn. 41.
[632] Siehe oben C. III. 6. e.
[633] Vgl. Punkt 5.3.3.2 der (Muster-) Richtlinie zur Durchführung der assistierten Reproduktion (2006), DÄBl. 2006, A 1392 (A 1398).
[634] Siehe dazu ausführlich oben C. II. 2. f. dd.
[635] *Seidel*, in: MüKo, BGB, § 1589, Rn. 43.
[636] Siehe oben C. III. 6. b.

ter-) Richtlinie zur Durchführung der assistierten Reproduktion (2006) dafür Sorge zu tragen, dass die entsprechenden Befreiungen von der Schweigepflicht seitens der Patienten sowie die erforderlichen Einverständniserklärungen hinsichtlich der Preisgabe der Personalien vorliegen.

b) Sachliche Zuständigkeit bei statusrechtlichen Auskunftsklagen

Entweder macht das Kind direkt einen Auskunftsanspruch gegen die Eltern auf Benennung der Identität oder auf Benennung des Befruchtungsarztes geltend oder es verlangt von dem Befruchtungsarzt direkt Auskunft über die Identität des Spenders. Diese Auskunft begehrt das Kind im Rahmen einer so genannten „statusrechtlichen Auskunftsklage".

Ob diese statusrechtlichen Auskunftsklagen als vermögensrechtliche Streitigkeiten (§ 23 Nr. 1 GVG) oder als Kindschaftssachen (§§ 640 Abs. 1 Nr. 1, 641 ZPO) zu bewerten sind, ist umstritten.

aa) Erste Auffassung – Vermögensrechtliche Streitigkeit i.S.d. § 23 Nr. 1 GVG

Das Amtsgericht Passau qualifizierte bereits 1987 den Auskunftsanspruch als eine *vermögensrechtliche Streitigkeit i.S.d. § 23 Nr. 1 GVG*.[637] Von dieser Bewertung sei jedenfalls dann auszugehen, wenn durch den Auskunftsanspruch primär Erb- oder Erbersatzansprüche gegen den Kindsvater vorbereitet würden.[638]

bb) Andere Auffassung – Kindschaftssachen i.S.d. §§ 640 Abs. 1 Nr. 1, 641 ZPO

Eine andere Auffassung hingegen ordnet statusrechtliche Auskunftsklagen als Kindschaftssachen i.S.d. §§ 640 Abs. 1 Nr. 1, 641 ZPO ein.[639] Solle die Identität des Samenspenders, des biologischen Vaters endgültig geklärt werden und werde zu diesem Zwecke eine statusrechtliche Auskunftsklage angestrebt, so handle es sich dabei aufgrund des später dadurch begründeten Statusverhältnisses zwischen Kind und Samenspender als rechtlichem Vater um eine Kindschaftssache.

---

[637] AG Passau, Urt. v. 15. Juli 1987, AZ: II C 724/87, FamRZ 1987, 1309 (1309); *Moritz*, JURA 1990, 134 (134).
[638] OLG Hamm, Beschl. v. 31. März 1999, AZ: 8 WF 120/99, FamRZ 2000, 38 (38); OLG Saarbrücken, Beschl. v. 25. Juli 1990, AZ: 9 U 2/90, FamRZ 1990, 1371 (1371); LG Münster, Urt. v. 21. Februar 1990, AZ: 1 S 414/89, FamRZ 1990, 1031 (1032); AG Passau, Urt. v. 15. Juli 1987, AZ: II C 724/87, FamRZ 1987, 1309 (1309); *Seidel*, in: MüKo, BGB, § 1589, Rn. 48; *Eidenmüller*, JuS 1998, 789 (790); *Moritz*, JURA 1990, 134 (134).
[639] *Hilger*, FamRZ 1988, 764 (765).

cc) Stellungnahme

Zwar macht die Unterscheidung zwischen vermögensrechtlicher Streitigkeit und Kindschaftssache hinsichtlich der erstinstanzlichen Zuständigkeit des Amtsgerichts keinen Unterschied.[640]

Doch ist zu beachten, dass trotz der in beiden Fällen gegebenen Zuständigkeit der allgemeinen Prozessabteilung des Amtsgerichts unterschiedliche Verfahrensmaximen wirksam würden: Die Qualifizierung des Rechtsstreits als vermögensrechtliche Streitigkeit führte zur Anwendung der allgemeinen Bestimmungen der ZPO zum Streitverfahren, während bei der Einstufung als Kindschaftssache z.B. der Untersuchungsgrundsatz Anwendung fände (§§ 640 Abs. 1, 616 Abs. 1 ZPO) und die allgemeinen Präklusionsregeln der §§ 275 f. und 296 ZPO ausgeschlossen wären.

Doch nicht nur die Verfahrensmaximen gestalten sich unterschiedlich. Auch wäre der Instanzenzug ein anderer. Der Rechtszug ginge bei einer Kindschaftssache nicht zum Landgericht, sondern über das Oberlandesgericht zum Bundesgerichtshof (§§ 119, 133 GVG).[641]

Folglich muss die Abgrenzung zwischen vermögensrechtlicher Streitigkeit und Kindschaftssache nach dem mit der Klage verfolgten Ziel (Unterhalt/Erbe, ausschließliche Statusklärung) vorgenommen werden. Dabei ist zu berücksichtigen, dass der mögliche Unterhaltsanspruch des Kindes qua Gesetzes eintritt, sofern anschließend die Vaterschaft des Samenspenders festgestellt wird; gleiches gilt für den Erbanspruch. Insofern wird es aufgrund dieses gesetzlichen Automatismus kaum möglich sein, eine statusrechtliche Auskunftsklage als Kindschaftssache deklarieren zu können.

6. Frage 3 – Voraussetzungen der Anfechtung der Vaterschaft des Wunschvaters / Anfechtungsberechtigung, § 1600 Abs. 4 BGB n.F.

a) Einleitung

Die tatsächliche biologische Abstammung vom Samenspender kann das Kind bloß dann gerichtlich überprüfen lassen, wenn es den Samenspender als seinen Vater feststellen lässt, da nur im Rahmen dieses Verfahrens inzident die Frage der Abstammung durch ein serologisches Gutachten überprüft wird. Die Möglichkeit der isolierten Feststellung der biologischen Abstammung, d.h. ohne statusrechtliche Konsequenzen, ist de lege lata (z.B. über § 256 Abs. 1 ZPO) nicht gegeben.

Bevor das Kind ein Vaterschaftsfeststellungsverfahren gegen den Samenspender einleiten kann, muss es aber die Vaterschaft des Wunschvaters beseitigen, da nach § 1600 d Abs. 1 BGB die Vaterschaft eines Mannes nur dann gerichtlich festgestellt werden kann, wenn keine Vaterschaft eines anderen Mannes (mehr)

---

[640] *Moritz*, JURA 1990, 134 (134).
[641] *Moritz*, JURA 1990, 134 (135).

besteht. Dies erreicht das Kind dadurch, indem es die Vaterschaft des Wunschvaters anficht, vgl. § 1599 Abs. 1 BGB.
Eine Vaterschaftsanfechtung unterliegt den folgenden Voraussetzungen.[642]

b) Voraussetzungen der Anfechtung der Vaterschaft des Wunschvaters, §§ 1599 ff. BGB

aa) Zuständigkeit des Familiengerichts für Kindschaftssachen

Die Anfechtung der Vaterschaft des Wunschvaters geschieht durch eine Klage des anfechtungsberechtigten Kindes vor dem Familiengericht (§ 23 b Abs. 1 S. 2 Nr. 12 GVG, § 640 Abs. 2 Nr. 2 ZPO, § 1600 e Abs. 1 S. 1 BGB)[643]. Die Klage hat die Feststellung zum Ziel, dass der Mann, für den eine Vaterschaft nach § 1592 Nr. 1 oder Nr. 2 BGB besteht, nicht der Vater des Kindes ist.[644]

bb) Anfechtungsberechtigung, § 1600 BGB

Soll die Vaterschaft des Wunschvaters beseitigt werden, so steht die Anfechtungsberechtigung zur Einleitung dieses Vaterschaftsanfechtungsverfahrens grundsätzlich ausschließlich dem aus der heterologen künstlichen Befruchtung hervorgegangenen Kind zu (vgl. § 1600 Abs. 4 BGB).[645]

aaa) Rechtslage vor Erlass des Kinderrechteverbesserungsgesetzes (2002)

Eine der vor Erlass des Kinderrechteverbesserungsgesetzes im Jahre 2002 umstrittensten Rechtsfragen im Zusammenhang mit der heterologen Insemination

---

[642] Auf eine grundsätzlich mögliche Vaterschaftsanfechtungsklage durch den Samenspender wird in dieser Dissertation nicht eingegangen. Zwar kann unter Umständen ein Interesse des Samenspenders daran bestehen, die Vaterschaft des Wunschvaters zu beseitigen, z.B. wenn das Kind sehr vermögend ist und sein Tod bevorsteht, so dass der Samenspender sich das Erbe sichern möchte. Solche Fälle dürften aber eine extreme Ausnahme darstellen. Vornehmlich soll in dieser Arbeit ein Konzept entwickelt werden, um den Samenspender vor Ansprüchen des Kindes gegen ihn zu schützen. Deshalb werden diese Möglichkeit und auch mögliche Rechte des Samenspenders gegen das Kind nicht erörtert.

[643] *Schwab*, Familienrecht, S. 220, Rn. 468; vor der Kindschaftsrechtsreform war das Amtsgericht zuständig. Die Anfechtung der Vaterschaft richtet sich auch für Kinder, die vor dem 1. Juli 1998 geboren wurden, nach dem neuen Recht (Art. 224 § 1 Abs. 2 EGBGB). Zur Übergangsregelung für bereits anhängige Verfahren siehe Art. 15 des Kindschaftsreformgesetzes.

[644] *Schwab*, Familienrecht, S. 220, Rn. 468.

[645] Mit der Möglichkeit der Anfechtung der Vaterschaft des Wunschvaters durch den Samenspender wird sich die vorliegende Dissertation nicht beschäftigen, da im Rahmen dieser Arbeit Möglichkeiten zum Schutz des Samenspenders vor rechtlicher Inanspruchnahme vor Unterhalts- und Erbansprüchen erforscht werden sollen. Eine Anfechtung der Vaterschaft des Wunschvaters durch den Samenspender würde diesem Ziel entgegenlaufen und bleibt deshalb im Rahmen der Untersuchung außer Betracht. Siehe zum Anfechtungsrecht des biologischen Vaters: *Pieper*, FuR 2004, 385 ff.; *Wellenhofer-Klein*, FamRZ 2003, 1889 ff.

war, ob der Wunschvater später noch seine Vaterschaft anfechten könne oder ob er auf dieses Anfechtungsrecht nicht vielmehr rechtsgeschäftlich verzichtet habe oder sich zumindest rechtsmissbräuchlich verhalte, wenn er dieses ausübe.[646]

Diesen Fällen lag grundsätzlich die Situation zugrunde, dass die Wunscheltern des Kindes mittlerweile getrennt oder geschieden waren und der Wunschvater nunmehr nicht mehr bereit war, die (finanzielle) Verantwortung für das Kind zu tragen. Deshalb, um sich aus der Unterhaltsverpflichtung zu befreien, versuchte der Wunschvater, das rechtliche Vater-Kind-Verhältnis durch Anfechtung der eigenen Vaterschaft zum Kind zu beseitigen.

(1) Konkludenter Anfechtungsverzicht des Wunschvaters durch Zustimmung zur heterologen Insemination
(a) Erste Auffassung – Bundesgerichtshof

Der Bundesgerichtshof hat einen (konkludenten) rechtsgeschäftlichen Verzicht des Wunschvaters auf die Anfechtungsmöglichkeit abgelehnt. Ein Verzicht auf das Anfechtungsrecht komme in seiner Wirkung einer Anerkennung der Ehelichkeit gleich, und letztere habe der Gesetzgeber eindeutig nicht als ausreichend für den Ausschluss des Anfechtungsrechts angesehen wissen wollen.[647]

(b) Andere Auffassung – Literatur

Im Schrifttum wurde jedoch überwiegend die Meinung vertreten, dass im Falle vorheriger Zustimmung des Ehemannes zur heterologen künstlichen Befruchtung bereits das Anfechtungsrecht des Ehemannes wirksam ausgeschlossen sei.[648]

Begründet wurde dies damit, dass es unbillig erschiene, wenn sich der Wunschvater von der übernommenen Vaterschaftsverantwortung durch die Anfechtungsklage wieder lösen könne, auch wenn im Wege der Konstruktion des „Vertrages zugunsten Dritter" (§ 328 Abs. 1 BGB) er unterhaltsrechtlich und erbrechtlich verpflichtet bliebe.[649] Wer einer heterologen künstlichen Befruchtung zugestimmt habe, sollte hieran in jedem Falle mit allen rechtlichen Konsequenzen gebunden sein und sich nicht der hiermit übernommenen Verantwortung nachträglich wieder entziehen können.[650]

---

[646] Vgl. *Spickhoff*, AcP 197 (1997), 398 (400); zum Streitstand ausführlich siehe *Pap*, Extrakorporale Befruchtung, S. 328 ff.; *Sauer*, Die Vaterschaftsanfechtung, S. 92 f.; *Wolf*, FuR 1998, 392 (392 ff.).
[647] BGH, Urt. v. 7. April 1983, AZ: IX ZR 24/82, FamRZ 1983, 686 ff.
[648] *Giesen*, JZ 1983, 552, der ausführt, dass das Urteil weder in seiner Begründung noch in seinem Ergebnis überzeuge, da es auf einer schematischen Übertragung von Rechtsgrundsätzen beruhe, die für anders gelagerte Fälle entwickelt wurden; *Giesen*, Künstliche Insemination, S. 188; *Kollhosser*, JA 1985, 553 (555); *Quantius*, FamRZ 1998, 1145 (1149); *Schlegel*, JuS 1996, 1067 (1070); *Zierl*, DRiZ 1986, 302 (305).
[649] *Zierl*, DRiZ 1986, 302 (305).
[650] *Zierl*, DRiZ 1986, 302 (305).

(2) Rechtsmissbräuchliche Ausübung des Anfechtungsrechts
(a) Erste Auffassung – Bundesgerichtshof

Der Bundesgerichtshof hatte weiter bereits im Jahre 1983 entschieden, dass sich der anfechtende Ehemann, der vorher seine Zustimmung zur Durchführung der heterologen künstlichen Befruchtung erteilt habe, nicht rechtsmissbräuchlich verhielte, wenn er sich nachträglich auf die Unwirksamkeit einer von ihm abgegebenen Willenserklärung berufe.[651] Nur im Falle des Hinzutretens „besonderer Umstände" könne die Ausübung des Anfechtungsrechts als unzulässige Rechtsausübung erscheinen.

Der Bundesgerichtshof sah sich von da an in ständiger Rechtsprechung aufgrund der damaligen Gesetzeslage daran gebunden, die Anfechtung durch den sozialen Vater oder die Mutter zuzulassen.[652] Allerdings verpflichtete der Bundesgerichtshof den sozialen Vater aufgrund der Einwilligung in die Behandlung und der damit übernommenen Verantwortung im Sinne einer „Elternschaft kraft Willensakt", den Kindesunterhalt zu zahlen.[653]

(b) Andere Auffassung – Literatur

Konsequenterweise teilte die Literatur auch diese Rechtsauffassung des Bundesgerichtshofes nicht und sah in der Anfechtung des Wunschvaters (zumindest) eine unzulässige Rechtsausübung.[654]

Die Argumente des Bundesgerichtshofs seien zu schematisch an den klassischen Fällen einer Scheinvaterschaft orientiert und berücksichtigten die Besonderheiten der heterologen Insemination zu wenig.[655] Anders als in den Fällen, in denen ein Ehemann feststelle, dass ein von seiner Frau zur Welt gebrachtes Kind nicht von ihm stamme, beruhe die Zeugung des Kindes in den Fällen der konsentierten heterologen Insemination zumindest auch auf seinem Willen.[656] Die Zustimmung, die der Ehemann zu der Zeugung des Kindes mit Fremdsamen gebe, sei ein entscheidender Beitrag dazu, dass es überhaupt zu der Geburt des Kindes kommt; denn ohne seine Zustimmung wäre die Insemination nicht durchgeführt worden.[657] Mehr noch als in vielen Fällen natürlicher Zeugung handle es sich bei der Einverständniserklärung um eine bewusste Entscheidung, ein Kind haben zu wollen – auch wenn es biologisch nicht von dem Mann abstamme, der die Ein-

---

[651] BGH, Urt. v. 7. April 1983, AZ: IX ZR 24/82, FamRZ 1983, 686 ff.
[652] *Wehrstedt*, DNotZ 2005, 649 (650).
[653] BGH, Urt. v. 3. Mai 1995, AZ: XII ZR 19/94, DNotZ 1996, 778 ff.; *Wehrstedt*, DNotZ 2005, 649 (650).
[654] *Bernat*, MedR 1986, 245 (245); *Deutsch*, MDR 1985, 177 (180); *Giesen*, JZ 1983, 552, (553 f.); *ders.*, Künstliche Insemination, S. 188; *Harder*, JuS 1986, 505 (507); *Kemper*, FuR 1995, 309 (310); *Kollhosser*, JA 1985, 553 (555); in der Literatur ist schon umstritten, ob überhaupt die Durchsetzung eines unverzichtbaren Rechts wegen widersprüchlichen Verhaltens ausgeschlossen sein könne (dagegen *Wieling*, AcP 176 (1976), 334 (338 f.)).
[655] *Kemper*, FuR 1995, 309 (310).
[656] *Kemper*, FuR 1995, 309 (310).
[657] *Kemper*, FuR 1995, 309 (310).

willigung erklärt.[658] Die Parallele zu einer Adoption dränge sich damit geradezu auf. Es spreche daher viel dafür, die Möglichkeit des sich bewusst für die Elternschaft entscheidenden Ehemannes zur Beseitigung seiner Einwilligung in ähnlicher Weise zu beschränken, wie das bei der Adoption geschehen sei (vgl. § 1760 BGB).[659]

Deshalb wurde bereits damals lautstark die Forderung erhoben, das Anfechtungsrecht des Ehemannes auszuschließen, wenn er zuvor der heterologen künstlichen Befruchtung seiner Frau zugestimmt hatte.[660]

bbb) Rechtslage nach Erlass des Kinderrechteverbesserungsgesetzes / Voraussetzungen des Ausschlusses der Anfechtungsberechtigung gemäß § 1600 Abs. 4 BGB

(1) Neuregelung des § 1600 Abs. 2 (jetzt Abs. 4) BGB

Letztlich folgte der Gesetzgeber bei der Kinderrechtereform der Kritik der Literatur an der Rechtsprechung des Bundesgerichtshofes und hat im Jahre 2002 diese Möglichkeit der Vaterschaftsanfechtung seitens der Wunscheltern durch das so genannte Kinderrechteverbesserungsgesetz (KindRVerbG) aufgehoben, vgl. § 1600 Abs. 2 (jetzt Abs. 4) BGB n.F.[661] Anfechtungsberechtigt ist danach in den Fällen der Anfechtung der Vaterschaft nach konsentierter heterologer Insemination gemäß § 1600 Abs. 4 BGB nur noch das Kind.[662]

---

[658] *Kemper*, FuR 1995, 309 (310).

[659] *Kemper*, FuR 1995, 309 (310).

[660] Bioethik-Kommission Rheinland-Pfalz, Begründung zu These VIII a.E., S. 27 Nr. 5 c, S. 35; *Poll/Jurisic*, JR 1999, 226 (230); *Sauer*, Die Vaterschaftsanfechtung, S. 166 ff.; *Zierl*, DRiZ 1986, 302 (305).

[661] *Peschel-Gutzeit*, FPR 2002, 285 (286); *Wehrstedt*, DNotZ 2005, 649 (650).

[662] *Taupitz/Schlüter*, AcP 205 (2005), 591 (597). Das volljährige geschäftsfähige Kind kann ohne Weiteres die Vaterschaft anfechten. Für das geschäftsunfähige oder in der Geschäftsfähigkeit beschränkte Kind kann gemäß § 1600 a Abs. 3 BGB nur der gesetzliche Vertreter anfechten. Gesetzliche Vertreter sind in der Regel die Eltern. Sofern die Eltern verheiratet oder gesamtvertretungsberechtigt sind, sind sie nach allgemeiner Meinung gemäß §§ 1629 Abs. 2 S. 1, 1795 Abs. 1 S. 1 Nr. 3 bzw. Nr. 1 BGB an der Vertretung gehindert und es ist ein Ergänzungspfleger zu bestellen. Gleiches gilt, wenn Unverheiratete oder Geschiedene gemeinsam sorgeberechtigt sind (*Wellenhofer-Klein*, in: MüKo, BGB, § 1600 a a.F., Rn. 9). Sofern der Mutter das alleinige Sorgerecht zusteht, kann sie das Kind vertreten (*Diederichsen*, in: Palandt, BGB, § 1600 a, Rn. 5). Der alleinvertretungsberechtigte Scheinvater, gegen den sich die Anfechtungsklage richtet, kann das Kind im Anfechtungsprozess nicht vertreten; es ist daher ein Ergänzungspfleger zu bestellen (*Wellenhofer-Klein*, in: MüKo, BGB, § 1600 a a.F., Rn. 10). Entnommen aus: *Taupitz/Schlüter*, AcP 205 (2005), 591 (597), Fn. 19; *Schlegel*, JuS 1996, 1067 (1070) hingegen meint, dass eine Vertretung des durch künstliche Befruchtung gezeugten Kindes im Ehelichkeitsprozess durch die Mutter wegen Interessenkollision abzulehnen sei. Eine Anfechtung solle allein durch die Kinder nach den Grundsätzen der Einsichtsfähigkeit oder ab einer entsprechenden Altersgrenze möglich sein bzw. durch einen amtlich bestellten, neutralen Vertreter. *Roth*, DNotZ 2003, 805 (816) sieht dies nicht als echtes Problem

Der durch § 1600 Abs. 4 BGB vorgesehene Ausschluss des Anfechtungsrechtes des Mannes und der Mutter in denjenigen Fällen, in denen das Kind mit Einwilligung beider durch künstliche Befruchtung mittels Samenspende eines Dritten gezeugt wurde, soll dem Kind den rechtlichen Vater sichern: Von „Paaren, die im Einvernehmen miteinander in die künstliche Übertragung des Samens eines Fremden einwilligten", müsse, so die Entwurfsbegründung, erwartet werden, „dass sie zu der gemeinsam übernommenen Verantwortung für das hierdurch gezeugte Kind auch nach der Geburt und unter veränderten Lebensumständen einstünden"; im Hinblick auf diese Verantwortung könne „eine Aufkündigung der hierdurch rechtlich begründeten Vaterschaft durch nachträgliche Anfechtung nicht zugelassen werden."[663]

(2) Unechte Rückwirkung des § 1600 Abs. 4 BGB für „Altfälle", BGH-Urteil vom 25. Januar 2005, AZ: XII ZR 70/03

Fraglich ist jedoch, ob das Anfechtungsrecht der Wunscheltern auch in so genannten Altfällen ausgeschlossen ist, d.h. für Fälle, in denen eine konsentierte heterologe Insemination vor Erlass des Kinderrechteverbesserungsgesetzes (2002) vorgenommen wurde. Einen solchen „Altfall" hatte der Bundesgerichtshof im Januar 2005 entschieden.[664] Darin hatte die Ehefrau noch kurz vor Inkrafttreten des Kinderrechteverbesserungsgesetzes die Vaterschaft des in Scheidung lebenden Ehemannes angefochten. Der Bundesgerichtshof stellte in seiner Entscheidung fest, dass die gesetzliche Neuregelung für solche Altfälle eine so genannte *unechte Rückwirkung* entfalte.[665]

Die Möglichkeit der Anfechtung stelle einen in sich nicht abgeschlossenen Sachverhalt dar, der durch das neue Gesetz mit einer anderen Rechtsfolge geregelt werde. Im Einklang mit der Rechtsprechung des Bundesverfassungsgerichts seien gesetzgeberische Eingriffe mit unechter Rückwirkung jedoch immer dann zulässig, wenn kein schützenswertes Interesse auf den Bestand der jeweils geltenden Regelung bestehe.[666] Nach Ansicht des Bundesgerichtshofes sprächen keinerlei Gesichtspunkte dafür, dass die Mutter auf den Bestand eines solchen Anfechtungsrechts hätte vertrauen dürfen. Vielmehr habe der Gesetzgeber durch die Gesetzesänderung das Kindeswohl in besonderem Maße schützen wollen, was durch die Einführung des Anfechtungsausschlusses auch in zweckdienlicher und erforderlicher Hinsicht gelungen sei.

---

an, vielmehr könne doch dort die Kindeswohlprüfung gemäß § 1600 a Abs. 4 BGB helfen.
[663] BT-Drucks. 14/2096, S. 6 f.; *Wanitzek*, FamRZ 2003, 730 (730).
[664] BGH, Urt. v. 26. Januar 2005, AZ: XII ZR 70/03, NJW 2005, 1428 (1428 f.).
[665] Nach *Spickhoff* hätte der BGH dafür nicht die schwierige Abgrenzung zwischen echter und unechter Rückwirkung bemühen müssen, sondern die frühere Rechtsprechung als seit jeher verfehlt anerkennen können, vgl. *Spickhoff*, NJW 2006, 1630 (1638).
[666] *Wehrstedt*, DNotZ 2005, 649 (651).

(3) Rechtspolitische Fragwürdigkeit des Anfechtungsrechtes des Kindes
Die für das Kind nach § 1600 Abs. 4 BGB bestehen gebliebene Anfechtungsmöglichkeit der Vaterschaft des Wunschvaters wird als rechtspolitisch fragwürdig kritisiert.[667] Vor dem Ziel einer endgültigen Kindeszuordnung sei es vielmehr sinnvoll und konsequent, auch das Anfechtungsrecht des Kindes gesetzlich auszuschließen.[668]

(a) Rechtspolitische Bedenken gegen das (bestehen gebliebene) Anfechtungsrecht des Kindes
Es wird behauptet, dass ein generelles Recht eines Kindes, seine genetische Abstammung auch in rechtlicher Hinsicht durchzusetzen, nicht bestehe.[669] Das deutsche Recht, das mit seinem uneingeschränkten Anfechtungsrecht des Kindes die Vorgaben des Bundesverfassungsgerichts zum Recht des Kindes auf Kenntnis seiner Abstammung übererfülle, stünde damit im internationalen Vergleich weitgehend alleine da.[670]

(aa) Vergleich mit Fällen der Leihmutterschaft (§ 1591 BGB)
Für den vergleichbaren Fall der „Leihmutterschaft" sehe das Gesetz in § 1591 BGB vor, dass Mutter eines Kindes die Frau sei, die es geboren habe; die genetische Abstammung spiele also keine Rolle.[671] Insoweit trete das Recht auf Kenntnis der eigenen Abstammung hier hinter das Interesse der „sozialen" Eltern zurück, was auch bei der hier behandelten Art künstlicher Befruchtung – de lege ferenda – denkbar wäre.[672] Denn der Sinn des § 1600 Abs. 4 BGB, das Kind eindeutig zuzuordnen und die Familie, in die es hineingeboren wurde, zu schützen, werde hintertrieben.[673] Es schieße über das Ziel hinaus, wenn ein Kind nur dadurch sein Recht auf Kenntnis der Abstammung verwirklichen könne, dass es seinen eigenen familienrechtlichen Status angreift.[674]

(bb) Ausreichender Schutz des Rechtes des Kindes auf Kenntnis der eigenen Abstammung bei Ausschluss der Anfechtungsberechtigung
Weiter sei das Recht des Kindes auf Kenntnis der eigenen Abstammung auch ausreichend bei einem Ausschluss seiner Anfechtungsberechtigung der Vaterschaft des Wunschvaters geschützt. Auch das vom Bundesverfassungsgericht

---

[667] *Roth*, DNotZ 2003, 805 (816); *Spickhoff*, in: Festschrift für Schwab, S. 943; *Wehrstedt*, RNotZ 2005, 109 (114).
[668] *Roth*, JZ 2002, 651 (653); *Wanitzek*, FamRZ 2003, 730 (734).
[669] Schon 1985 eine wesentliche Einschränkung der Anfechtungsmöglichkeit des Kindes fordernd, *Deutsch*, MDR 1985, 177 (181); sich ausschließend *Roth*, DNotZ 2003, 805 (816); *Wanitzek*, FamRZ 2003, 730 (734); *Wehrstedt*, RNotZ 2005, 109 (114); *ders.*, DNotZ 2005, 649 (652).
[670] *Dopffel*, Ehelichkeitsanfechtung durch das Kind, S. 122, 124; *Gaul*, FamRZ 2000, 1461 (1462 f., 1469); *Wanitzek*, FamRZ 2003, 730 (734).
[671] *Roth*, DNotZ 2003, 805 (816); *Wehrstedt*, RNotZ 2005, 109 (114); *ders.*, DNotZ 2005, 649 (652 f.).
[672] *Roth*, DNotZ 2003, 805 (816).
[673] *Roth*, DNotZ 2003, 805 (816 f.); *Wanitzek*, FamRZ 2003, 730 (734).
[674] *Schwab*, Familienrecht, S. 232, Rn. 493.

festgestellte Grundrecht des Kindes auf Kenntnis seiner eigenen Abstammung führe nicht zwangsläufig dazu, dass diesem ein Anfechtungsrecht zustehen müsse.[675] Das Verfassungsgericht habe lediglich das Recht eines adoptierten Kindes festgestellt, zu erfahren, wer seine leiblichen Eltern seien. Es habe aber nicht darüber entschieden, dass dem Kind ein gesondertes Recht zukommen müsse, die rechtliche Elternschaft der Adoptiveltern aufzulösen, um von sich aus die rechtliche Elternschaft zu den genetischen Eltern herstellen zu können.[676] Dies müsse auch für den Fall der heterologen künstlichen Befruchtung Geltung beanspruchen.

(cc) Vergleich mit der Rechtslage im Recht der eingetragenen Lebenspartnerschaften (LPartG)
Darüber hinaus werde die Fragwürdigkeit eines Anfechtungsrechtes auch im Hinblick auf das jüngst verabschiedete Gesetz zur Verbesserung der Rechte gleichgeschlechtlicher Lebenspartner verstärkt.[677] Nach erfolgter Adoption durch die Lebenspartnerin bestünde keine rechtliche Möglichkeit des Kindes, die Mutterschaft der Lebenspartnerin anzufechten, um eine rechtliche Vaterschaft zum Samenspender herzustellen, da kraft Adoptionsrecht alle Rechtsbeziehungen zum leiblichen Vater erlöschten (§ 1755 BGB).[678] Damit habe die Lebenspartnerin nach erfolgter Adoption eine größere Rechtssicherheit als der Ehemann einer Frau, die mit seiner Einwilligung im Wege des heterologen Verfahrens ein Kind bekäme.[679] Da der Ehemann gemäß § 1592 Nr. 1 BGB schon qua Gesetz der rechtliche Vater werde, bestünde für ihn keine Möglichkeit der Adoption, er müsse daher mit einem möglichen Anfechtungsrecht des Kindes leben.[680]

(b) Argumente für eine Anfechtungsberechtigung durch das Kind
Nach gegenteiliger Auffassung[681] bestünde kein Grund, dem aus einer Samenspende hervorgegangenen Kind das Anfechtungsrecht abzuschneiden.[682]

Überlegung bei Schaffung des Anfechtungsausschlusses des § 1600 Abs. 4 BGB für die Wunscheltern sei gewesen, dass diese sich der übernommenen Verantwortung für das Kind nicht durch eine anschliessende Anfechtung der Vaterschaft des Wunschvaters wieder entledigen können sollten. Das Kind selbst sei (logischerweise) an der Einigung über die Herbeiführung einer Schwanger-

---

[675] So auch *Wanitzek*, FamRZ 2003, 730 (734), die darauf hinweist, dass das deutsche Recht damit im internationalen Vergleich eine Ausnahme darstelle; *Wehrstedt*, RNotZ 2005, 109 (114).
[676] *Wehrstedt*, RNotZ 2005, 109 (114).
[677] *Wehrstedt*, RNotZ 2005, 109 (114); *ders.*, DNotZ 2005, 649 (653).
[678] *Wehrstedt*, RNotZ 2005, 109 (115).
[679] *Wehrstedt*, RNotZ 2005, 109 (115).
[680] Vgl. *Wehrstedt*, RNotZ 2005, 109 (115).
[681] *Rauscher*, in: Staudinger, BGB, Anhang zu § 1592, Rn. 18; *Seidl*, FPR 2002, 402 (404).
[682] *Kirchmeier*, FamRZ 1998, 1281 (1284); eine Einschränkung oder gar keinen Ausschluss des Anfechtungsrechtes des Kindes hielt *Schumacher* bereits 1987 für bedenklich, vgl. *Schumacher*, FamRZ 1987, 313 (316).

schaft mittels heterologer Verfahren nicht beteiligt, sondern werde in diesen Umstand hinein geboren. Mit der Zustimmung zur künstlichen Befruchtung könne der Wunschvater folglich nur sich selbst binden; das Anfechtungsrecht des Kindes sei von dem des Mannes unabhängig.[683]

(c) Stellungnahme

Den Bedenken der erstgenannten Auffassung ist vollumfänglich zuzustimmen. Die dargelegten Wertungswidersprüche bestehen und sind aufzulösen.

Nichtsdestotrotz kann aus den aufgezeigten Wertungswidersprüchen nicht gefolgert werden, dass das Anfechtungsrecht des Kindes auch hätte zwingend im Zuge des Kinderrechteverbesserungsgesetzes abgeschafft werden müssen. In dieser Schlussfolgerung greift die erstgenannte Ansicht zu kurz.

Wie bereits mehrfach erörtert, kann das Kind seine genetische Herkunft gerichtlich nur dann verbindlich überprüfen lassen, wenn es eine Vaterschaftsfeststellungsklage gegen den Samenspender betreibt, bei welcher inzidenter die blutsmäßige Verwandtschaft zu ihm überprüft wird. Eine solche Vaterschaftsfeststellungsklage ist aber nur dann möglich, sofern nicht mehr die Vaterschaft eines anderen Mannes besteht. Um dem Recht des Kindes auf Kenntnis der eigenen Abstammung tatsächlich voll umfänglich zur Geltung zu verhelfen, ist dieser „prozessuale Zwischenschritt" erforderlich, um sodann die Abstammung gerichtlich klären lassen zu können.

(4) Voraussetzungen und Rechtsfolge des § 1600 Abs. 4 BGB

Das Eingreifen des Ausschlusses der Anfechtungsberechtigung von Wunschvater und Wunschmutter unterliegt folgenden Voraussetzungen:

(a) Heterologe künstliche Insemination

Aus einer heterologen künstlichen Befruchtung[684] muss ein Kind hervorgegangen sein.

(b) Einwilligung in die heterologe Insemination durch den Wunschvater

Der Ausschluss des Anfechtungsrechtes ist weiter nur dann gegeben, wenn der Wunschvater in die Durchführung des heterologen Verfahrens eingewilligt hatte[685] (so genannte *konsentierte* heterologe Insemination).

Fraglich ist, wann diese Einwilligung wirksam erteilt wurde, da die Bestimmung des § 1600 Abs. 4 BGB selbst keine besonderen Wirksamkeitsanforderungen an die Einwilligung in die künstliche Befruchtung enthält.[686] Unstreitig ist,

---

[683] *Kirchmeier*, FamRZ 1998, 1281 (1284).
[684] Zur terminologischen Definition siehe oben A. I. 1. b.
[685] *Wehrstedt*, RNotZ 2005, 109 (114); zum Problem der Möglichkeit der gesetzlichen Vertretung bei der Erklärung der Einwilligung in eine heterologe Insemination durch Einwilligungsunfähig siehe *Roth*, DNotZ 2003, 805 (811). Meines Erachtens wird sich dieses Problem im praktischen Leben nicht stellen.
[686] *Wanitzek*, FamRZ 2003, 730 (733).

dass die Zustimmungserklärung des Mannes formlos möglich ist.[687] Besondere Formvorschriften würden schließlich dem Schutzzweck der Vorschrift nicht entsprechen, dem Kind eine gesicherte Rechtsstellung im Verhältnis zu dem Mann zu verleihen, der sich gemeinsam mit der Mutter vor der Insemination zu seiner Verantwortung für das Kind bekannt hat.[688] Denn die Eltern hätten es sonst in der Hand, die Vorschrift zu umgehen, indem eine Beurkundung der Zustimmungserklärung einfach unterbliebe.[689]

Welche weiteren allgemeinen Anforderungen die Einwilligung in die heterologe künstliche Befruchtung erfüllen muss, um den Ausschluss der Anfechtungsberechtigung des § 1600 Abs. 4 BGB auszulösen, hängt davon ab, wie die Einwilligung rechtsdogmatisch zu qualifizieren ist.[690]

(aa) Rechtsnatur der Einwilligung in die heterologe Insemination
(aaa) Erste Auffassung – Einwilligungserklärung als willensgetragener Realakt

Nach einer neueren Meinung solle die Einwilligung in die heterologe Insemination ein so genannter *willensgetragener Realakt* sein, auf den die Vorschriften über die Willenserklärungen entsprechende Anwendung fänden.[691]

Für die grundsätzliche Einordnung als Realakt spreche, dass die Erklärungen vornehmlich einen tatsächlichen Inhalt hätten, das mittelbare Zeugungshandeln.[692] Dass die einwilligenden Personen – der Wunschvater und die Mutter – durchaus auch mit Rechtsfolgewillen, bezogen auf den Ausschluss des Anfechtungsrechts gemäß § 1600 Abs. 4 BGB, handeln könnten, stünde der Einordnung der Einwilligung als einen willensgetragenen Realakt nicht entgegen, sei aber keine Voraussetzung für den Eintritt der Rechtsfolge des § 1600 Abs. 4 BGB.[693] Schließlich entfalte die Einwilligung – anders als die Vaterschaftsanerkennung und sonstige personenrechtliche Rechtsgeschäfte – keine unmittelbare statusrechtliche Wirkung.[694] Sie ziele mithin primär nicht auf Rechtsgestaltung, sondern auf die Herbeiführung eines tatsächlichen Erfolges, nämlich das Entstehen eines Kindes.[695]

Auch eine analoge Anwendung der rechtsgeschäftlichen Bestimmungen komme aufgrund der besonderen Eigenart und typischen Interessenlage bei der Einwilligung in die künstliche Befruchtung nicht in Betracht, da dies dem intendierten Schutz des Kindes vor rechtlicher Vaterlosigkeit zuwiderliefe.[696] Die

---

[687] *Roth*, JZ 2002, 651 (653).
[688] *Janzen*, FamRZ 2002, 785 (786).
[689] *Janzen*, FamRZ 2002, 785 (786).
[690] *Roth*, DNotZ 2003, 805 (808); *ders.*, JZ 2002, 651 (653); *Spickhoff*, in: Festschrift für Schwab, S. 932; *Wanitzek*, FamRZ 2003, 730 (733).
[691] *Wanitzek*, Rechtliche Elternschaft bei medizinisch unterstützter Fortpflanzung, S. 327 ff.; *ders.*, FamRZ 2003, 730 (734).
[692] *Roth*, DNotZ 2003, 805 (809).
[693] *Roth*, DNotZ 2003, 805 (809); *Wanitzek*, FamRZ 2003, 730 (734).
[694] *Wanitzek*, FamRZ 2003, 730 (734).
[695] *Wanitzek*, FamRZ 2003, 730 (734).
[696] *Wanitzek*, FamRZ 2003, 730 (734).

Wirksamkeitsanforderungen an Willenserklärungen seien im Hinblick auf Rechtsgeschäfte konzipiert, die rückgängig gemacht werden könnten.[697] Dies sei auf die Einwilligung in die künstliche Befruchtung nicht übertragbar, da sie ein unumkehrbares Geschehen, das Entstehen eines Kindes, zur Folge habe.[698]

Dass die Einordnung sowohl als Willenserklärung wie auch eine analoge Anwendung der rechtsgeschäftlichen Regeln ausscheiden müsse, zeige sich zuletzt auch daran, dass auch diejenigen Vertreter im Schrifttum, die die Einwilligung i.S.v. § 1600 Abs. 4 BGB als Willenserklärung ansähen, sowohl in Bezug auf die Geschäftsfähigkeit als auch im Kontext der Anfechtbarkeit nach §§ 119 ff. BGB gewisse Modifikationen bzw. Abstriche an der klassischen Lehre über die Willenserklärung für erforderlich hielten.[699]

(bbb) Andere Auffassung – Einwilligungserklärung als rechtsgeschäftliche Willenserklärung

Nach anderer Auffassung handle es sich bei der Einwilligung in die heterologe Insemination um eine *rechtsgeschäftliche Willenserklärung*,[700] mit den *besonderen Anforderungen an personenrechtliche Rechtsgeschäfte*.

Gegen die erstgenannte Auffassung spreche zum einen, dass die Einwilligung von Mutter und Mann nunmehr die Rechtsfolge des § 1600 Abs. 4 BGB auslöse, also auch auf die Erzielung einer Rechtsfolge gerichtet sei.[701]

Zum anderen sei auch die Rechtslage vor Erlass des Kinderrechteverbesserungsgesetzes ein Indiz für die dogmatische Einordnung der Einwilligungserklärung in die heterologe künstliche Befruchtung als Willenserklärung.[702]

Nicht zu verkennen sei außerdem die mittelbare statusrechtliche Wirkung, die aus der Einwilligung in das heterologe reproduktionsmedizinische Verfahren folge (Ausschluss der Anfechtungsberechtigung nach § 1600 Abs. 4 BGB und die damit intendierte Statussicherung des Kindes). An die Bindung einer Zustimmungserklärung zu einer heterologen Insemination könnten folglich keine geringeren Anforderungen gestellt werden als im Falle sonstiger Erklärungen, die statusrechtlich die Vaterschaft begründen, wie etwa die Anerkennung der Vaterschaft bei nichtehelichen Kindern.[703]

---

[697] *Wanitzek*, FamRZ 2003, 730 (734).
[698] *Wanitzek*, FamRZ 2003, 730 (734).
[699] *Spickhoff*, in: Festschrift für Schwab, S. 933.
[700] *Rauscher*, in: Staudinger, BGB, § 1600, Rn. 80; *Roth*, JZ 2002, 651 (653); *ders.*, DNotZ 2003, 805 (809 f.); *Spickhoff*, AcP 197 (1997), 399 (417 f.).; *Spickhoff*, in: Festschrift für Schwab, S. 934; *v. Sachsen-Gessaphe*, NJW 2002, 1853 (1854); zwischen diesen beiden Meinungen angesiedelt ist der Vorschlag, an das Vorliegen einer wirksamen Einwilligung „die auch sonst üblichen Anforderungen" an Einwilligungen zu stellen, womit eine zureichende Aufklärung über die medizinischen, rechtlichen, psychologischen, ggf. auch ethischen und religiösen Implikationen und Konsequenzen einer heterologen Insemination gemeint sein dürfte, vgl. *Spickhoff*, in: Festschrift für Schwab, S. 932 f. m.w.N.
[701] *Roth*, DNotZ 2003, 805 (809).
[702] *Roth*, DNotZ 2003, 805 (809).
[703] *Spickhoff*, AcP 197 (1997), 398 (417).

Im Übrigen bestünden schon im Ausgangspunkt gegen die These vom Realakt Bedenken; denn sie beruhe auf der Prämisse, dass ein „anteiliges Zeugungshandeln ohne genetische Beziehung" und der Wille zur Elternschaft (wie der Realakt in diesem Sinne umschrieben wird) wichtiger als die genetische Beziehung sei, wohingegen das Bundesverfassungsgericht genau umgekehrt eher die biologisch-genetische Abstammung vom Vater in den Vordergrund stelle.[704]

(ccc) Stellungnahme und Rechtsfolgen der dogmatischen Einordnung der Einwilligungserklärung als Willenserklärung

Der zweitgenannten Auffassung ist beizupflichten. Zwar ist es korrekt, dass durch die Abgabe der Einwilligungserklärung in die heterologe künstliche Befruchtung die Basis für die Durchführung des reproduktionsmedizinischen Verfahrens geschaffen wird und mithin die Erklärung diesbezüglich auf einen tatsächlichen und nicht rechtsfolgenorientierten Erfolg gerichtet ist. Auch mag die eintretende Rechtsfolge des Anfechtungsausschlusses den Wunscheltern nicht unbedingt erwünscht erscheinen.

Doch kann der Erklärung nicht abgesprochen werden, dass sie auch auf die Herbeiführung einer Rechtsfolge gerichtet ist. Dies folgt zum einen daraus, dass mit der Einwilligung zugleich über das Institut des Vertrages mit Schutzwirkung des Vertrages zugunsten Dritter eine vertragliche Unterhaltsverpflichtung begründet wird. Zum anderen wird die Einwilligung in die künstliche Befruchtung im Falle einer nicht ehelichen Lebensgemeinschaft der Wunscheltern mit der Anerkennung der Vaterschaft des Kindes durch den Wunschvater zusammenfallen, so dass sich aus dieser Erklärung, ohne sie künstlich aufzuspalten, mittelbar auch eine statusrechtliche Rechtsfolge ergibt.

Auch überzeugt das Argument des Schutzes des Kindes vor rechtlicher Vaterlosigkeit durch die Anwendung der Rechtsgeschäftslehre nicht. Die Vorschriften der Rechtsgeschäftslehre können unter besonderer Berücksichtigung der Interessenlage bei einer künstlichen Befruchtung Modifikationen erfahren. Hinzu kommt, dass das Kind auch durch die Neuregelung des § 1600 Abs. 4 BGB nicht umfassend vor rechtlicher Vaterlosigkeit geschützt ist, da es selbst zur Anfechtung der Vaterschaft des Wunschvaters berechtigt bleibt.

(bb) Verlängerte Widerrufsmöglichkeit bei der Einwilligung in die heterologe Insemination[705]

Die Modifikation der Rechtsgeschäftslehre manifestiert sich besonders stark bei der Verlängerung der Widerrufsmöglichkeit der Einwilligungserklärung in die heterologe künstliche Befruchtung. Der Widerruf der Einwilligung ist nämlich bis zur erfolgreichen Befruchtung jederzeit möglich.[706] Dies steht zwar eigentlich im Widerspruch zur Regelung des § 130 Abs. 1 S. 2 BGB, wonach ein Widerruf einer Willenserklärung nach ihrem Zugang nicht mehr möglich ist. Der Bundes-

---

[704] *Spickhoff*, in: Festschrift für Schwab, S. 934.
[705] Zum Problem der Anfechtbarkeit der Einwilligung siehe ausführlich *Roth*, DNotZ 2003, 805 (814).
[706] *Eckersberger*, MittBayNot 2002, 261 (264 f.); *Janzen*, FamRZ 2002, 785 (786); *Roth*, DNotZ 2003, 805 (813 f.); *Wehrstedt*, RNotZ 2005, 109 (114).

gerichtshof begründet aber diese verlängerte Widerrufsmöglichkeit damit, dass Willenserklärungen, die den Intimbereich beträfen, auch noch nach ihrem Wirksamwerden widerrufen werden könnten;[707] insbesondere gelte dies für alle Absprachen im Bereich der künstlichen Befruchtung. Dem ist wegen der Höchstpersönlichkeit dieser Erklärungen, die einer rechtsgeschäftlichen unabänderlichen Bindung entgegensteht, zuzustimmen und gilt damit auch für die Einwilligungserklärungen i.S.d. § 1600 Abs. 4 BGB.[708] Ab dem Zeitpunkt der Befruchtung ist ein Widerruf jedoch nicht mehr möglich, denn mit der Insemination und der darauf beruhenden Zeugung eines Kindes ist ein unumkehrbarer Vorgang ausgelöst worden, den weder der Wunschvater noch seine Frau anhalten können.[709]

Ein solcher unumkehrbarer Vorgang liegt meines Erachtens bereits schon dann vor, wenn Befruchtungsvorgang selbst eingeleitet wurde und nicht, wenn die Befruchtung bereits erfolgt ist. Zwar unterliegen Willenserklärungen, die den Intimbereich betreffen nicht den strengen Widerrufsvorschriften des § 130 Abs. 1 S. 2 BGB. Doch wurde der Befruchtungsvorgang als solcher eingeleitet, so ist dieser Vorgang unumkehrbar, da die tatsächlich stattfindende Befruchtung nicht mehr im Einflussbereich des Einwilligenden liegt und ein medizinisch-naturwissenschaftlicher Vorgang seinen (schwerlich eindeutig prognostizierbaren) Verlauf nimmt. Damit kommt bereits ab der Einleitung des Befruchtungsvorgangs als solchem ein Widerruf der Einwilligung in die heterologe künstliche Befruchtung nicht mehr in Betracht.

(5) Rechtsfolge des § 1600 Abs. 4 BGB / Ausschluss der Anfechtungsberechtigung der Vaterschaft für die Wunscheltern

§ 1600 Abs. 4 BGB sieht den Ausschluss der Vaterschaftsanfechtung sowohl für die Wunschmutter als auch für den Wunschvater vor.[710] Erfasst wird sowohl die Anfechtung der Vaterschaft des mit der Mutter verheirateten Mannes als auch desjenigen, der die Vaterschaft anerkannt hat.[711]

Zu bemerken ist aber, dass der Anfechtungsausschluss nur die Tatsache betrifft, dass das Kind aus einer heterologen Insemination stammt.[712] Wird demgegenüber geltend gemacht, dass das Kind auf natürlichem Wege von einem *anderen* Mann gezeugt wurde, so ist die Anfechtung zulässig.[713] Demgemäß ist das Anfechtungsrecht der Wunscheltern auch nicht in dem Fall ausgeschlossen, dass das Kind in Wahrheit nicht aus der heterologen Insemination stammt.[714]

---

[707] BGH, Urt. v. 3. Mai 1995, AZ: XII ZR 29/94, DNotZ 1996, 778 (785).
[708] *Holzhauer*, in: Erman, BGB, § 1600, Rn. 6; *Berger*, in: Jauernig, BGB, §§ 1600 ff., Rn. 4; *Wellenhofer-Klein*, in: MüKo, BGB, § 1600, Rn. 28; *Rauscher*, in: Staudinger, BGB, Anhang zu § 1592, Rn. 21; *Janzen*, FamRZ 2002, 785 (786); *Roth*, DNotZ 2003, 805 (814).
[709] Vgl. *Roth*, JZ 2002, 651 (653).
[710] *Roth*, DNotZ 2003, 805 (816).
[711] BR-Drucks. 369/99, S. 8; *Roth*, DNotZ 2003, 805 (816).
[712] *Roth*, DNotZ 2003, 805 (816).
[713] BR-Drucks. 369/99, S. 9; *Roth*, DNotZ 2003, 805 (816).
[714] *Kirchmeier*, FamRZ 1998, 1281 (1283); *Spickhoff*, in: Festschrift für Schwab, S. 931.

cc) Klagegegner/Passivlegitimation, § 1600 e BGB

Klagegegner ist bei einer Anfechtung durch das Kind der Wunschvater, d.h. der Mann, dessen Vaterschaft zum Zeitpunkt der Erhebung der Vaterschaftsanfechtungsklage noch besteht, § 1600 e Abs. 1 BGB.

dd) Anfechtungsgrund

Anfechtungsgrund für eine Vaterschaftsanfechtungsklage ist die Nichtabstammung des Kindes vom (früheren) Ehemann der Mutter, also die objektive Unrichtigkeit der Vaterschaft.[715] Dieser Anfechtungsgrund besteht im Falle einer heterologen künstlichen Insemination, da der Wunschvater, dessen Vaterschaft angefochten werden soll, nicht der genetische Vater des anfechtenden Kindes ist.

ee) Anfechtungsfrist, § 1600 b BGB
aaa) Grundsatz – Zweijahresfrist, § 1600 b Abs. 1 BGB

Nach § 1600 b Abs. 1 S. 1 BGB kann die Vaterschaft binnen zwei Jahren gerichtlich angefochten werden. Die Frist beginnt mit dem Zeitpunkt, in dem der Berechtigte von den Umständen erfährt, die gegen die Vaterschaft sprechen, § 1600 b Abs. 1 S. 2 BGB.

bbb) Ausnahme – Neubeginn des Fristablaufs bei Volljährigkeit des Kindes

Eine Ausnahme gilt nur für das Kind, dessen gesetzlicher Vertreter nicht rechtzeitig angefochten hat. Hier beginnt der Fristlauf mit Volljährigkeit neu, § 1600 b Abs. 3 S. 1 BGB.

Die gesetzlichen Vertreter des Kindes, die Wunscheltern, sind ihrerseits von der Anfechtung bereits nach § 1600 Abs. 4 BGB ausgeschlossen. Für das Kind beginnt die Anfechtungsfrist damit erst ab dem Zeitpunkt der Kenntniserlangung über den Umstand seiner Zeugung durch heterologe künstliche Befruchtung. Sollte dem Kind dies bereits im Kindesalter mitgeteilt worden sein und die Eltern sich geweigert haben, stellvertretend für das Kind die Vaterschaft des Wunschvaters anzufechten, so kann das Kind bis zu zwei Jahren nach Eintritt seiner Volljährigkeit die Vaterschaft des Wunschvaters noch anfechten, vgl. § 1600 b Abs. 3 S. 1, 2 BGB. Der Grund für die Versäumung der Frist ist unerheblich.[716]

ff) Begründetheit der Anfechtungsklage

Die Anfechtungsklage ist begründet, wenn zur Überzeugung des Gerichts feststeht, dass der Mann, dem das Kind kraft Ehe oder Anerkennung zugerechnet wird, nicht Vater des Kindes ist.[717]

Dieser Nachweis wird bei einer Anfechtungsklage nach durchgeführter heterologer Insemination durch ein serologisches Gutachten stets gelingen, da das

---

[715] *Taupitz/Schlüter*, AcP 205 (2005), 591 (597).
[716] *Diederichsen*, in: Palandt, BGB, § 1600 b, Rn. 22.
[717] *Schwab*, Familienrecht, S. 223, Rn. 476.

Kind genetisch von dem Samenspender abstammt und nicht vom (sozialen) Wunschvater.

c) Wirkungen des Urteils des Vaterschaftsanfechtungsverfahrens
aa) Bloß negative statusrechtliche Gestaltungswirkung

Zu beachten ist, dass das stattgebende Urteil den Status des Kindes bloß *negativ gestaltet*, d.h. es wird festgestellt, dass der Wunschvater nicht der Vater des Kindes ist und somit haben Kind und Wunschvater kein statusrechtliches Verhältnis mehr zueinander. Wer der wirkliche Vater ist, wird im Anfechtungsprozess nicht bindend festgestellt, sondern, wenn nötig, in einem nachfolgenden Vaterschaftsprozess.[718] Deshalb bleibt es erforderlich, dass das Kind zur endgültigen Klärung seiner Abstammung noch einen Vaterschaftsprozess gegen den Samenspender anstrengt.

bb) Ex tunc Beseitigung der Rechtswirkungen der Vaterschaft (Unterhaltsregress)

Durch das Anfechtungsurteil wird aber bereits die Basis dafür geschaffen, dass der Samenspender von dem Kind (unter Umständen sogar für die Vergangenheit) auf Unterhalt in Anspruch genommen wird.

Denn das der Anfechtungsklage stattgebende Urteil beseitigt die Vaterschaftszurechnung rückwirkend ab den Zeitpunkt, in dem sie begründet worden war, bei ehelichen Kindern also rückwirkend auf den Zeitpunkt der Geburt,[719] bei nichtehelichen Kindern rückwirkend auf den Zeitpunkt des Wirksamwerdens der Vaterschaftsanerkennung. Es entfallen mithin *ex tunc* alle Rechtswirkungen, die mit der angefochtenen Vaterschaft verbunden waren, so z.B. die Unterhaltspflicht.[720] Frühere Unterhaltsleistungen des Wunschvaters an das Kind entbehren damit eines rechtlichen Grundes.

Deshalb könnte der Wunschvater versuchen, sich im Regresswege an den wirklichen Vater (den Samenspender) zu halten, vgl. § 1607 Abs. 3 S. 2 BGB.[721] Durch diese Vorschrift wird es dem „Zahlvater" ermöglicht, bereits an das Kind geleistete Unterhaltsleistungen vom „Ist-Vater" zurückzufordern. Hinsichtlich dieses Regresses bezüglich des Unterhaltes stellen sich die – an späterer Stelle erörterten Fragen –, ob eine Haftungsfreistellung des Samenspenders für Unterhaltszahlungen vereinbart wurde[722] und ob der Wunschvater unter Umständen sogar bereits durch die Zustimmung zur heterologen Insemination diesen Regressanspruch gegen den Samenspender verloren hat und auch für die Zeit nach Erlass des Urteils der Vaterschaftsanfechtungsklage noch für den Unterhalt des Kindes aufzukommen hat.

---

[718] *Schwab*, Familienrecht, S. 224, Rn. 476.
[719] *Schwab*, Familienrecht, S. 224, Rn. 477.
[720] Vgl. *Schwab*, Familienrecht, S. 224, Rn. 477.
[721] Zum Bestehen des Regressanspruches siehe unten C. VIII.
[722] Zur Möglichkeit der Freistellung von Unterhaltsansprüchen siehe unten C. VII.

7. Frage 4 – Voraussetzungen der Vaterschaftsfeststellungsklage (§§ 1592 Nr. 3 i.V.m. 1600 d BGB)

Besteht aufgrund des Vaterschaftsanfechtungsverfahrens keine Vaterschaft des Wunschvaters nach § 1592 Nr. 1 oder Nr. 2 BGB (mehr), so kann die Vaterschaft des Samenspenders nach den §§ 1592 Nr. 3 i.V.m. 1600 d BGB gerichtlich festgestellt werden.

a) Aktiv- und Passivlegitimation, § 1600 e Abs. 1 BGB

Bei einer Vaterschaftsfeststellungsklage des Kindes gegen den Samenspender ist das Kind selbst aktiv- und der Samenspender passivlegitimiert, § 1600 e Abs. 1 BGB.

b) Zuständigkeit des Familiengerichts, §§ 23 b Abs. 1 S. 2 Nr. 12 GVG, 621 Abs. 1 Nr. 10, 640 Abs. 2 Nr. 1 ZPO

Zuständig für das Vaterschaftsfeststellungsverfahren sind die Familiengerichte, vgl. §§ 23 b Abs. 1 S. 2 Nr. 12 GVG, 621 Abs. 1 Nr. 10, 640 Abs. 2 Nr. 1 ZPO.

c) Keine Fristgebundenheit der Vaterschaftsfeststellungsklage

Für die Vaterschaftsfeststellungsklage gibt es grundsätzlich keine Frist.[723] Da unter Umständen noch die Vaterschaft eines anderen Mannes beseitigt werden muss (§§ 1599 ff. BGB), ehe der Weg für die gerichtliche Feststellung eines anderen Mannes als Vater frei ist, besteht insofern auch für die gerichtliche Vaterschaftsfeststellung mittelbar eine Befristung.[724]

d) Ziel der Vaterschaftsfeststellungsklage

Ziel der Vaterschaftsfeststellungsklage ist die Feststellung, dass der Samenspender der Vater des Kindes ist.[725] Mit „Vaterschaft" ist dabei die wirkliche oder biologische Abstammung gemeint.[726] Das ist zwar im Gesetz nicht ausdrücklich gesagt, ergibt sich aber aus der Orientierung am Prinzip der genetischen Abstammung (§ 1589 S. 1 BGB).[727]

e) Vaterschaftsfeststellung durch das Gericht

Ergebnis der Vaterschaftsfeststellungsklage ist, dass das Gericht bei Begründetheit der Klage die Vaterschaft des Beklagten (hier: des Samenspenders) rechtsverbindlich feststellt. Der beklagte Mann ist durch das Gericht als Vater des Kindes festzustellen, wenn das Kind genetisch unmittelbar von ihm abstammt, sei es, dass er es gezeugt, sei es, dass er den zur Befruchtung führenden Samen

---

[723] *Diederichsen*, in: Palandt, BGB, § 1600 d, Rn. 4.
[724] Vgl. *Diederichsen*, in: Palandt, BGB, § 1600 d, Rn. 4.
[725] Vgl. *Diederichsen*, in: Palandt, BGB, § 1600 d, Rn. 1.
[726] *Diederichsen*, in: Palandt, BGB, § 1600 d, Rn. 1.
[727] *Schwab*, Familienrecht, S. 226, Rn. 482.

gespendet hat.[728] Die Feststellung der Vaterschaft ist einheitlich, kann also nicht auf bestimmte Rechtswirkungen (z.B. auf die Unterhaltsverpflichtung des Mannes) beschränkt werden.[729]

f) Wirkung des Urteils des Vaterschaftsfeststellungsverfahrens

Das rechtskräftige Feststellungsurteil schafft die volle rechtliche Zuordnung zwischen dem als Vater festgestellten Mann (hier: dem Samenspender) und dem Kind. Es wirkt also statusbegründend[730] und somit zugleich rechtsgestaltend (daher auch die Bezeichnung „Statusklage").[731]

Dabei wirkt das rechtskräftige Urteil, das die Vaterschaft des Samenspenders feststellt gemäß § 640 h S. 1, 3 ZPO für und gegen jedermann, d.h. auch für und gegen alle Personen, die nicht am Verfahren teilgenommen haben.[732] Der Standesbeamte vermerkt die Vaterschaft am Rande des Geburtseintrags, vgl. § 29 Abs. 1 PStG. Das feststellende Urteil bildet die Grundlage für die Geltendmachung aller Rechtswirkungen des Kind-Eltern-Verhältnisses (z.B. Unterhaltsansprüche), und zwar auch für die Vergangenheit.[733]

8. Frage 5 – Rechtsfolgen für den Samenspender nach erfolgter Vaterschaftsfeststellung (ohne Haftungsfreizeichnung)

Durch die erfolgreiche Vaterschaftsfeststellungsklage wird zwischen Samenspender und Kind ein familienrechtliches Statusverhältnis (Verwandtschaftsverhältnis i.S.d. §§ 1589 ff. BGB) begründet. An dieses Statusverhältnis sind verschiedene Rechtsfolgen für den Samenspender geknüpft.

Hinsichtlich der Rechtsfolgen für den Samenspender im Verhältnis zu dem Kind ist zwischen *vaterschaftsfeststellungsklageabhängigen* und *–unabhängigen Rechtsfolgen* zu differenzieren. Dabei ergeben sich für den Samenspender Auswirkungen im materiellen Straf- und Zivilrecht wie auch in den dazugehörigen Prozessordnungen Strafprozessordnung (StPO) und Zivilprozessordnung (ZPO).

---

[728] *Schwab*, Familienrecht, S. 227, Rn. 483.
[729] *Diederichsen*, in: Palandt, BGB, § 1600 d, Rn. 2.
[730] Die gestaltende Wirkung wird z.T. bestritten, doch beruhe dies nach *Schwab*, Familienrecht, S. 227, Rn. 482, auf einer Vermengung der faktischen Abstammung mit der rechtlichen Abstammungszuordnung. Solange keine der drei Zurechnungen des § 1592 BGB vorliege, ist die Vaterschaft, möge sie faktisch noch so unzweifelhaft sein, juristisch nicht existent. Der Umstand, dass das Gesetz vereinzelt die Geltendmachung von Rechten des Kindes schon vor einer Vaterschaftszurechnung zulässt, ändert nichts daran, dass der rechtliche Status erst mit einem der Tatbestände des § 1592 BGB begründet werde; es handle sich um eine bloße Vorwirkung zum Schutz des Kindes.
[731] *Schwab*, Familienrecht, S. 226 f., Rn. 482.
[732] Vgl. dazu *Diederichsen*, in: Palandt, BGB, § 1600 d, Rn. 16.
[733] *Schwab*, Familienrecht, S. 228, Rn. 485.

a) Vaterschaftsfeststellungsabhängige Rechtsfolgen
aa) Auswirkungen auf das materielle Zivilrecht
aaa) Unterhaltsansprüche gegen den Samenspender[734]
(1) Unterhaltsanspruch des Kindes, § 1601 BGB
Das Kind hat gegen den Samenspender nach erfolgreicher Vaterschaftsfeststellung grundsätzlich einen Unterhaltsanspruch nach § 1601 BGB, da die Unterhaltspflicht der Eltern gegenüber ihren Kindern nicht auf der elterlichen Sorge, sondern auf der Verwandtschaft (§§ 1589 ff. BGB) beruht,[735] so dass es für die Barunterhaltspflichten gleichgültig ist, ob die Eltern miteinander verheiratet sind und ob ihnen das Sorgerecht zusteht oder nicht.[736]

Das Maß des Unterhalts und die Höhe des Unterhaltsanspruches des Kindes gegen den Samenspender bestimmt sich sodann nach § 1610 BGB, wofür in erster Linie die Lebensstellung des Kindes ausschlaggebend ist (§ 1610 Abs. 1 BGB, „angemessener Unterhalt"), aber auch die Einkommenssituation des „Vaters" zu berücksichtigen ist (siehe *Düsseldorfer Tabelle*). Dabei erstreckt sich der Unterhaltsanspruch auf alle Lebensbedürfnisse des Kindes, einschließlich der Kosten für die Erziehung und Berufsausbildung, vgl. § 1610 Abs. 2 BGB. Der Unterhalt kann rückwirkend ab der Geburt des Kindes bis zur Einstellung der Zahlungen verlangt werden, § 1613 Abs. 2 Nr. 2 a BGB.[737]

(2) Unterhaltsansprüche der Wunschmutter
Doch nicht nur das Kind hat gegen den (biologischen und jetzt auch rechtlichen) Vater (den Samenspender) einen Unterhaltsanspruch.

(a) Unterhaltsanspruch der unverheirateten Wunschmutter, § 1615 l BGB
Ein solcher Unterhaltsanspruch steht auch der unverheirateten Wunschmutter unter den Voraussetzungen des § 1615 l BGB zu. Danach kann die Kindsmutter vom Vater aus Anlass der Geburt einen eigenen Unterhaltsanspruch geltend machen.

Im Zuge der Kindschaftsrechtsreform aus dem Jahre 1998 wurde dieser Unterhaltsanspruch der mit dem Kindesvater nicht verheirateten Mutter in § 1615 l Abs. 2 BGB auf drei Jahre verlängert.[738] Im Einzelfall kann die Unterhaltspflicht des mit der Mutter nicht verheirateten Vaters auch über diese drei Jahre hinaus ausgeweitet werden. Voraussetzung hierfür ist, dass die Begrenzung des Unter-

---

[734] Selbstverständlich sind die Unterhaltspflichten, wie auch einige andere sich für den Samenspender ergebenden Rechtsfolgen, aus der Feststellung seiner Vaterschaft des Kindes wechselseitig. Mit Blick auf den Untersuchungsgegenstand der vorliegenden Dissertation werden hier aber bloß die für den Samenspender rechtlich nachteiligen zivilrechtlichen Ansprüche und nicht seine eigenen Ansprüche gegenüber dem Kind oder der Kindsmutter, die aus dem Verwandtschaftsverhältnis folgen, erörtert.
[735] *Keller*, in: Festschrift für Tröndle, S. 717; *Niederer*, Reproduktionsmedizinische Methoden zur Überwindung männlicher Infertilität, S. 208.
[736] *Diederichsen*, in: Palandt, BGB, § 1601, Rn. 1.
[737] *Löhnig*, FamRZ 2003, 1354 (1354); *Schwab*, Familienrecht, Rn. 746.
[738] *Löhnig*, FamRZ 2003, 1354 (1355); *Pieper*, FuR 1998, 33 (33).

halts auf drei Jahre als grob unbillig erscheint, wobei sich diese Unbilligkeit aus Belangen der Mutter und des Kindes ergeben kann.[739]

Auf den ersten Blick mag es befremdlich erscheinen, dass der Samenspender nach erfolgter Vaterschaftsfeststellung auch für diesen Unterhaltsanspruch der Wunschmutter aufkommen soll. Doch ordnet das Gesetz in §§ 1615 l Abs. 3 S. 4 i.V.m. 1613 BGB ausdrücklich an, dass Unterhalt für die Vergangenheit auch nach Feststellung der Vaterschaft erfolgen kann, wobei aber gemäß § 1613 Abs. 1 S. 1 Nr. 1, 2. Hs. BGB die Geltendmachung innerhalb von einem Jahr erforderlich ist.

(b) Unterhaltsanspruch der verheirateten / geschiedenen Wunschmutter (§§ 1360 S. 1, 1570 BGB)

Zwar hat auch die verheiratete Wunschmutter einen Unterhaltsanspruch. Dieser richtet sich aber bloß gegen ihren Ehemann, vgl. § 1360 S. 1 BGB. Bei direkten Ansprüchen der Wunschmutter gegen den Samenspender kann der aus § 1360 S. 1 BGB folgende Unterhaltsanspruch nicht geltend gemacht werden. Er könnte allenfalls im Rahmen des so genannten „Scheinvaterregresses" bei Ansprüchen des Wunschvaters gegen den Samenspender über die Norm des § 1607 Abs. 3 S. 2 BGB wieder relevant werden.

Gleiches gilt für den Unterhalt wegen Betreuung eines Kindes nach erfolgter Scheidung der Ehegatten, vgl. § 1570 BGB.

(3) Regressanspruch des Wunschvaters, § 1607 Abs. 3 S. 2 BGB

Doch damit nicht genug. Grundsätzlich hat der Wunschvater gegen den Samenspender einen Regressanspruch für bereits geleistete Unterhaltszahlungen, vgl. § 1607 Abs. 3 S. 2 BGB.

(a) Geleistete Unterhaltszahlungen an das Kind durch den Wunschvater (§§ 1607 Abs. 3 i.V.m. 1601 BGB)

Wurde die Vaterschaft des Wunschvaters erfolgreich angefochten, so ist der biologische Vater (der Samenspender) dem rechtlichen Vater (dem Wunschvater) gemäß § 1607 Abs. 3 S. 2 BGB zum Ersatz der Unterhaltsaufwendungen für das Kind (§ 1601 BGB) verpflichtet.[740]

(b) Geleistete Unterhaltszahlungen an die Wunschmutter durch den Wunschvater (§ 1607 Abs. 3 S. 2 BGB analog)

Fraglich ist, ob der Regressanspruch des Wunschvaters aus § 1607 Abs. 3 S. 2 BGB[741] gegen den Samenspender nur den Unterhaltsanspruch des Kindes (§ 1601 BGB) oder auch die Unterhaltsansprüche der Wunschmutter (§ 1615 l, 1360 S. 1, 1570 BGB) umfasst.

---

[739] *Löhnig*, FamRZ 2003, 1354 (1355); *Schwab/Wagenitz*, FamRZ 1997, 1377 (1382).
[740] *Büttner*, in: Festschrift für Schwab, S. 741.
[741] An dieser Stelle wird diskutiert, ob sich der Regressanspruch des Wunschvaters gegen den Samenspender auch aus GoA oder den §§ 812 ff. BGB ergeben kann, siehe dazu: *Löhnig*, FamRZ 2003, 1354 (1355 f.).

Anders als für Unterhaltsleistungen des Wunschvaters an sein Kind, § 1607 Abs. 3 S. 2 BGB, sieht das Unterhaltsrecht in diesem Fall keine Legalzession vor. Es könnte sich aber eine analoge Anwendung des § 1607 Abs. 3 S. 2 BGB anbieten.

Eine Auffassung lehnt eine analoge Anwendung des § 1607 Abs. 3 S. 2 BGB auf § 1615 l BGB ab. Diese Auffassung ist streng wortlautorientiert und folgert aus dem Wortlaut des Gesetzes, dass die Legalzession in § 1607 Abs. 3 S. 2 BGB eindeutig auf Kindesansprüche beschränkt sei.[742]

Andere Stimmen in der Literatur hingegen befürworten eine analoge Anwendung des § 1607 Abs. 3 S. 2 BGB auf die Norm des § 1615 l BGB.[743] Aus den Gesetzesmaterialien sei nicht ersichtlich, dass eine solche Legalzession bewusst nicht angeordnet worden sei. Man habe eher den Eindruck, dass das Rückgriffsrecht versehentlich nicht mit dem Unterhaltsanspruch der mit dem Vater nicht verheirateten Mutter „mitgewachsen" sei.[744]

Der Wortlaut des § 1607 Abs. 3 S. 2 BGB sei nicht ergiebig, da bereits vor der Kindschaftsrechtsreform eine solche Analogie bezüglich der vom Scheinvater getragenen Entbindungskosten vertreten wurde, die ebenfalls Unterhalt der Mutter und nicht Kindesunterhalt sei.[745] Außerdem seien mit Hilfe derartiger Analogien in ähnlichen Situationen immer wieder „Regresslücken" geschlossen worden.[746] So habe das Nichtehelichenrecht vor 1969 mit § 1709 Abs. 2 BGB a.F. einen Forderungsübergang lediglich zugunsten der Mutter und ihrer unterhaltspflichtigen Verwandten gekannt, nicht aber zugunsten des Scheinvaters. Der eheliche Scheinvater sei durch eine analoge Anwendung des § 1709 Abs. 2 BGB a.F. geschützt worden.[747] Erst 1969 sei eine Legalzession zugunsten des Scheinvaters in § 1615 b BGB a.F. eingeführt worden, die 1998 in § 1607 Abs. 3 S. 2 BGB übernommen worden sei, ohne dass hier wiederum an ihre Ausweitung bezüglich des Betreuungsunterhalts gedacht worden wäre.[748]

Meines Erachtens hat der Wunschvater gegen den Samenspender keinen Regressanspruch aus §§ 1607 Abs. 3 S. 2 analog i.V.m. 1615 l BGB, da es an den Voraussetzungen für eine Analogie fehlt.

Es liegt keine *planwidrige Regelungslücke* vor, da bereits in den 60er-Jahren des vergangenen Jahrhunderts eine analoge Anwendung seitens der Gerichte für Unterhaltsansprüche befürwortet wurde. Dies spricht dafür, dass dem Gesetzgeber sowohl bei der Schaffung des § 1709 Abs. 2 BGB a.F. als auch bei der Übernahme dieser Regelung in die Norm des § 1607 Abs. 3 S. 2 BGB sich des Problems des Regresses bezüglich an die Kindsmutter geleisteten Unterhalts bewusst war, es aber gleichwohl nicht ins Gesetz aufgenommen hat.

---

[742] *Martiny*, Unterhaltsrang und –rückgriff, S. 977.
[743] *Löhnig*, FamRZ 2003, 1354 (1356).
[744] *Löhnig*, FamRZ 2003, 1354 (1356).
[745] *Diederichsen*, in: Palandt, BGB, § 1615 l, Rn. 11; *Löhnig*, FamRZ 2003, 1354 (1356).
[746] *Löhnig*, FamRZ 2003, 1354 (1356).
[747] BGH, Urt. v. 8. Januar 1958, AZ: IV ZR 173/57, FamRZ 1958, 99 (99); *Löhnig*, FamRZ 2003, 1354 (1356).
[748] *Löhnig*, FamRZ 2003, 1354 (1356).

Konsequenterweise muss auch eine analoge Anwendung des § 1607 Abs. 3 S. 2 BGB auf die §§ 1360 S. 1 und 1570 BGB mangels planwidriger Regelungslücke ausscheiden.

Dies gilt erst recht vor dem Motiv der hier erbrachten Unterhaltsleistungen an die Kindsmutter durch den Wunschvater. Grund ist hier nicht ausschließlich das „gemeinsame" Kind, sondern die eingegangene bzw. später geschiedene Ehe und die daraus füreinander begründete Verantwortlichkeit der Ehegatten untereinander.

bbb) Erbrechtliche Ansprüche gegen den Samenspender als Erblasser

Nach den §§ 1924 ff. BGB haben die Verwandten des Erblassers ein gesetzliches Erbrecht. Nicht die blutsmäßige, sondern die rechtliche Verwandtschaft ist für das gesetzliche Erbrecht von Bedeutung.[749] Mit der gerichtlichen Feststellung der Vaterschaft des Samenspenders und das dadurch begründete Verwandtschaftsverhältnis zum Kind erlangt das Kind ein gesetzliches Erbrecht nach seinem Erzeuger (§ 1924 Abs. 1 BGB).[750]

bb) Auswirkungen auf das materielle Strafrecht

Durch das durch die Vaterschaftsfeststellungsklage zwischen Samenspender und Kind begründete Verwandtschaftsverhältnis sind sie Angehörige i.S.d. § 11 Abs. 1 Nr. 1 a StGB. Die Anwendung des § 11 Abs. 1 Nr. 1 a StGB hat im materiellen Strafrecht verschiedene Privilegierungen zur Folge (siehe dazu u.a. § 247 StGB – Haus- und Familiendiebstahl, § 157 Abs. 1 StGB – Aussagenotstand).

---

[749] *Brox*, Erbrecht, S. 32, Rn. 42.
[750] *Marian*, Die Rechtsstellung des Samenspenders bei der Insemination, S. 161, 169; *Marian* macht dort darauf aufmerksam, dass sich bei der Insemination / IVF drei Behandlungsphasen unterscheiden ließen, für die bei der natürlichen Zeugung nicht immer ein Pendant bestehe, was, wofern der Erbfall hier eintritt, die nicht unkomplizierte Frage nach dem Beginn der Erbfähigkeit aufwerfe: 1. Der Erbfall tritt dann ein, wenn die Gameten noch konserviert sind. 2. Der Erbfall tritt nach der Insemination, aber vor der Konzeption ein. 3. Der Erbfall tritt bei der IVF-Behandlung nach der Fertilisation, aber vor dem Embryotransfer ein. Die vorliegende Dissertation beschäftigt sich aber mit der Möglichkeit, den Samenspender bzw. seine Erben von einem möglichen Erbanspruch des Kindes freizustellen. Insofern wird das Bestehen eines Erbanspruches im Normalfall nach § 1924 Abs. 1 BGB, bzw. des Pflichtteilsanspruches nach § 2303 Abs. 1 BGB, unterstellt und später erörtert, ob dieser vertraglich im Wege einer Haftungsfreistellung ausgeschlossen werden kann. Auf die Problematik des Beginns der Erbfähigkeit bei extrakorporaler Befruchtung wird deshalb nicht eingegangen. Zur Vertiefung dieses Problems wird verwiesen auf: *Mansees*, Das Erbrecht des Kindes nach künstlicher Befruchtung; *ders*., FamRZ 1986, 756 ff.; *Fronemann*, Der Beginn der Erbfähigkeit in Fällen extrakorporaler Befruchtung.
Zuletzt resultiert aus der gerichtlichen Vaterschaftsfeststellung des Samenspenders im materiellen Zivilrecht ein Umgangsrecht (§ 1684 BGB) und das Recht bzw. die Pflicht zur elterlichen Sorge (§ 1626 BGB) für das Kind.

cc) Prozessrechtliche Konsequenzen

In straf- bzw. zivilprozessualer Hinsicht führt die Begründung des Verwandtschaftsverhältnisses zwischen Samenspender und Kind zur Anwendung der Vorschriften §§ 22 Nr. 3, 52 Abs. 1 Nr. 3, 55 StPO und §§ 41 Nr. 3, 383 Abs. 1 Nr. 3, 384 Nr. 1 ZPO.

b) Vaterschaftsfeststellungsunabhängige Rechtsfolgen

Neben den obigen aus der Vaterschaftsfeststellung des Samenspenders folgenden Rechtsfolgen ergeben sich aus der genetischen Beziehung zu dem künstlich gezeugten Kind aber auch Rechtsfolgen, die unabhängig von der Vaterschaftsfeststellungsklage bestehen, da sie allein an die genetische Abstammung anbinden. Zu nennen sind an dieser Stelle das Eheverbot des § 1307 BGB und die Strafbarkeit wegen Beischlafs unter Verwandten, vgl. § 173 StGB.

9. Frage 6 – „Rechtsfolgenlose Vaterschaftsfeststellung"

a) Einleitung

Derzeit gibt es für das Kind prozessual keine andere Möglichkeit der gerichtlichen Überprüfung der genetischen Abstammung vom Samenspender, als die inzidente Überprüfung im Rahmen eines Vaterschaftsfeststellungsprozesses gegen den Samenspender. Dass die Auskunftsklage allein kein Ersatz für eine der Amtsmaxime unterworfene Feststellungsklage ist, dürfte einleuchten, wenn man bedenkt, dass es keine Gewähr für eine richtige Auskunft gibt, selbst wenn das Kind einen Titel erstritten hat.[751] Diese Rechtslage ist sowohl für den Samenspender als auch für das Kind unbefriedigend. Das Kind möchte primär seine genetische Herkunft ergründen, was nicht mit dem Willen einhergehen muss, die Vaterschaft des Wunschvaters zu beseitigen und die des Samenspenders zu begründen. Für den Samenspender stellen die aus der Vaterschaftsfeststellung folgenden Rechtsfolgen eine große Belastung dar.

Ob eine Möglichkeit besteht, die Identität des Samenspenders auch auf einem anderen Wege als der Vaterschaftsfeststellungsklage gegen ihn gerichtlich überprüfen zu können, ohne dass die benannten Rechtsfolgen für ihn daraus resultieren und zugleich dem Recht des Kindes auf Kenntnis der eigenen Abstammung umfassend zur Geltung verholfen wird, soll Gegenstand des nun folgenden Abschnittes sein. Diesem Interesse des Kindes und des Samenspenders könnte durch die Zulassung bzw. Einführung einer so genannten „*rechtsfolgenlosen Vaterschaftsfeststellungsklage*" entsprochen werden.

b) Begriff der „rechtsfolgenlosen Vaterschaftsfeststellung"

Unter einer solchen *isolierten* oder auch *rechtsfolgenlosen Vaterschaftsfeststellung*[752] versteht man eine Vaterschaftsfeststellungsklage, bei welcher zwar die genetische Abstammung des Kindes vom Vater (hier: dem Samenspender) über-

---

[751] *Seidel*, in: MüKo, BGB, § 1589, Rn. 47.
[752] Oder auch „Abstammungsfeststellungsklage".

prüft werden kann, aber ohne, dass dieses Urteil zugleich statusbegründende Wirkung hat.[753] Ohne diese statusbegründende Wirkung entfallen auch die in Frage 5 erörterten Rechtsfolgen für den Samenspender – daher rechtsfolgenlose Vaterschaftsfeststellung.[754]

Eine solche Klage ist jedoch dem geltenden Recht (de lege lata) fremd. Es kennt nur die Statusfeststellungsklage gemäß den §§ 640 Abs. 2 Nr. 1 ZPO, 1600 a BGB auf Feststellung des Rechtsverhältnisses der nichtehelichen Vaterschaft.[755]

c) Historischer Hintergrund – Vergleich mit der „Klage auf Feststellung der blutsmäßigen Abstammung" im Dritten Reich (1933 - 1945)

Zu bemerken ist jedoch, dass eine isolierte Möglichkeit der Klärung der genetischen Abstammung dem deutschen Recht nicht immer fremd war. So war eine so genannte *Klage auf Klärung der blutsmäßigen Abstammung* im Dritten Reich (1933 – 1945) möglich, trotz auch damals bestehender Schwierigkeiten der prozessualen Umsetzung. Selbstredend lag der Einführung einer solchen Klagemöglichkeit eine andere Intention, als sie heute eine solche Klageart befürworten ließe, zugrunde.

Die bereits damaligen dogmatischen Schwierigkeiten im Prozessrecht könnten jedoch auch heute der Einführung einer rechtsfolgenlosen Vaterschaftsfeststellungsklage entgegenstehen.

aa) Entwicklung der „Klage auf Feststellung der blutsmäßigen Abstammung"

Seit 1933 machte der zunehmend erforderliche Nachweis der arischen Abstammung die Zulässigkeit von Verfahren, in denen es allein um die Feststellung der Vater-Kind-Beziehung ging, zum dringenden Problem.[756] Zur Zeit des Nationalsozialismus hatte das Reichsgericht schon einmal, damals allerdings ohne besondere gesetzliche Grundlage,[757] eine Klage auf Feststellung der blutsmäßigen Abstammung bei ehelichen und nichtehelichen Kindern zugelassen.[758] Die Klage wurde zunächst als einfache Feststellungsklage i.S.v. § 256 Abs. 1 ZPO und spä-

---

[753] Ebenso: *Gaul*, Familienrecht in Geschichte und Gegenwart, S. 35; *Sauer*, Die Vaterschaftsanfechtung, S. 180; *v. Sethe*, Die Durchsetzbarkeit des Rechts auf Kenntnis der eigenen Abstammung, S. 126.
[754] Dies gilt nicht für die vaterschaftsfeststellungsunabhängigen Rechtsfolgen.
[755] *Balthasar*, FamRZ 2007, 441 (441); *Gaul*, Familienrecht in Geschichte und Gegenwart, S. 35.
[756] *Koch*, FamRZ 1990, 569 (571); zur Genese der isolierten Feststellungsklage im Dritten Reich ausführlich siehe *Zimmermann*, Geschichte auf Klage der Feststellung der Abstammung, S. 225 ff.
[757] Vgl. *Frank*, in: Gedächtnisschrift Arens, S. 66.
[758] Vgl. *Ramm/Grandke*, Zur Familienrechtspolitik nach der Wiedervereinigung, S. 78.

ter als Statusklage i.S.d. §§ 640 ff. ZPO eingeordnet.[759] Die sich daraus ergebenden Schwierigkeiten, insbesondere das „unerfreuliche Durcheinander" von Statusvaterschaft und Blutsvaterschaft, waren seinerzeit mit vorsichtiger Zurückhaltung kritisch analysiert worden[760].

aaa) Blutsmäßige Abstammung als Rechtsverhältnis i.S.d. § 256 Abs. 1 ZPO

Zentrales Problem war dabei zunächst die Frage, ob die blutsmäßige Abstammung ein *Rechtsverhältnis* oder nur eine *biologische Tatsache* sei.[761] Bereits vor 1933 sahen einige Gerichte die Vater-Kind-Beziehung als Rechtsverhältnis an, weil sie auch über das Unterhaltsrecht hinaus Rechtswirkungen zeitige.[762] Verwiesen wurde dabei insbesondere auf das Eheverbot der Blutsverwandtschaft, das ja auch heute vaterschaftsfeststellungsunabhängig in § 1307 S. 1 BGB normiert ist. Das Reichsgericht setzte diese Rechtsprechung fort.[763] Interessanterweise hat das Reichsgericht dabei nie entscheidend auf die zahlreichen öffentlich-rechtlichen Bestimmungen abgestellt, die zur Zeit des Nationalsozialismus eine arische Abstammung voraussetzten.[764] Die Ursache hierfür lag aber weniger in einer distanzierten Zurückhaltung des Gerichts als in dem Umstand begründet, dass eine Klage vor Zivilgerichten denknotwendig ein *bürgerliches* Rechtsverhältnis voraussetzte.[765]

Unter Berufung auf die vaterschaftsfeststellungsunabhängigen Rechtsfolgen wurde damit ein Rechtsverhältnis i.S.d. § 256 Abs. 1 ZPO bejaht.

bbb) Feststellungsinteresse

War es schon problematisch, die Existenz eines Rechtsverhältnisses zu begründen, so war es nicht minder leicht, das *rechtliche Interesse an der Feststellung der tatsächlichen Vaterschaft* (Feststellungsinteresse) überzeugend darzutun. Letztendlich genügte aber für eine negative Feststellungsklage der bloße Wunsch einer Klägerin, „kein jüdischer Mischling" zu sein, und für eine positive Feststellungsklage das Anliegen, als städtischer Angestellter den Nachweis der arischen Abstammung führen zu können,[766] womit auch das Feststellungsinteresse für eine Klage auf Feststellung der blutsmäßigen Abstammung leicht nachgewiesen werden konnte.

---

[759] *Frank*, in: Gedächtnisschrift Arens, S. 66; *Helms*, Die Feststellung der biologischen Abstammung, S. 128; siehe dazu auch *Koch*, FamRZ 1990, 569 (571).
[760] *Ramm/Grandke*, Zur Familienrechtspolitik nach der Wiedervereinigung, S. 78.
[761] *Frank*, in: Gedächtnisschrift Arens, S. 68.
[762] Zu den historischen Nachweisen siehe *Frank*, in: Gedächtnisschrift Arens, S. 68, Fn. 13 – 16.
[763] RG, Urt. v. 19. Dezember 1938, AZ: IV 179/38, RGZ 159, 58 (58 ff.); RG, Urt. v. 15. Juni 1939, AZ: IV 256/38, RGZ 160, 293 (293 ff.); RG, Urt. v. 7. Mai 1942, AZ: GSE 1/42, RGZ 169, 129 (129 ff.).
[764] *Frank*, in: Gedächtnisschrift Arens, S. 69.
[765] *Frank*, in: Gedächtnisschrift für Arens, S. 69.
[766] *Frank*, in: Gedächtnisschrift für Arens, S. 70.

bb) Bedenken gegen die Adaption der Klage auf Feststellung der blutsmäßigen Abstammung als isolierte Abstammungsfeststellungsklage

Eine Forderung nach einer isolierten Vaterschaftsfeststellungsklage sei überraschend, weil die Erinnerung an die unter anderen Vorzeichen vom Reichsgericht entwickelte Klage auf Feststellung der blutsmäßigen Abstammung noch frisch sei und es dem Gesetzgeber schwer fallen dürfte, eine in der Sache identische Klage mit lediglich neuer Bezeichnung („isolierte Abstammungsfeststellungsklage") wieder zuzulassen.[767] Was sich seit den dreißiger Jahren geändert habe, sei lediglich der Topos: Es ginge nicht um „Rassen- und Sippenzugehörigkeit", sondern – mit den Worten des Bundesverfassungsgerichts – um „Individualitätsfindung und Selbstverständnis".[768]

Doch genau diese Änderung des Topos ist ein Beleg dafür, dass die rechtsfolgenlose Vaterschaftsfeststellungsklage trotz ihrer historischen Belastung und ihres Missbrauchs im Dritten Reich mit der Werteordnung unseres Grundgesetzes in Einklang steht; aufgrund der anders gelagerten Intention – der Wahrung des Rechts auf Kenntnis der eigenen Abstammung – handelt es sich eben nicht um eine „in der Sache identische Klage". Ob sie sich darüber hinaus ins System des deutschen Zivilprozesses einfügt und rechtspolitisch wünschenswert ist, ist eine andere Frage, die im Folgenden erörtert werden wird.

d) Reformdiskussionen zur Einführung einer rechtsfolgenlosen Vaterschaftsfeststellung

Dass die „Klage auf Feststellung der blutsmäßigen Abstammung" des Dritten Reiches nicht einer Einführung einer rechtsfolgenlosen Vaterschaftsfeststellungsklage per se entgegensteht, wird auch bestätigt durch diverse Reformdiskussionen. So votierte bereits der 59. Deutsche Juristentag in Hannover (1992) mit einem Stimmenverhältnis von 65 : 12 : 7 für die Einführung einer so genannten isolierten Abstammungsfeststellungsklage.[769] Später wurde im Rahmen der Reformdiskussionen des Kindschaftsrechtsreformgesetzes (1998) wie auch des Kinderrechteverbesserungsgesetzes (2002) die Frage einer Feststellungsklage ohne Statuswirkung erneut[770] aufgeworfen.[771]

Eine solche rechtsfolgenlose Vaterschaftsfeststellungsklage sollte letztlich der Verwirklichung des Rechts auf Kenntnis der Abstammung, vor allem vom Vater, dienen.[772] Jedoch wurde für das Kind eine solche isolierte Feststellung eines Abstammungsverhältnisses ohne Statusfolgen, die auch vom Bundesverfassungsge-

---

[767] *Frank*, in: Gedächtnisschrift für Arens, S. 66.
[768] *Ramm/Grandke*, Zur Familienrechtspolitik nach der Wiedervereinigung, S. 78.
[769] Vgl. *Ramm/Grandke*, Zur Familienrechtspolitik nach der Wiedervereinigung, S. 78.
[770] Zur Entwicklung vgl. *Frank*, FamRZ 1988, 113 (117); *ders.*, in: Gedächtnisschrift für Arens, S. 65.
[771] *Seidel*, in: MüKo, BGB, § 1589, Rn. 47.
[772] *Seidel*, in: MüKo, BGB, § 1589, Rn. 47.

richt zur Anfechtung von 1989 und 1994[773] ins Spiel gebracht wurde, trotz einer Anregung des Bundesrates[774] nicht in das Kinderrechteverbesserungsgesetz aufgenommen.[775] Zur Begründung wurde auch auf das Auskunftsrecht relegiert, das „nach inzwischen gefestigter, vom Bundesverfassungsgericht nicht beanstandeter Rechtsprechung" bestünde.[776] Im Übrigen wurde auf die durchaus zu sehenden Schwierigkeiten des Verhältnisses zu statusrelevanten gerichtlichen Entscheidungen als Grund für die Verwerfung eines solchen Projektes verwiesen.[777]

Jedoch ist jüngst am 13. Februar 2007 ein Urteil des Bundesverfassungsgerichts ergangen, in welchem dieses den Gesetzgeber ausdrücklich dazu auffordert, dass er zur Verwirklichung des Recht des *rechtlichen Vaters* auf Kenntnis der Abstammung seines Kindes von ihm (Art. 2 Abs. 1 i.V.m. Art. 1 Abs. 1 S. 1 GG) ein geeignetes Verfahren allein zur Feststellung der Vaterschaft bereitzustellen habe.[778] Dieses Urteil könnte in naher Zukunft die Einführung einer rechtsfolgenlosen Vaterschaftsfeststellungsklage durch den Gesetzgeber – auch für das Kind – bedeuten.[779]

e) Möglichkeit der Einführung des Verfahrens einer rechtsfolgenlosen Vaterschaftsfeststellungsklage de lege ferenda

Aufgrund eines starken rechtspolitischen Bedürfnisses hat sich eine große Anzahl der Stimmen in der Literatur für eine isolierte Abstammungsfeststellungsklage ausgesprochen.[780]

---

[773] BVerfG, Urt. v. 31. Januar 1989, AZ: 1 BvL 17/87, BVerfGE 79, 256 (256 ff.) und NJW 1989, 891 (891) und BVerfG, Urt. v. 26. April 1994, AZ: 1 BvR 1299/89 und 1 BvL 6/90, BVerfGE 90, 263 (263 ff.) und NJW 1994, 2475; siehe auch *Dethloff*, NJW 1992, 2200 (2208).
[774] BT-Drucks. 13/4899, S. 147; dafür auch *Roth*, FamRZ 1996, 769 (771).
[775] BT-Drucks. 13/4899, S. 56, 166; *Seidel*, in: MüKo, BGB, § 1589, Rn. 47; zustimmend, jedoch kritisch zum Ergebnis *Gaul*, FamRZ 1997, 1441 (1443).
[776] BT-Drucks. 13/4899, S. 166; *Sauer*, Die Vaterschaftsanfechtung, S. 89.
[777] BT-Drucks. 13/4899, S. 56.
[778] BVerfG, Urt. v. 13. Februar 2007, AZ: 1 BvR 421/05, FamRZ 2007, 441 (441 ff.).
[779] Zum Inhalt des Urteils und seine Auswirkungen auf das Recht des *Kindes* auf Kenntnis der eigenen Abstammung siehe unten C. VI. 9. g.
[780] *Holzhauer*, in: Erman, BGB, § 1593, Rn. 25 a, § 1596, Rn. 2; *Mutschler*, in: MüKo, BGB, § 1594, Rn. 16; *Bernat*, MedR 1986, 245 (251); *Coester*, JZ 1992, 809 (811); *Deichfuß*, Abstammungsrecht und Biologie, S. 141 f.; *Niederer*, Reproduktionsmedizinische Methoden zur Überwindung männlicher Infertilität, S. 179; *Ramm*, NJW 1989, 1594 (1597) – allerdings nur im Sinne einer Notlösung; *Sauer*, Die Vaterschaftsanfechtung, S. 183.

aa) Rechtspolitische Bedürfnisse für die Einführung einer rechtsfolgenlosen Vaterschaftsfeststellungsklage de lege ferenda
aaa) Umfassende Verwirklichung des Rechts des Kindes auf Kenntnis der eigenen Abstammung – Risiko der „Vaterlosigkeit"

Erkennt man das Bedürfnis eines Kindes an, seine Identität durch die Klärung seiner Abstammung zu verwirklichen, so will es nicht einleuchten, warum das Kind hierfür das Risiko auf sich nehmen muss, beispielsweise durch eine Ehelichkeitsanfechtung oder die Anfechtung eines Vaterschaftsanerkenntnisses seinen rechtlichen Vater zu verlieren.[781]

Der Wunsch des Kindes, seine genetische Herkunft zu ergründen muss nicht zwingend mit dem Willen einhergehen, die rechtliche Vaterschaft zum Wunschvater zu beseitigen. Derzeit ist dies aber das einzig mögliche prozessuale Vorgehen, um tatsächlich die Richtigkeit der Identität des Samenspenders im Rahmen eines Vaterschaftsfeststellungsprozesses der gerichtlichen Überprüfung zuführen zu können.

bbb) Unmöglichkeit der umfassenden Haftungsfreistellung des Samenspenders de lege lata

Wie gezeigt, ergeben sich für den Samenspender aus seiner gerichtlichen Feststellung als Vater des Kindes diverse vermögensrechtliche Rechtsfolgen. Sofern den Samenspendern diese rechtlichen Konsequenzen verdeutlicht werden, besteht die Gefahr, dass sich nicht mehr genügend Spender zur Verfügung stellen werden. Zumal, wie im folgenden Kapitel dargelegt wird, die Möglichkeit einer umfassenden für den Samenspender risikolosen Haftungsfreistellung hinsichtlich unterhalts- und erbrechtlicher Ansprüche des Kindes, nicht besteht.[782]

bb) Bedenken gegen die Einführung einer rechtsfolgenlosen Vaterschaftsanfechtungsklage

Jedoch werden der Einführung einer rechtsfolgenlosen Vaterschaftsanfechtungsklage verschiedene Bedenken (auch de lege ferenda) entgegengebracht, so dass einige Autoren ihrer Einführung ablehnend gegenüberstehen.[783]

aaa) Vater-Kind-Beziehung als Ausschließlichkeitsverhältnis

Mit der „rechtsfolgenlosen Vaterschaftsfeststellung komme es wieder zu der durch das Nichtehelichengesetz beseitigten Aufspaltung der Ist- und der Zahlva-

---

[781] *Helms*, Die Feststellung der biologischen Abstammung, S. 127 f.
[782] Siehe unten C. VII. 4. f.
[783] *Frank*, in: Gedächtnisschrift Arens, S. 87; *Helms*, Die Feststellung der biologischen Abstammung, S. 135; *Gaul*, Familienrecht in Geschichte und Gegenwart, S. 40; *ders.*, FamRZ 2000, 1461 (1474); *v. Sethe*, Die Durchsetzbarkeit des Rechts auf Kenntnis der eigenen Abstammung, S. 222.

terschaft.[784] Niemand könne aber das Kind zweier Väter sein, „das Verwandtschaftsverhältnis sei seiner Natur nach ein Ausschließlichkeitsverhältnis und mithin unteilbar"[785].

bbb) Fehlende Eingliederungsmöglichkeit in das System des deutschen Zivilprozesses

Auch könne eine rechtsfolgenlose Vaterschaftsfeststellungsklage nicht in das System des geltenden deutschen Zivilprozesses eingegliedert werden.

Die reine Feststellung einer Tatsache, wie der genetischen Abstammung, sei dem deutschen Zivilprozess fremd. Ein Richterspruch könne immer nur feststellen, was rechtens sei.[786]

Wolle man die „isolierte Abstammungsfeststellungsklage" im normalen Parteiprozess zulassen, sei ein solches der Dispositionsmaxime untergeordnetes Verfahren mit der Möglichkeit des Anerkenntnisses des Beklagten gemäß § 307 S. 1 ZPO oder eines Versäumnisurteils gemäß der §§ 331 ff. ZPO für den erstrebten Zweck zudem auch ungeeignet.[787]

Erwachse die Entscheidung im Rahmen der isolierten Abstammungsfeststellung sodann in Rechtskraft, müsse man zuletzt davon ausgehen, dass in einem späteren Statusverfahren die Richter an die „rechtskräftige Feststellung der Abstammung" gebunden seien.[788] Damit bestünde aber immer noch die Möglichkeit, dass der Samenspender auch für Unterhalts- und Erbansprüche des Kindes durch eine spätere gerichtliche Entscheidung herangezogen werde.

ccc) Ungerechtfertigter Eingriff in das Persönlichkeitsrecht des Mannes

Weiter müsse der Mann, dessen Vaterschaft festgestellt werden solle, sich gemäß § 372 a ZPO entsprechenden medizinischen Untersuchungen im Gerichtsverfahren unterziehen.[789] Problematisch erschiene, ob der über § 372 a ZPO mögliche Eingriff in das Persönlichkeitsrecht des betroffenen Mannes dem Persönlichkeitsrecht des Kindes weichen müsse, wenn es nicht um eine Rechtsfolge, sondern nur um eine Tatsachenfeststellung ginge.[790] Der heute geregelte Eingriff sei verfassungsgemäß, weil an dem Beweis gravierende Rechtsfolgen hingen, namentlich Unterhalt und Erbrecht.[791]

---

[784] *Gaul*, Familienrecht in Geschichte und Gegenwart, S. 35; *Kirchmeier*, FamRZ 1998, 1281 (1285); *Sauer*, Die Vaterschaftsanfechtung, S. 180.
[785] *Frank*, in: Gedächtnisschrift Arens, S. 85 f.; *Kirchmeier*, FamRZ 1998, 1281 (1285).
[786] *Kirchmeier*, FamRZ 1998, 1281 (1285).
[787] *Sauer*, Die Vaterschaftsanfechtung, S. 180.
[788] *Helms*, Die Feststellung der biologischen Abstammung, S. 131.
[789] *Sauer*, Die Vaterschaftsanfechtung, S. 180.
[790] *Frank*, in: Gedächtnisschrift Arens, S. 83; *Gaul*, Familienrecht in Geschichte und Gegenwart, S. 39; *Sauer*, Die Vaterschaftsanfechtung, S. 180; *Smid*, JR 1990, 221 (223).
[791] *Sauer*, Die Vaterschaftsanfechtung, S. 180.

ddd) Keine echte Rechtsfolgenlosigkeit

Fraglich sei zuletzt, ob eine solche „rechtsfolgenlose" gerichtliche Feststellung überhaupt tatsächlich rechtsfolgenlos bleiben könne. Das erloschene Verwandtschaftsverhältnis zwischen einem adoptierten Kind und seinen genetischen Eltern sei schließlich auch nicht ohne Rechtswirkungen (z.B. Zeugnisverweigerungsrechte, Inzestverbot, Ausschluss von Amtshandlungen); die Übertragung dieser Regelungen auch auf das heterolog gezeugte Kind und den gerichtlich als Samenspender festgestellten Mann sei nahe liegend.[792] Das mit der rechtsfolgenlosen Vaterschaftsfeststellungsklage verfolgte Ziel könne also überhaupt nicht erreicht werden.

f) Eigene Auffassung – Appell an den Gesetzgeber zur Kodifikation einer rechtsfolgenlosen Vaterschaftsfeststellungsklage

Die von der zweitgenannten Auffassung gegen die Einführung einer rechtsfolgenlosen Vaterschaftsfeststellungsklage vorgebrachten Argumente vermögen nicht zu überzeugen.

aa) Kein Widerspruch zur Regelung des Feststellungsklage nach § 256 Abs. 1 ZPO

Eine rechtsfolgenlose/isolierte Vaterschafts-/ Abstammungsfeststellungsklage ließe sich in das System des deutschen Zivilprozesses eingliedern.

Zunächst zeigt ein Vergleich mit der Regelung des Adoptionsrechtes, wie auch mit der Möglichkeit der Feststellung der genetischen Mutter nach § 256 Abs. 1 ZPO, dass von einem „Fremdkörper der statusunabhängigen Feststellungsklage" wahrlich nicht gesprochen werden kann.[793]

Ein nichteheliches Kind kann nämlich nach allgemeiner Meinung auch dann, wenn es bereits adoptiert worden ist, eine Vaterschaftsfeststellungsklage nach den §§ 640 ff. ZPO erheben, obwohl mit der Adoption endgültig die Rechtsbande zwischen ihm und seiner Ursprungsfamilie zerschnitten wurden (Volladoption). Auch der Hinweis darauf, dass das Annahmeverhältnis später einmal aufgehoben werden könne (§§ 1760 – 1763 BGB) und dadurch die Rechtsbeziehungen zur Ursprungsfamilie wieder auflebten (§ 1764 Abs. 3 BGB), ist nur ein Scheinargument: Die ohnehin restriktiven Aufhebungsvoraussetzungen sehen nämlich vor, dass ein gescheitertes Annahmeverhältnis immer nur mit dem Ziel einer zweiten Adoption aufgehoben werden darf (§ 1763 Abs. 3, lit. b) BGB). Zwar wird in § 1764 Abs. 3 BGB festgeschrieben, dass mit der Aufhebung der Kindesannahme alle Verwandtschaftsverhältnisse des Kindes und seiner Abkömmlinge zu den leiblichen Verwandten und die sich aus ihm ergebenden Rechte und Pflichten, mit Ausnahme der elterlichen Sorge, wieder aufleben. Die Regelung des § 1764 Abs. 3 BGB verhindert aber lediglich, dass in den seltenen Fällen, in denen die Aufhebung der ersten und die Begründung der zweiten

---

[792] *Kirchmeier*, FamRZ 1998, 1281 (1285).
[793] *Frank*, in: Gedächtnisschrift Arens, S. 66.

Adoption uno actu erfolgen, das Kind nicht – auch nicht für kurze Zeit – zum Niemandskind wird.[794]

Auch spricht ein Vergleich mit der Möglichkeit, die genetische Mutterschaft nach § 256 Abs. 1 ZPO feststellen lassen zu können dafür, dass selbst dem geltenden Recht eine statusunabhängige Feststellungsklage nicht fremd ist.[795] Da die Mutterschaft qua Gesetz durch § 1591 BGB zwingend definiert ist, das heißt, dass als Mutter des Kindes immer die Frau gilt, die es geboren hat, wird, um dem Recht des Kindes auf Kenntnis seiner Abstammung Rechnung zu tragen, außerhalb des Statusverfahrens die Möglichkeit gegeben, seine Abstammung im Wege der Feststellungsklage nach § 256 Abs. 1 ZPO zu überprüfen.[796] Diese Klagemöglichkeit bei der Klärung der genetischen Mutterschaft und die gleichzeitige Verneinung der statusunabhängigen Vaterschaftsfeststellung stellt einen systemimmanenten Wertungswiderspruch dar, den es zu beseitigen gilt. Schließlich fehlt es auch im Falle der Klärung der genetischen Mutterschaft an dem für § 256 Abs. 1 ZPO erforderlichen Rechtsverhältnis.[797]

Zudem muss auch die Frage, ob die blutsmäßige Abstammung ein „Rechtsverhältnis" i.S.d. § 256 Abs. 1 ZPO sei, weil man in einigen abgelegenen Vorschriften (§ 1307 S. 1 BGB, § 173 StGB) an die Abstammung – unabhängig vom status – juristische Konsequenzen knüpft, oder ob es sich um das bloße (tatsächliche) Element eines Rechtsverhältnisses handle und damit eine Klage auf Abstammungsfeststellung eine zivilprozessuale Anomalie sei, hier nicht entschieden werden.[798] Der Gesetzgeber ist nicht gezwungen, die Rechtsordnung innerhalb des bestehenden Systems fortzuentwickeln.[799] Außerdem zeigt die Klage auf Feststellung der Urkundenechtheit gemäß § 256 Abs. 1 ZPO, die von der herrschenden Meinung als echte Tatsachenfeststellung angesehen wird, dass solche Klagen auch innerhalb des bestehenden Systems nicht ausgeschlossen sind.[800]

Auch das Bundesverfassungsgericht ist bereits 1989, zumindest de lege ferenda, von der Möglichkeit einer isolierten/rechtsfolgenlosen Abstammungsfeststellungsklage ausgegangen.[801] Es hält also die Einführung einer solchen Klage für zulässig, auch wenn es sich um einen Fremdkörper im Rechtssystem handeln sollte.[802] Das Bundesverfassungsgericht hat in diesem Zusammenhang dabei damals zunächst offen gelassen, ob das Recht auf Kenntnis der genetischen Abstammung durch eine Erweiterung der Ehelichkeitsanfechtungsgründe sichergestellt werden solle oder durch Einräumung einer sonstigen Klagemöglichkeit

---

[794] *Frank*, in: Gedächtnisschrift Arens, S. 66.
[795] Ausführlich zum Problem der gerichtlichen Feststellung der genetischen Mutterschaft siehe *Gaul*, FamRZ 2000, 1461 (1474 f.).
[796] Vgl. BT-Drucks. 13/4899, S. 83; *Diederichsen*, in: Palandt, BGB, § 1591, Rn. 2; *Quantius*, FamRZ 1998, 1145 (1145).
[797] Ebenso: *Gaul*, FamRZ 2000, 1461 (1473); *Pieper*, FuR 1998, 33 (34); *Sauer*, Die Vaterschaftsanfechtung, S. 83; *Schwab/Wagenitz*, FamRZ 1997, 1377 (1377 f.).
[798] *Helms*, Die Feststellung der biologischen Abstammung, S. 129.
[799] *Helms*, Die Feststellung der biologischen Abstammung, S. 129 f.
[800] *Helms*, Die Feststellung der biologischen Abstammung, S. 130.
[801] BVerfG, Urt. v. 31. Januar 1989, AZ: 1 BvL, 17/87, BVerfGE 79, 256 (274).
[802] *Sauer*, Die Vaterschaftsanfechtung, S. 181.

durch das Kind.[803] Auch in seinem Beschluss vom 26. April 1994 hat das Bundesverfassungsgericht die Möglichkeit der „Klärung der Abstammung ohne Auswirkung auf das Verwandtschaftsverhältnis" explizit hervorgehoben.[804] Mittlerweile hat das Bundesverfassungsgericht am 13. Februar 2007 für den umgekehrten Fall, dass nämlich der Vater die isolierte Feststellung der Abstammung zu dem Kind begehrt, sogar ausdrücklich entschieden, dass der Gesetzgeber zur Verwirklichung des Rechts des leiblichen Vaters auf Kenntnis der Abstammung seines Kindes von ihm (Art. 2 Abs. 1 i.V.m. Art. 1 Abs. 1 S. 1 GG) ein geeignetes Verfahren allein zur Feststellung der Vaterschaft bereitzustellen habe.[805]

Dementsprechend ist festzuhalten, dass das Bundesverfassungsgericht nicht nur von der Möglichkeit der Einführung einer rechtsfolgenlosen Abstammungsfeststellungsklage ausgeht, sondern diese sogar ausdrücklich fordert.

bb) Bestehen des Auskunftsanspruches – milderes Mittel der rechtsfolgenlosen Vaterschaftsfeststellungsklage
aaa) Keine Wahrung des Rechts auf Kenntnis der eigenen Abstammung durch Auskunftsanspruch

Auch ist es nicht richtig, dass der Auskunftsanspruch das Recht des Kindes auf Kenntnis der eigenen Abstammung bereits umfassend schützt. Wie bereits mehrfach dargelegt, kann das Kind – bislang – die Richtigkeit der Daten bloß in einem Vaterschaftsfeststellungsverfahren gegen den Samenspender überprüfen lassen.

Dies führt aber zum Erfordernis der Anfechtung der Vaterschaft des Wunschvaters und nach erfolgter Vaterschaftsfeststellung des Samenspenders ist dieser mit den damit einhergehenden Rechtsfolgen belastet. Somit könnte die rechtsfolgenlose Vaterschaftsfeststellungsklage das mildere Mittel gegenüber diesem Vorgehen für *alle Beteiligten* darstellen.

bbb) Vermeidung der Ausuferung der Vaterschaftsanfechtung

In der Tat wäre mit einer solchen Klage ein Kompromiss gefunden, der einerseits die Feststellung der blutsmäßigen Abstammung erlaubt, ohne andererseits die Ehelichkeitsanfechtung ausufern zu lassen.[806] Ein solches Verfahren, das die genetische Abstammung in einem statusunabhängigen Verfahren ermitteln würde, würde die Rechtsbeziehungen zwischen dem Kind und seinem Statusvater nicht

---

[803] BVerfG, Urt. v. 31. Januar 1989, AZ: 1 BvL 17/87, BVerfGE 79, 256 (274) – „Er (der Gesetzgeber) wird insbesondere darüber zu entscheiden haben, ob er dem Anspruch des nicht vom Ehemann der Mutter stammenden Kindes auf Kenntnis seines leiblichen Vaters durch Erweiterung der Gründe für eine zulässige Anfechtung der Ehelichkeit entsprechen will oder ob er etwa – bei Aufrechterhaltung der §§ 1598, 1596 Abs. 1 Nr. 2 BGB – dem Kind daneben andere, von § 1593 BGB bisher ausgeschlossene Klagemöglichkeiten einräumen will und wie diese im Einzelnen ausgestaltet werden sollen."; *Sauer*, Die Vaterschaftsanfechtung, S. 181.

[804] BVerfG, Beschl. v. 26. April 1994, AZ: 1 BvR 1299/89 und 1 BvL 6/90, BVerfGE 90, 263 (263 ff.); *Sauer*, Die Vaterschaftsanfechtung, S. 183.

[805] BVerfG, Urt. v. 13. Februar 2007, AZ: 1 BvR 421/05, FamRZ 2007, 441 (441).

[806] *Ramm/Grandke*, Zur Familienrechtspolitik nach der Wiedervereinigung, S. 78.

tangieren, so dass man insofern das bisherige Statussystem unverändert beibehalten könnte; gleichzeitig würde das Recht auf Kenntnis der eigenen Abstammung optimal verwirklicht.[807] Auch aus sozialwissenschaftlicher Sicht ist es daher sinnvoller, die Feststellung zu ermöglichen, ohne alle Statusbeziehungen beseitigen zu müssen.[808]

Im Ausland wird jedenfalls die stark prinzipienverhaftete deutsche Diskussion um die Wiedereinführung einer isolierten Abstammungsfeststellungsklage, die – soweit ersichtlich – keiner anderen Rechtsordnung bekannt ist, mit Befremden aufgenommen.[809] Zwar wird auch im Ausland oft ein Recht auf Kenntnis der Abstammung befürwortet; die Überlegungen beziehen sich dabei aber auf konkrete einzelne Fragestellungen, etwa darauf, ob und wann Adoptivkindern Akteneinsicht zu gewähren ist, oder ob bei künstlicher Insemination der Samenspender anonym bleiben darf.[810] *Ramm/Grandke*[811] ist jedoch keine Rechtsordnung bekannt, in der jemals ernsthaft die Forderung erhoben worden wäre, Persönlichkeitsrechtsschutz durch gerichtliche Feststellung der Abstammung zu betreiben.

cc) Kein ungerechtfertigter Eingriff in das Persönlichkeitsrecht des Mannes, § 372 a ZPO

Weiter hinkt das Argument, dass der medizinische Eingriff nach § 372 a ZPO, der Untersuchungen zur Feststellung der Abstammung ermöglicht, nicht gerechtfertigt sei, wenn es um die bloße Feststellung einer Tatsache ginge.

Zum einen geht es auch im Rahmen der Vaterschaftsfeststellungsklage und der dort erfolgenden Untersuchung nach § 372 a ZPO bloß um die Feststellung der Tatsache der biologischen Abstammung, insofern ergibt sich zunächst kein Unterschied in der Anwendung der Norm. Zwar werden dort bestimmte Rechtsfolgen an die Vaterschaftsfeststellung geknüpft, die im Falle einer rechtsfolgenlosen Vaterschaftsfeststellung aufgrund der fehlenden statusbegründenden Wirkung des Urteils entfielen. Doch gerade dies privilegiert den Vater, dessen Vaterschaft statusunabhängig festgestellt werden soll, so dass dies nicht als Argument herangezogen werden kann, warum der Eingriff nach § 372 a ZPO in diesem Falle unverhältnismäßig sein sollte. Selbst wenn man diese Auffassung nicht teilt, so rechtfertigt jedenfalls das Recht des Kindes auf Kenntnis der eigenen Abstammung den Eingriff nach § 372 a ZPO auch bei einer rechtsfolgenlosen Vaterschaftsfeststellungsklage. Denn wenn das Bundesverfassungsgericht dem Recht des Kindes auf Kenntnis seiner Abstammung, als Ausprägung des allgemeinen Persönlichkeitsrechts einen derart hohen Stellenwert, also eigentlich Grundrechtsrang einräumt, dann kann die Abwägung gegenüber dem Eingriff in die Rechte des Duldungsverpflichteten nicht anders ausfallen, als bei der Abstammungsfeststellungsklage mit Statuswirkung.[812]

---

[807] *Helms*, Die Feststellung der biologischen Abstammung, S. 128 f.
[808] *Sauer*, Die Vaterschaftsanfechtung, S. 183.
[809] *Ramm/Grandke*, Zur Familienrechtspolitik nach der Wiedervereinigung, S. 83.
[810] *Ramm/Grandke*, Zur Familienrechtspolitik nach der Wiedervereinigung, S. 84.
[811] *Ramm/Grandke*, Zur Familienrechtspolitik nach der Wiedervereinigung, S. 84.
[812] *Ernst*, Die Vater-Kind-Zuordnung aufgrund der Ehe der Mutter, S. 176; *Sauer*, Die Vaterschaftsanfechtung, S. 182.

dd) Bundesverfassungsgerichtsurteil vom 14. Februar 2007

Zuletzt spricht auch die Rechtsprechung des Bundesverfassungsgerichts für die Einführung einer so genannten rechtsfolgenlosen Vaterschaftsfeststellungsklage. Am 13. Februar 2007 erging ein Urteil des Bundesverfassungsgerichts, das ein solches Verfahren in greifbare Nähe gerückt hat.[813]

aaa) Inhalt des Urteils des Bundesverfassungsgerichts

(1) Sachverhalt

Bei dem vom Bundesverfassungsgericht entschiedenen Urteil ging es um den Fall[814], dass ein Mann die Vaterschaft eines Kindes 1994 anerkannt hatte. Im Jahre 1997 erhob dieser erstmals eine Vaterschaftsanfechtungsklage, bei der er sich auf ein Gutachten stützte, das ihm eine auf 10 % verminderte Zeugungsfähigkeit attestiert hatte. Doch blieb er in diesem Verfahren ohne Erfolg, da nach Auffassung der Fachgerichte dieses Gutachten nicht geeignet gewesen sei, Zweifel an der Vaterschaft des Klägers zu erwecken.

Deshalb holte er 2002 einen heimlichen Vaterschaftstest ein, dessen Gutachten bestätigte, dass es mit 100 % auszuschließen sei, dass er der Vater des Kindes sei. Aufgrund dieses molekulargenetischen Gutachtens erhob er 2002 erneut Anfechtungsklage, die aber am 4. März 2003 durch das Familiengericht abgewiesen wurde, da dieses Beweismittel aufgrund gravierender Verstöße gegen das informationelle Selbstbestimmungsrecht des Kindes sowie gegen das Bundesdatenschutzgesetz (BDSG) und wegen des Eingriffs in das Sorgerecht der Mutter rechtswidrig und deshalb nicht verwertbar sei.

Gegen dieses Urteil legte der Vater nun Verfassungsbeschwerde ein. Zwar wies das Bundesverfassungsgericht die Verfassungsbeschwerde hinsichtlich der Verwertbarkeit des heimlichen Vaterschaftstests zurück, doch erkannte es eine Pflicht des Gesetzgebers an, ein geeignetes Verfahren allein zur Feststellung der Vaterschaft zu schaffen.

(2) Leitsätze und Urteilsformel

Das Bundesverfassungsgericht traf in seinem Urteil vom 13. Februar 2007 folgende Grundsatzentscheidungen:

- Der Gesetzgeber hat zur Verwirklichung des Rechts des rechtlichen Vaters auf Kenntnis der Abstammung seines Kindes von ihm (Art. 2 Abs. 1 i.V.m. Art. 1 Abs. 1 S. 1 GG) ein geeignetes Verfahren allein zur Feststellung der Vaterschaft bereitzustellen.[815]
- Es entspricht dem Grundgesetz, wenn die Gerichte die Verwertung heimlich eingeholter genetischer Abstammungsgutachten wegen Verletzung des von

---

[813] BVerfG, Urt. v. 13. Februar 2007, AZ: 1 BvR 421/05, FamRZ 2007, 441 (441 ff.).
[814] Eine Kurzdarstellung des Falles ist zudem zu finden in *Brosius-Gersdorf*, NJW 2007, 806 (806).
[815] BVerfG, Urt. v. 13. Februar 2007, AZ: 1 BvR 421/05, FamRZ 2007, 441 (441), Leitsatz 1.

Art. 2 Abs. 1 i.V.m. Art. 1 Abs. 1 S. 1 GG geschützten Rechts des betroffenen Kindes auf informationelle Selbstbestimmung als Beweismittel ablehnen.[816]
- Der Gesetzgeber hat es, unter Verletzung von Art. 2 Abs. 1 i.V.m. Art. 1 Abs. 1 GG unterlassen, ein rechtsförmiges Verfahren bereitzustellen, in dem die Abstammung eines Kindes von seinem rechtlichen Vater geklärt und nur ihr Bestehen oder Nichtbestehen festgestellt werden kann.[817]

(3) Begründung des Bundesverfassungsgerichts[818]
Die Verpflichtung des Gesetzgebers, ein rechtsförmiges Verfahren bereitzustellen, in dem die Abstammung eines Kindes von seinem rechtlichen Vater geklärt und die Tatsache ihres Bestehens oder Nichtbestehens festgestellt werden könne, ohne daran zugleich Folgen für den rechtlichen Status des Kindes zu knüpfen, wird damit begründet, dass das auf Anfechtung der Vaterschaft gerichtete Verfahren gemäß §§ 1600 ff. BGB kein Verfahren sei, das dem Recht des Vaters allein auf Kenntnis der Abstammung des Kindes von ihm in verfassungsgemäßer Weise Rechnung trage.

Art. 2 Abs. 1 i.V.m. Art. 1 Abs. 1 S. 1 GG gewährleiste als Ausformung des allgemeinen Persönlichkeitsrechts nicht nur das Recht eines Mannes auf *Kenntnis der Abstammung* des ihm rechtlich zugeordneten Kindes, sondern auch auf *Verwirklichung* dieses Rechts. Der Gesetzgeber habe es unter Verletzung dieses Grundrechtsschutzes unterlassen, eine *gesetzliche Regelung* zur Feststellung der Abstammung eines Kindes von seinem rechtlichen Vater zu treffen. Das Recht auf Kenntnis der Abstammung müsse in angemessener Weise geltend gemacht und durchgesetzt werden können.

Das Anfechtungsverfahren gemäß §§ 1600 ff. BGB sei jedoch kein Verfahren, das dem Recht des Vaters allein auf Kenntnis der Abstammung des Kindes von ihm in verfassungsgemäßer Weise Rechnung trage. Sein Ziel wie seine Anforderungen seien nicht auf die Durchsetzung des Rechts auf Kenntnis der Abstammung aus Art. 2 Abs. 1 i.V.m. Art. 1 Abs. 1 GG beschränkt, sondern dienten der Umsetzung des in Art. 6 Abs. 2 S. 1 GG enthaltenen Gebots, möglichst eine Übereinstimmung von biologischer und rechtlicher Vaterschaft zu erreichen[819]. Dadurch ginge dieses Verfahren über das Begehren nach Kenntnis der Abstammung hinaus und stelle zudem übermäßige Anforderungen an die Erlangung dieser Kenntnis, die für ein allein auf die Feststellung der Vaterschaft gerichtetes Verfahren verfassungsrechtlich nicht erforderlich seien. Wegen seines überschießenden Zieles der rechtlichen Trennung vom Kind und der darauf zurückzuführenden erhöhten Verfahrensanforderungen werde das Anfechtungsverfahren aber nicht dem von Art. 2 Abs. 1 i.V.m. Art. 1 Abs. 1 GG geschützten Recht ei-

---

[816] BVerfG, Urt. v. 13. Februar 2007, AZ: 1 BvR 421/05, FamRZ 2007, 441 (441), Leitsatz 2.; mangels Zusammenhang zum Thema der Dissertation erfolgt mit dieser Grundsatzentscheidung keine weitere Auseinandersetzung.
[817] BVerfG, Urt. v. 13. Februar 2007, AZ: 1 BvR 421/05, FamRZ 2007, 441 (441), Urteilsformel, Nr. 1.
[818] BVerfG, Urt. v. 13. Februar 2007, AZ: 1 BvR 421/05, FamRZ 2007, 441 ff.
[819] BVerfG, Beschl. v. 9. April 2003, AZ: 1 BvR 1493/96 und 1 BvR 1724/01, BVerfGE 82 (104).

nes Mannes auch auf bloße Kenntnis der Abstammung eines Kindes von ihm gerecht. Der Wunsch eines rechtlichen Vaters könne sich schließlich auch allein darauf richten, zu wissen, ob das Kind wirklich von ihm abstamme, ohne zugleich seine rechtliche Vaterschaft aufgeben zu wollen. Dies könne darin begründet liegen, dass er zwar Klarheit über die Abstammung des Kindes haben wolle, sich aber mit dem Kind persönlich so verbunden fühle, dass er auch dann, wenn er nicht der Erzeuger des Kindes sei, diesem rechtlicher Vater bleiben möchte.

Für dieses von Art. 2 Abs. 1 i.V.m. Art. 1 Abs. 1 GG geschützte Begehren, allein oder zunächst einmal nur Kenntnis von der Abstammung des ihm rechtlich zugeordneten Kindes zu erlangen, sei das Anfechtungsverfahren, das auf das Ziel der Beendigung der Vaterschaft ausgerichtet ist, zu weitgehend und nicht angemessen. Es zwinge den rechtlichen Vater dazu, bei Verfolgung seines Interesses, die Abstammung des Kindes von ihm zu erfahren, zugleich auch den möglichen Verlust seiner rechtlichen Vaterschaft in Kauf zu nehmen oder, wenn er dies nicht wolle, darauf zu verzichten, Kenntnis von der Abstammung des Kindes zu erlangen. Dies werde weder dem väterlichen Kenntnisrecht gerecht, das sich nur die Abstammung beziehe, noch diene es dem Interesse des betroffenen Kindes am Erhalt seiner rechtlichen Beziehung zum Vater.

Auch die gesetzlichen Voraussetzungen, unter denen die Vaterschaft angefochten werden könne, seien, bezogen auf die Verfolgung des Interesses, Kenntnis von der Abstammung des Kindes zu erlangen, unverhältnismäßig. Sie seien an dem Schutz ausgerichtet, der dem Kind und seiner Mutter im Hinblick auf den Bestand der rechtlichen und sozialen familiären Beziehung mit dem Vater zukäme, der bei einer Anfechtung der Vaterschaft gefährdet sei. Dieses Bestandsschutzes bedürften sie aber nicht, wo es lediglich um die Verfolgung des Zieles ginge, über die Abstammung des Kindes Gewissheit zu erlangen.

(4) Auftrag an den Gesetzgeber
Deshalb habe der Gesetzgeber einen Verfahrensweg zu eröffnen, der dem Recht auf Kenntnis und Feststellung der Abstammung aus Art. 2 Abs. 1 i.V.m. Art. 1 Abs. 1 GG zur Verwirklichung verhelfe, ohne dies zwingend mit einem Anfechtungsverfahren zu verbinden.[820] Auf welche Weise er dem nachkomme, liege in seiner Gestaltungsfreiheit.[821]

Dem Gesetzgeber wurde aufgegeben, die Rechtslage bis zum 31. März 2008 durch eine verfahrensrechtliche Regelung in Einklang mit dem Recht auf Kenntnis der Abstammung aus Art. 2 Abs. 1 i.V.m. Art. 1 Abs. 1 GG zu bringen.[822] Bis zum Inkrafttreten dieser Regelung bliebe es allein bei der bisherigen Möglichkeit, im Rahmen eines Vaterschaftsfeststellungsverfahrens nach §§ 1600 ff. BGB Kenntnis von der Abstammung eines Kindes von seinem rechtlichen Vater zu erlangen.[823]

---

[820] BVerfG, Urt. v. 13. Februar 2007, AZ: 1 BvR 421/05, FamRZ 2007, 441 (447).
[821] BVerfG, Urt. v. 13. Februar 2007, AZ: 1 BvR 421/05, FamRZ 2007, 441 (447).
[822] BVerfG, Urt. v. 13. Februar 2007, AZ: 1 BvR 421/05, FamRZ 2007, 441 (448).
[823] BVerfG, Urt. v. 13. Februar 2007, AZ: 1 BvR 421/05, FamRZ 2007, 441 (448).

bbb) Auswirkungen des Urteils des Bundesverfassungsgerichts für das Kind

Aus dem Urteil des Bundesverfassungsgerichts vom 13. Februar 2007 folgt zwingend auch die Pflicht des Gesetzgebers, eine rechtsfolgenlose und nicht den Status beseitigenden Vaterschaftsfeststellungsklage bis zum 31. März 2008 einzuführen, die auch seitens des Kindes eingeleitet werden kann.

Zwar lag dem Urteil des Bundesverfassungsgerichts ein anderer Fall zugrunde. In der vorliegenden Dissertation wurde die Einführung einer rechtsfolgenlosen Vaterschaftsfeststellungsklage für das Kind erörtert, das die Identität seines biologischen Vaters (des Samenspenders) ergründen möchte, wohingegen sich das Urteil auf die Perspektive des möglichen Vaters stütze, der rechtlich zwar der Vater des Kindes ist, aber überprüfen möchte, ob das Kind auch tatsächlich von ihm abstammt („Kuckuckskind-Problematik"). Dass die Fälle unterschiedlich gelagert sind, steht einer Übertragbarkeit der Entscheidung des Bundesverfassungsgerichts auf den dieser Arbeit zugrunde liegenden Fall aber nicht entgegen.

Zum einen enthält der Auftrag an den Gesetzgeber, ein geeignetes Verfahren allein zur Feststellung der Vaterschaft bis zum 31. März 2008 bereitstellen zu müssen, keine Einschränkung dahingehend, dass dieses Verfahren nur einem so genannten „Scheinvater" zur Verfügung stehen sollte. Zwar ist der Gesetzgeber „frei in der Umsetzung" dieses Auftrages. Doch folgt aus der Begründung des Urteils des Bundesverfassungsgerichts, dass ein solches Verfahren auch einem Kind zur Verfügung stehen muss, dass die biologische Abstammung von seinem Vater gerichtlich überprüfen lassen möchte.

Denn die Argumente der Begründung des Urteils sind analog auf ein Begehren des Kindes, seine Abstammung isoliert festgestellt wissen zu wollen, übertragbar.

Das Bundesverfassungsgericht ging bei seiner Entscheidung davon aus, dass dem Vater, wie auch dem Kind verfassungsrechtlich gemäß Art. 2 Abs. 1 i.V.m. Art. 1 Abs. 1 GG ein Recht auf Kenntnis der eigenen Abstammung zustünde. Dieses Recht umfasse auch, dieses Recht zu verwirklichen.

Der Scheinvater könne die Klärung der Abstammung des Kindes von ihm bloß über die Durchführung eines Vaterschaftsanfechtungsverfahrens erreichen.[824] Innerhalb dieses Verfahrens werde inzident die Abstammung des Kindes von ihm überprüft. Sollte diese zu verneinen sein, so werde durch das Vaterschaftsanfechtungsurteil die rechtliche Vaterschaft des Scheinvaters mit ex tunc Wirkung beseitigt.[825]

Analog stellt sich die Situation im Fall der heterologen Insemination für das daraus hervorgegangene Kind dar. Auch dieses ist auf ein prozessuales Vorgehen

---

[824] Alternativ könnte der Mann, der Zweifel an der Abstammung „seines" Kindes hegt seinen Zweifel offen legen und die Abstammung mit Einwilligung der (mit-) sorgeberechtigten Mutter untersuchen lassen – *Brosius-Gersdorf*, NJW 2007, 806 (807). Doch ist dem Mann durch dieses Verfahren noch nicht eine gerichtliche, sondern nur tatsächliche Überprüfung ermöglicht, die er grundsätzlich auch über ein heimliches DNA-Gutachten erreichen könnte.

[825] *Diederichsen*, in: Palandt, BGB, § 1599, Rn. 7; *Brosius-Gersdorf*, NJW 2007, 806 (807); *Schwab*, Familienrecht, § 49, Rn. 477.

verwiesen, das weit über das von ihm verfolgte Ziel hinausschießt. Es muss die Vaterschaft zum Wunschvater beseitigen und sodann den Samenspender mit allen rechtlichen Konsequenzen als biologischen Vater feststellen lassen. Wie bereits mehrfach festgestellt, entspricht dies nicht dem Ziel des Kindes, das ausschließlich seine genetische Abstammung vom biologischen Vater, dem Samenspender, der gerichtlichen Überprüfung zuführen möchte.

Die Situationen sind damit identisch. Sowohl Scheinvater als auch Kind steht, verbürgt in Art. 2 Abs. 1 i.V.m. Art. 1 Abs. 1 GG, ein Recht auf Kenntnis der eigenen Abstammung zu. Prozessual werden sie, um dieses Recht verwirklichen können, auf einen Weg verwiesen, der ihrem Interesse nicht entspricht, sondern ihm unter Umständen sogar zuwiderläuft. Damit ist der Gesetzgeber für beide Fälle gehalten, dem Auftrag des Bundesverfassungsgerichts zu entsprechen, in dem er bis zum 31. März 2008 Verfahren einführt, indem die Abstammung überprüft werden kann, ohne dass zugleich das Statusverhältnis zwischen Kind und (bisherigem) rechtlichen Vater beseitigt wird bzw. ein Statusverhältnis zum biologischen Vater erst begründet werden muss, um eine Verwirklichung des Rechts auf Kenntnis der eigenen Abstammung zu garantieren (Grundrechtsschutz durch Verfahren). Die Einführung einer rechtsfolgenlosen Vaterschaftsfeststellungsklage ist zur Erfüllung dieses Auftrages die ideale Lösung.

Da das Recht auf Kenntnis der eigenen Abstammung jedem Menschen zusteht, ist eine Einschränkung der Antragsberechtigung bei diesem neuen Klageverfahren nicht möglich. Insofern ist der Gestaltungsspielraum des Gesetzgebers stark eingeschränkt und die Einführung einer rechtsfolgenlosen/isolierten Vaterschaftsfeststellungs- bzw. Abstammungsklage die einzig verhältnismäßige und damit im Einklang mit der Verfassung des Grundgesetzes stehende Lösung.[826]

ee) Zusammenfassung

Bei einer rechtsfolgenlosen Vaterschaftsfeststellungsklage handelt es sich nicht um einen Fremdkörper im deutschen Zivilprozess. Doch selbst wenn in dieser Form argumentiert wird, so kann festgehalten werden, dass dies einer Einführung dieser Klagemöglichkeit de lege ferenda nicht entgegensteht, da der Gesetzgeber insofern ein Entscheidungsrecht hat, systematisch bislang unbekannte Klageverfahren einzuführen.

Zum anderen stellt sie gegenüber dem bisherigen Prozedere (Anfechtung der Vaterschaft des Wunschvaters und anschließende inzidente Kontrolle der biologischen Abstammung im Rahmen eines Vaterschaftsfeststellungsverfahrens gegen den Samenspender) das mildere Mittel für alle Beteiligten dar. Das Kind kann die Vaterschaft des Samenspenders der gerichtlichen Überprüfung zuführen, ohne vorher die Vaterschaft des Wunschvaters beseitigen zu müssen. Der Wunschvater ist nicht der Gefahr ausgesetzt, dass seine Vaterschaft angefochten wird und der Samenspender kann zwar als Ausprägung des Rechtes des Kindes auf Kenntnis seiner eigenen Abstammung als Vater gerichtlich festgestellt wer-

---

[826] Zur Möglichkeit der Ausgestaltung dieses Verfahrens siehe *Brosius-Gersdorf*, NJW 2007, 806 (810).

den, jedoch ohne dass er gefährdet wäre, von dem Kind für Unterhalts- und Erbansprüchen in Anspruch genommen zu werden.

Damit ist dem Familienfrieden der Wunschfamilie, dem Recht des Kindes auf Kenntnis der eigenen Abstammung und der vermögensrechtlichen Absicherung des Samenspenders gedient. Aus dieser Absicherung des Samenspenders folgt auch mittelbar, dass dadurch die Gefahr gebannt wird, dass sich künftig keine Spender mehr für eine heterologe künstliche Befruchtung finden lassen werden.

Insofern ist die Einführung einer rechtsfolgenlosen Vaterschaftsfeststellungsklage de lege ferenda dringend wünschenswert. Der Gesetzgeber sollte sich dieses Themas nochmals annehmen, wozu er jetzt sogar ausdrücklich durch das Bundesverfassungsgericht aufgefordert wurde.[827] Um nicht nur das Recht des Kindes auf Kenntnis der eigenen Abstammung zu verwirklichen, sondern auch das Interesse des Samenspenders daran, nicht von dem Kind in Anspruch genommen zu werden, da die Wunscheltern diese Verantwortung für das Kind übernommen haben, sollte, um zugleich auch die Wunschfamilie in ihrem Bestand zu schützen, das Anfechtungsrecht des Kindes gemäß § 1600 Abs. 4 BGB im Falle der heterologen künstlichen Befruchtung ausgeschlossen werden. Darüber hinaus sollte das „normale" Vaterschaftsfeststellungsverfahren i.S.d. § 1600 d Abs. 1 BGB gegenüber dem Verfahren auf isolierte Klärung der Abstammung im Falle der heterologen künstlichen Befruchtung unanwendbar sein, damit dem vaterlosen Kind nicht die Möglichkeit verbleibt, ein Statusverhältnis zum Samenspender zu begründen. Im Unterschied zu „normalen vaterlosen Kindern" muss eine Inanspruchnahme des Samenspenders als biologischem Vater des Kindes vermieden werden, da die soziale und rechtliche Verantwortung ausschließlich durch die Wunscheltern getragen wird.

Dass mit der Einführung eines solchen Klageverfahrens die „Aufspaltung der Vaterschaft auf zwei Väter" einhergeht, ist bloß die logische Konsequenz der Zulassung heterologer reproduktionsmedizinischer Verfahren und entspricht auch heute oftmals der gesellschaftlichen Realität. Das Recht sollte davor nicht weiter die Augen verschließen, sondern eine interessengerechte Lösung umsetzen.

VII. Schritt 6 – Die Freistellung des Samenspenders von Unterhalts- und Erbansprüchen

1. Fall

Der Samenspender fragt, nachdem der Samenspendearzt ihn über die für ihn bestehenden juristischen Risiken (Rechtsfolgen der gerichtlichen Vaterschaftsfeststellung) aufgeklärt hat und ihn insbesondere darauf hingewiesen hat, dass eine so genannte anonyme Samenspende in Deutschland nicht möglich ist, ob die Möglichkeit einer *Haftungsfreistellung* von den Unterhalts- und Erbansprüchen des Kindes, wie auch der Wunscheltern besteht. Der Samenspendearzt sichert

---

[827] BVerfG, Urt. v. 13. Februar 2007, AZ: 1 BvR 421/05, FamRZ 2007, 441 (441).

dem Samenspender zu, dass er für ihn mit den Wunscheltern eine Freistellungsvereinbarung zu seinen Gunsten vereinbaren werde.

2. Einleitung

Eine anonyme Samenspende ist in Deutschland wegen des verfassungsrechtlichen garantierten Rechts des Kindes auf Kenntnis der eigenen Abstammung (Art. 2 Abs. 1 i.V.m. Art. 1 Abs. 1 GG) nicht möglich. Aufgrund des aus diesem Recht folgenden Auskunftsanspruchs gegen den Befruchtungsarzt kann das Kind in Erfahrung bringen, wer sein genetischer Vater ist. Um tatsächlich überprüfen zu können, ob die vom Befruchtungsarzt angegebenen Daten richtig sind, kann es im Rahmen eines Vaterschaftsfeststellungsverfahrens inzident seine genetische Abstammung vom Samenspender der gerichtlichen Überprüfung zuführen.

Nach erfolgter gerichtlicher Feststellung der Vaterschaft ist der Samenspender dem Kind gegenüber zu Unterhaltsleistungen verpflichtet (§ 1601 BGB) und dieses ihm gegenüber erbrechtlich pflichtteilsberechtigt (§ 1924 Abs. 1 BGB). Neben den Ansprüchen des Kindes ist der Samenspender grundsätzlich zudem auch Unterhaltsansprüchen seitens der Wunschmutter (§ 1615 l BGB) und Regressansprüchen des Wunschvaters (§§ 1607 Abs. 3 S. 2 i.V.m. 1601 BGB) ausgesetzt.

Da de lege lata eine so genannte *rechtsfolgenlose Vaterschaftsfeststellungsklage* nicht möglich ist, muss zugunsten des Samenspenders, um seine Inanspruchnahme durch das Kind zu vermeiden, eine *Haftungsfreistellungsvereinbarung* zugunsten des Samenspenders durch den Befruchtungsarzt mit den Wunscheltern getroffen werden.

Im Rahmen dieser Haftungsfreistellungsvereinbarung ist strengstens zwischen den Ansprüchen des Kindes, der Wunschmutter und des Wunschvaters gegen den Samenspender zu differenzieren, damit nicht unter Umständen ein *Vertrag zu Lasten des Kindes* geschlossen wird. Als einen *Vertrag zu Lasten Dritter* bezeichnet man einen Vertrag, bei dem jemand verpflichtet wird oder ihm Rechte genommen werden, obwohl er am Rechtsgeschäft nicht beteiligt war. Diese Verträge sind mit dem Grundsatz der Privatautonomie (Art. 2 Abs. 1 GG) unvereinbar und unzulässig.[828]

Unabhängig von der Frage der generellen Möglichkeit der Freistellung des Samenspenders von den in Rede stehenden Ansprüchen ist zu prüfen, ob der Wunschvater durch die Übernahme der sozialen (und vor Anfechtung seiner Vaterschaft auch rechtlichen) Verantwortung für das Kind seinerseits auch nach Anfechtung seiner Vaterschaft dem Kind gegenüber zu Unterhaltsleistungen qua Vertrag verpflichtet und dem Kind auch als Erblasser erhalten bleibt. Ist dies der Fall, so muss sodann das Verhältnis der Unterhaltspflichten des Samenspenders und des Wunschvaters erörtert und anschließend festgestellt werden, welche Auswirkungen dies auf die Ausgestaltung der Haftungsfreistellungsvereinbarung hat.

Der nun folgende Abschnitt soll die sich im Rahmen einer Haftungsfreistellungsvereinbarung bestehenden Probleme darstellen und hat als Ziel, die de lege

---

[828] *Heinrichs*, in: Palandt, BGB, Einf v § 328, Rn. 10.

lata bestmögliche rechtliche Absicherung des Samenspenders zu erreichen, um zu gewährleisten, dass sich nach wie vor genügend Männer zu einer Samenspende bereit erklären werden.

Sofern eine umfassende rechtliche Absicherung des Samenspenders nicht möglich sein sollte, werden im übernächsten Kapitel, folgend aus den bisherigen Forschungsergebnissen, die Möglichkeiten de lege ferenda zusammengefasst, die dieses Ergebnis erreichen könnten.

Zu betonen ist zuletzt, dass in diesem Abschnitt stets von der Situation der Vereinbarung einer Haftungsfreistellung zugunsten des Samenspenders zwischen Befruchtungsarzt und heterosexuellem Wunschelternpaar (gleich ob ehelich oder nichtehelich) ausgegangen wird. Wie dargestellt, besteht im Rahmen einer verpartnerten Lebenspartnerschaft die Möglichkeit, den Samenspender durch die nach gerichtlicher Feststellung seiner Vaterschaft erfolgende Kindesannahme durch die Lebenspartnerin nach § 9 Abs. 7 LPartG umfassend vor rechtlicher Inanspruchnahme zu schützen, so dass in dieser Konstellation die Vereinbarung einer Haftungsfreistellungsvereinbarung entbehrlich ist, da das Ziel der umfassenden rechtlichen Absicherung des Samenspenders unter Berücksichtigung des Rechts des Kindes auf Kenntnis der eigenen Abstammung somit auf anderem Wege erreicht werden kann.

Auch wird nicht auf die Situation einer allein stehenden Frau eingegangen. Hier stellen sich die gleichen Probleme, wie auch bei einem heterosexuellen Paar, nämlich die der Haftungsfreistellung von Unterhalts- und Erbansprüchen des Kindes sowie von Unterhaltsansprüchen der Kindesmutter. Diese Problematik wird aber ebenfalls unter Zugrundelegung zweier Elternteile (Wunschvater und Wunschmutter) erörtert. Bloß das Folgeproblem des Verhältnisses der Unterhaltsansprüche von Wunschvater und Samenspender zueinander stellt sich an dieser Stelle nicht.

Sämtliche Problemkreise der Möglichkeit einer Haftungsfreistellungsvereinbarung können damit in der Konstellation „Samenspender - Kind - Wunschvater - Wunschmutter" erörtert werden.

3. Rechtsfragen

Im Zusammenhang mit der Vereinbarung einer so genannten Haftungsfreistellungsvereinbarung zugunsten des Samenspenders stellen sich folgende Rechtfragen:

1. Kann der Samenspender durch die Wunscheltern von der Verpflichtung zu Unterhaltsleistungen an das Kind (nach erfolgter gerichtlicher Vaterschaftsfeststellung) entbunden werden?
2. Kann der Samenspender von der Verpflichtung freigestellt werden, das Kind bei seinem Vorversterben nach § 1924 Abs. 1 BGB ihm gegenüber pflichtteilsberechtigt ist?
3. Kann die Wunschmutter auf den Unterhaltsanspruch aus § 1615 l BGB im Rahmen einer Haftungsfreistellung verzichten?
4. Kann der Wunschvater auf die Geltendmachung der aus § 1607 Abs. 3 S. 2 BGB folgenden Ansprüche verzichten?

5. Bleibt der Wunschvater auch nach erfolgter Anfechtung seiner rechtlichen Vaterschaft und anschließender gerichtlicher Feststellung der Vaterschaft des Samenspenders zu Unterhaltsleistungen gegenüber dem Kind verpflichtet?
6. Wie verhalten sich die Unterhaltspflichten von Samenspender und Wunschvater zueinander? Hat dieses Verhältnis Auswirkungen auf die Ausgestaltung der Haftungsfreistellungsvereinbarung?
7. Bleibt der Wunschvater dem Kind auch nach erfolgter Anfechtung seiner rechtlichen Vaterschaft und anschließender gerichtlicher Feststellung der Vaterschaft des Samenspenders dem Kind als Erblasser erhalten?

4. Frage 1 – Freizeichnung vom Unterhaltsanspruch des Kindes aus § 1601 BGB

Nach erfolgter gerichtlicher Feststellung der Vaterschaft ist der Samenspender dem Kind zu Unterhaltsleistungen gemäß § 1601 BGB verpflichtet.[829]

Insbesondere zu Lebzeiten des Samenspenders wird es für ihn wichtig sein, diesem Anspruch seitens des Kindes nicht ausgesetzt zu werden. Dies könnte er im Wege einer so genannten *Freistellungsvereinbarung* erreichen.

a) Vertragspartner der Haftungsfreizeichnung

Fraglich ist zunächst, in welchem Personenverhältnis diese Freistellungsvereinbarung getroffen werden soll.

aa) Samenspender und Wunscheltern als Vertragspartner der Freistellungsvereinbarung („Stellvertretungslösung", §§ 164 ff. BGB)

Denkbar wäre, dass die Freistellungsvereinbarung entweder *direkt* zwischen den *Wunscheltern* und dem *Samenspender* als Betroffene bzw. Unterhaltsverpflichtete gegenüber dem Kind geschlossen wird. Soll in diesem Rechtsverhältnis mit dem Samenspender als Vertragspartner die Haftungsfreistellung vereinbart werden, so wäre dies möglich, indem der Befruchtungsarzt als Stellvertreter des Samenspenders tätig wird und diesem die Willenserklärung des Befruchtungsarztes nach § 164 Abs. 1 BGB zugerechnet wird – „Stellvertretungslösung".

bb) Freistellungsvereinbarung zugunsten des Samenspenders (§ 328 Abs. 1 BGB)

Ein anderer Ansatz wäre, dass der Befruchtungsarzt mit den Wunscheltern einen Vertrag zugunsten Dritter i.S.d. § 328 Abs. 1 BGB in Form der Freistellungsvereinbarung abschließt.[830] In diesem Fall wäre der Samenspender nicht direkter Vertragspartner der Freistellungsvereinbarung, sondern könnte sich über ein eigenes Forderungsrecht auf die getroffene Freistellungsvereinbarung berufen.

---

[829] Siehe dazu C. VI. 8.
[830] Vgl. *Taupitz/Schlüter*, AcP 205 (2005), 591 (599 f.).

cc) Stellungnahme

Für die „Stellvertretungslösung" spricht, dass die tatsächlich dem Kind gegenüber Verpflichteten (Samenspender – Wunscheltern) direkt untereinander ihre Pflichten festlegen würden. Zudem hätte der Samenspender dann im Rahmen der Vereinbarung der Freistellungsvereinbarung mit den Wunscheltern die Möglichkeit, unter Umständen seine Genehmigung zur Vornahme der heterologen künstlichen Befruchtung zu verweigern, wenn er um seine umfassende rechtliche Absicherung vor Ansprüchen seitens des Kindes fürchten muss. De facto würde dies ein *Vetorecht* zur Vornahme der heterologen Insemination mit seinem Samen darstellen, das seine Rechtfertigung in dem Persönlichkeitsrecht des Spenders finden könnte.

Doch genau eine solche Konfrontation des Samenspenders mit den Wunscheltern ist – und das ist nicht zu verwechseln mit dem Recht des *Kindes* auf Kenntnis der eigenen Abstammung – bei der Samenspende in der Regel beidseitig nicht erwünscht. Auch sprechen Praktikabilitätsgründe gegen eine Freistellungsvereinbarung über den Befruchtungsarzt als Stellvertreter des Samenspenders. Zum einen steht zum Zeitpunkt der Samenspende häufig noch nicht fest, wer Empfänger der Spende wird.[831] Damit wäre der Befruchtungsarzt nach Auswahl der Spenderprobe gehalten, diesen zu informieren, um die Freistellungsvereinbarung durchführen zu können. Auch die Möglichkeit der Abgabe einer Blankovollmacht wäre mit großer Rechtsunsicherheit behaftet. In der Praxis werden daher in der Regel Verträge zwischen den Wunscheltern und dem Befruchtungsarzt geschlossen, die eine Freistellung des Samenspenders als Vertrag zu seinen Gunsten, also zugunsten Dritter gemäß § 328 Abs. 1 BGB beinhalten.[832] Ob eine Konstruktion einer Freistellungsvereinbarung im Wege eines Vertrages zugunsten Dritter immer möglich ist, erscheint aber fraglich.

Denkbar wäre allenfalls im Rahmen der Aufklärung dem Samenspender ein Wahlrecht einzuräumen, ob er lieber informiert werden und direkt mit den Wunscheltern die Freistellungsvereinbarung schließen möchte oder ob der Befruchtungsarzt für die Freistellungsvereinbarung durch den Abschluss eines Vertrages zugunsten Dritter Sorge zu tragen hat. Bei der Einräumung eines solchen Wahlrechtes wäre aber problematisch, ob damit nicht die Anforderungen an die juristische Aufklärungspflicht des Samenspendearztes überspannt werden würden und ob bei fehlender Identität von Samenspende- und Befruchtungsarzt dem Befruchtungsarzt durch den Samenspendearzt unzulässigerweise eine Pflicht zur Stellvertretung des Samenspenders auferlegt würde.

Hinsichtlich der rechtlichen Probleme, die mit einer Freistellungsvereinbarung einhergehen, macht es jedoch keinen Unterschied, ob sie über die Stellvertretungslösung oder über einen Vertrag zugunsten des Samenspenders abgeschlossen wird. In beiden gangbaren Ausgestaltungsmöglichkeiten ist insbesondere problematisch, in welcher Form eine solche Freistellungsvereinbarung getroffen werden kann.

---

[831] *Taupitz/Schlüter*, AcP 205 (2005), 591 (599).
[832] *Taupitz/Schlüter*, AcP 205 (2005), 591 (599).

b) Verbot des Vertrages zu Lasten Dritter

Wichtig ist bei der Auswahl des Instrumentariums zur Haftungsfreistellung des Samenspenders, dass dadurch nicht ein so genannter *Vertrag zu Lasten Dritter* begründet wird.

aa) Vertrag über Freistellung von Unterhaltsanspruch des Kindes (§ 1601 BGB) zwischen Samenspender und Samenspendearzt bzw. Befruchtungsarzt

Aufgrund des Verbotes eines Vertrages zu Lasten Dritter ist ein Vertrag zwischen dem Samenspender und dem Samenspendearzt oder dem Befruchtungsarzt, in welchem dem Kind Rechte genommen werden, unzulässig.[833] Deshalb kann in dem Verhältnis „Samenspender – Befruchtungsarzt/Samenspendearzt" der Unterhaltsanspruch des Kindes aus § 1601 BGB nicht ausgeschlossen werden.

bb) Vertrag über Freistellung des Samenspenders zwischen Samenspender und Wunscheltern

Aus dem gleichen Grund ist auch eine Freistellung des Samenspenders durch einen Vertrag mit den Wunscheltern, bei dem sie auf den Unterhaltsanspruch des Kindes aus § 1601 BGB verzichten, unwirksam. Sofern die Eltern bei Abschluss des Vertrages *im eigenen Namen* handeln und auf Ansprüche des Kindes gegenüber dem Samenspender verzichten, handelt es sich auch hier um einen Vertrag zu Lasten Dritter (des Kindes).[834]

c) Unterhaltsverzicht und § 1614 Abs. 1 BGB

Denkbar wäre, dass die Eltern *namens des Kindes* auf den Unterhaltsanspruch aus § 1601 BGB als dessen gesetzliche Vertreter, §§ 1626, 1629 BGB, verzichten.

Dabei muss aber beachtet werden, dass gemäß § 1614 Abs. 1 BGB nicht für die Zukunft auf Unterhalt verzichtet werden kann. Mit Rücksicht auf die sittliche Grundlage der Unterhaltsverpflichtung und auf das öffentliche Interesse handelt es sich dabei um zwingendes Recht, so dass § 1614 Abs. 1 BGB auch nicht durch Vereinbarung der Eltern namens des Kindes abbedungen werden kann.[835] Die Unwirksamkeit des Unterhaltsverzichts ist ferner unabhängig davon, ob der Verzicht entgeltlich ist oder ob er unentgeltlich erfolgt.[836] Das heißt, dass auch nicht durch eine Verpflichtung des Samenspenders zur Zahlung einer „Unterhalts-Pauschale", die dann ihrerseits durch die Wunscheltern erfüllt werden könnte, ein Unterhaltsverzicht für die zukünftigen Unterhaltsansprüche des Kindes ermöglicht werden könnte. Ein Verzicht auf die zukünftigen Unterhaltsan-

---

[833] *Giesen*, FamRZ 1981, 413 (417); *ders.*, JR 1984, 221 (228); *Taupitz/Schlüter*, AcP 205 (2005), 591 (599).
[834] *Taupitz/Schlüter*, AcP 205 (2005), 591 (600).
[835] Vgl. *Diederichsen*, in: Palandt, BGB, § 1614, Rn. 1.
[836] *Diederichsen*, in: Palandt, BGB, § 1614, Rn. 1.

sprüche durch die Eltern namens ihres (noch nicht gezeugten) Kindes ist aufgrund der Regelung des § 1614 Abs. 1 BGB damit nicht möglich.[837]

d) Schuldnerwechsel, §§ 414 ff. BGB

Es wäre aber denkbar, dass durch Vereinbarung der *Unterhaltsschuldner* für das Kind *ausgewechselt* wird (§§ 414 ff. BGB).[838] Dann würde weder ein Vertrag zu Lasten des Kindes begründet, da es selbst am Abschluss des Vertrages entweder als Vertragspartner (§ 414 BGB) oder als Genehmigender (§ 415 BGB) beteiligt wäre, noch würde entgegen der Regelung des § 1614 Abs. 1 BGB namens des Kindes auf dessen zukünftigen Unterhaltsanspruch verzichtet.

Eine solche „Schuldnerauswechslung" kann durch eine so genannte *privative Schuldübernahme* (oder auch *befreiende Schuldübernahme*) durchgeführt werden, so dass ein neuer Schuldner an die Stelle des alten tritt.[839] *Alter Schuldner* wäre der *Samenspender*, da er als biologischer Vater des Kindes grundsätzlich mit Ansprüchen des Kindes aus § 1601 BGB nach erfolgter Vaterschaftsfeststellung rechnen muss. *Neuer Schuldner* wären die *Wunscheltern*.

Eine privative Schuldübernahme kann dabei entweder als gläubigervertragliche Schuldübernahme (§ 414 BGB) oder als schuldnervertragliche Schuldübernahme (§ 415 Abs. 1 S. 1 BGB) ausgestaltet werden.

aa) Gläubigervertragliche privative Schuldübernahme zugunsten des Samenspenders, § 414 BGB

Bei einer *gläubigervertraglichen* privativen Schuldübernahme vereinbaren der neue Schuldner und der Gläubiger des Anspruches, dass der neue Schuldner an die Stelle des alten treten soll, §§ 414, 145, 147 BGB.[840]

Neuer Schuldner für den Unterhaltsanspruch des Kindes aus § 1601 BGB wären mithin die *Wunscheltern*, Gläubiger des Unterhaltsanspruches ist das *Kind*, alter Schuldner wäre der *Samenspender*.

aaa) Abgrenzung zum kumulativen Schuldbeitritt, §§ 133, 157, 242 BGB

Durch Auslegung i.S.d. §§ 133, 157, 242 BGB ist vorab zu ermitteln, ob von den Vertragsparteien (hier: Wunscheltern und Kind) ein *echter Schuldnerwechsel* i.S.d. § 414 BGB[841] gewollt ist oder der Gläubiger einen zusätzlichen Schuldner

---

[837] *Sauer*, Die Vaterschaftsanfechtung, S. 111; so auch schon *Spickhoff*, AcP 197 (1997), 398 (410).
[838] *Sauer* hingegen lehnt diese Möglichkeit als abwegig ab, da insoweit bereits die notwendigen Willenselemente fehlten (*Sauer*, Die Vaterschaftsanfechtung, S. 114, ebenso *Niederer*, Reproduktionsmedizinische Methoden, S. 212). Dem ist entgegenzuhalten dass dies bei einer expliziten Vereinbarung einer Haftungsfreistellung gerade nicht der Fall ist.
[839] Vgl. *Brox/Walker*, Allgemeines Schuldrecht, S. 373, Rn. 1.
[840] Vgl. *Brox/Walker*, Allgemeines Schuldrecht, S. 375, Rn. 8.
[841] Die gleiche Abgrenzungsfrage stellt sich auch im Verhältnis der schuldnervertraglichen Schuldübernahme nach § 415 BGB im Verhältnis zum kumulativen Schuldbei-

erhalten soll. Im letzteren Fall liegt ein so genannter *kumulativer Schuldbeitritt* gemäß den §§ 241 Abs. 1, 311 Abs. 1 BGB vor, durch welchen Schuldner und sich verpflichtender Dritter gesamtschuldnerisch i.S.d. §§ 421 ff. BGB für den Hauptanspruch haften.

Bei der Haftungsfreizeichnung des Samenspenders von Unterhaltsansprüchen des Kindes aus § 1601 BGB ist von den Parteien zunächst eine vollständige Freistellung des Samenspenders gewünscht und damit ein Schuldnerwechsel. Ob ein solcher Schuldnerwechsel (entweder nach § 414 oder § 415 Abs. 1 S. 1 BGB) zur Freistellung des Samenspenders von gesetzlichen Unterhaltsansprüchen des Kindes überhaupt möglich ist, erscheint fraglich.

bbb) Dogmatische Einordnung als Verfügungs- und Verpflichtungsgeschäft

Rechtlich handelt es sich bei der privativen gläubigervertraglichen Schuldübernahme i.S.d. § 414 BGB um eine ausnahmsweise zulässige *Verfügung zu Gunsten eines Dritten*, des Schuldners (hier: des Samenspenders), zugleich aber um einen Verpflichtungsvertrag.[842] Deshalb kann die Vereinbarung einer Haftungsfreistellung des Samenspenders von dem Unterhaltsanspruch des Kindes aus § 1601 BGB auch ohne seine Beteiligung zwischen Wunscheltern und Kind, vor dem Befruchtungsarzt, durch eine gläubigervertragliche Schuldübernahme i.S.d. § 414 BGB geschlossen werden.

ccc) Voraussetzungen des § 414 BGB – Einigung zwischen Neuschuldner (Wunscheltern) und Gläubiger (Kind)

(1) Bestehen der Schuld

Zunächst setzt eine wirksame Schuldübernahme (sowohl nach § 414 als auch nach § 415 Abs. 1 S. 1 BGB) das Bestehen der zu übernehmenden Schuld zur Zeit des Übernahmevertrages voraus. Die Unterhaltsverpflichtung aus § 1601 BGB des Samenspenders gegenüber dem Kind aber im Zeitpunkt der Vereinbarung des Übernahmevertrages noch nicht existent; da das Kind in diesem Zeitpunkt noch nicht einmal gezeugt ist. Jedoch reicht als bestehende Schuld i.S.d. § 414 BGB auch das Bestehen einer zukünftigen Forderung.[843]

(2) Einigung, §§ 414, 145, 147 BGB

Des Weiteren müssen sich Wunscheltern und Kind über die Auswechslung des Samenspenders als Unterhaltsschuldner des Kindes geeinigt haben, §§ 414, 145, 147, 1601 BGB.

Hinsichtlich dieser Einigung stellen sich zwei Probleme:

---

tritt nach §§ 241, 311 BGB. Insofern wird auf die Ausführungen an späterer Stelle verzichtet, da die Willensrichtung der Parteien bei der Entscheidung dieser Frage nicht anders ist.

[842] *Heinrichs*, in: Palandt, BGB, § 414, Rn. 1.
[843] Vgl. *Heinrichs*, in: Palandt, BGB, Überbl v § 414, Rn. 1; die Rechtsprechungsänderung begrüßend *Brox/Walker*, Allgemeiner Teil, S. 268 f., Rn. 544.

- Das Kind ist zum Zeitpunkt der Einigung noch nicht einmal gezeugt. Kann es gleichwohl *Vertragspartner* der gläubigervertraglichen Schuldübernahme i.S.d. § 414 BGB sein? Falls dies zu verneinen sein sollte, ist eine gläubigervertragliche Schuldübernahme trotzdem ein gangbarer Weg zur Haftungsfreistellung des Samenspenders?
- Der Vertrag wird zwischen den Wunscheltern als Neuschuldner und dem Kind, vertreten durch die Wunscheltern nach den §§ 1626, 1629 BGB geschlossen. Liegt hier ein unzulässiges *Insichgeschäft* i.S.d. § 181 BGB vor?

(a) Kind (Gläubiger) als Vertragspartner des § 414 BGB
(aa) Beginn der Rechtsfähigkeit, § 1 BGB

Gemäß § 1 BGB beginnt die Rechtsfähigkeit (im Zivilrecht) mit der Vollendung der Geburt. Mit Blick auf die Regelung des § 1 BGB kann das Kind vor seiner Geburt und damit erst recht nicht vor seiner Zeugung Vertragspartner der gläubigervertraglichen Schuldübernahme i.S.d. § 414 BGB sein.

Eine Ausnahme von diesem in § 1 BGB normierten Grundsatz kommt nicht in Betracht. Zwar gewährt das Bürgerliche Gesetzbuch zum Teil auch dem noch nicht geborenen (nasciturus) oder auch dem sogar noch nicht gezeugten (nondum conceptus) gewisse Rechte.[844] Aufgrund des Bestehens gesetzlicher Ausnahmen wird aber deutlich, dass der Gesetzgeber sich des Problems bewusst und das Festhalten am Grundsatz des § 1 BGB, der die Rechtsfähigkeit erst mit Vollendung der Geburt anerkennt, kein Versehen war.[845]

(bb) Rechtsgeschäftliche Verpflichtung zur Vereinbarung einer gläubigervertraglichen Schuldübernahme i.S.d. § 414 BGB

Da das Kind aber nach Vollendung seiner Geburt Rechtsfähigkeit erlangt, bestünde die Möglichkeit, die Freistellungsvereinbarung nach Geburt des Kindes zu treffen. Damit würde eine rechtliche Absicherung des Samenspenders aber erst in einem Zeitpunkt ermöglicht, in welchem er bereits biologisch (mangels Feststellung seiner Vaterschaft aber noch nicht rechtlich) der Vater des Kindes ist. Das Entstehen seiner gesetzlichen Unterhaltspflicht hinge dann bloß noch von der möglichen Feststellung seiner Vaterschaft ab. Dadurch würde für ihn eine untragbare Unsicherheit entstehen, da er sich nicht sicher sein könnte, ob tatsächlich noch eine entsprechende Freistellung zu seinen Gunsten erfolgt.

Dieses Problem könnte dadurch überwunden werden, dass sich die Wunscheltern *rechtsgeschäftlich* schon vor der Zeugung des Kindes *verpflichten*, nach der Geburt des Kindes mit diesem eine gläubigervertragliche Schuldübernahme i.S.d. § 414 BGB zu vereinbaren.[846] Aus dieser Verpflichtung ergibt sich dann ein Anspruch des Samenspenders im Sinne eines eigenen Rechts gegen die Wunscheltern auf Abschluss der Schuldübernahme nach § 414 BGB, so dass

---

[844] Vgl. dazu §§ 1913, 1923 Abs. 2, 2101 Abs. 1, 2105 Abs. 2 und auch 823 Abs. 1 BGB schützt den Ungeborenen vor Verletzungen als „anderer" i.S.d. Vorschrift. Allerdings kann der Schadensersatzanspruch erst nach der Geburt des Verletzten geltend gemacht werden, vgl. *Taupitz/Schlüter*, AcP 205 (2005), 591 (601), Fn. 27.
[845] Vgl. *Taupitz/Schlüter*, AcP 205 (2005), 591 (601).
[846] Vgl. *Taupitz/Schlüter*, AcP 205 (2005), 591 (601).

diese Vereinbarung einen Vertrag zu Gunsten des Samenspenders gemäß § 328 Abs. 1 BGB darstellt und den Praktikabilitätsanforderungen[847] gerecht wird.[848]

(b) Verbotenes Insichgeschäft i.S.d. § 181 BGB
Doch könnte der Vereinbarung einer gläubigervertraglichen Schuldübernahme i.S.d. § 414 BGB zwischen Wunscheltern und Kind die Norm des § 181 BGB entgegenstehen (*verbotenes Insichgeschäft*).

Diese Fragestellung wird sowohl bei einer nachgeburtlichen Freistellungsvereinbarung, als auch bei der Abgabe einer Erklärung zur rechtsgeschäftlichen Verpflichtung der Eltern, nach der Geburt mit ihm eine gläubigervertragliche Schuldübernahme zu vereinbaren, relevant. Im letzteren Falle wäre es den Eltern unmöglich, ihre rechtsgeschäftlich begründete Verpflichtung zum Abschluss des Vertrages zu erfüllen.[849]

(aa) Verbot des Selbstkontrahierens und der Mehrfachvertretung
Ein Insichgeschäft i.S.d. § 181 BGB ist ein Rechtsgeschäft, das eine Person gegenüber sich selbst vornimmt.[850] § 181 BGB kennt dabei zwei Arten von Insichgeschäften, das *Selbstkontrahieren* und die *Mehrfachvertretung*. Beim Selbstkontrahieren nimmt ein Vertreter im Namen des Vertretenen mit sich selbst im eigenen Namen ein Rechtsgeschäft vor.[851]

Bei der Vereinbarung einer gläubigervertraglichen Schuldübernahme i.S.d. § 414 BGB mit den Wunscheltern und dem Kind, vertreten durch seine Eltern, als Vertragspartner liegt grundsätzlich ein verbotenes Insichgeschäft in Form des Selbstkontrahierens vor.

(bb) Ausnahmen von der Unzulässigkeit des Insichgeschäfts
Ausnahmsweise könnte die Vereinbarung einer gläubigervertraglichen Schuldübernahme i.S.d. § 414 BGB aber zulässig sein, da der Schutzzweck des § 181 BGB im vorliegenden Fall nicht tangiert ist. Telos des § 181 BGB ist die Vermeidung von Interessenkollisionen.[852]

Eine echte Interessenkollision ist nicht zu befürchten, da die Wunscheltern sich selbst eine weitere Belastung auferlegen und dem Kind ein Unterhaltsschuldner für den Unterhaltsanspruch aus § 1601 BGB erhalten bleibt.

Ob in einem solchen Falle von „Personenidentität aber fehlender Interessenkollision" § 181 BGB einschränkend auszulegen ist, war lange Zeit umstritten.[853]

Seit 1971 vertrat der Bundesgerichtshof[854] zu dieser Fragestellung in ständiger Rechtsprechung, dass § 181 BGB für bestimmte Fallgruppen nicht anwendbar

---

[847] Siehe oben C. VII. 4. a. cc.
[848] *Taupitz/Schlüter*, AcP 205 (2005), 591 (601 f.).
[849] Vgl. *Taupitz/Schlüter*, AcP 205 (2005), 591 (602).
[850] *Brox/Walker*, Allgemeiner Teil, S. 266, Rn. 535.
[851] *Brox/Walker*, Allgemeiner Teil, S. 266, Rn. 535.
[852] *Brox/Walker*, Allgemeiner Teil, S. 267, Rn. 540.
[853] Zur Rechtsprechung des BGH vor 1971 siehe BGH, Beschl. v. 9. Juli 1956, AZ: V BLw 11/56, BGHZ 21, 229 (230).
[854] BGH, Urt. v. 19. April 1971, AZ: II ZR 98/68, BGHZ 56, 97 (97); BGH, Urt. v. 27. September 1972, AZ: IV ZR 225/69, BGHZ 59, 236 (240); BGH, Urt. v. 25. April

sei, in denen eine Interessenkollision und damit eine Gefahr der Benachteiligung des Vertretenen nicht bestünde.

Demnach sei § 181 BGB unter Beachtung der Wertung des § 107 BGB einschränkend dahingehend auszulegen, dass das Verbot des Insichgeschäfts nicht gelte, wenn das Geschäft dem Vertretenen lediglich einen rechtlichen Vorteil brächte.

Die gläubigervertragliche Schuldübernahme i.S.d. § 414 BGB stellt für das aus heterologer künstlicher Befruchtung hervorgegangenen Kind aber kein lediglich rechtlich vorteilhaftes Geschäft dar, so dass es sich dabei um ein verbotenes Insichgeschäft handelt.

Rechtsfolge der gläubigervertraglichen Schuldübernahme ist, dass der Samenspender als Unterhaltsschuldner wegfällt und die Wunscheltern dessen Unterhaltspflicht aus § 1601 BGB übernehmen. Demgemäß könnte man zwar vertreten, dass die gläubigervertragliche Schuldübernahme für das Kind ein rechtlich neutrales Geschäft darstellt, weil ihm durch die Schuldnerauswechslung im Ergebnis kein Schuldner und damit auch nicht der Anspruch aus § 1601 BGB genommen wird.

Dies führt jedoch zu einem Zirkelschluss. Zwar ist es dem Wesen einer gläubigervertraglichen Schuldübernahme immanent, dass im Ergebnis kein Schuldner wegfällt (Schuldner*wechsel*) und auch ist gerade bei dieser Ausgestaltung der Schuldübernahme grundsätzlich keine Benachteiligung des Gläubigers zu befürchten, da er selbst Vertragspartner der Vereinbarung ist (deshalb entfällt auch die in der schuldnervertraglichen Schuldübernahme nach § 415 Abs. 1 S. 1 BGB erforderliche Genehmigung des Gläubigers). Hier besteht aber der besondere Fall, dass sich die Frage der Unzulässigkeit aufgrund eines Insichgeschäfts nur deshalb stellt, weil das Kind tatsächlich selbst keine Entscheidung trifft, sondern diese Entscheidungsgewalt den Eltern über die Vertretung des Kindes nach §§ 1626, 1629 BGB zusteht. Deshalb unterliegt auch die gläubigervertragliche Schuldübernahme in der vorliegenden Konstellation gerade den Anforderungen des § 181 BGB. Diese Vorschrift würde umgangen, sollte man nun den Charakter des Rechtsgeschäfts der gläubigervertraglichen Schuldübernahme dazu nutzen, um die Einschlägigkeit des § 181 BGB abzulehnen.

Vielmehr ist darauf abzustellen, dass dem Kind ein Schuldner, der Altschuldner (hier: der Samenspender) wegfällt, womit das Geschäft als rechtlich nachteilig zu bewerten ist. Eine wirtschaftliche Betrachtungsweise dahingehend, ob die Wunscheltern (voraussichtlich) zahlungskräftiger als der Samenspender sind, ist nicht möglich,[855] da im Rahmen des § 107 BGB ausschließlich eine rechtliche Betrachtungsweise ausschlaggebend ist.[856]

1985, AZ: IX ZR 141/84, BGHZ 94, 232 (235 f.); BGH, Urt. v. 24. September 1990, AZ: II ZR 167/89, BGHZ 112, 339 (341).
[855] *Taupitz/Schlüter*, AcP 205 (2005), 591 (602), Fn. 32.
[856] Vgl. *Heinrichs*, in: Palandt, BGB, § 107, Rn. 2.

(cc) Genehmigung durch einen Pfleger, § 177 Abs. 1 BGB

Rechtsfolge eines solchen verbotenen Insichgeschäfts ist, dass das Rechtsgeschäft entsprechend § 177 Abs. 1 BGB schwebend unwirksam ist.[857] Es kann damit vom geschäftsfähig Gewordenen oder einem Pfleger, nicht aber vom Vormundschaftsgericht,[858] genehmigt werden.[859]

Fraglich ist, ob ein Pfleger eine gläubigervertragliche Schuldübernahme nach § 414 BGB mit der Auswechslung des Samenspenders als Unterhaltsschuldner nach § 1601 BGB gegen die Wunscheltern als Neuschuldner auch genehmigen würde. Aus den §§ 1909 ff., 1915, 1793 ff., 1626 Abs. 2, 1627 BGB ergibt sich, dass der Pfleger gehalten ist, bei dieser Entscheidung das Wohl des Kindes zu berücksichtigen.[860]

Hier könnten, da der Begriff des *Kindeswohls* nicht deckungsgleich mit dem Begriff der *rechtlichen Vorteilhaftigkeit* i.S.d. § 107 BGB ist, auch andere Aspekte als bloß der der rechtlichen Vorteilhaftigkeit der gläubigervertraglichen Schuldübernahme Einfluss auf die Entscheidung des Pflegers haben. Sofern die Wunscheltern „solventer" als der Samenspender sind, ist dem Kindeswohl durch die Auswechslung wirtschaftlich betrachtet natürlich zunächst gedient. Jedoch stellt sich die gläubigervertragliche Schuldübernahme gegenüber dem kumulativen Schuldbeitritt aufgrund des Verlustes des Samenspenders als Unterhaltsschuldner als nachteilig für das Kind dar. Ein Vergleich von Schuldübernahme und Schuldbeitritt spricht damit gegen die Genehmigung seitens des Pflegers.[861]

ddd) Zwischenergebnis

Eine gläubigervertragliche Schuldübernahme i.S.d. § 414 BGB kann nicht zwischen Kind und Wunscheltern vereinbart werden, da es sich um ein verbotenes und nicht genehmigungsfähiges Insichgeschäft handelt.

bb) Schuldnervertragliche privative Schuldübernahme zugunsten des Samenspenders, § 415 Abs. 1 S. 1 BGB

Eine Auswechslung des Samenspenders als Unterhaltsschuldner gegen die Wunscheltern könnte aber über eine schuldnervertragliche Schuldübernahme i.S.d. § 415 Abs. 1 S. 1 BGB zu erreichen sein.[862]

---

[857] BGH, Urt. v. 8. Oktober 1975, AZ: VIII ZR 115/74, BGHZ 65, 123 (125); BGH, Urt. v. 29. November 1993, AZ: II ZR 107/92, NJW-RR 1994, 291 (291); *Heinrichs*, in: Palandt, BGB, § 181, Rn. 15.

[858] BGH, Beschl. v. 9. Mai 1956, AZ: V BLw 11/56, BGHZ 21, 229 (234); RG, Beschl. v. 13. Mai 1909, AZ: IV 248/68, RGZ 71, 162 (164); *Heinrichs*, in: Palandt, BGB, § 181, Rn. 15.

[859] *Heinrichs*, in: Palandt, BGB, § 181, Rn. 15; *Taupitz/Schlüter*, AcP 205 (2005), 591 (603).

[860] Vgl. *Taupitz/Schlüter*, AcP 205 (2005), 691 (603).

[861] Im Ergebnis gleich, aber mit etwas anderer Begründung *Taupitz/Schlüter*, AcP 205 (2005), 591 (603), die auf einen Vergleich von Schuldübernahme und Schuldbeitritt als alternatives Lösungsmodell abstellen.

[862] Streitig ist die dogmatische Einordnung der schuldnervertraglichen Schuldübernahme i.S.d. § 415 Abs. 1 S. 1 BGB. Die herrschende *Verfügungstheorie* erblickt in dem

aaa) Schuldnervertragliche Schuldübernahme als Vertrag zu Gunsten Dritter i.S.d. § 328 Abs. 1 BGB

Bei einer schuldnervertraglichen Schuldübernahme (§ 415 Abs. 1 S. 1 BGB) müssten sich Wunscheltern und Samenspender über die Schuldnerauswechslung einigen. Dies würde, sofern man die Wunscheltern und den Samenspender nicht direkt miteinander konfrontieren möchte, dazu führen, dass der Samenspender durch den Befruchtungsarzt vertreten werden müsste (§§ 164 ff. BGB). Damit fände die oben abgelehnte[863] „Stellvertretungslösung" Anwendung.

Wünschenswert wäre deshalb auch hier, die Schuldübernahme in Form eines Vertrages zu Gunsten Dritter, also als Vertrag zwischen den Wunscheltern und dem Befruchtungsarzt zu Gunsten des Samenspenders abzuschließen.[864] Dafür muss § 328 Abs. 1 BGB auf die schuldnervertragliche Schuldübernahme i.S.d. § 415 Abs. 1 S. 1 BGB Anwendung finden.

Nach der systematischen Stellung und dem Wortlaut der §§ 328 ff. BGB können aber nur schuldrechtliche Verpflichtungsverträge als Vertrag zu Gunsten Dritter abgeschlossen werden.[865] Auf schuldrechtliche Verfügungsverträge, wie die schuldnervertragliche Schuldübernahme, scheidet eine direkte Anwendung der §§ 328 ff. BGB deshalb nach allgemeiner Meinung aus.[866]

Ob eine analoge Anwendung der §§ 328 ff. BGB auf die schuldnervertragliche Schuldübernahme i.S.d. § 415 Abs. 1 S. 1 BGB möglich ist, ist streitig.

(1) Erste Auffassung – Keine analoge Anwendung der §§ 328 ff. BGB auf die schuldnervertragliche Schuldübernahme i.S.d. § 415 Abs. 1 S. 1 BGB

Zum Teil wird eine analoge Anwendung der §§ 328 ff. BGB auf schuldrechtliche Verfügungsverträge abgelehnt.[867] Begründet wird dies damit, dass ein prakti-

---

Vertrag zwischen Alt- und Neuschuldner eine Verfügung vom Nichtberechtigten über die Forderung des Gläubigers, welcher dieser als Berechtigter genehmigt (OLG Köln, Urt. v. 7. Januar 2000, AZ: 19 U 20/99, OLGR Köln 2000, 267 (267 ff.); *Heinrichs*, in: Palandt, BGB, § 415, Rn. 1; *Brox/Walker*, Allgemeines Schuldrecht, S. 378, Rn. 11). Die *Angebots- oder Vertragstheorie* sieht dagegen in der Mitteilung nach § 415 Abs. 1 S. 2 BGB ein Angebot an den Gläubiger, das dieser durch seine Genehmigung annimmt (*Möschel*, in: MüKo, BGB, § 415, Rn. 2, m.w.N.). Dieser Ansicht ist entgegenzuhalten, dass damit der gläubigervertraglichen Schuldübernahme i.S.d. § 414 BGB kein eigener Anwendungsbereich verbliebe (vgl. *Brox/Walker*, Allgemeines Schuldrecht, S. 378, Rn. 12).

[863] Siehe oben C. VII. 4. a. aa.
[864] *Taupitz/Schlüter*, AcP 205 (2005), 591 (603).
[865] *Heinrichs*, in: Palandt, BGB, Einf v § 328, Rn. 8.
[866] *Heinrichs*, in: Palandt, BGB, Einf v § 328, Rn. 8; *Heinrichs*, in: Palandt, BGB, Überbl v § 311, Rn. 6.
[867] Dies ist streitig. Ablehnend: BGH, Urt. v. 29. Januar 1964, AZ: V ZR 209/61, BGHZ 41, 95 (95); LAG Düsseldorf, Urt. v. 11. April 1958, AZ: 4 Sa 140/58, BB 1958, 1169 (1169); BGH, Urt. v. 21. Juni 1994, AZ: XI ZR 183/93, NJW 1994, 2483 (2484); RG, Urt. v. 27. Januar 1930, AZ; VI 267/29, RGZ 127, 126 (128); BGH, Urt. v. 7. Juli 1960, AZ: II ZR 209/58, VersR 1960, 727 (729); *Westermann*, in: Erman, § 328, Rn. 3; *Gottwald*, in: MüKo, § 328, Rn. 183; *Roth*, in: MüKo, § 398, Rn. 17; *Heinrichs*, in: Palandt, BGB, § 328, Rn. 8.

sches Bedürfnis für eine entsprechende Anwendung der §§ 328 ff. BGB auf Verfügungen nicht erkennbar sei.[868] Nur für die befreiende Schuldübernahme i.S.d. § 414 BGB solle eine Ausnahme gelten.[869]

(2) Andere Auffassung – Analoge Anwendung der §§ 328 ff. BGB auf die schuldnervertragliche Schuldübernahme i.S.d. § 415 Abs. 1 S. 1 BGB
Nach anderer Auffassung ist § 328 Abs. 1 BGB generell auch analog auf Verfügungsgeschäfte anwendbar. Zwischen Verpflichtungs- und Verfügungsgeschäften gebe es keine dogmatischen Wesensunterschiede, die zwar die Begründung eines Rechts zu Gunsten Dritter, nicht aber seine Übertragung zuließen.[870] Auch habe der Gesetzgeber, wie beispielsweise in § 414 BGB, einige Fälle der Verfügung zu Gunsten Dritter gesetzlich geregelt.

(3) Stellungnahme
Im Rahmen des Normenkomplexes zur Schuldübernahme i.S.d. §§ 414 ff. BGB ist mit § 414 BGB ein Vertrag zugunsten des Altschuldners (hier: des Samenspenders) möglich. Damit hat der Gesetzgeber ausdrücklich die Möglichkeit einer schuldrechtlichen Verfügung zugunsten eines Dritten geschaffen.[871] Insofern scheitert die analoge Anwendung des § 328 Abs. 1 BGB auf die schuldnervertragliche Schuldübernahme nach § 415 Abs. 1 S. 1 BGB bereits an dem Vorliegen einer planwidrigen Regelungslücke.

bbb) Voraussetzungen des § 415 Abs. 1 S. 1 BGB
(1) Einigung zwischen Schuldner und Übernehmer, §§ 415 Abs. 1 S. 1, 145, 147 BGB
Die Einigung über die schuldnervertragliche Schuldübernahme würde direkt zwischen Samenspender und Wunscheltern stattfinden, wobei der Samenspender sich entweder von dem Befruchtungsarzt vertreten werden müsste oder eine Vertretungskette über den Samenspendearzt und Befruchtungsarzt zu begründen wäre.[872]

(2) Bestehen der Schuld
Ebenso wie bei der gläubigervertraglichen Schuldübernahme i.S.d. § 414 BGB ist bei der schuldnervertraglichen Schuldübernahme i.S.d. § 415 Abs. 1 S. 1 BGB das Bestehen der Schuld erforderlich, wobei auch hier eine zukünftige hinreichend bestimmte Forderung genügt. Dies ist hinsichtlich des Unterhaltsanspruchs des durch heterologe künstliche Befruchtung gezeugten und anschließend geborenen Kindes zu bejahen,[873] obwohl eine Unterhaltsverpflichtung ge-

---

[868] *Heinrichs*, in: Palandt, BGB, Einf v § 328, Rn. 8.
[869] *Heinrichs*, in: Palandt, BGB, Einf v § 328, Rn. 8.
[870] *Westermann*, in: Erman, BGB, § 328, Rn. 3.
[871] *Taupitz/Schlüter*, AcP 205 (2005), 591 (604).
[872] Vgl. *Taupitz/Schlüter*, AcP 205 (2005), 591 (604).
[873] Vgl. dazu die Begründung bei C. VII. 4. d. aa. ccc. (1).

mäß § 1601 BGB zum Zeitpunkt der Vereinbarung der Haftungsfreistellung des Samenspenders noch nicht besteht.

(3) Genehmigungsvorbehalt des Gläubigers, § 415 Abs. 1 S. 1 BGB
(a) Genehmigungsbedürftigkeit
Aus Gläubigerschutzgründen steht die schuldnervertragliche Schuldübernahme nach § 415 Abs. 1 S. 1 BGB unter dem Genehmigungsvorbehalt des Gläubigers (hier: des Kindes), weil dieser sonst ohne seinen Willen seinen bisherigen Schuldner verlieren würde.[874] Bei einer schuldnervertraglichen Schuldübernahme nach § 415 Abs. 1 S. 1 BGB müsste die Übernahme damit durch das noch nicht gezeugte Kind, vertreten durch seine Eltern (§§ 1626, 1629 BGB), genehmigt werden.

Bis zur erteilten Genehmigung ist die schuldnervertragliche Schuldübernahme *schwebend unwirksam*.[875]

(b) Zeitpunkt des Erteilens der Genehmigung, § 1 BGB
Im Zeitpunkt der Vereinbarung der schuldnervertraglichen Schuldübernahme zwischen Samenspender und Wunscheltern ist das Kind noch nicht einmal gezeugt. Mangels Rechtsfähigkeit des Kindes (vgl. § 1 BGB) kann das Kind die Genehmigung erst nach Geburt, vertreten durch seine Eltern, erteilen. Demnach kommt hier letztlich entweder nur ein Vertrag nach der Geburt des Kindes[876] oder die Abgabe einer Erklärung zur rechtsgeschäftlichen Verpflichtung zum Abschluss einer schuldnervertraglichen Schuldübernahme nach Geburt des Kindes mittels eines Vorvertrages in Betracht.

(c) Genehmigung als verbotenes Insichgeschäft i.S.d. § 181 BGB
Selbst wenn bereits vor Geburt des Kindes zumindest eine Verpflichtung zum Abschluss einer schuldnervertraglichen Schuldübernahme möglich wäre, so stellt sich aber hinsichtlich der Genehmigung durch das Kind (wieder vertreten durch seine Eltern nach den §§ 1626, 1629 BGB) auch hier die Frage, ob diese überhaupt wirksam erteilt werden könnte.

Eine Genehmigung, und zwar auch diejenige i.S.d. § 415 Abs. 1 S. 1 BGB, ist als eine Form der Zustimmung ein einseitig empfangsbedürftiges Rechtsgeschäft.[877] Auf solche einseitigen Rechtsgeschäfte ist § 181 ebenfalls anwendbar.[878]

Die Diskussion zum verbotenen Insichgeschäft im Rahmen des § 414 BGB sowie die Gründe der fehlenden Genehmigungsbedürftigkeit[879] sind damit analog

---

[874] *Brox/Walker*, Allgemeines Schuldrecht, S. 376, Rn. 9.
[875] *Heinrichs*, in: Palandt, BGB, § 415, Rn. 7.
[876] Sich auf die Möglichkeit der nachgeburtlichen Vertragslösung beschränkend *Taupitz/Schlüter*, AcP 205 (2005), 591 (605).
[877] *Schramm*, in: MüKo, BGB, § 182, Rn. 3; *Heinrichs*, in: Palandt, BGB, Einf v 182, Rn. 1, 3.
[878] *Palm*, in: Erman, BGB, § 181, Rn. 6; *Schramm*, in: MüKo, BGB, § 181, Rn. 13; *Heinrichs*, in: Palandt, BGB, § 181, Rn. 8.
[879] Siehe oben C. VII. 4. d. aa. ccc. (2) (b) (cc).

auf die Situation der Erteilung der Genehmigung im Rahmen des § 415 Abs. 1 S. 1 BGB übertragbar. Dort führte das verbotene und nicht genehmigungsfähige Insichgeschäft dazu, dass dieses Instrumentarium zur Freistellung des Samenspenders von dem Unterhaltsanspruch des Kindes aus § 1601 BGB ausschied.[880] Deshalb kommt eine Genehmigung der Genehmigung der schuldnervertraglichen Übernahme durch das Kind seitens eines Pflegers hier ebenfalls nicht in Betracht.[881]

(d) Rechtsfolge bei verweigerter Genehmigung, §§ 415 Abs. 2 S. 1, Abs. 3 S. 2 BGB

Wird die Genehmigung verweigert (§ 415 Abs. 3 S. 2 BGB) oder gilt sie als verweigert (§ 415 Abs. 2 S. 2 BGB) wird die Schuldübernahme endgültig unwirksam. Damit kommt die Vereinbarung einer schuldnervertraglichen Schuldübernahme zwischen Samenspender und Wunscheltern als Möglichkeit zur Freizeichnung des Samenspenders vom Unterhaltsanspruch des Kindes aus § 1601 BGB nicht in Betracht.

e) Schuldnermehrheiten

Da ein Schuldnerwechsel in Form einer Schuldübernahme nach den §§ 414 ff. BGB ausscheidet, muss ein anderes Instrumentarium gefunden werden, um eine Freistellung des Samenspenders von dem Unterhaltsanspruch des Kindes aus § 1601 BGB zu erreichen.

Zu denken wäre dabei zunächst an eine Konstruktion, die eine Schuldnermehrheit zur Folge hat, wie der *kumulative Schuldbeitritt* (§§ 241 Abs. 1, 311 Abs. 1 BGB) oder auch die *Bürgschaft* (§ 765 Abs. 1 BGB). Beim Entstehen einer *Schuldnermehrheit* gewinnt das Kind einen Unterhaltsschuldner, hier die Wunscheltern, dazu.

Damit wäre bei Wahl eines Schuldbeitritts oder einer Bürgschaft zur Absicherung des Samenspenders zumindest das Problem des Verlustes eines Schuldners und das daraus folgende verbotene Insichgeschäft, welches Haftungsfreistellung über eine Schuldübernahme entgegenstand, obsolet.

aa) Kumulativer Schuldbeitritt, §§ 241 Abs. 1, 311 Abs. 1 BGB

Zu diskutieren ist demnach, ob ein kumulativer Schuldbeitritt, bei welchem das Kind die Wunscheltern als zusätzlichen Unterhaltsschuldner erhält, ein adäquates Instrumentarium zur Haftungsfreistellung des Samenspenders wäre.

aaa) Begriff des kumulativen Schuldbeitritts

Kumulativer Schuldbeitritt bedeutet, dass der Gläubiger – hier das Kind – durch Vertrag neben dem bisherigen Schuldner noch eine andere Person als Schuldner erhält.[882] Es entsteht dabei keine neue, neben die gesicherte Forderung tretende,

---

[880] Siehe oben C. VII. 4. d. aa. ddd.
[881] Ebenso *Taupitz/Schlüter*, AcP 205 (2005), 591 (605).
[882] *Heinrichs*, in: Palandt, BGB, Überbl v § 414, Rn. 2; *Brox/Walker*, Allgemeines Schuldrecht, S. 380, Rn. 19.

Verbindlichkeit. Vielmehr wird (nur) die Mithaftung des Beitretenden für die Hauptschuld begründet. Durch den kumulativen Schuldbeitritt wird somit die Stellung des Gläubigers verstärkt, da dieser für seine Forderung einen zusätzlichen Schuldner bekommt.[883]

bbb) Dogmatische Herleitung des kumulativen Schuldbeitritts

Als Vertragstyp ist der Schuldbeitritt gesetzlich nicht geregelt aber allgemein anerkannt; er wird gemäß der schuldrechtlichen Privatautonomie in Form der Gestaltungsfreiheit aus §§ 241 Abs. 1, 311 Abs. 1 BGB abgeleitet.[884]

ccc) Vertragsparteien des kumulativen Schuldbeitritts

Ähnlich wie die Schuldübernahme kann auch der Schuldbeitritt gläubiger- oder schuldnervertraglich ausgestaltet sein. Der kumulative Schulbeitritt kann damit sowohl durch Vertrag zwischen Gläubiger und Beitretendem geschlossen werden (§§ 241 Abs. 1, 311 Abs. 1, 145, 147 BGB – *gläubigervertraglicher Schuldbeitritt*) als auch als echter Vertrag zugunsten Dritter i.S.d. § 328 Abs. 1 BGB zwischen Schuldner und Beitretendem (*schuldnervertraglicher Schuldbeitritt*).[885] Anders als bei der Schuldübernahme i.S.d. § 415 Abs. 1 S. 1 BGB ist, da dem Gläubiger keine Nachteile in der Form des Verlustes eines Schuldners drohen, dessen Zustimmung entbehrlich.[886]

Vorzugswürdig wäre auch hier, aufgrund der Bedenken gegen eine Stellvertretungslösung, den Schuldbeitritt der Wunscheltern *gläubigervertraglich* zu begründen, d.h. die Vertragsparteien des Schuldbeitritts wären das *Kind* und die *Wunscheltern* (§§ 241 Abs. 1, 311 Abs. 1, 145, 147 BGB). Das Kind hätte danach ein Forderungsrecht gegen den Samenspender aus § 1601 BGB und gegen seine Eltern aus §§ 241 Abs. 1, 311 Abs. 1 i.V.m. 1601 BGB, wobei zwischen den Wunscheltern und dem Samenspender ein Gesamtschuldverhältnis i.S.d. §§ 421 ff. BGB entstünde.

Bei einem *schuldnervertraglichen Schuldbeitritt* hingegen muss sich der Samenspender und die Wunscheltern über den Schuldbeitritt nach §§ 241 Abs. 1, 311 Abs. 1, 145, 147 i.V.m. 328 Abs. 1 BGB einigen. Das würde einen Vertrag zugunsten des Kindes[887] darstellen. Auch hier behielte das Kind im Außenverhältnis seinen Anspruch gegen den Samenspender aus § 1601 BGB und könnte gegen seine Eltern aus §§ 241 Abs. 1, 311 Abs. 1, 328 Abs. 1 i.V.m. 1601 BGB vorgehen. Eine solche Konstruktion wäre nur in dem Falle interessant, dass ein

---

[883] *Brox/Walker*, Allgemeines Schuldrecht, S. 381, Rn. 19.

[884] Ständige Rechtsprechung seit RG, Urt. v. 14. November 1904, AZ: VI 12/04, RGZ 59, 232 (233); vgl. *Heinrichs*, in: Palandt, BGB, Überbl v § 414, Rn. 2.

[885] BGH, Urt. v. 13. Juli 1983, AZ: VIII ZR 134/82, NJW 1983, 2502 (2503); *Stürner*, in: Jauernig, BGB, Anm zu §§ 414, 415, Rn. 1 und 2; *Möschel*, in: MüKo, BGB, Vor § 414, Rn. 12 m.w.N.; *Heinrichs*, in: Palandt, BGB, Überbl v § 414, Rn. 2.

[886] Vgl. *Brox/Walker*, Allgemeines Schuldrecht, S. 381, Rn. 20.

[887] Zu betonen ist, dass der hier angesprochene Vertrag zugunsten Dritter zugunsten des Kindes und nicht des Samenspenders geschlossen wird. Es geht damit an dieser Stelle nicht um das bereits oft angesprochene Problem der Stellvertretungslösung versus Vertrag zugunsten des Samenspenders.

gläubigervertraglicher Schuldbeitritt nicht möglich sein sollte, da eine Stellvertretung des Samenspenders durch den Befruchtungsarzt[888] auch hier grundsätzlich aus Praktikabilitätsgründen abzulehnen ist.

ddd) Voraussetzungen des kumulativen gläubigervertraglichen Schuldbeitritts

(1) Einigung über kumulativen gläubigervertraglichen Schuldbeitritt, §§ 241 Abs. 1, 311 Abs. 1, 145, 147 BGB

Das Kind als Gläubiger, vertreten durch seine Eltern, muss sich mit den Wunscheltern als Beitretenden darüber einigen, dass die Wunscheltern die Unterhaltspflicht des Samenspenders aus § 1601 BGB als eigene Schuld erfüllen werden (§§ 241 Abs. 1, 311 Abs. 1, 145, 147 BGB).

Zwar handelt es sich auch hier durch die Einigung zwischen den Wunscheltern namens des Kindes auf Gläubigerseite und den Wunscheltern selbst als Beitretende um einen von § 181 BGB erfassten Fall des Selbstkontrahierens. Dadurch, dass das Kind durch den Schuldbeitritt aber in seiner Rechtsposition gestärkt wird, da es hinsichtlich des Unterhaltsanspruches aus § 1601 BGB noch die Wunscheltern als Schuldner im Außenverhältnis dazu gewinnt, handelt es sich um ein lediglich rechtlich vorteilhaftes Geschäft i.S.d. § 107 BGB und damit um ein unmittelbar mit der Einigung wirksames und damit zulässiges Insichgeschäft.

(2) Kind als Vertragspartner, § 1 BGB

Auch bei der Vereinbarung eines Schuldbeitritts vor Zeugung des Kindes kann dieses mangels Rechtsfähigkeit (§ 1 BGB) noch nicht Vertragspartner des gläubigervertraglichen kumulativen Schuldbeitritts sein.

Doch auch hier kann darauf verwiesen werden, dass die Wunscheltern sich bereits vor der Zeugung des Kindes vertraglich dem Samenspender gegenüber verpflichten können, nach Geburt des Kindes einen solchen gläubigervertraglichen Schuldbeitritt mit diesem abzuschließen.

(3) Zukünftige Forderung

Wie auch im Falle der Schuldübernahme (§§ 414, 415 Abs. 1 S. 1 BGB) besteht die Unterhaltsforderung im Zeitpunkt des Abschlusses des gläubigervertraglichen Schuldbeitritts noch nicht. Diese entsteht erst nach Feststellung der Vaterschaft des Samenspenders, dann jedoch mit ex tunc Wirkung. Dies steht aber der Vereinbarung eines gläubigervertraglichen Schuldbeitritts nicht entgegen, da ein Schuldbeitritt sich auch auf künftige Forderungen beziehen kann.[889]

---

[888] Oder auch über eine Kettenstellvertretung „Samenspender – Samenspendearzt – Befruchtungsarzt".
[889] BGH, Urt. v. 25. November 1992, AZ: VIII ZR 176/91, NJW-RR 1993, 307 (308); OLG Hamm, Urt. v. 23. September 1992, AZ: 31 U 93/92, NJW-RR 1993, 113 (113); *Möschel*, in: MüKo, Vor § 414, Rn. 12; *Heinrichs*, in: Palandt, BGB, Überbl v § 414, Rn. 2.

(4) Auslegung und Abgrenzung, §§ 133, 157, 242 BGB

Auch wenn die Vereinbarung eines (gläubigervertraglichen) kumulativen Schuldbeitritts grundsätzlich denkbar ist, muss ermittelt werden, ob die Vereinbarung eines solchen tatsächlich der Interessenlage bei der Freistellung des Samenspenders von Unterhaltsansprüchen des Kindes aus § 1601 BGB gerecht wird. Dabei ist der kumulative Schuldbeitritt insbesondere von der befreienden Schuldübernahme i.S.d. §§ 414 ff. und der Bürgschaft i.S.d. § 765 Abs. 1 BGB abzugrenzen und durch Auslegung zu ermitteln, welches Sicherungsmittel am ehesten dem Parteiwillen entspricht.[890]

(a) Abgrenzung zur Schuldübernahme, Vermutung des § 415 Abs. 3 BGB

Ziel der befreienden Schuldübernahme war es, einen Schuldnerwechsel zu erreichen. Dieser scheitert vorliegend daran, dass dem Kind der Samenspender als Schuldner verloren ginge.

Bei einer solchen gescheiterten Schuldübernahme greift grundsätzlich die Auslegungsregel des § 415 Abs. 3 BGB ein.[891] Danach gilt ein gescheiterter Schuldnerwechsel im Zweifel als Erfüllungsübernahme i.S.d. § 329 BGB. Die damit vom Gesetz vorgesehene Erfüllungsübernahme begründet, anders als der Schuldbeitritt, keinen Anspruch des Gläubigers gegen den Dritten, sondern sie beinhaltet lediglich eine obligatorische Verpflichtung des Dritten gegenüber dem Schuldner, dessen Gläubiger zu befriedigen.[892] Durch die Auslegungsregel des § 415 Abs. 3 BGB soll eine Begünstigung des Gläubigers verhindert werden, indem die versuchte Schuldübernahme in einen Schuldbeitritt umgedeutet wird.[893]

Allerdings ist § 415 Abs. 3 BGB, wie jede Auslegungsregel, widerlegbar. Insofern steht § 415 Abs. 3 BGB der Vereinbarung eines Schuldbeitritts nur entgegen, sofern auch eine Auslegung des Parteiwillens für eine Erfüllungsübernahme i.S.d. § 329 BGB streitet.

Bei einer Erfüllungsübernahme i.S.d. § 329 BGB erhielte das Kind gegen die Wunscheltern kein eigenes Forderungsrecht hinsichtlich des Unterhaltsanspruches aus § 1601 BGB. Die Wunscheltern wären bloß im Innenverhältnis zum Samenspender diesem gegenüber verpflichtet, den Unterhaltsanspruch aus § 1601 BGB durch Zahlung an das Kind zu befriedigen. Dadurch erhöht sich bei der Vereinbarung einer Erfüllungsübernahme i.S.d. § 329 BGB für den Samenspender das Risiko, in Anspruch genommen zu werden, falls die Wunscheltern ihre Pflicht aus der Erfüllungsübernahme gegenüber dem Samenspender nicht sofort erfüllten. Er müsste dann im Verhältnis zu den Wunscheltern Regress bei diesen aus der vereinbarten Erfüllungsübernahme nehmen. Die Auslegung des Parteiwillens spricht damit grundsätzlich, entgegen der Auslegungsregel des § 415 Abs. 3 BGB, für die Annahme eines kumulativen Schuldbeitritts anstelle einer Erfüllungsübernahme.

---

[890] Vgl. *Sprau*, in: Palandt, BGB, Einf v § 765, Rn. 15; *Brox/Walker*, Allgemeines Schuldrecht, S. 381, Rn. 22.
[891] *Taupitz/Schlüter*, AcP 205 (2005), 591 (607).
[892] *Westermann*, in: Erman, BGB, Vor § 414, Rn. 12; *Möschel*, in: MüKo, BGB, Vor § 414, Rn. 25.
[893] *Westermann*, in: Erman, BGB, Vor § 414, Rn. 2.

(b) Abgrenzung zur Bürgschaft, § 765 Abs. 1 BGB

Im Gegensatz zur Bürgschaft ist der Schuldbeitritt ein *nicht akzessorisches* Sicherungsmittel. Der Bürge möchte eine *fremde* Schuld sichern[894] und ist gemäß den §§ 768, 770 BGB durch zahlreiche Einreden abgesichert. Demgegenüber übernimmt beim Schuldbeitritt der Beitretende die Schuld als eigene; er will unabhängig von der Schuld des Schuldners haften und wird dazu regelmäßig nur bereit sein, wenn er damit ein eigenes rechtliches oder wirtschaftliches Interesse verfolgt.[895]

Im Fall der Freistellung des Samenspenders von Unterhaltsansprüchen des Kindes aus § 1601 BGB ist die Übernahme der rechtlichen Verantwortung für das Kind, auch in finanzieller Hinsicht, durch die Wunscheltern intendiert. Wenn sie schon nicht anstelle des Samenspenders für dessen Pflichten aus § 1601 BGB eintreten können, da die Vereinbarung einer Schuldübernahme ausscheidet, so sollen sie zumindest (im Außenverhältnis gegenüber dem Kind) *gleichrangig* für die Unterhaltspflicht aufkommen. Bei einer Bürgschaft gemäß § 765 Abs. 1 BGB aber können sie bloß dann durch das Kind in Anspruch genommen werden, sofern Befriedigung beim Samenspender nicht zu erlangen ist, vgl. § 771 S. 1 BGB.

Sofern kein Verzicht auf die Einrede der Vorausklage nach § 773 Abs. 1 Nr. 1 BGB seitens der Wunscheltern vorliegt, haften sie demgemäß *nachrangig* (so genannte *Subsidiarität der Bürgschaftsverpflichtung*[896]). Damit entspricht eine Bürgschaft nicht der Interessenlage der Parteien bei der Freistellung des Samenspenders von Unterhaltsansprüchen des Kindes aus § 1601 BGB.[897]

eee) Rechtsfolgen des gläubigervertraglichen kumulativen Schuldbeitritts

(1) Entstehen eines Gesamtschuldverhältnisses, § 421 S. 1 BGB

Zwischen Beitretendem und Hauptschuldner entsteht durch die Vereinbarung eines Schuldbeitritts ein Gesamtschuldverhältnis (*Gesamtschuldentstehung qua Parteivereinbarung*).[898] Aufgrund des kumulativen Schuldbeitritts erhält der Gläubiger das Recht, die Forderung neben dem eigentlichen Schuldner auch vom Beitretenden verlangen zu können. Das heißt in concreto, dass das Kind sowohl den Samenspender (aus § 1601 BGB direkt) als auch die Wunscheltern (aus §§ 241 Abs. 1, 311 Abs. 1, 1601 BGB) für den Unterhaltsanspruch aus § 1601 BGB in Anspruch nehmen kann.

---

[894] Vgl. *Brox/Walker*, Allgemeines Schuldrecht, S. 381, Rn. 21.
[895] *Brox/Walker*, Allgemeines Schuldrecht, S. 381, Rn. 21.
[896] *Brox/Walker*, Besonderes Schuldrecht, S. 317, Rn. 329.
[897] Ob bei der Vereinbarung einer selbstschuldnerischen Bürgschaft die Bürgschaft auch ein adäquates Mittel zur Freistellung des Samenspenders von Unterhaltsansprüchen des Kindes aus § 1601 BGB wäre siehe C. VII. 4. e. cc.
[898] Vgl. *Westermann*, in: Erman, BGB, Vor § 414, Rn. 6; *Möschel*, in: MüKo, BGB, Vor § 414, Rn. 17; *Heinrichs*, in: Palandt, BGB, Überbl v § 414, Rn. 2; *Brox/Walker*, Allgemeines Schuldrecht, S. 382, Rn. 23; *Bülow*, Recht der Kreditsicherheiten, S. 394, Rn. 1370.

(2) Regress im Innenverhältnis, § 426 Abs. 1 S. 1 BGB

(a) Regressanspruch der Wunscheltern gegen den Samenspender – Freistellungsvereinbarung im Innenverhältnis zwischen Wunscheltern und Samenspender

Dass die Wunscheltern den Samenspender bei Befriedigung des Unterhaltsanspruches des Kindes aus §§ 241 Abs. 1, 311 Abs. 1, 1601 BGB den Samenspender nach § 426 Abs. 1 S. 1 BGB in Regress nehmen könnten, erscheint unbillig, da schließlich eine Freistellung des Samenspenders von dem Unterhaltsanspruch des Kindes durch die Parteien intendiert war. Um dies zu vermeiden, sollte im Innenverhältnis hinsichtlich des Regressanspruches eine Freistellungsvereinbarung getroffen werden.[899]

Dies kann zum einen in dem Vertrag zwischen Wunscheltern und Befruchtungsarzt zu Gunsten des Samenspenders vereinbart werden, so dass der Samenspender durch die Wunscheltern intern von seiner Verbindlichkeit befreit wird.[900] Auf diese Weise kann erreicht werden, dass das Kind sowohl die Wunscheltern unmittelbar in Anspruch nehmen kann, dass es daneben aber seinen Anspruch gegen den Samenspender behält und dieser sich bei den Wunscheltern schadlos halten kann, wenn er seinerseits vom Kind in Anspruch genommen wird.[901] Die Freistellung darf insgesamt im Verhältnis zum Kind nur schuldbegründend wirken, ohne die gesetzlichen Ansprüche des Kindes gegenüber dem Samenspender zu berühren, damit es sich nicht um einen Vertrag zu Lasten des Kindes handelt.[902]

Möglich wäre zum anderen, dass die Wunscheltern auf ihren Regressanspruch gegen den Samenspender aus § 426 Abs. 1 S. 1 BGB einseitig verzichten.

Sofern im Innenverhältnis eine derartige Freistellungsvereinbarung zugunsten des Samenspenders vereinbart wurde, oder die Wunscheltern auf ihren Anspruch aus § 426 Abs. 1 S. 1 BGB gegen den Samenspender verzichten, ist der Samenspender bei Befriedigung des Unterhaltsanspruches durch die Eltern vor weiterer Inanspruchnahme hinsichtlich des Unterhaltsanspruches geschützt. Jedoch trägt er das Insolvenzrisiko der Wunscheltern.

(b) Regressanspruch des Samenspenders gegen die Wunscheltern

Sofern der Samenspender von dem Kind in Anspruch genommen wird, erhält er als Gesamtschuldner ebenfalls gemäß § 426 Abs. 1 S. 1 BGB einen Regressanspruch gegen die Wunscheltern. Dieser Regressanspruch besteht in voller Höhe der an das Kind geleisteten Unterhaltszahlungen, sofern im Innenverhältnis zugunsten des Samenspenders eine Freistellungsvereinbarung von den Wunscheltern mit dem Befruchtungsarzt getroffen wurde.

Doch auch in dieser Konstellation trägt der Samenspender das Risiko, seinen dem Grunde nach bestehenden Anspruch gegen die Wunscheltern nicht durchsetzen zu können. Wichtig ist an dieser Stelle darauf hinzuweisen, dass diese Ge-

---

[899] Ebenso: *Spickhoff*, VersR 2006, 1569 (1573).
[900] *Taupitz/Schlüter*, AcP 205 (2005), 591 (606).
[901] *Taupitz/Schlüter*, AcP 205 (2005), 591 (606 f.).
[902] *Taupitz/Schlüter*, AcP 205 (2005), 591 (607); dazu auch schon oben C. VII. 4. b.

fahr insbesondere dann relevant wird, wenn der Samenspender solventer als die Wunscheltern ist. Schließlich bemisst sich der Unterhaltsanspruch aus § 1601 BGB auch anhand der Leistungsfähigkeit des Unterhaltsschuldners (vgl. § 1603 BGB). Da die Wunscheltern im Außenverhältnis dem Kind gegenüber und im Innenverhältnis zum Samenspender voll für diesen Anspruch aufkommen müssen, könnte dies unter Umständen ihre eigene Leistungsfähigkeit übersteigen.

Ein weiteres Risiko kann sich für den Samenspender ergeben, wenn mehrere Kinder mit seinem Samen gezeugt wurden. Damit wird hier die Unzulänglichkeit einer Haftungsfreizeichnung des Samenspenders, die nur im Innenverhältnis zu den Wunscheltern Wirkung entfaltet, besonders deutlich. Es wäre für ihn existenzvernichtend, wenn er zuerst sämtliche Ansprüche der Kinder befriedigen müsste und erst anschließend im Innenverhältnis bei den Wunscheltern Ausgleich verlangen könnte.

bb) Zwischenergebnis

Die Vereinbarung eines gläubigervertraglichen kumulativen Schuldbeitritts (§§ 241 Abs. 1, 311 Abs. 1, 1601 BGB) ist möglich.[903] Dadurch schulden sowohl die Wunscheltern als auch der Samenspender dem Kind im Außenverhältnis den vollen Unterhaltsanspruch. Ein Regress der Wunscheltern gegen den Samenspender nach § 426 Abs. 1 S. 1 BGB scheidet bei entsprechender zusätzlicher Abrede im Innenverhältnis aus. Aus dieser Abrede im Innenverhältnis zu den Wunscheltern folgt weiter, dass der Samenspender bei Erfüllung des Unterhaltsanspruches des Kindes gegen die Wunscheltern einen Regressanspruch in Höhe der Unterhaltsleistungen an das Kind erhält.

Wird dieses Instrumentarium gewählt, so trägt der Samenspender aber das Insolvenzrisiko der Wunscheltern.[904]

cc) Bürgschaft, § 765 Abs. 1 BGB

Eine Bürgschaft i.S.d. § 765 Abs. 1 BGB der Wunscheltern für den Anspruch des Kindes gegen den Samenspender aus § 1601 BGB scheidet zur Freistellung des Samenspenders vom Unterhaltsanspruch des Kindes aus.

Zum einen soll dem Kind nicht der Anspruch aus § 1601 BGB zusätzlich gesichert, sondern der Samenspender vom Unterhaltsanspruch des Kindes aus § 1601 BGB freigestellt werden. Dass die zusätzliche Absicherung des Kindes im Rahmen des kumulativen Schuldbeitritts reflexartig dadurch geschieht, dass dem Kind nunmehr zwei Schuldner zur Verfügung stehen, ist jedoch nicht intendiert, sondern bloß eine Nebenfolge daraus, dass ein Schuldnerwechsel nicht möglich war und deshalb auf einen kumulativen Schuldbeitritt zurückgegriffen werden musste.

Zum anderen würden die Wunscheltern, wie bereits oben angesprochen, grundsätzlich nur nachrangig für den Anspruch des Kindes aufkommen.[905] Damit

---

[903] Ebenso: *Spickhoff*, VersR 2006, 1569 (1573).
[904] Ebenso: *Merz*, Die medizinische, ethische und juristische Problematik artifizieller menschlicher Fortpflanzung, S. 201; *Spickhoff*, VersR 2006, 1569 (1573).
[905] Ausnahme: Verzicht auf die Einrede der Vorausklage.

könnte das Kind im Außenverhältnis nach wie vor nur den Samenspender in Anspruch nehmen. Dieser erhielte aber keinen Regressanspruch gegen die Wunscheltern aus dem Charakter der Bürgschaft, da der gesetzliche Forderungsübergang des § 774 Abs. 1 S. 1 BGB nur in der umgekehrten Konstellation eingriffe, wenn die Wunscheltern bei Befriedigung des Kindes den Samenspender ihrerseits in Regress nehmen wollten. Bei dem kumulativen Schuldbeitritt hingegen besteht für den Samenspender zumindest die Möglichkeit, dass das Kind die Wunscheltern vorrangig in Anspruch nimmt, diese den Unterhaltsanspruch befriedigen und der Samenspender sodann wegen der im Innenverhältnis zu den Wunscheltern getroffenen Haftungsfreizeichnung keinen weiteren Unterhaltsansprüchen des Kindes mehr ausgesetzt ist.

Auch entspricht die Regressmöglichkeit der Wunscheltern nach § 774 Abs. 1 S. 1 BGB gegen den Samenspender nicht der Interessenlage bei der intendierten Freistellung des Samenspenders von Unterhaltsansprüchen des Kindes. Deshalb wurde im Rahmen des Regressanspruches aus § 426 Abs. 1 S. 1 BGB dies auch durch eine Freistellungsvereinbarung abbedungen. Ob dies hinsichtlich des Regressanspruches aus § 774 Abs. 1 S. 1 BGB ebenfalls möglich ist, erscheint mit Blick auf die dogmatische Einordnung der Bürgschaft als akzessorisches Sicherungsmittel mehr als fraglich. Schließlich gehört es zum Wesen eines akzessorischen Sicherungsmittels, dass bei Befriedigung des gesicherten Anspruches dieser auf den Sicherungsgeber, den Bürgen, übergeht. Dies kann nicht individualvertraglich abbedungen werden.[906]

f) Ergebnis bezüglich der Freizeichnung vom Unterhaltsanspruch des Kindes aus § 1601 BGB

Die Wunscheltern können nicht auf den Unterhaltsanspruch des Kindes in dessen Namen verzichten, da ein Verzicht auf zukünftige Unterhaltsleistungen nach § 1614 Abs. 1 BGB ausgeschlossen ist.

Ein Schuldnerwechsel durch eine Schuldübernahme scheiterte sowohl bei einer gläubigervertraglichen (§ 414 BGB) als auch bei einer schuldnervertraglichen Schuldübernahme (§ 415 Abs. 1 S. 1 BGB) an dem Vorliegen eines unzulässigen und nicht durch einen Pfleger genehmigungsfähigen Insichgeschäfts i.S.d. § 181 BGB.

Eine Auslegung des Parteiwillens (§§ 133, 157, 242 BGB) spricht bei der Abgrenzung der möglichen Sicherungsmittel Bürgschaft (§ 765 Abs. 1 BGB), Erfüllungsübernahme (§ 329 BGB) und kumulativem Schuldbeitritt (§§ 241 Abs. 1, 311 Abs. 1 BGB) für die Vereinbarung eines kumulativen Schuldbeitritts gemäß den §§ 241 Abs. 1, 311 Abs. 1 BGB.

Dieser kann gläubigervertraglich zwischen Kind und Wunscheltern vereinbart werden, indem die Wunscheltern sich bereits vor der Zeugung des Kindes verpflichten, nach der Geburt des Kindes mit diesem eine solche Vereinbarung zu treffen. Doch auch hier kann eine umfassende Freistellung des Samenspenders von Unterhaltsansprüchen des Kindes nicht erreicht werden, da er aufgrund des

---

[906] Bei Abbedingen dieser Regressmöglichkeit würde es sich schließlich nicht mehr um eine Bürgschaft, sondern vielmehr um einen kumulativen Schuldbeitritt handeln.

zwischen ihm und den Wuscheltern entstehenden Gesamtschuldverhältnisses i.S.d. §§ 421 ff. BGB das Insolvenzrisiko der Wunscheltern zu tragen hat.

g) Vereinbarung der Haftungsfreistellung via Schuldbeitritt qua Formularvertrag (§§ 305 ff. BGB)

Eine Absicherung des Samenspenders über die Vereinbarung eines kumulativen Schuldbeitritts ist – wie dargestellt – individualvertraglich möglich. Doch sind Verträge über die heterologe künstliche Befruchtung und darin enthaltene Freistellungen des Samenspenders von Unterhaltspflichten für eine Vielzahl von Verträgen vorformuliert und damit Allgemeine Geschäftsbedingungen i.S.d. § 305 Abs. 1 BGB.[907]

Die Vereinbarung eines kumulativen Schuldbeitritts mittels Allgemeiner Geschäftsbedingungen ist möglich, da ein Verstoß gegen § 305 c Abs. 1 BGB nicht gegeben ist. Gemäß § 305 c Abs. 1 BGB werden Bestimmungen in Allgemeinen Geschäftsbedingungen, die nach den Umständen, insbesondere nach dem äußeren Erscheinungsbild des Vertrags, so ungewöhnlich sind, dass der Vertragspartner des Verwenders nicht mit ihnen zu rechnen braucht, nicht Vertragsbestandteil. Darüber hinaus hält ein solcher Vertrag auch sonst der Inhaltskontrolle gemäß den §§ 307 ff. BGB stand.

Den Wunscheltern, auf deren Sicht bei der Beurteilung der Freistellungsklausel im Rahmen des Vertrages über die künstliche Befruchtung als überraschende Klausel i.S.d. § 305 c Abs. 1 BGB abzustellen ist, wird bewusst sein, dass der Samenspender seinen Samen zwar zur Befruchtung zur Verfügung stellt, darüber hinaus aber keine Verantwortung, insb. keine rechtliche und damit finanzielle Verantwortung für das Kind wünscht. Vor diesem Bewusstsein erscheint die Vereinbarung einer Haftungsfreistellung zugunsten des Samenspenders nicht als überraschend i.S.d. § 305 c Abs. 1 BGB.[908]

h) Exkurs – Sonderfälle der Freistellung des Samenspenders von Unterhaltsansprüchen des Kindes aus § 1601 BGB durch die Wunscheltern

Doch können Sonderfälle vorliegen, bei denen eine Freistellung des Samenspenders via kumulativen Schuldbeitritt ausscheiden könnte.[909]

aa) Nicht konsentierte heterologe Insemination

Unter Umständen erfolgt die heterologe Insemination, obwohl eine Zustimmung des Partners der Wunschmutter nicht vorliegt. In diesem Fall wird in der Regel auch keine Freistellungsvereinbarung von seiner Seite aus vorliegen. Dann kann

---

[907] Vgl. *Taupitz/Schlüter*, AcP 205 (2005), 591 (616).
[908] Ebenso: *Taupitz/Schlüter*, AcP 205 (2005), 591 (617).
[909] Auf den Sonderfall der Anfechtung der Vaterschaft des Wunschvaters durch den Samenspender wird an dieser Stelle nicht eingegangen, da der Focus der vorliegenden Dissertation auf dem Schutz des Samenspenders vor der Inanspruchnahme seitens des Kindes gelegt wird. Siehe dazu aber: *Taupitz/Schlüter*, AcP 205 (2005), 591 (618).

mangels Einigung i.S.d. §§ 241 Abs. 1, 311 Abs. 1, 145, 147 BGB der Wunschvater auch nicht dem Samenspender gegenüber zu Unterhaltsleistungen an das Kind verpflichtet sein.[910]

Verpflichtet aus einem Schuldbeitritt zugunsten des Samenspenders könnte als Vertragspartnerin damit allenfalls die Kindsmutter sein. Fraglich ist, ob eine Freistellung allein durch die Wunschmutter wirksam vereinbart werden kann.

Diese Frage findet durch einen Vergleich zum Scheidungsrecht Beantwortung. Vereinbarungen zwischen Geschiedenen, in denen der eine Elternteil teilweise oder vollständig von seiner Unterhaltsverpflichtung intern freigestellt wird, sind nach der Rechtsprechung grundsätzlich zulässig.[911] Diese Entscheidung ist auf die Situation der Freistellung des Samenspenders von Unterhaltsansprüchen des Kindes nach § 1601 BGB im Innenverhältnis über die Vereinbarung eines kumulativen Schuldbeitritts übertragbar. Daher ist auch in den hier in Rede stehenden Fällen grundsätzlich von einer wirksamen intern wirkenden Freistellung des Samenspenders durch die Wunschmutter auszugehen.[912]

bb) Fehlende Anerkennung der Vaterschaft seitens des Wunschvaters

Auch kann der Problemfall entstehen, dass der Wunschvater die Vaterschaft des Kindes nach der Geburt nicht anerkennt,[913] was der Vereinbarung einer Freistellungsvereinbarung zugunsten des Samenspenders via kumulativen Schuldbeitritts aber nicht entgegensteht.

Die Begründung der Unterhaltspflicht über einen Schuldbeitritt führt zu einer vertraglichen Unterhaltspflicht des Wunschvaters. Hätte er die Vaterschaft anerkannt, so wäre zwar qua Gesetz gegen ihn auch ein Unterhaltsanspruch des Kindes aus § 1601 BGB i.V.m. §§ 1589 ff. BGB direkt entstanden. Aber dies lässt den vertraglichen Unterhaltsanspruch aus §§ 241 Abs. 1, 311 Abs. 1, 1601 BGB unberührt. Auch würde der Wunschvater, der mit seiner Zustimmung einen entscheidenden Beitrag zum Entstehen des Kindes gesetzt hat, sich in Widerspruch zu seinem früheren Verhalten stellen, wenn er nunmehr mittels Verweigerung der Anerkennung der Vaterschaft versuchen sollte, der Unterhaltspflicht für das Kind zu entgehen. Dies würde einen Fall des *venire contra factum proprium* darstellen und wäre als treuwidriges Verhalten des Wunschvaters unbeachtlich (§ 242 BGB).

Zudem soll die Freistellung nach ihrem Sinn und Zweck gerade diejenigen Fälle erfassen, in denen aus verschiedensten Gründen die rechtliche Vaterschaft des Wunschvaters beseitigt wird oder gar nicht erst entsteht.[914]

---

[910] Mangels Zustimmung entfällt selbstverständlich auch der vertragliche Anspruch des Kindes gegen den Wunschvater aus § 328 Abs. 1 BGB.
[911] BGH, Urt. v. 15. Januar 1986, AZ: IV b ZR 6/85, NJW 1986 1167 (1168); OLG Stuttgart, Urt. v. 28. November 1991, AZ: 16 UF 280/91, NJW-RR 1993, 133 (134).
[912] Vgl. *Taupitz/Schlüter*, AcP 205 (2005), 591 (618 f.).
[913] Obwohl grundsätzlich auch eine sog. präkonzeptionelle Anerkennung der Vaterschaft bereits vor der Zeugung des Kindes möglich gewesen wäre, siehe oben C. V. 5. b.
[914] *Taupitz/Schlüter*, AcP 205 (2005), 591 (618).

Hat der Wunschvater der heterologen künstlichen Befruchtung zugestimmt und einen Vertrag zu Gunsten des Samenspenders in Form des Schuldbeitritts für die Unterhaltspflichten abgeschlossen, treffen ihn die finanziellen Folgen des Vertrages folglich auch dann, wenn er später die Anerkennung verweigert.[915] Etwas anderes kann allenfalls dann gelten, wenn die Freistellungsvereinbarung hinreichend deutlich eine entsprechende Beschränkung enthält.[916]

5. Frage 2 – Freizeichnung des Samenspenders vom Erbanspruch des Kindes aus § 1924 Abs. 1 BGB

a) Einleitung

Verstirbt der Samenspender vor dem Kind, so erhält das aus der heterologen künstlichen Befruchtung stammende Kind, sofern der Samenspender gerichtlich als dessen Vater festgestellt wurde, einen Erbanspruch gemäß § 1924 Abs. 1 BGB.[917] Mit Blick auf die Familienplanung und die finanzielle Absicherung der Familie des Samenspenders bei seinem Versterben wird es in seinem Interesse liegen, dass das Erbe, das seiner Familie zufallen soll, nicht um den Erbanspruch des Kindes, das aus der Befruchtung mit seinem Samen hervorgegangen ist, geschmälert wird.

Ob es eine Möglichkeit der Freistellung des Samenspenders bzw. seiner Erben von diesem Anspruch des Kindes gibt, ist Gegenstand des nun folgenden Abschnitts.

b) Möglichkeiten erbrechtlicher Vereinbarungen

Um den Samenspender bzw. seine Erben von den Pflichten, die sich aus dem Erbrecht des Kindes ergeben, freizustellen, ist insbesondere ein Erbverzicht (§ 2346 Abs. 1 S. 1 BGB) denkbar.[918]

---

[915] *Kirchmeier*, FamRZ 1998, 1281 (1286); *Coester-Waltjen*, Gutachten 56. DJT, B 77; *Taupitz/Schlüter*, AcP 205 (2005), 591 (617 f.).
[916] *Taupitz/Schlüter*, AcP 205 (2005), 591 (618).
[917] Zwar bestehen bei einem Vorversterben des Kindes auch erbrechtliche Ansprüche des Samenspenders gegen das Kind bzw. gegen seine anderen Erben. Da sich die vorliegende Arbeit aber mit der rechtlichen Stellung und insbesondere Absicherung des Samenspenders befasst, bleibt ein möglicher Ausschluss dieses Anspruches außer Betracht.
[918] *Taupitz/Schlüter*, AcP 205 (2005), 591 (611) – diese betonen aber zugleich die Möglichkeit der Freistellung des Samenspenders, indem sich der Wunschvater verpflichtet, das Kind erbrechtlich wie ein eigenes zu behandeln. Meines Erachtens ist dies keine Möglichkeit zur Freistellung des Samenspenders von erbrechtlichen Ansprüchen des Kindes, sondern es betrifft vielmehr die Frage, ob der Wunschvater dem Kind nach erfolgter Anfechtung seiner Vaterschaft dem Kind auch noch als Erblasser erhalten bleibt und auf welchem Wege dieses Ziel zu erreichen wäre.

c) Erbverzicht, § 2346 BGB

aa) Begriff des Erbverzichtes, § 2346 BGB

Erbverzicht ist der vor Eintritt des Erbfalls mit dem Erblasser vereinbarte vertragliche Verzicht des zukünftigen Erben auf sein Erbrecht (vgl. §§ 2346, 2352 BGB).[919]

bb) Einigung über Erbverzicht, §§ 2346, 145, 147 BGB
aaa) Vertragsparteien des Erbverzichts

Der Erbverzicht erfolgt durch Vertrag des *Verzichtenden* mit dem *Erblasser*. Demnach müssen sich der Samenspender und das Kind über einen Erbverzicht gemäß der §§ 2346 Abs. 1 S. 1, 145, 147 BGB einigen.

Verzichtsberechtigt i.S.d. § 2346 Abs. 1 S. 1 BGB ist jeder zukünftige gesetzliche Erbe.[920] Ob das Kind tatsächlich zukünftiger Erbe des Samenspenders wäre, hängt davon ab, ob später tatsächlich eine gerichtliche Feststellung der Vaterschaft des Kindes erfolgt. Denn erst durch diese wird ein gegenseitige Erbansprüche auslösendes Verwandtschaftsverhältnis zwischen Samenspender und Kind begründet.[921] Dieses im Zeitpunkt der Vereinbarung des Erbverzichts noch nicht bestehende Verwandtschaftsverhältnis könnte damit der Verzichtsberechtigung des Kindes entgegenstehen. Allerdings kann ein *nichteheliches* Kind mit seinem biologischen Vater schon *vor* der Anerkennung oder Feststellung der Vaterschaft analog § 2346 BGB einen Erbverzicht vereinbaren.[922] Eine vergleichbare Situation liegt auch hier vor, so dass das Kind analog § 2346 BGB auch unabhängig von einer später erfolgenden gerichtlichen Vaterschaftsfeststellung des Samenspenders verzichtsberechtigt ist.[923]

Dieses Ergebnis wird zudem dadurch gestützt, dass auch ein Vorversterben des späteren Erblassers beim Erbverzicht i.S.d. § 2346 Abs. 1 S. 1 BGB stets unterstellt wird. Ob dieser Fall tatsächlich eintritt oder nicht der Verzichtende vorverstirbt und damit ebenfalls nicht Erbe des Erblassers werden würde, führt zu der Schlussfolgerung, dass eine hypothetisch mögliche Erbenstellung für die Verzichtsberechtigung bereits ausreicht.

bbb) Zeitpunkt des Abschlusses des Erbverzichts, § 1 BGB

Die Rechtsfähigkeit beginnt gemäß § 1 BGB mit der Vollendung der Geburt und endet mit dem Tode.[924] Demgemäß kann der Erbverzicht zwischen Samenspender und Kind nur im Zeitraum zwischen der Geburt des Kindes und noch vor dem Tode des Samenspenders vereinbart werden. Eine Freistellung des Samen-

---

[919] *Brox, Erbrecht*, S. 172, Rn. 292.
[920] *Brox, Erbrecht*, S. 173, Rn. 294.
[921] Ebenso: *Taupitz/Schlüter*, AcP 205 (2005), 591 (611).
[922] *Strobel*, in: MüKo, BGB, § 2346, Rn. 7; *Taupitz/Schlüter*, AcP 205 (2005), 591 (611).
[923] Ebenso: *Taupitz/Schlüter*, AcP 205 (2005), 591 (611).
[924] *Heinrichs*, in: Palandt, BGB, § 1, Rn. 3.

spenders von erbrechtlichen Ansprüchen des Kindes scheidet damit vor Zeugung des Kindes aus.[925]

Dadurch, dass das Kind den Erbanspruch gegen den Samenspender erst latent angelegt erwirbt, wenn dieser rechtlich als dessen Vater festgestellt wurde, kann alternativ zur Vereinbarung eines Erbverzichtes unmittelbar nach der Geburt sich das Kind auch, vertreten durch seine Eltern, dazu *verpflichten*, einen Erbverzicht zu vereinbaren, sobald die Vaterschaft des Samenspenders gerichtlich festgestellt wurde.[926] In diesem Fall wird der Erbverzicht i.S.d. § 2346 Abs. 1 S. 1 BGB erst nach gerichtlicher Feststellung des Samenspenders als Vater des Kindes zwischen Kind und Samenspender vereinbart. Bei dem Erbverzicht i.S.d. § 2346 BGB handelt es sich zwar um ein abstraktes, erbrechtliches Verfügungsgeschäft, das unmittelbar den Verlust des gesetzlichen Erbrechts bewirkt und damit auch die gesetzliche Erbfolge verändert.[927] Doch stellt es ein *Rechtsgeschäft unter Lebenden* dar[928] und keine Verfügung *von Todes wegen*, so dass eine derartigen Verpflichtung nicht die Vorschrift des § 2302 BGB entgegensteht.

ccc) Möglichkeit der Stellvertretung, § 2347 BGB
(1) Stellvertretung des Kindes
Eine Stellvertretung des Kindes durch seine Eltern (§§ 1626, 1629 BGB) ist grundsätzlich möglich, da der Verzichtende den Vertrag persönlich abschließen kann, sich aber auch eines Stellvertreters bedienen darf.[929]

(2) Stellvertretung des Samenspenders
Anders verhält es sich hinsichtlich der Möglichkeit einer Stellvertretung des Samenspenders. Der Erblasser, der nicht geschäftsunfähig ist, kann den Verzichtsvertrag nur persönlich schließen, § 2347 Abs. 2 S. 1 BGB; eine Stellvertretung ist für ihn also ausgeschlossen.[930] Anderenfalls ist der Vertrag formnichtig i.S.d. § 125 S. 1 BGB, da Vertretung sowohl im Willen als auch in der Erklärung ausgeschlossen ist.[931]

ddd) Genehmigung des Vormundschaftsgerichts, § 2347 Abs. 1 S. 1, 1. Hs. BGB
Soll der Erbverzicht unmittelbar nach der Geburt des Kindes vereinbart werden, damit der Samenspender frühstmöglich abgesichert ist, so bedarf dieser für seine Wirksamkeit der Genehmigung des Vormundschaftsgerichts, da das Kind zu diesem Zeitpunkt noch geschäftsunfähig ist, vgl. §§ 2347 Abs. 1 S. 1, 1. Hs., 104 Nr. 1 BGB.

---

[925] Vgl. *Taupitz/Schlüter*, AcP 205 (2005), 591 (611).
[926] *Taupitz/Schlüter*, AcP 205 (2005), 591 (612).
[927] *Edenhofer*, in: Palandt, BGB, Überbl v § 2346, Rn. 5.
[928] *Edenhofer*, in: Palandt, BGB, Überbl v § 2346, Rn. 6.
[929] *Edenhofer*, in: Palandt, BGB, § 2347, Rn. 1; *Brox*, Erbrecht, S. 175, Rn. 297.
[930] *Brox*, Erbrecht, S. 172, Rn. 292.
[931] BGH, Urt. v. 4. Juli 1962, AZ: V ZR 14/61, BGHZ 37, 319 (319); OLG Düsseldorf, Urt. v. 6. Juli 2001, AZ: 7 U 205/00, NJW-RR 2002, 584 (584); *Edenhofer*, in: Palandt, BGB, § 2346, Rn. 2.

Es erscheint fraglich, ob das Vormundschaftsgericht einen Erbverzicht zwischen Samenspender und Kind genehmigen wird. Oben wurde im Rahmen der Möglichkeit der Freizeichnung des Samenspenders von Unterhaltsansprüchen des Kindes eine Genehmigungsmöglichkeit eines Schuldnerwechsels durch den Pfleger verneint, da dem Kind ein Unterhaltsschuldner genommen wird.[932] Im Rahmen des Erbverzichts geht es nicht nur um den bloßen Austausch des Erblassers, sondern dem Kind geht der Erbanspruch gegen den Samenspender insgesamt verloren, so dass die Genehmigung durch den Pfleger erst recht zu verneinen sein könnte.

Um diese Frage beantworten zu können, muss der Prüfungsmaßstab des Vormundschaftsgerichts festgelegt werden. Gesetzlich hat dieser keine Normierung erfahren. Das Bayerische Oberste Landgericht[933] führte hinsichtlich des Prüfungsmaßstabes des Vormundschaftsgericht speziell bezüglich eines Erbverzichtsvertrages gemäß § 2346 Abs. 1 S. 1 BGB aus, dass die vormundschaftliche Genehmigung eines Erbverzichtes eine Ermessensentscheidung sei, die am Wohl und Interesse des Kindes auszurichten sei. Eine Rolle spielen könnten dabei auch Erwägungen der Zweckmäßigkeit und des Nützlichen und vor allem finanzielle und materielle Gesichtspunkte. Es könnten aber auch ideelle Gesichtspunkte berücksichtigt werden; entscheidend sei das Gesamtinteresse des Kindes.

Demnach komme es in diesem Zusammenhang nicht ausschließlich auf die im Rahmen der Schuldübernahme zu § 107 BGB angestellten Erwägungen bezüglich der „rechtlichen Vorteilhaftigkeit" des Rechtsgeschäftes an, sondern es könnten unter anderem auch wirtschaftliche und finanzielle Aspekte Berücksichtigung finden.

Das Gesamtinteresse des Kindes streitet damit zunächst dafür, eine Genehmigung des ihn belastenden Erbverzichts abzulehnen. Allenfalls durch die Zahlung einer Abfindung seitens des Samenspenders könnte die Abwägung des Vormundschaftsgerichts zugunsten der Erteilung der Genehmigung des Erbverzichts tendieren,[934] da in diesem Falle die negativen Folgen des Erbverzichts kompensiert würden.

Wird der Samenspender, damit der Erbverzicht genehmigungsfähig ist, zur Zahlung einer Abfindung an das Kind verpflichtet, kann von einer Freistellung des Samenspenders hinsichtlich des Erbanspruches des Kindes wahrlich nicht mehr gesprochen werden.

Doch besteht auch hier die Möglichkeit, dass die Zahlung dieser Abfindung durch die Wunscheltern im Innenverhältnis zum Samenspender übernommen wird.[935]

Trotzdem ist auch in diesem Falle der Samenspender nicht umfassend geschützt. Dies folgt aus den bereits bekannten Risiken eines nur im Innenverhältnis zu den Wunscheltern bestehenden Anspruchs. Zum einen trägt der Samenspender das Risiko, dass die Wunscheltern überhaupt gewillt sind, die Forderung

---

[932] Siehe oben C. VII. 4. d. aa. ccc. (2) (b) (cc).
[933] Vgl. BayObLG, Beschl. v. 4. Juli 1989, AZ: BReg 1 a Z 7/89, FamRZ 1990, 208 (208).
[934] *Taupitz/Schlüter*, AcP 205 (2005), 591 (612).
[935] *Taupitz/Schlüter*, AcP 205 (2005), 591 (612).

des Samenspenders hinsichtlich des der Abfindung zugrunde gelegten Betrages rechtzeitig zu erfüllen. Zum anderen kann der in der Abfindung festgelegte Betrag die finanziellen Verhältnisse der Wunscheltern weit übersteigen, sofern der Samenspender solventer als die Wunscheltern ist. Somit trägt er das Risiko, wirksam einen Erbverzicht gegen Zahlung einer Abfindung vereinbaren zu können, diese aber nicht in voller Höhe von den Wunscheltern kompensiert zu bekommen.

eee) Form, § 2348 BGB
Der Verzichtsvertrag bedarf gemäß § 2348 BGB der notariellen Beurkundung, wobei eine gleichzeitige Anwesenheit beider Teile nicht vorgeschrieben ist (vgl. §§ 128, 152 BGB).[936] Dasselbe gilt für die Verpflichtung zur Vereinbarung eines Erbverzichts nach Feststellung der Vaterschaft des Samenspenders analog § 2348 BGB.[937]

Zu beachten ist aber, dass durch die notarielle Beurkundung der Erklärungen des Erbverzichtsvertrages Notargebühren anfallen. Diese sollten durch die Wunscheltern übernommen werden, da allein diese Notargebühren bereits die erhaltene Aufwandsentschädigung des Samenspenders übersteigen können.

cc) Rechtsfolge des Erbverzichts
aaa) Ausschluss der gesetzlichen Erbfolge, § 2346 Abs. 1 S. 2 BGB
Das Kind wird durch den Erbvertrag nicht mehr Erbe des Samenspenders und der Erbanspruch der Erben des Samenspenders wird nicht um den Anteil des Kindes geschmälert. Denn der formgültig (§ 2348 BGB) erklärte uneingeschränkte Erbverzicht ändert als abstraktes Verfügungsgeschäft mit Vertragsschluss unmittelbar die gesetzliche Erbfolge.[938]

bbb) Auslegungsregel des § 2350 Abs. 2 BGB
Gemäß der Auslegungsregel des § 2350 Abs. 2 BGB ist der Verzicht eines Abkömmlings auf sein gesetzliches Erbrecht im Zweifel als Verzicht nur zu Gunsten der anderen Abkömmlinge und des Ehegatten des Erblassers aufzufassen, § 2350 Abs. 2 BGB. Aufgrund der Neuregelung des § 10 Abs. 7 LPartG gilt dies wohl auch für die Lebenspartner einer gleichgeschlechtlichen Lebenspartnerschaft.[939]

Insofern sollte in den Erbverzichtsvertrag ausdrücklich eine Klausel aufgenommen werden, wonach der Erbverzicht umfassend sämtlichen Erben des Samenspenders zu gute kommt und nicht bloß dessen Kindern und seiner Ehefrau bzw. seinem Lebenspartner (Widerlegung der Auslegungsregel des § 2350 Abs. 2 BGB).

---

[936] *Edenhofer*, in: Palandt, BGB, § 2348, Rn. 1.
[937] *Taupitz/Schlüter*, AcP 205 (2005), 591 (612).
[938] *Edenhofer*, in: Palandt, BGB, § 2346, Rn. 4.
[939] *Edenhofer*, in: Palandt, BGB, § 2350, Rn. 3.

d) Zwischenergebnis

Die Vereinbarung eines Erbverzichtes zwischen Kind und Samenspender ist gemäß § 2346 Abs. 1 S. 1 BGB möglich,[940] bedarf aber der vormundschaftsgerichtlichen Genehmigung gemäß § 2347 Abs. 1 S. 1, 1. Hs. BGB. Diese Genehmigung wird bloß bei der Zahlung einer entsprechenden Abfindung durch den Samenspender erteilt werden, da ansonsten das Wohl des Kindes der Erteilung der vormundschaftsgerichtlichen Genehmigung entgegensteht.

Diese Abfindung sollte durch die Wunscheltern übernommen werden. Doch nicht nur diese Kosten sollten durch sie zu tragen sein, gleiches sollte auch für die anfallenden Notarkosten für die gemäß § 2348 BGB erforderliche notarielle Beurkundung des Erbverzichtsvertrages gelten. Zuletzt ist darauf zu achten, dass in dem Erbverzichtsvertrag ausdrücklich die Auslegungsregel des § 2350 Abs. 2 BGB widerlegt wird.

6. Frage 3 – Freizeichnung von Unterhaltsanspruch der Wunschmutter aus § 1615 l BGB

a) Einleitung

Wie im vorherigen Kapitel dargestellt, besteht für den Samenspender nach seiner gerichtlichen Feststellung als Vater des Kindes nicht nur die Gefahr, Unterhaltsansprüchen des Kindes ausgesetzt zu sein. Darüber hinaus kann er auch einen Unterhaltsanspruch der Kindsmutter aus § 1615 l BGB befriedigen müssen, sofern die Wunscheltern nicht verheiratet sind.[941] Grundsätzlich ist der unverheirateten Kindsmutter Unterhalt für die Zeit von sechs Wochen vor bis acht Wochen nach der Geburt zu gewähren, § 1615 l Abs. 1 S. 1 BGB. In besonderen Fällen, so beispielsweise bei Unmöglichkeit der Erwerbstätigkeit der Kindsmutter aufgrund der Schwangerschaft oder der Erziehung des Kindes, kann sich der Unterhaltsanspruch aus § 1615 l BGB auf einen Zeitraum von vier Monaten vor bis drei Jahren nach der Geburt des Kindes ausdehnen, § 1615 l Abs. 2, S. 1 – 3 BGB.

Nach erfolgter Vaterschaftsfeststellung kann die Wunschmutter den aus § 1615 l BGB folgenden Unterhaltsanspruch gemäß §§ 1615 l Abs. 3 S. 4 i.V.m. 1613 BGB auch für die Vergangenheit geltend machen, wobei dies aber gemäß der Ausschlussfrist des § 1613 Abs. 1 S. 1 Nr. 1, 2. Hs. BGB binnen eines Jahres zu geschehen hat. Auch dieser Unterhaltsanspruch sollte in eine Freistellungsvereinbarung zugunsten des Samenspenders aufgenommen werden. In welcher Form dies möglich ist, ist Gegenstand des nun folgenden Abschnitts.

---

[940] Eine andere Auffassung vertritt *Spickhoff*, VersR 2006, 1569 (1573), der behauptet, dass sich das Erbrecht des Kindes nicht umgehen ließe. Der Samenspender habe nach ihm lediglich die Möglichkeit, das Erbrecht des Kindes auf den Pflichtteil zu beschränken. Diese Aussage erfolgt jedoch ohne weitere Begründung.

[941] Siehe oben C. VI. 8. a. aa. aaa. (2) (a).

b) Unterhaltsverzicht, § 1614 Abs. 1 BGB

Einem Unterhaltsverzicht der Wunschmutter auf ihren Anspruch aus § 1615 l BGB steht § 1614 Abs. 1 BGB entgegen.

Dass § 1614 Abs. 1 BGB auch auf § 1615 l BGB Anwendung findet, ergibt sich aus einem Rückschluss aus der Regelung des § 1585 c BGB. Danach können Ehegatten über die Unterhaltspflicht für die Zeit nach der Scheidung Vereinbarungen treffen. Eine solche Vereinbarung kann grundsätzlich auch einen Unterhaltsverzicht umfassen.[942] Eine derartige Spezialregelung fehlt für den Bereich des Unterhaltsrechts nicht miteinander verheirateter Eltern.

Aufgrund der maximalen Ausdehnung des Unterhaltsanspruchs der Kindesmutter von vier Monaten vor Geburt bis drei Jahren nach Geburt des Kindes (vgl. § 1615 l Abs. 2 BGB), könnte ein Unterhaltsverzicht aber wirksam nach dem Ablauf dieses Zeitraums vereinbart werden. Regelmäßig wird dies aber nicht im Interesse des Samenspenders liegen, da es mit großer Unsicherheit für ihn behaftet ist, ob tatsächlich drei Jahre nach der Geburt ein Verzicht seitens der Kindsmutter erklärt werden wird. Diese Unsicherheit kann auch nicht durch die Vereinbarung einer Verpflichtung zur Erklärung dieses Unterhaltsverzichts beseitigt werden, da durch eine derartige Verpflichtung die Vorschrift des § 1614 Abs. 1 BGB in unzulässiger Weise umgangen würde.

c) Gläubigervertragliche privative Schuldübernahme, § 414 BGB

Doch kann sich der Samenspender vom Anspruch der Wunschmutter aus § 1615 l BGB über die Vereinbarung einer gläubigervertraglichen privativen Schuldübernahme i.S.d. § 414 BGB freizeichnen lassen.

Auch hier ist aus Praktikabilitätsgesichtspunkten die gläubigervertragliche (§ 414 BGB) der schuldnervertraglichen privativen Schuldübernahme (§ 415 Abs. 1 S. 1 BGB) vorzuziehen.

aa) Vertragsparteien und Einigung, §§ 414, 145, 147 BGB

Soll der Wunschvater für den Unterhaltsanspruch der Wunschmutter aus § 1615 l BGB aufkommen, so müssen sich Wunschvater und Wunschmutter über die gläubigervertragliche privative Schuldübernahme gemäß der §§ 414, 145, 147 BGB einigen.

Die Wunschmutter selbst hingegen könnte den Samenspender nicht über eine gläubigervertragliche Schuldübernahme vom Unterhaltsanspruch aus § 1615 l BGB freistellen. Dies würde zum (teilweisen) Erlöschen des Anspruches gemäß § 362 Abs. 1 BGB führen (Konfusion). Auch dies würde eine unzulässige Umgehung des § 1614 Abs. 1 BGB darstellen, da dies im Ergebnis einem Verzicht auf den Unterhaltsanspruch aus § 1615 l BGB gleichkäme.

bb) Bestehen der Schuld

Soll die gläubigervertragliche privative Schuldübernahme bereits vor der Zeugung des Kindes vereinbart werden, so handelt es sich auch hinsichtlich des Un-

---

[942] BGH, Urt. v. 16. April 1997, AZ: XII ZR 293/95, FamRZ 1997, 873 (873); *Brudermüller*, in: Palandt, BGB, § 1585 c, Rn. 4 ff.

terhaltsanspruches aus § 1615 l BGB um einen zukünftigen Anspruch, da dieser frühestens vier Monate vor Geburt des Kindes entsteht, vgl. § 1615 l Abs. 2 S. 3, 1. Hs. BGB.

Wie bereits im Rahmen der Freizeichnung des Samenspenders von Unterhaltsansprüchen des Kindes erörtert, reicht aber auch eine zukünftige Forderung aus, sofern sie hinreichend bestimmt ist.[943]

d) Ergebnis

Der Samenspender ist von dem Unterhaltsanspruch der unverheirateten Wunschmutter aus § 1615 l BGB im Wege einer gläubigervertraglichen privativen Schuldübernahme (§ 414 BGB) freizustellen. Ein Verzicht auf diesen Anspruch durch die Wunschmutter ist aufgrund der Regelung des § 1614 Abs. 1 BGB nicht möglich.

7. Frage 4 – Freizeichnung von Regressanspruch des Wunschvaters aus §§ 1607 Abs. 3 S. 2 i.V.m. 1601 BGB

a) Einleitung

Grundsätzlich hat der Scheinvater gegen den biologischen Vater nach dessen gerichtlicher Feststellung als Vater einen Regressanspruch für bereits geleistete Unterhaltszahlungen an das Kind gemäß §§ 1607 Abs. 3 S. 2 i.V.m. 1601 BGB.[944]

Bleibt dem Wunschvater dieser Regressanspruch gegen den Samenspender erhalten, so würde dies dazu führen, dass der Samenspender letztlich doch mittelbar für den Unterhalt des Kindes aufzukommen hätte, obwohl diese Verantwortung durch die Wunscheltern übernommen werden sollte.

b) Auswirkungen der Freistellungsvereinbarung im Innenverhältnis im Rahmen des kumulativen Schuldbeitritts

Der Samenspender sollte von diesem Unterhaltsanspruch des Kindes möglichst umfassend freigestellt werden. Dazu wurde ein kumulativer Schuldbeitritt vereinbart, durch den sich der Samenspender zumindest im Innenverhältnis zu den Wunscheltern von dem Anspruch des Kindes freizeichnen konnte.[945]

Schon hinsichtlich des grundsätzlich bestehenden Regressanspruches der Wunscheltern aus § 426 Abs. 1 S. 1 BGB war festzuhalten, dass dieser ausgeschlossen ist, sofern die Wunscheltern den Samenspender im Innenverhältnis von der Unterhaltsverpflichtung frei stellen.[946] Ein Regress der Wunscheltern ge-

---

[943] Siehe oben C. VII. 4. d. aa. ccc. (1).
[944] Eine Erstreckung der Regressmöglichkeit auf geleistete Unterhaltsleistungen an die Kindesmutter schied mangels der Möglichkeit der analogen Anwendung auf Ansprüche der Kindsmutter sowohl auf § 1615 l als auch auf die §§ 1570 ff. BGB aus, siehe oben C. VI. 8. a. aa. aaa. (3) (b).
[945] Siehe oben C. VII. 4. e. aa.
[946] Siehe oben C. VII. 4. e. aa. eee. (1) (a).

gen den Samenspender gemäß § 426 Abs. 1 S. 1 BGB bei Zahlung von Unterhaltsleistungen an das Kind gemäß §§ 241 Abs. 1, 311 Abs. 1 i.V.m. 1601 BGB schied dann aufgrund dieser internen Freistellung des Samenspenders aus. Im Vertragstext des Schuldbeitritts sollte demnach aufgenommen werden, dass nicht nur eine Regressmöglichkeit aus § 426 Abs. 1 S. 1 BGB, die aus dem Schuldbeitritt folgt, ausgeschlossen ist, sondern dass dies auch hinsichtlich des gesetzlichen Regressanspruches des Wunschvaters aus § 1607 Abs. 3 S. 2 BGB gilt.[947]

c) Verzicht auf Unterhaltsanspruch, § 1614 Abs. 1 BGB

Einer solchen Klausel steht auch nicht die Regelung des § 1614 Abs. 1 BGB entgegen, wonach der Verzicht auf Unterhaltsleistungen für die Zukunft ausgeschlossen ist. Bei dem in Rede stehenden Anspruch handelt es sich um einen Regressanspruch, welcher erst entsteht, wenn Unterhaltsleistungen bereits in der Vergangenheit geleistet wurden. Zudem geht es nicht um eigene Unterhaltsansprüche des Wunschvaters, sondern er ist bloß Anspruchsinhaber eines Regressanspruches. § 1614 Abs. 1 BGB ist demnach nicht einschlägig.

8. Frage 5 – Wunschvater Unterhaltsschuldner des Kindes nach Anfechtung seiner Vaterschaft

a) Einleitung

Wie dargestellt, ist heute, nach Einfügung des § 1600 Abs. 4 BGB im Zuge des Kinderrechteverbesserungsgesetzes von 2002, eine Anfechtung der Vaterschaft nach heterologer Insemination nur noch durch das Kind möglich.[948] Nach erfolgreicher Anfechtung der Vaterschaft des Wunschvaters erlischt das Verwandtschaftsverhältnis zwischen Kind und Wunschvater. Demzufolge entfällt die gesetzliche Unterhaltspflicht des Wunschvaters aus § 1601 BGB mit ex tunc Wirkung.[949]

Jedoch könnte der Wunschvater dem Kind noch qua Vertrag als Unterhaltsschuldner erhalten geblieben sein. Ein solcher Anspruch kann entweder aus einer *Freistellungsvereinbarung* zugunsten des Samenspenders folgen[950] oder bereits schon alleine aus der *Zustimmung* zur heterologen Insemination.

---

[947] Legt man die hier vertretene Ansicht zugrunde, dass der vertragliche Unterhaltsanspruch des Kindes aus § 328 BGB gegen den Wunschvater auch bei einer Anfechtung durch das Kind nicht entfällt, so kann aus dieser Wertung geschlossen werden, dass dem Wunschvater der Anspruch aus § 1607 Abs. 3 S. 2 i.V.m. § 1601 BGB zwar tatbestandlich zusteht, dieser aber nicht durchsetzbar ist. Siehe dazu unten C. VII. 9. c. bb. bbb.

[948] Siehe oben C. VI. 6. b. bb. bbb. (1).

[949] Siehe oben C. VI. 6. c; *Wanitzek*, Rechtliche Elternschaft bei medizinisch unterstützter Fortpflanzung, S. 267.

[950] Im Falle der Vereinbarung einer Freistellungsvereinbarung des Samenspenders via kumulativen Schuldbeitritts ergibt sich ein vertraglicher Unterhaltsanspruch des Kindes gegen den Wunschvater aus §§ 241 Abs. 1, 311 Abs. 1 i.V.m. 1601 BGB.

Inwiefern sich die Anfechtung des Kindes auch auf die gegen den Wunschvater bestehenden vertraglichen Unterhaltsansprüche auswirkt, ist Gegenstand des nun folgenden Abschnitts.

b) Begründen der vertraglichen Unterhaltspflicht durch Zustimmung des Wunschvaters zur heterologen Insemination (§ 328 Abs. 1 BGB)

Ob bereits die Zustimmung des Wunschvaters zur heterologen Insemination eine vertragliche Unterhaltspflicht des Wunschvaters gegenüber dem Kind begründet, ist umstritten.

aa) Erste Auffassung – Begründung vertraglicher Unterhaltspflicht durch Zustimmung zur heterologen Insemination

Der ersten Auffassung zufolge stelle schon allein die Zustimmung des Wunschvaters zur heterologen Insemination stets zugleich die Begründung einer vertraglichen Unterhaltspflicht gegenüber dem Kind dar (§ 328 Abs. 1 BGB)[951].

So könne nach *Coester-Waltjen*[952] derjenige, der damit einverstanden sei, dass ein Kind in die Ehe oder Familie hineingeboren werde, nicht einen Teil der damit verbundenen Pflichten für sich ausschließen oder beschränken. Selbst wenn der Vertrag über die heterologe Insemination keine ausdrückliche Formulierung dahingehend enthalte, so sei die Zustimmung des Wunschvaters dahingehend auszulegen, dass er das Kind wie ein eigenes annehmen wolle; hierzu gehöre auch die Aufbringung des Unterhalts.[953] Demgemäß wird dieser Auffassung nach die Zustimmung des Wunschvaters zur heterologen Insemination als berechtigender Vertrag zugunsten Dritter im Sinne des § 328 Abs. 1 BGB verstanden und daraus eine wirksame Verpflichtung des Wunschvaters zur Übernahme des Unterhaltsanspruches hergeleitet.[954] Dass der Begünstigte – das Kind – zur Zeit des Vertragsschlusses noch nicht existiert, stünde der Annahme eines wirksamen Vertrages zugunsten Dritter nicht entgegen[955].

---

[951] BGH, Urt. v. 3. Mai 1995, AZ: XII ZR 29/94, NJW 1995, 2028 (2031 f.); zu den Vorinstanzen siehe LG Duisburg, Urt. v. 10. Oktober 1986, AZ: 4 S 229/86, NJW 1987, 1485 (1485 f.); OLG Celle, Urt. v. 25. Oktober 1991, AZ: 15 U 7/91, NJW 1992, 1516 (1516 f.); *Seidel*, in: MüKo, BGB, § 1592, Rn. 35; *Coester-Waltjen*, NJW 1983, 2059 (2060); *Hohloch*, JuS 1995, 836 (837); *Marian*, Die Rechtsstellung des Samenspenders bei der Insemination, S. 151; *Merz*, die medizinische, ethische und juristische Problematik artifizieller menschlicher Fortpflanzung, S. 188 f.; *Roth*, FamRZ 1996, 769 (769); *ders.*, DNotZ 2003, 805 (817); *Wanitzek*, Rechtliche Elternschaft bei medizinisch unterstützter Fortpflanzung, S. 18; *Wehrstedt*, RNotZ 2005, 109 (115); *Zimmermann*, FamRZ 1981, 929 (930).

[952] *Coester-Waltjen*, Gutachten 56. DJT, B 57.

[953] LG Duisburg, Urt. v. 10. Oktober 1986, AZ: 4 S 229/86, NJW 1987, 1485 (1485); *Roth*; FamRZ 1996, 769 (769); *Wohn*, Medizinische Reproduktionstechniken und das neue Abstammungsrecht, S. 93.

[954] Vgl. *Merz*, Die medizinische, ethische und juristische Problematik artifizieller menschlicher Fortpflanzung, S. 189.

[955] *Coester-Waltjen*, JURA 1987, 629 (638).

bb) Andere Auffassung – Keine Begründung vertraglicher Unterhaltspflicht durch Zustimmung zur heterologen Insemination

Zum Teil wird es jedoch abgelehnt[956], schon allein in der Zustimmung zur heterologen Insemination eine konkludente Begründung vertraglicher Unterhaltspflichten des Wunschvaters zu sehen.

Das Oberlandesgericht Hamm[957] verneinte sowohl eine ausdrückliche vertragliche Unterhaltsverpflichtung als auch eine in der Vereinbarung der Wunscheltern über die Vornahme einer heterologen Insemination enthaltenen, stillschweigend geschlossenen Vertrag zugunsten der Kinder, der diesen einen Unterhaltsanspruch gebe. Der Bundesgerichtshof verbinde mit der Zustimmung zur Vornahme zur heterologen Insemination einen rechtsgeschäftlich weitergehenden Inhalt der Erklärung, was mit den üblichen Methoden über die Auslegung von Willenserklärungen nicht mehr vereinbar sei; derartige Rechtsfolgen der Zustimmung zur heterologen Insemination könnten nur durch den Gesetzgeber bestimmt werden. Solle eine Unterhaltsverpflichtung bereits aus der Zustimmung zur heterologen Insemination folgen, so müsse mit der Fiktion gearbeitet werden, dass bereits die Zustimmung zur Drittinsemination ein ausdrückliches Unterhaltsversprechen zum Inhalt habe.[958]

Andere Vertreter verneinen die Möglichkeit, in der Zustimmung zur heterologen Insemination die Begründung einer vertraglichen Unterhaltspflicht des Wunschvaters zu sehen, mit einem Verweis auf die Formvorschrift des § 518 Abs. 1 BGB.[959]

cc) Stellungnahme

In der Zustimmung des Wunschvaters zur heterologen Insemination ist zugleich die Übernahme der sozialen Verantwortung für das Kind zu sehen. Dies umfasst auch die Verpflichtung, für dieses zu sorgen. Gegenstand der Elternsorge ist aber nicht bloß die Personen-, sondern auch die Vermögenssorge. Zu dieser gehört auch die Erbringung der entsprechenden Unterhaltsleistungen. Allein durch den Umstand, dass der Wunschvater seinen Willen bekundet, dass dieses Kind in die Welt gesetzt werden soll, hat er diese Verantwortung übernommen. Mithin handelt es sich nicht, wie von der Gegenansicht behauptet, um eine unzulässige Fiktion eines nicht geäußerten Willens des Wunschvaters.

Auch das Argument des Verweises auf die Formnichtigkeit einer derartigen Verpflichtung gemäß §§ 125 S. 1, 518 Abs. 1 BGB überzeugt nicht. Zunächst handelt es sich bei der Übernahme der Unterhaltsverpflichtung, dem Grundvertrag zwischen Versprechendem und Versprechensempfänger, um einen Vertrag sui generis, wobei keine unentgeltliche Zuwendung vorgenommen wird und daher auch nicht die Form des § 518 Abs. 1 BGB eingehalten werden muss.[960] Im

---

[956] *Sauer*, Die Vaterschaftsanfechtung, S. 116.
[957] OLG Hamm, Urt. v. 25. Januar 1994, AZ: 29 U 139/93, NJW 1994, 2424 ff.
[958] *Sauer*, Die Vaterschaftsanfechtung, S. 116.
[959] *Selb*, Rechtsordnung und künstliche Reproduktion des Menschen, S. 61.
[960] *Coester-Waltjen*, JURA 1987, 629 (638).

Valutaverhältnis – also zwischen Versprechensempfänger und dem begünstigten Kind – liegt eine besondere familienrechtliche Beziehung vor, die dem Kind gegenüber dem Versprechensempfänger eine causa für das Behaltendürfen der Leistungen des Versprechenden liefert.[961] Demzufolge ist § 518 Abs. 1 BGB nicht einschlägig[962] und die Abrede nicht formnichtig i.S.d. § 125 S. 1 BGB.

c) Erlöschen der vertraglichen Unterhaltspflicht des Wunschvaters bei Anfechtung durch das Kind (§ 313 BGB)

Doch fragt sich, ob durch eine Anfechtung der Vaterschaft des Wunschvaters durch das Kind die Geschäftsgrundlage für die vertraglichen Unterhaltsansprüche entfällt.

aa) Erlöschen des aus der Zustimmung zur heterologen Insemination folgenden vertraglichen Unterhaltsanspruches des Kindes

aaa) Erste Auffassung – Erlöschen des vertraglichen Unterhaltsanspruch des Kindes gegen den Wunschvater (§ 313 BGB)

Nach einer Auffassung könne das Kind gegen denjenigen Mann, dessen Vaterschaft es erfolgreich angefochten hat, keinen Unterhaltsanspruch mehr geltend machen.[963] Dies gelte auch dann, wenn der Mann, dessen Vaterschaft angefochten wurde, zuvor seine Zustimmung zur heterologen Befruchtung der Frau gegeben habe.[964]

Dies wird begründet durch einen Verweis auf die Rechtsprechung des Bundesgerichtshofes im Zusammenhang mit der Anfechtung der Vaterschaft nach heterologer Insemination seitens des Wunschvaters. Dort habe der Bundesgerichtshof zwar in der Zustimmung des Wunschvaters zur heterologen Befruchtung der Frau eine konkludente vertragliche Übernahme des Kindesunterhalts in Form eines Vertrages zu Gunsten Dritter, des Kindes, gemäß § 328 Abs. 1 BGB gesehen.[965] Dieser Unterhaltsanspruch solle nach Ansicht des Bundesgerichtshofes auch bei einer Anfechtung durch den *Wunschvater* erhalten bleiben, wie sie vor Inkrafttreten des Gesetzes zur weiteren Verbesserung von Kinderrechten

---

[961] *Coester-Waltjen*, JURA 1987, 629 (638).
[962] Selbst wenn man § 518 Abs. 1 BGB für einschlägig erachtet, weil dem Kind eine unentgeltliche Zuwendung gemacht wird, so ist damit nicht zwingend Formnichtigkeit gemäß § 125 BGB verbunden. Schließlich besteht dann, im Falle der Befriedigung der Unterhaltsansprüche des Kindes durch den Wunschvater die Möglichkeit der Heilung des Formmangels gemäß § 518 Abs. 2 BGB.
[963] OLG Hamm, Urt. v. 25. Januar 1994, AZ: 29 U 139/93, NJW 1994, 2424 (2424 ff.); *Seidel*, in: MüKo, BGB, § 1592, Rn. 35; *Bernat*, MedR 1986, 245 (248); *Marian*, Die Rechtsstellung des Samenspenders bei der Insemination, S. 153; *Sauer*, Die Vaterschaftsanfechtung, S. 118.
[964] *Taupitz/Schlüter*, AcP 205 (2005), 591 (598).
[965] BGH, Urt. v. 3. Mai 1995, AZ: X II ZR 29/94, NJW 1995, 2028 (2028); LG Duisburg, Urt. v. 10. Oktober 1986, AZ: 4 S 229/86, FamRZ 1987, 197 (197); *Coester-Waltjen*, NJW 1983, 2059 (2060); *Taupitz/Schlüter*, AcP 205 (2005), 591 (598).

(KindRVerbG) am 12. April 2002 in solchen Fällen möglich gewesen sei.[966] Anders sah der Bundesgerichtshof dies jedoch schon zum früheren Recht in Fällen einer Anfechtung durch das *Kind*.[967] Diese Anfechtung führte nach Ansicht des Bundesgerichtshofs zu einem Wegfall der Geschäftsgrundlage für die vertraglichen Beziehungen und damit auch zu einem Wegfall der Unterhaltsverpflichtungen des Wunschvaters.[968] Entsprechendes müsse auch für die heutige Rechtslage gelten, wonach nur noch das Kind anfechtungsberechtigt sei (vgl. § 1600 Abs. 4 BGB).

Im Ergebnis bestünde also nach einer Anfechtung durch das Kind kein Unterhaltsanspruch des Kindes gegen denjenigen, dessen Vaterschaft es erfolgreich angefochten habe.[969] In Betracht komme damit lediglich ein Unterhaltsanspruch gegen den Samenspender, sofern dessen Vaterschaft gerichtlich festgestellt worden sei.[970]

Einen zusätzlichen Inhalt der vertraglichen Verpflichtung zwischen den Wunscheltern, dass der Wunschvater auch für den Fall der Anfechtung durch das Kind weiter Unterhalt zahle, ließe sich nicht annehmen.[971] In jedem Fall enthalte die Unterhaltsvereinbarung die stillschweigende Bedingung oder Geschäftsgrundlage, dass dieses Versprechen nur so lange gelten solle, wie eine rechtliche Zuordnung des Kindes zum Wunschvater bestünde, beziehungsweise die Vaterschaft des Wunschvaters nicht vom Kind selbst angefochten worden sei.[972] Die Geschäftsgrundlage entfiele folglich durch das Verhalten des Kindes, so dass sich der Wunschvater in diesem Falle auf einen Wegfall der Geschäftsgrundlage berufen könne.[973]

bbb) Eigene Auffassung – Bestehenbleiben des vertraglichen Unterhaltsanspruch des Kindes gegen den Wunschvater

Diese Auffassung verkennt die Bedeutung des Rechts des Kindes auf Kenntnis der eigenen Abstammung und schränkt dieses in unzulässiger Weise ein.

Die oben angeführte Argumentation basiert zunächst auf der Annahme, dass die Rechtsprechung des Bundesgerichtshofes aus den 1990er Jahren analog auf die heutige Gesetzeslage übertragbar sei. Bei einer Anfechtung des Kindes entfiele demnach auch heute dessen vertraglicher Unterhaltsanspruch gegen den Wunschvater wegen Wegfalls der Geschäftsgrundlage gemäß § 313 BGB.

Eine uneingeschränkte Übertragbarkeit der damaligen Grundsätze der Rechtsprechung erscheint durch die Reform des Kindschaftsrechts im Jahre 2002 schwerlich vertretbar. Es ist insbesondere als eklatanter Unterschied zur damaligen Gesetzeslage hervorzuheben, dass *bloß dem Kind* noch die Anfechtungsbe-

---

[966] *Taupitz/Schlüter*, AcP 205 (2005), 591 (598).
[967] *Taupitz/Schlüter*, AcP 205 (2005), 591 (598).
[968] *Coester-Waltjen*, Gutachten 56. DJT, S. B 63; *Taupitz/Schlüter*, AcP 205 (2005), 591 (598).
[969] *Taupitz/Schlüter*, AcP 205 (2005), 591 (599).
[970] *Taupitz/Schlüter*, AcP 205 (2005), 591 (599).
[971] *Sauer*, Die Vaterschaftsanfechtung, S. 118.
[972] *Sauer*, Die Vaterschaftsanfechtung, S. 118.
[973] *Sauer*, Die Vaterschaftsanfechtung, S. 118.

rechtigung erhalten geblieben ist (vgl. § 1600 Abs. 4 BGB). Auf den ersten Blick mag dies keinen Unterschied darstellen, da sich schließlich auch die vom Bundesgerichtshof damals aufgestellten Grundsätze ausdrücklich mit dem Falle einer Anfechtung der Vaterschaft seitens des Kindes beschäftigten.

Doch führt diese ausschließliche Anfechtungsberechtigung des Kindes logischerweise dazu, dass nur es selbst im Stande ist, die Vaterschaft des Wunschvaters anzufechten. Ein solches Vaterschaftsanfechtungsverfahren gegen den Wunschvater ist, wie bereits mehrfach betont, immer zwingende Voraussetzung, um später inzident im Rahmen eines Vaterschaftsfeststellungsprozesses gegen den Samenspender dessen biologische Vaterschaft gerichtlich überprüfen lassen zu können. Das Kind ist also, um seinem Recht auf Kenntnis der eigenen Abstammung zur Geltung verhelfen zu können, dazu gezwungen, vorab die Vaterschaft des Wunschvaters zu beseitigen.

In der Gesetzeslage vor 2002 konnte dies grundsätzlich auch durch den Wunschvater geschehen. In der damaligen Situation befand sich das Kind damit *nicht zwingend*, sofern sich der Wunschvater zur Anfechtung seiner Vaterschaft bereit erklärte, in dem Dilemma, sein Recht auf Kenntnis der eigenen Abstammung nur zum Preis der Aufgabe der gesetzlichen und auch vertraglichen Unterhaltsansprüche gegen den Wunschvater „erkaufen" zu können. Insofern erscheint fraglich, ob die Grundsätze der damaligen Rechtsprechung tatsächlich auf jeden Fall der Anfechtung seitens des Kindes übertragbar sind.

Doch kann auch nicht für alle Fälle einer Anfechtung der Vaterschaft des Wunschvaters durch das Kind immer von einem Wegfall der Geschäftsgrundlage i.S.d. § 313 BGB gesprochen werden. Es ist jedenfalls festzuhalten, dass das Kind seine biologische Abstammung nur dann ergründen kann, wenn es vorher die Vaterschaft des Wunschvaters mittels Anfechtung beseitigt. Damit muss nicht automatisch der Wille des Kindes einhergehen, sich familiär oder sozial von seinem es aufziehenden Vater zu lösen. Ein Wegfall der Geschäftsgrundlage, die in der Übernahme der Verantwortung für das Kind besteht, kann damit nicht pauschal angenommen werden, da das Kind, zur Klärung der Abstammung unabhängig von dem sozialen und familiären Verhältnis zum Wunschvater, gezwungen ist, den Weg des Vaterschaftsanfechtungsverfahrens zu beschreiten.

Sollte dies jedoch weiter einhellig vertreten werden, so wird dies zu dem Ergebnis führen, dass – zumindest solange nicht die Möglichkeit einer isolierten Feststellung der Abstammung vom Samenspender durch die Einführung einer rechtsfolgenlosen Vaterschaftsfeststellungsklage geschaffen worden ist, das Kind wählen muss zwischen entweder der *Ergründung der biologischen Herkunft und gleichzeitigem Verlust der gesetzlichen und vertraglichen Unterhaltsansprüche* gegen den Wunschvater oder der *gerichtlichen Vaterschaftsfeststellung des Samenspender mit der Begründung dessen gesetzlicher Unterhaltspflicht aus § 1601 BGB*. Dies liegt nicht im Interesse des Kindes, erst recht nicht in dem des Samenspenders.

Zwar könnte die Überlegung angestellt werden, dass bei bestehender Haftungsfreistellung des Samenspenders via kumulativen Schuldbeitritts und daraus folgendem Unterhaltsanspruch des Kindes gegen den Wunschvater gemäß den §§ 241 Abs. 1, 311 Abs. 1 i.V.m. 1601 BGB eine unzulässige Einschränkung des Rechts des Kindes auf Kenntnis der eigenen Abstammung nicht gegeben ist, da dem Kind schließlich durch diesen Anspruch der Wunschvater als vertraglicher Unterhaltsschuldner erhalten bleibt und das Kind damit nicht befürchten muss, ihn durch seine Anfechtung als „Versorger" zu verlieren. Diese Argumentation vernachlässigt aber, den bereits oben angesprochenen Aspekt, dass das Kind nicht zwingend sich durch die Anfechtung von dem Wunschvater auch als Vaterfigur lösen wollen muss. Vielmehr stellt dies derzeit für das Kind die einzige Möglichkeit dar, seine genetische Abstammung der gerichtlichen Überprüfung zuzuführen, dar. Damit kann von einem Wegfall der Geschäftsgrundlage auch dann nicht gesprochen werden, wenn dem Kind noch der vertragliche Unterhaltsanspruch aus dem kumulativen Schuldbeitritt gegen den Wunschvater verbliebe.

bb) Erlöschen des aus dem kumulativen Schuldbeitritts folgenden vertraglichen Unterhaltsanspruchs des Kindes

Auch hinsichtlich des aus der Freistellungsvereinbarung folgenden Unterhaltsanspruchs des Kindes gegen den Wunschvater besteht Uneinigkeit, ob dieser bei einer Anfechtung der Vaterschaft des Wunschvaters durch das Kind bestehen bleibt.

aaa) Differenzierende Auffassung – Kein Erlöschen einer aus einer Freistellungsvereinbarung folgenden vertraglichen Unterhaltspflicht

Einer Ansicht zufolge entfiele dieser aus der Freistellungsvereinbarung folgende vertragliche Unterhaltsanspruch des Kindes gegen den Wunschvater nicht bei einer Anfechtung der Vaterschaft des Wunschvaters durch das Kind. Es wird postuliert, dass es zwar richtig sei, dass aufgrund des Wegfalls der Geschäftsgrundlage eine vertragliche Unterhaltspflicht des Wunschvaters, die allein aus der Zustimmung zur heterologen Insemination entstamme entfalle, auf der anderen Seite aber nicht die schuldrechtliche Freistellung des Samenspenders vom Kindesunterhalt hinfällig werde.[974]

Denn nach dem Sinn und Zweck der Vereinbarung solle der Samenspender umfassend vor den finanziellen Folgen seiner Spende geschützt sein.[975] Da die Vaterschaftsanfechtung der wichtigste Fall sei, in dem der Weg zur gerichtlichen Feststellung der Vaterschaft des Samenspenders frei werde, sei davon auszugehen, dass gerade dieser Fall von der Freistellungsvereinbarung erfasst sein solle.[976] Durch die Anfechtung der Vaterschaft seitens des Kindes falle die Grundlage des Geschäfts zwischen Wunschvater und Samenspender nicht weg, sondern es trete genau der Fall ein, gegen den der Samenspender abgesichert werden solle.[977]

---

[974] *Taupitz/Schlüter*, AcP 205 (2005), 591 (608).
[975] *Taupitz/Schlüter*, AcP 205 (2005), 591 (608).
[976] *Taupitz/Schlüter*, AcP 205 (2005), 591 (608).
[977] *Taupitz/Schlüter*, AcP 205 (2005), 591 (608).

bbb) Andere Auffassung – Undurchsetzbarkeit des Anspruches des Kindes aus dem kumulativen Schuldbeitritt

Andere Literaturstimmen differenzieren nicht zwischen der Art des vertraglichen Unterhaltsanspruchs des Kindes, sondern vertreten, dass sowohl der vertragliche Anspruch, welcher aus der Zustimmung zur heterologen Insemination folge, als auch der Anspruch, der aus einer Freistellungsvereinbarung zugunsten des Samenspenders folge, bei einer Anfechtung der Vaterschaft des Wunschvaters durch das Kind nicht durchsetzbar sei. Mit der Vaterschaftsanfechtung des Wunschvaters durch das Kind ende auch jegliche andere schuldrechtliche Unterhaltspflicht, die an sich von der Anfechtung nicht rechtsverändernd beeinflusst wird; der Wunschvater könne sich bei einem diesbezüglichen Begehren des Kindes auf den Einwand des § 242 BGB „venire contra factum proprium" berufen, da dieses sich durch seine Anfechtung definitiv und gänzlich von ihm losgesagt habe.[978]

cc) Stellungnahme

Zunächst ist festzuhalten, dass schon die allein aus der bloßen Zustimmung zur heterologen Insemination folgende vertragliche Unterhaltspflicht des Wunschvaters bei einer Anfechtung der Vaterschaft durch das Kind nicht entfällt.[979] Dies muss erst recht hinsichtlich des aus dem kumulativen Schuldbeitritt folgenden vertraglichen Unterhaltsanspruchs des Kindes gelten. Zwar würde ein Entfallen dieses Anspruches nicht in gleicher Weise das Recht des Kindes auf Kenntnis der eigenen Abstammung einschränken, da dem Kind immerhin der vertragliche Unterhaltsanspruch gegen den Wunschvater aus der Zustimmung zur heterologen Insemination verbliebe. Doch ist *Taupitz/Schlüter* umfassend zuzustimmen, dass bei einer Anfechtung durch das Kind dieser Anspruch nicht aufgrund der Grundsätze des Wegfalls der Geschäftsgrundlage entfallen könne, da schließlich genau für diesen Fall der (bevorstehenden) Inanspruchnahme des Samenspenders diese vertragliche Vereinbarung getroffen worden sei.

d) Ergebnis

Der Wunschvater begründet durch die Zustimmung zur heterologen künstlichen Befruchtung stets einen vertraglichen Unterhaltsanspruch des Kindes (§ 328 Abs. 1 BGB).

Eine Anfechtung der Vaterschaft des Wunschvaters lässt diesen nicht über die Grundsätze des Wegfalls der Geschäftsgrundlage (§ 313 BGB) entfallen, da dies ansonsten eine faktische, unzulässige Einschränkung des Recht des Kindes auf Kenntnis der eigenen Abstammung darstellen würde.

Wurde darüber hinaus ein kumulativer Schuldbeitritt vereinbart, aus welchem ein vertraglicher Unterhaltsanspruch des Kindes aus §§ 241 Abs. 1, 311 Abs. 1 i.V.m. 1601 BGB folgt, so erlischt dieser auch nicht durch eine Anfechtung des Kindes, da gerade für diesen Fall der möglicherweise nun folgenden Feststellung der Vaterschaft des Samenspenders und den damit einhergehenden Unterhalts-

---

[978] *Niederer*, Reproduktionsmedizinische Methoden, S. 218 f.
[979] Siehe oben C. VII. 8. c. aa. bbb.

pflichten (§§ 1601 ff. BGB) die Freistellungsvereinbarung im Wege des kumulativen Schuldbeitritts vereinbart wurde.

9. Frage 6 – Verhältnis der Unterhaltspflichten von Wunschvater und Samenspender

a) Einleitung

Vor einer Anfechtung der Vaterschaft des Wunschvaters ist das Verhältnis der Unterhaltspflichten von Wunschvater und Samenspender leicht zu beantworten. Der Wunschvater unterliegt der gesetzlichen Unterhaltspflicht des § 1601 BGB und der Samenspender ist, mangels erfolgter gerichtlicher Feststellung seiner biologischen Vaterschaft, dem Kind gegenüber (noch) nicht unterhaltspflichtig.

Deutlich komplizierter gestaltet sich die Rechtslage in dem Fall, dass die Vaterschaft des Wunschvaters zwischenzeitlich angefochten und der Samenspender als Vater des Kindes gerichtlich festgestellt wurde. Jedenfalls ab dem Zeitpunkt der gerichtlichen Feststellung des Samenspenders als Vater des Kindes trifft ihn eine gesetzliche Unterhaltspflicht aus § 1601 BGB. Darüber hinaus bleibt – wie im vorherigen Abschnitt erörtert – aber auch der Wunschvater dem Kind aufgrund vertraglicher Ansprüche (§ 328 Abs. 1 BGB bzw. §§ 241 Abs. 1, 311 Abs. 1 i.V.m. 1601 BGB) zu Unterhaltsleistungen verpflichtet.

Nunmehr stellt sich die Frage, wie sich diese beiden Unterhaltspflichten zueinander verhalten – anders formuliert: wer schuldet dem Kind vorrangig den Unterhalt – wen kann/muss das Kind zuerst in Anspruch nehmen? Um diese Frage beantworten zu können muss zwischen folgenden Situationen unterschieden werden:

- Es wurde *eine Freistellungsvereinbarung* im Wege eines kumulativen Schuldbeitritts vereinbart. Das Kind hat vertragliche Unterhaltsansprüche gegen den Wunschvater sowohl aus § 328 Abs. 1 BGB wie auch aus §§ 241 Abs. 1, 311 Abs. 1 i.V.m. 1601 BGB.
- Es wurde *keine Freistellungsvereinbarung* im Wege eines kumulativen Schuldbeitritts vereinbart. Der vertragliche Unterhaltsanspruch des Kindes folgt „nur" aus der Zustimmung des Wunschvaters zur heterologen Insemination.

b) Verhältnis der Unterhaltspflichten bei Vereinbarung eines kumulativen Schuldbeitritts (§§ 241 Abs. 1, 311 Abs. 1 BGB)

Sind die Wunscheltern der Unterhaltspflicht des Samenspenders aus § 1601 BGB beigetreten, so haften die Wunscheltern gemeinsam mit dem Samenspender für den Unterhaltsanspruch des Kindes aus § 1601 BGB als Gesamtschuldner i.S.d. §§ 421 ff. BGB.[980] Daraus folgt, dass das Kind grundsätzlich wählen kann, ob es sich an die Wunscheltern gemäß §§ 241 Abs. 1, 311 Abs. 1 i.V.m. 1601 BGB oder an den Samenspender nach § 1601 BGB direkt halten

---

[980] Siehe oben C. VII. 4. e. aa. eee (1).

möchte. Ein Ausgleich findet allenfalls im Innenverhältnis statt, wobei der Samenspender – bei entsprechender Freistellung zu den Wunscheltern – bei Befriedigung des Anspruches des Kindes einen Regressanspruch in voller Höhe der geleisteten Zahlungen erhielt und ein Regressanspruch der Wunscheltern ausgeschlossen ist.

Im Außenverhältnis hat die Freistellung damit keinerlei Auswirkungen, da das Kind durch die vereinbarte Freistellung des Samenspenders nicht benachteiligt werden soll. Wunscheltern bzw. Wunschvater und Samenspender haften *gleichrangig* nebeneinander für den Unterhaltsanspruch des Kindes. Der grundsätzliche Vorrang der Begründung der vertraglichen Unterhaltspflicht des Wunschvaters aus §§ 241 Abs. 1, 311 Abs. 1 i.V.m. 1601 BGB manifestiert sich damit ausschließlich im Innenverhältnis. Dort wird die Unterhaltslast aufgrund der internen Freistellungsvereinbarung aber vollständig von dem Samenspender auf die Wunscheltern verlagert, wobei ihm aber das Risiko deren Zahlungsunfähigkeit verbleibt.

c) Verhältnis der Unterhaltspflichten bei fehlender Freistellungsvereinbarung

Liegt keine Freistellungsvereinbarung zwischen Wunscheltern und Samenspender vor, so kann nicht aus der dogmatischen Konstruktion des kumulativen Schuldbeitritts auf das Verhältnis der Unterhaltspflichten von Samenspender und Wunscheltern/Wunschvater geschlossen werden. Hier muss die Frage beantwortet werden, wie sich die gesetzliche Unterhaltspflicht des Samenspenders (§ 1601 BGB) zu der vertraglichen Unterhaltspflicht des Wunschvaters (§ 328 Abs. 1 BGB) verhält.

aa) Kumulation der Ansprüche

Eine Kumulation dieser beiden Ansprüche des Kindes geht an der Ratio eines Unterhaltsanspruches, der dazu gedacht ist, den Lebensunterhalt eines Bedürftigen abzudecken, vorbei und kommt deshalb nicht in Betracht.[981]

bb) Gesamtschuldnerschaft von Wunschvater und Samenspender

Man wird vielmehr de lege lata davon auszugehen haben, dass das Kind die Leistung nur einmal fordern kann, allerdings zwei Anspruchsgegner, sprich Unterhaltsschuldner, hat.[982] Ob durch die vertragliche Unterhaltspflicht des Wunschvaters (§ 328 Abs. 1 BGB) und die gesetzliche Unterhaltspflicht des Samenspenders (§ 1601 BGB) dabei aber ein Gesamtschuldverhältnis zwischen Samenspender und Wunschvater i.S.d. §§ 421 ff. BGB begründet wird, ist umstritten.

---

[981] *Benecke*, Die heterologe künstliche Insemination, S. 197; *Marian*, Die Rechtsstellung des Samenspenders bei der Insemination, S. 151; *Niederer*, Reproduktionsmedizinische Methoden, S. 225.
[982] *Niederer*, Reproduktionsmedizinische Methoden, S. 225.

aaa) Bestehen eines Gesamtschuldverhältnisses zwischen Wunschvater und Samenspender

(1) Erste Ansicht – Bestehen eines Gesamtschuldverhältnisses zwischen Wunschvater und Samenspender

Einer Ansicht zufolge seien Wunschvater und Samenspender als Gesamtschuldner gemäß § 421 BGB anzusehen.[983]

Begründet wird dies zum Teil damit, dass die Leistung schließlich nur einmal gefordert werden könne; die weitere Voraussetzung, nämlich der Bezug auf dasselbe Leistungsinteresse, liege in der Befriedigung des Unterhaltsanspruchs, wobei dieser nicht auf demselben Rechtsgrund beruhen müsse, sondern sich auch, wie vorliegend, aus Vertrag und Gesetz ergeben könne; die Zweckgemeinschaft[984] schließlich ohnehin nur objektiv vorliegen müsse.[985]

Zum Teil wird argumentiert, beide Unterhaltspflichten beruhten auf dem Fürsorgegedanken und wiesen daher die notwendige Gleichrangigkeit und Gleichstufigkeit auf.[986] Auch werde der Unterhalt in Bezug auf das gleiche Leistungsinteresse, nämlich der Absicherung des Kindes, erbracht.[987]

(2) Andere Ansicht – Verneinen eines Gesamtschuldverhältnisses zwischen Wunschvater und Samenspender mangels Gleichstufigkeit der Ansprüche

Andere lehnen ein Gesamtschuldverhältnis zwischen Samenspender und Wunschvater ab.[988] Dabei wird postuliert, dass das Kriterium der Gleichstufigkeit[989] nicht erfüllt sei.[990] Hinsichtlich der Frage, ob denn nun die Gleichstufigkeit aufgrund eines Vorrangs der gesetzlichen Unterhaltspflicht des Samenspenders oder aufgrund eines Vorrangs der vertraglichen Unterhaltspflicht des Wunschvaters zu verneinen sei, besteht Uneinigkeit.

---

[983] *Niederer*, Reproduktionsmedizinische Methoden, S. 225.
[984] Früher vertrat der Bundesgerichtshof in ständiger Rechtsprechung, dass eine Zweckgemeinschaft vorliegen müsse (vgl. BGH, Urt. v. 12. Februar 1965, AZ: 1 b ZR 62/63, NJW 1965, 1174 (1175)). Dieses Kriterium hat er aber bereits Ende der 1960er Jahre aufgegeben (BGH, Urt. v. 27. März 1969, AZ: VII ZR 165/66, NJW 1969, 1165 (1165); BGH, Urt. v. 29. Juni 1972, AZ: VII ZR 190/71, NJW 1972, 1802 (1802); *Heinrichs*, in: Palandt, BGB, § 421, Rn. 6).
[985] *Niederer*, Reproduktionsmedizinische Methoden, S. 225.
[986] *Marian*, Die Rechtsstellung des Samenspenders bei der Insemination, S. 151.
[987] *Marian*, Die Rechtsstellung des Samenspenders bei der Insemination, S. 151.
[988] *Benecke*, Die heterologe künstliche Insemination, S. 189.
[989] Ob die Gleichstufigkeit tatsächlich eine Voraussetzung für die Annahme eines Gesamtschuldverhältnisses ist, ist umstritten. Siehe dazu *Brox/Walker*, Allgemeines Schuldrecht, § 37, Rn. 10 f., S. 10. Von der herrschenden Meinung in der Literatur wie auch der Rechtsprechung wird dies jedoch bejaht (vgl. BGH, Urt. v. 26. Januar 1989, AZ: III ZR 192 /87, NJW 1989, 2127 (2127 ff.); BGH, Urt. v. 28. Oktober 1997, AZ: X ZR 157/96, NJW 1998, 537 (537 ff.); BGH, Urt. v. 26. Juni 2003, AZ: VII ZR 126/02, NJW 2003, 2980 (2980); BGH, Urt. v. 15. Juni 2004, AZ: VI ZR 60/03, NJW 2004, 2892 (2892); *Heinrichs*, in: Palandt, BGB, § 421, Rn. 6 ff.).
[990] *Benecke*, Die heterologe künstliche Insemination, S. 189.

(a) Erste Auffassung – Vorrang der gesetzlichen Unterhaltspflicht des Samenspenders (§ 1601 BGB)

Teilweise wird ein Vorrang der gesetzlichen vor der vertraglichen Unterhaltspflicht angenommen.[991] Aus § 1607 Abs. 3 S. 2 BGB,[992] wonach der Scheinvater von dem genetischen Vater den geleisteten Unterhalt zurückfordern könne, sei von einem Vorrang der gesetzlichen Unterhaltspflicht auszugehen.

(b) Andere Auffassung – Vorrang der vertraglichen Unterhaltspflicht des Wunschvaters (§ 328 Abs. 1 BGB)

Andere nehmen hingegen den Vorrang der vertraglichen vor der gesetzlichen Unterhaltspflicht an.[993] Diese Vertreter stellen sich auf den Standpunkt, dass der vertragliche Unterhaltsanspruch des Kindes eine Vermögensposition sei, der bei der Beurteilung seiner Bedürftigkeit mitzuberücksichtigen sei, so dass der Unterhaltsanspruch gegen den als genetisch festgestellten Samenspender nur dann zum Zuge komme, wenn sich der vertragliche Anspruch nicht realisieren ließe oder niedriger liege als der gegenüber dem Samenspender bestehende Unterhaltsbedarf.[994] Es solle faktisch damit an der Unterhaltsbedürftigkeit des Kindes fehlen, wenn der Wunschvater bereits Leistungen erbringe.[995] Dieser Ansatz unterstellt dabei die grundsätzliche Vorrangigkeit der vertraglichen Unterhaltspflicht des Wunschvaters, wobei der vertragliche Anspruch gegen den Wunschvater dann im Rahmen der Bestimmung der Höhe des Anspruches gegen den Samenspender Berücksichtigung finde.[996]

(3) Stellungnahme

Für eine Gesamtschuldnerschaft von Wunschvater und Samenspender spricht zunächst, dass die Unterhaltsleistung durch das Kind nur einmal gefordert werden kann. Da heute nach absolut herrschender Meinung die Gleichstufigkeit eine Voraussetzung zur Annahme einer Gesamtschuld ist, ist die zentrale Frage, ob eine solche Gleichstufigkeit zwischen dem vertraglichen Anspruch gegen den Wunschvater und dem gesetzlichen Anspruch gegen den Samenspender besteht.[997]

Die Gleichstufigkeit ist dabei ein Kriterium, das anhand des *Außenverhältnisses* zu beurteilen ist. Das bedeutet, dass es aus der Sicht des Gläubigers zu entscheiden ist, ob er vorrangig den einen oder den anderen Schuldner in Anspruch nehmen muss. Wer letztlich auf dem „Schaden der Erfüllung des Anspruches"

---

[991] *Benecke*, Die heterologe künstliche Insemination, S. 189.
[992] *Beneckes* Ausführungen befassten sich damals mit der alten – inhaltsgleichen – Regelung des § 1615 b BGB a.F.
[993] *Coester-Waltjen*, Gutachten 56. DJT, B 61; *Sauer*, Die Vaterschaftsanfechtung, S. 120.
[994] *Niederer*, Reproduktionsmedizinische Methoden, S. 226, Fn. 1.
[995] *Benecke*, Die heterologe künstliche Insemination, S. 199; auch *Coester-Waltjen*, Gutachten 56. DJT, B 61.
[996] Ebenso: *Niederer*, Reproduktionsmedizinische Methoden, S. 226 f.; *Sauer*, Die Vaterschaftsanfechtung, S. 119.
[997] Ebenso: *Sauer*, Die Vaterschaftsanfechtung, S. 119.

sitzen bleibt, ist hingegen eine Frage des *Innenverhältnisses*, das über die Regressmöglichkeit nach § 426 Abs. 1 S. 1 BGB und die darin erfolgende Quotelung berücksichtigt wird.

Vorliegend war bei den Ausführungen zur Haftungsfreistellung des Samenspenders hinsichtlich der Unterhaltsansprüche des Kindes entscheidend, dass er diesem im Außenverhältnis als Unterhaltsschuldner erhalten blieb. Das Kind sollte sich an beide Schuldner (Wunschvater/-eltern und Samenspender) halten können. Eine Verteilung der Unterhaltslast auf den Wunschvater erfolgte damit ausschließlich im Innenverhältnis. Nur dort – und nicht etwa im Aussenverhältnis – kam der Vorrang der vertraglichen Unterhaltspflicht des Wunschvaters zum Tragen.

Nichts anderes kann gelten, wenn überhaupt *keine Freistellungsvereinbarung* getroffen wurde. Zunächst erscheint es problematisch bei dem Fehlen einer entsprechenden Abrede zwischen den Parteien überhaupt eine solche Vorrangigkeit des vertraglichen Unterhaltsanspruches gegen den Wunschvater zu unterstellen. Grundsätzlich soll zwar der Wunschvater seiner sozialen Verantwortung gegenüber dem Kind gerecht werden, indem er für die Unterhaltsleistungen vorrangig aufzukommen hat. Doch ist diese Vorrangigkeit nicht eine Frage der Gleichstufigkeit und damit des Bestehens eines Gesamtschuldverhältnisses, sondern vielmehr eine Frage des Ausgleichs im Innenverhältnis gemäß § 426 Abs. 1 S. 1 BGB. Aus der Perspektive des Kindes kann es sich wahlweise entweder an den Samenspender aus § 1601 BGB oder auch an den Wunschvater aus § 328 Abs. 1 BGB halten.

Würde man eine Vorrangigkeit einer der aus § 328 Abs. 1 BGB folgenden vertraglichen Unterhaltspflicht des Wunschvaters annehmen, so würde dies auch zu einer nicht systemgerechten Besserstellung des Samenspenders führen. Denn sogar in dem Fall einer ausdrücklichen Freistellungsvereinbarung via kumulativen Schuldbeitritts ist der Samenspender im Außenverhältnis dem Kind gegenüber nicht nachrangig, sondern gleichrangig zum Wunschvater verpflichtet. Es wäre absurd, sollte der Samenspender dementsprechend bei fehlender Freistellungsvereinbarung nachrangig haften und bei vereinbarter Haftungsfreistellung ausschließlich gleichrangig und dann auf den Regressweg im Innenverhältnis verwiesen sein.

Es verbleibt damit dabei, dass im Außenverhältnis Gleichrangigkeit der Unterhaltspflichten von Wunschvater und Samenspender anzunehmen ist. Sie haften (erst recht bei fehlender Freistellungsvereinbarung) für den Unterhaltsanspruch des Kindes als Gesamtschuldner i.S.d. §§ 421 ff. BGB.

bbb) Regressmöglichkeiten des Leistenden
(1) Vorrang der vertraglichen Unterhaltspflicht des Wunschvaters (§ 328 Abs. 1 BGB)

Im Innenverhältnis zwischen Samenspender und Wunschvater ist jedoch hinsichtlich des Ausgleichsanspruchs gemäß § 426 Abs. 1 S. 1 BGB von Bedeutung, welche Unterhaltspflicht Vorrang gegenüber der anderen hat. In diesem Zusammenhang kann auf die bereits oben angeführten Argumente rekurriert werden. So könnte für einen Vorrang der gesetzlichen Unterhaltspflicht des Samenspenders aus § 1601 BGB die grundsätzlich tatbestandlich gegebene Regressmöglichkeit des Wunschvaters aus §§ 1607 Abs. 3 S. 2 i.V.m. 1601 BGB sprechen. Auf der anderen Seite kann dem entgegengehalten werden, dass der Wunschvater primär Verantwortlicher für das Kind ist, da ein Erlöschen der Unterhaltspflicht noch nicht einmal im Falle einer Anfechtung der Vaterschaft durch das Wunschkind anzunehmen ist.[998]

Würde dieser Regressanspruch des Wunschvaters aus § 1607 Abs. 3 S. 2 BGB gegen den Samenspender auch durchsetzbar sein, so würde dies im Widerspruch zu der Wertung stehen, dass der Wunschvater mit der Zustimmung zu der Zeugung des Kindes auch die finanzielle Verantwortung für es in Form einer vertraglichen Unterhaltspflicht nach § 328 Abs. 1 BGB übernommen hat. Wird der Gedanke, dass diese Unterhaltspflicht des Wunschvaters auch nicht bei einer Anfechtung durch das Kind erlischt, weil dies eine unzulässige Einschränkung des Kindes auf Kenntnis der eigenen Abstammung darstellt, weiter verfolgt, so muss dies zu dem Ergebnis geleiten, dass der Wunschvater erst recht nicht die Unterhaltsleistungen, die er in der Vergangenheit an das Kind zur Erfüllung seiner (damals auch noch rechtlich bestehenden) Vaterschaftspflichten gezahlt hat, vom Samenspender zurückverlangen kann. Der Regressweg muss ihm damit für den in der Vergangenheit geleisteten Unterhalt verschlossen bleiben.

Nichts anderes kann für den Regressanspruch aus § 426 Abs. 1 S. 1 BGB gelten. Die Übernahme der Vaterschaftsverantwortung seitens des Wunschvaters führt damit dazu, dass er auch im Innenverhältnis keinen Ausgleichanspruch gegen den Samenspender geltend machen kann.

Im Umkehrschluss bedeutet dies konsequenterweise, dass der Samenspender bei einer Inanspruchnahme durch das Kind den vollen Unterhaltsanspruch ersetzt bekäme, jedoch in der Höhe begrenzt entweder auf den Umfang des vertraglichen Anspruches gegen den Wunschvater, sofern dieser geringer ist als der gegen ihn qua Gesetz bestehende Anspruch aus § 1601 BGB oder begrenzt auf die Höhe seines Anspruches, sofern dieser geringer ist, als der vertragliche Anspruch gegen den Wunschvater aus § 328 Abs. 1 BGB. Dies folgt daraus, dass der Samenspender durch den Regress nach § 426 Abs. 1 S. 1 BGB nicht besser stehen soll, als wenn er keine Zahlungen an das Kind erbracht hätte.

(2) Entbehrlichkeit einer Haftungsfreistellungsvereinbarung?
Dieses vorgestellte Ergebnis entspricht grundsätzlich dem, das auch über eine Haftungsfreistellung via kumulativen Schuldbeitritts erreicht werden kann. Auch dort sind Samenspender und Wunschvater gleichrangig zur Unterhaltsleistung verpflichtet und aufgrund der internen Freistellungsvereinbarung ist eine Regressmöglichkeit des Wunschvaters gegen den Samenspender auf der einen Seite ausgeschlossen und auf der anderen Seite hat der Samenspender gegen den Wunschvater einen Regressanspruch in voller Höhe.

Das könnte zu dem Schluss verleiten, dass die Vereinbarung einer Haftungsfreistellung entbehrlich ist. An dieser Stelle ist aber ausdrücklich darauf hinzuweisen, dass es derzeit der Rechtsprechung entspricht, dass bei einer Anfechtung der Vaterschaft des Wunschvaters durch das Kind der vertragliche Unterhaltsan-

---

[998] So nach der hier vertretenen Auffassung, siehe C. VII. 8. c. aa. aaa.

spruch aus § 328 Abs. 1 BGB wegen Wegfalls der Geschäftsgrundlage gemäß § 313 BGB entfällt. In diesem Fall besteht bei fehlender Freistellungsvereinbarung mangels Unterhaltsverpflichtung des Wunschvaters zwischen Samenspender und Wunschvater gerade kein Gesamtschuldverhältnis. Wird diese Rechtsprechung fortgeführt, so ist gerade deswegen dringend an dem Erfordernis einer Freistellungsvereinbarung festzuhalten.

Dies gilt auch hinsichtlich des Regressanspruches des Wunschvaters aus § 1607 Abs. 3 S. 2 BGB. Nimmt man ein Entfallen der Unterhaltspflicht für die Zukunft aufgrund eines Wegfalls der Geschäftsgrundlage an, so kann dieser Regressanspruch auch nicht ausgeschlossen sein. Auch dafür bleibt eine ausdrückliche Vereinbarung zugunsten des Samenspenders erforderlich.

d) Ergebnis

Samenspender und Wunschvater haften für den Unterhalt des Kindes im Außenverhältnis gesamtschuldnerisch i.S.d. §§ 421 ff. BGB; d.h. das Kind kann sich wahlweise an den Wunschvater oder an den Samenspender halten. Im Innenverhältnis ist bei einer Freistellungsvereinbarung dem Wunschvater der Regress gegen den Samenspender verschlossen und der Samenspender kann seinerseits voll umfänglich beim Wunschvater Regress nehmen. Ist eine derartige Freistellungsvereinbarung nicht getroffen worden, so ändert sich an diesem Ergebnis aufgrund der grundsätzlichen Vorrangigkeit der vertraglichen Unterhaltspflicht des Wunschvaters nichts.

10. Frage 7 – Wunschvater als Erblasser des Kindes

a) Einleitung

Durch die Zustimmung zur heterologen Insemination begründet der Wunschvater seine soziale und rechtliche Verantwortung für das Kind.[999] Daraus folgt, wie erörtert, dass er dem Kind, auch nach erfolgter Anfechtung seiner Vaterschaft durch dasselbe, als vertraglicher Unterhaltsschuldner zumindest[1000] gemäß § 328 Abs. 1 BGB erhalten bleibt.[1001]

Ob aus dieser Übernahme der sozialen Verantwortung für das Kind die Schlussfolgerung zu ziehen ist, dass das Gleiche für den Erbanspruch des Kindes gegen den Wunschvater zu gelten hat und der Wunschvater damit auch nach erfolgter Anfechtung seiner Vaterschaft Erblasser des Kindes sein wird, soll Gegenstand des nun folgenden Abschnitts sein.

Denkbar wäre hinsichtlich des erbrechtlichen Verhältnisses von Kind zu Wunschvater, dass der Wunschvater dem Kind aufgrund der Zustimmung zur heterologen Insemination als Erblasser erhalten bleibt, weil sich aus dieser Erklä-

---

[999] Siehe oben C. VII. 8. b.
[1000] Bei entsprechender Freistellungsvereinbarung könnte sich ein Unterhaltsanspruch des Kindes gegen den Wunschvater zudem aus §§ 241 Abs. 1, 311 Abs. 1 i.V.m. 1601 BGB ergeben.
[1001] Siehe oben C. VII. 8. c. aa. bbb.

rung die Verpflichtung ergibt, auch nach der Anfechtung der Vaterschaft das Kind *erbrechtlich wie ein eigenes* zu behandeln. Sollte dies zu verneinen sein, so muss auf die allgemeinen erbrechtlichen Instrumentarien zurückgegriffen werden. In Betracht kommt ein Vermächtnis, eine Erbeinsetzung oder auch ein Erbvertrag, um die Stellung des Wunschvaters als Erblasser bzw. Vermächtnisgeber des Kindes zu begründen.

b) Verpflichtung des Wunschvaters, das Kind erbrechtlich „wie ein eigenes" zu behandeln aufgrund der Zustimmung zur heterologen Insemination

Ob in der Zustimmung zur heterologen Insemination ein konkludentes und bindendes Versprechen des Wunschvaters gesehen werden kann, das Kind auch erbrechtlich wie ein eigenes zu behandeln, so dass das Kind einen Anspruch gegen den Nachlass in der Höhe erhält, in der ihm bei Nichtanfechtung der Vaterschaft ein Pflichtteil zustehen würde, ist umstritten.

aa) Erste Auffassung – Versprechen des Wunschvaters, das Kind erbrechtlich wie ein eigenes zu behandeln

Zum Teil wird dies bejaht.[1002] Ginge man mit der Argumentation des Bundesgerichtshofes[1003] davon aus, dass der Wunschvater für das Kind wie für ein leibliches (eheliches) Kind sorgen wolle, dann könne diesbezüglich im Hinblick auf das Erbrecht nichts anderes gelten.[1004] Die Einräumung des Erbanspruches solle auch hierbei im Wege eines Vertrages zu Gunsten Dritter (§ 328 Abs. 1 BGB) mit dem Wunschvater als Versprechendem, der Mutter als Versprechensempfängerin und dem Kind als begünstigtem Dritten erfolgen.[1005] Es handle sich dabei um einen durch das Überleben des Kindes aufschiebend bedingten Anspruch des Kindes, der gegen den Nachlass des Wunschvaters (§ 1967 BGB) richte und aus diesem erfüllt werden müsse.[1006]

Dabei wird zum Teil ein schuldrechtlicher Anspruch des Kindes gegen den Nachlass in Höhe des regulären Pflichtteilsanspruches vertreten[1007] oder zum Teil auch die modifizierte Variante, dass die Unterhaltspflicht als Nachlassverbindlichkeit wenigstens in Höhe der Waisenrente fortbestehen müsse, ohne dass der Anspruch durch die Höhe des Pflichtteils begrenzt sei.[1008]

[1002] *Coester-Waltjen*, Gutachten 56. DJT, B 58; *Kemper*, FuR 1995, 309 (311).
[1003] BGH, Urt. v. 3. Mai 1995, AZ: XII ZR 29/94, NJW 1995, 2028 (2031).
[1004] *Sauer*, Die Vaterschaftsanfechtung, S. 121.
[1005] *Coester-Waltjen*, Gutachten 56. DJT, B 58.
[1006] *Kemper*, FuR 1995, 309 (311).
[1007] *Coester-Waltjen*, Gutachten 56. DJT, B 58.
[1008] *Spickhoff*, AcP 197 (1997), 398 (410).

bb) Andere Auffassung – Keine Bindung des Wunschvaters, das Kind erbrechtlich wie ein eigenes zu behandeln

Andere hingegen lehnen eine solche Konstruktion eines vertraglichen Anspruches gegen den Nachlass der gesetzlichen Erben des Wunschvaters, der aus der Zustimmung zur heterologen Insemination folgen solle, ab.[1009] In der Zustimmung zur heterologen Insemination könne keine Zuwendung des Wunschvaters an das Kind für den Todesfall enthalten sein.[1010]

Zunächst stellte ein solches Versprechen des Wunschvaters inhaltlich einen unzulässigen Vertrag zu Lasten der Erben des Wunschvaters dar.[1011] Denn ein solcher Vertrag verpflichte allein die Erben und nicht den Versprechenden. Die Erben seien jedoch vom Erblasser verschiedene Personen, auch wenn sie dessen Vermögensnachfolge anträten.[1012]

Des Weiteren könne allein der Zustimmung des Wunschvaters zur heterologen Insemination nicht eine Willenserklärung zur Behandlung des Kindes als eigenes i.S.d. Erbrechts gesehen werden. Eine solche Auslegung sei zum einen mit den üblichen Methoden über die Auslegung von Willenserklärungen nicht zu erreichen.[1013] Gleiches gelte auch für eine Verpflichtungserklärung des Wunschvaters zur Erbeinsetzung des Kindes in Höhe seines hypothetischen gesetzlichen Erbteils.[1014]

Doch selbst wenn ein solcher Wille des Wunschvaters ermittelt werden könne, sei eine dahingehende Erklärung allein konkludent durch die Zustimmung zur heterologen Insemination formnichtig gemäß § 125 S. 1 BGB. Der Wunschvater könne zwar im Rahmen seiner Testierfreiheit die Weitergabe seines Vermögens nach seinem Tode gestalten.[1015] Er unterliege dabei aber dem erbrechtlichen Typenzwang von Testament oder Erbvertrag.[1016] Beide Möglichkeiten der letztwilligen Verfügung seien aber an Formvorschriften gebunden, denen ein konkludentes Versprechen nicht genüge.[1017] Auch eine derartige vertragliche Vereinbarung einer Pflicht zur Errichtung eines Testaments in der Zustimmung zur heterologen Insemination zu sehen, sei nach § 2302 BGB nichtig.[1018]

Zuletzt spreche auch die Rechtsprechung des Bundesgerichtshofes zu den Anfechtungsfällen bei heterologer Insemination gegen die Begründung einer solchen Verpflichtung. Nicht von ungefähr habe der Bundesgerichtshof zur Rechts-

---

[1009] *Kirchmeier*, FamRZ 1998, 1281 (1283); *Mansees*, Das Erbrecht des Kindes nach künstlicher Befruchtung, S. 102 f.; *Spickhoff*, AcP 197 (1997), 398 (408 f.); *Taupitz/Schlüter*, AcP 205 (2005), 591 (613).
[1010] *Mansees*, Das Erbrecht des Kindes nach künstlicher Befruchtung, S. 103.
[1011] *Mansees*, Das Erbrecht des Kindes nach künstlicher Befruchtung, S. 103.
[1012] *Mansees*, Das Erbrecht des Kindes nach künstlicher Befruchtung, S. 103.
[1013] *Helms*, FuR 1996, 178 (189); *Sauer*, Die Vaterschaftsanfechtung, S. 121.
[1014] *Sauer*, Die Vaterschaftsanfechtung, S. 122.
[1015] *Taupitz/Schlüter*, AcP 205 (2005), 591 (613).
[1016] *Mansees*, Das Erbrecht des Kindes nach künstlicher Befruchtung, S. 102 f.; *Taupitz/Schlüter*, AcP 205 (2005), 591 (613), Fn. 78 m.w.N.
[1017] *Mansees*, Das Erbrecht des Kindes nach künstlicher Befruchtung, S. 103; *Sauer*, Die Vaterschaftsanfechtung, S. 122; *Taupitz/Schlüter*, AcP 205 (2005), 591 (613).
[1018] *Kirchmeier*, FamRZ 1998, 1281 (1283).

lage vor Inkrafttreten des KindRVerbG entschieden, dass nach einer (damals noch möglichen) Anfechtung der Vaterschaft durch den Wunschvater allenfalls Unterhaltsansprüche des Kindes bestehen könnten.[1019] Das Kind habe also schon damals kein Erbrecht nach dem Wunschvater bzw. keinen Anspruch gegen dessen Nachlass aus dem Vertrag zu seinen Gunsten gehabt.[1020] Dies gelte gleichermaßen für die heutige Rechtslage.[1021]

cc) Stellungnahme
Aus der Zustimmung zur heterologen Insemination folgt nicht zugleich die rechtsgeschäftliche Verpflichtung des Wunschvaters, das Kind erbrechtlich auch wie ein eigenes zu behandeln.

Eine solche rechtsgeschäftliche Verpflichtung ist formunwirksam und damit nichtig gemäß § 125 S. 1 BGB. Soll das Kind den Wunschvater bei dessen Tod beerben, so ist der Wunschvater – bei durch Vaterschaftsanfechtung erloschener rechtlicher Vaterschaft und damit Entfallen des gesetzlichen Erbrechts des Kindes aus § 1924 Abs. 1 BGB – an den erbrechtlichen Typenzwang gebunden. Er kann das Kind als Erbe einsetzen, ihm ein Vermächtnis zuwenden oder auch einen Erbvertrag schließen. Die bloße Zustimmung zur heterologen Insemination erfüllt jedoch keine der erbrechtlichen Formvorschriften.

Gegen die erstgenannte Auffassung spricht zudem, dass zu berücksichtigen ist, dass dem Kind nach Feststellung des biologischen Vaters ein Pflichtteilsrecht auch diesem gegenüber zusteht, so dass es – anders als im Unterhaltsrecht – doppelt begünstigt wäre.[1022] Dass dies gewollt ist, kann nicht ohne weiteres unterstellt werden.[1023]

c) Erbrechtliche Möglichkeiten
Da aus der Zustimmung des Wunschvaters zur heterologen Insemination nicht bereits die Verpflichtung folgt, das Kind erbrechtlich – auch nach erfolgter Vaterschaftsanfechtung – wie ein eigenes zu behandeln, kann nur mittels eines erbrechtlichen Instituts eine erbrechtliche Verbindung zwischen Kind und Wunschvater begründet werden. Vorstellbar wäre ein Vermächtnis (§ 1939 BGB), eine Erbeinsetzung (§ 1922 Abs. 1 BGB) oder ein Erbvertrag (§§ 2274 ff. BGB).

An dieser Stelle sei jedoch darauf hingewiesen, dass die Begründung eines erbrechtlichen Anspruches des Kindes gegen den Wunschvater via eines Vermächtnisses, einer Erbeinsetzung oder auch eines Erbvertrages nicht immer erforderlich ist.

Wurde ein Erbverzichtsvertrag zwischen Samenspender und Kind, vertreten durch seine Eltern (§§ 1626, 1629 BGB) gemäß § 2346 BGB vereinbart, so ist

---

[1019] BGH, Urt. v. 3. Mai 1995, AZ: XII ZR 29/94, NJW 1995, 2028 (2031); *Spickhoff*, AcP 197 (1997), 399 (409); *Taupitz/Schlüter*, AcP 205 (2005), 591 (613).
[1020] *Kirchmeier*, FamRZ 1998, 1281 (1283); *Sauer*, Die Vaterschaftsanfechtung, S. 122; *Taupitz/Schlüter*, AcP 205 (2005), 591 (613).
[1021] *Taupitz/Schlüter*, AcP 205 (2005), 591 (613).
[1022] *Roth*, DNotZ 2003, 805 (817).
[1023] *Roth*, DNotZ 2003, 805 (817).

das Kind bereits ausreichend finanziell durch die erhaltene Abfindung abgesichert. Auch ist der Wunschvater in diesem Falle bereits durch die im Innenverhältnis zum Samenspender getroffene Vereinbarung, dass er für diese Abfindung aufkommen werde, belastet. Wurde demnach ein Erbverzichtsvertrag i.S.d. § 2346 Abs. 1 S. 1 BGB vereinbart, so sollte nicht zusätzlich eine erbrechtliche Verpflichtung des Wunschvaters begründet werden, da er[1024] dann zum einen doppelt belastet wäre und auch das Kind ungerechtfertigterweise privilegiert würde.

Ein solcher Anspruch des Kindes sollte mithin nur dann geschaffen werden, wenn ein Erbverzichtsvertrag entweder von den Parteien nicht gewünscht ist oder aufgrund der Verweigerung der vormundschaftsgerichtlichen Genehmigung ausschied. Selbstredend kann der Wunschvater aber freiwillig einen zusätzlichen Anspruch des Kindes begründen, wenn dies seinem Willen entspricht. Ergebnis ist aber stets, dass das Kind dann sowohl erbrechtliche Ansprüche gegen den Samenspender als auch den Wunschvater hat (Anspruchskumulation).

aa) Vermächtnis, § 1939 BGB
aaa) Begriff des Vermächtnisses, § 1939 BGB

Gemäß der Legaldefinition des § 1939 BGB liegt ein Vermächtnis vor, wenn der Erblasser durch Testament einem anderen, ohne ihn als Erben einzusetzen, einen Vermögensvorteil zuwendet. Dabei wird der in einem Vermächtnis Bedachte nicht zum Erben (§ 2087 Abs. 2 BGB), sondern erhält nur einen schuldrechtlichen Anspruch auf Erfüllung des Vermächtnisses gegen den Beschwerten (§ 2174 BGB, so genanntes *Damnationslegat*), da der vermachte Gegenstand nicht dinglich übergeht.[1025]

bbb) Vorteil gegenüber Erbvertrag, § 2178 BGB

Möchte der Wunschvater die finanzielle Absicherung des Kindes dadurch erreichen, dass er ihm einen besonderen Wertgegenstand zuwenden möchte, so ist ihm ein Vermächtnis eher als ein Erbvertrag zu empfehlen, da dieser umständlich nur über eine entsprechende vormundschaftliche Genehmigung erreicht werden kann. Darüber hinaus ist die Vereinbarung eines Erbvertrages erst nach der Geburt des Kindes (§ 1 BGB) möglich, wohingegen ein Vermächtnis gemäß § 2178 BGB bereits vor der Geburt dem Kind zugewendet werden kann. Zuletzt unterliegt ein Vermächtnis nicht den strengen Anforderungen des § 2289 Abs. 1 BGB hinsichtlich der Rücknahmemöglichkeit.

[1024] Bzw. im Erbfall seine Erben.
[1025] *Edenhofer*, in: Palandt, BGB, § 1939, Rn. 1, § 2174, Rn. 1; *Brox*, Erbrecht, S. 246, § 26, Rn. 424.

bb) Erbeinsetzung, § 1922 Abs. 1 BGB

Es kann auch im Interesse des Wunschvaters liegen, das Kind als „echten" Erben einzusetzen. Die Erbeinsetzung ist die Bestimmung einer Person oder mehrerer Personen zum *Gesamtrechtsnachfolger* des Erblassers (vgl. § 1922 Abs. 1 BGB).[1026]

Hier ist aber erneut darauf hinzuweisen, dass der Wunschvater bzw. seine Erben auf der einen Seite mit dem Erbanspruch des Kindes aufgrund der gewillkürten Erbfolge belastet sind und auf der anderen Seite entweder noch zusätzlich ein gesetzlicher Erbanspruch gegen den Samenspender besteht oder, falls ein wirksamer Erbverzichtsvertrag vorliegt, der Wunschvater noch zur Zahlung der Abfindung an den Samenspender verpflichtet ist.

cc) Erbvertrag, §§ 2274 ff. BGB

Die letzte Möglichkeit, durch die dem Kind die Stellung als Erbe des Wunschvaters auch nach erfolgter Anfechtung der Vaterschaft des Wunschvaters erhalten bleiben könnte, ist die Vereinbarung eines Erbvertrages i.S.d. §§ 2274 ff. BGB.

Interessant kann ein Erbvertrag insbesondere unter dem Gesichtspunkt sein, dass ein Erbvertrag grundsätzlich mit einer ergänzenden Vereinbarung zusammengefasst werden kann, die die Bedingung für die erbvertragsgemäße Zuwendung ist.[1027] Um sowohl die oben angesprochene doppelte Belastung des Wunschvaters als auch die ungerechtfertigte Privilegierung des Kindes zu vermeiden, könnte eine solche Bedingung darin bestehen, dass das Kind den Samenspender hinsichtlich des gesetzlichen Erbanspruches freistellt.[1028]

aaa) Begriff und Inhalt des Erbvertrages

Der Erbvertrag ist eine vertragliche Verfügung von Todes wegen; seine Besonderheit liegt in seiner Doppelnatur: Verfügung von Todes wegen und Vertrag.[1029] Er unterscheidet sich vom Testament im Kern darin, dass der Erblasser seine vertragsmäßigen Verfügungen nicht mehr frei einseitig widerrufen kann, weil er seine Testierfreiheit im Umfang der von ihm freiwillig eingegangenen vertraglichen Bindung aufgegeben hat.[1030]

Inhalt des Erbvertrages sind gemäß § 2278 Abs. 1 BGB Verfügungen von Todes wegen, also Erbeinsetzung, Vermächtnis und Auflagen (§ 2278 Abs. 2 BGB).

Da eine Erbeinsetzung oder auch ein Vermächtnis auch ohne Erbvertrag erreicht werden kann, ist die Vereinbarung eines Erbvertrages nur in dem Fall sinnvoll, dass damit eine Verpflichtung des Kindes zur Freistellung des Samenspenders verbunden wird. Denn der Erbvertrag ist ansonsten gegenüber einer direkten Erbeinsetzung oder einem direkten Vermächtnis aufgrund der Bindungs-

---

[1026] *Brox*, Erbrecht, S. 193, § 22, Rn. 320.
[1027] *Taupitz/Schlüter*, AcP 205 (2005), 591 (614).
[1028] Dazu *Taupitz/Schlüter*, AcP 205 (2005), 591 (614 f.).
[1029] *Edenhofer*, in: Palandt, BGB, Überbl v § 2274, Rn. 1; *Brox*, Erbrecht, S. 91, § 13, Rn. 145.
[1030] *Edenhofer*, in: Palandt, Überbl v § 2274, Rn. 1; § 2289, Rn. 1.

wirkung gemäß § 2289 Abs. 1 BGB[1031] (eingeschränkte Rücknahmemöglichkeit) nachteilig.

bbb) Einigung, §§ 2274 ff., 145, 147 BGB

Der Wunschvater muss sich mit dem Kind einigen (§§ 2274 ff., 145, 147 BGB). Gemäß § 2274 BGB muss der Erblasser den Erbvertrag persönlich abschließen. Dabei kann sich aber der Vertragspartner, sofern er nicht auch Erblasser ist (einseitiger Erbvertrag), vertreten lassen. Damit ist ein Erbvertrag zwischen Wunschvater und Kind *nach* der Geburt[1032] (§ 1 BGB) des Kindes möglich, weil das Kind dann, sofern es nicht ebenfalls Erblasser ist (zweiseitiger Erbvertrag) vertreten werden kann.

Soll im Erbvertrag eine ergänzende Vereinbarung aufgenommen werden, dass die Wirksamkeit einer mit dem Erbvertrag verbundenen Vereinbarung oder die Erbringung einer vereinbarten Leistung durch den Vertragspartner Bedingung für die erbvertragsmäßige Zuwendung ist, wird dem Kind eine Verpflichtung auferlegt, womit der Vertrag sodann wieder der Genehmigung eines Pflegers bedürfte, § 177 Abs. 1 BGB.

Diese Genehmigung wird der Pfleger nur dann erteilen, wenn der Erbvertrag trotz der rechtlichen Nachteilhaftigkeit dem Kindeswohl entspricht.

Durch den Erbvertrag gewinnt das Kind auf der einen Seite entweder die Stellung eines Erben des Wunschvaters oder ein Vermächtnis, auf der anderen Seite verliert es den gesetzlichen Erbanspruch gegen den Samenspender, wobei ein solcher Verzicht auf den Erbanspruch gegen den Samenspender stets zugleich mit dem Erhalt einer Abfindung verbunden ist. Kindeswohlaspekte scheinen demnach einem Erbvertrag nicht per se entgegenzustehen, da das Kind im Ergebnis zwei „Erbansprüche" hat; einen gegen den Wunschvater aus der Erbeinsetzung und einen gegen den Samenspender modifiziert auf Zahlung der Abfindung zur Genehmigung des Erbverzichts. Dass der Wunschvater diese Verpflichtung zur Zahlung der Abfindung im Ergebnis trägt, macht für das Kind keinen Unterschied.

Insofern fragt sich aber, ob der Erbvertrag (bzw. die Erbeinsetzung oder das Vermächtnis) überhaupt von der Bedingung abhängig gemacht werden kann, dass der Samenspender vor (gesetzlichen) Erbansprüchen des Kindes abgesichert wird. Verpflichtet sich das Kind als Gegenleistung, alles Erforderliche zu tun, um nicht Erbe oder Vermächtnisnehmer des Samenspenders zu werden, so stellt dies eine Verpflichtung zur Ausschlagung des Erbrechts oder zum Abschluss eines Erbverzichtsvertrages dar.[1033] Dies aber stellt einen Vertrag über den Nachlass eines noch lebenden Dritten gemäß § 311 b Abs. 4 BGB dar, welcher damit nichtig ist.[1034] Eine solche Bedingung kann damit nicht wirksam vereinbart wer-

---

[1031] Danach sind spätere Verfügungen in dem Umfang unwirksam, wie sie für den Bedachten nachteilig wären.
[1032] Eine vorgeburtliche Verpflichtung des Wunschvaters, mit dem Kind nach seiner Geburt einen Erbvertrag abzuschließen, ist gemäß § 2302 BGB unwirksam. Vgl. *Taupitz/Schlüter*, AcP 205 (2005), 591 (615).
[1033] *Taupitz/Schlüter*, AcP 205 (2005), 591 (615).
[1034] *Taupitz/Schlüter*, AcP 205 (2005), 591 (615).

den. Vielmehr ist ein solcher (durch den Pfleger genehmigter) Erbvertrag zwischen Wunschvater und Kind gemäß § 139 BGB gesamtnichtig, da beide Verpflichtungen miteinander verbunden sind.[1035]

d) Ergebnis

Nach Anfechtung der Vaterschaft des Wunschvaters ist dieser weder qua Gesetz noch aufgrund der Zustimmung zur heterologen Insemination Erblasser des Kindes.

Der Wunschvater kann dem Kind aber ein Vermächtnis zuwenden. Vorteilhaft an der Zuwendung eines Vermächtnisses ist, dass ein solches nicht der strengen Bindungswirkung des § 2289 Abs. 1 BGB unterliegt und gemäß § 2278 BGB bereits vor der Geburt des Kindes zugewandt werden kann.

Zwar ist auch eine Erbeinsetzung des Kindes möglich. Diese ist aber bloß über den Umweg der Vereinbarung eines Erbvertrages interessant, im Zuge dessen sich das Kind seinerseits verpflichtet den Samenspender von erbrechtlichen Ansprüchen freizustellen, da es ansonsten bloß zu einer Anspruchskumulation beim Kind führt. Doch kann ein solcher Erbvertrag, der unter der Bedingung der Freistellung des Samenspenders durch das Kind steht, nicht wirksam vereinbart werden (§ 311 b Abs. 4 BGB).

VIII. Schritt 7 – Regress des Samenspenders

1. Einleitung

Wird der Samenspender aufgrund der zwischenzeitlich erfolgten Feststellung seiner Vaterschaft vom Kind gemäß § 1601 BGB in Anspruch genommen,[1036] so fragt sich, ob ihm eine Möglichkeit offen steht, sich für diesen Unterhaltsanspruch des Kindes schadlos zu halten.

In Betracht kommt zum einen ein Regressanspruch gegen den Samenspendearzt. Hat dieser mit dem Samenspender eine anonyme Samenspende vereinbart und/oder ihn nicht über die juristischen Risiken, die aus einer Samenspende fol-

---

[1035] *Taupitz/Schlüter*, AcP 205 (2005), 591 (615).
[1036] Die Hauptbelastung des Samenspenders folgt aus seiner Pflicht zur Unterhaltszahlung an das Kind gemäß § 1601 BGB. Darüber hinaus kann zwar auch ein Unterhaltsanspruch der Wunschmutter aus § 1615 l BGB bestehen und, sofern die Auffassung vertreten wird, dass bei einer Anfechtung der Vaterschaft des Wunschvaters durch das Kind dessen vertraglicher Unterhaltsanspruch wegen Wegfalls der Geschäftsgrundlage entfällt und damit auch dem Wunschvater der Regressweg gegen den Samenspender nicht verschlossen bleibt, auch ein Regressanspruch des Wunschvaters für bereits geleisteten Unterhalt aus §§ 1607 Abs. 3 S. 2 i.V.m. 1601 BGB folgen. Doch stellen diese Unterhalts- bzw. Regressansprüche der Wunscheltern eine wesentlich geringere Belastung des Samenspenders dar, so dass sie bei der Erörterung einer Regressmöglichkeit des Samenspenders entweder gegen den Samenspendearzt oder auch gegen den Befruchtungsarzt nicht berücksichtigt werden.

gen können aufgeklärt, so kann dieses Verhalten des Samenspendearztes anspruchsbegründend wirken. Zum anderen ist denkbar, dass der Samenspender seine Zustimmung zur Verwendung seines Samens zu einer heterologen künstlichen Befruchtung davon abhängig gemacht hat, dass eine Freistellungsvereinbarung hinsichtlich des Unterhaltsanspruches mit den Wuscheltern zu seinen Gunsten vereinbart werden wird. In diesem Fall ist zu prüfen, ob bei der Zeugung eines Kindes mit seinem Samen ein Regressanspruch gegen den Befruchtungsarzt entsteht, wenn diese Verpflichtung nicht erfüllt wird.

Doch nicht nur der Unterhaltsanspruch ist eine Belastung, der der Samenspender nach gerichtlicher Feststellung seiner Vaterschaft des Kindes ausgesetzt ist. Auch beerbt ihn das Kind, bei seinem Vorversterben, gemäß § 1924 Abs. 1 BGB. Hinsichtlich dieses Erbanspruches bzw. des durch das Verwandtschaftsverhältnisse entstehende Pflichtteilsrecht des Kindes stellt sich die Frage, ob der Samenspender bereits zu Lebzeiten einen Schadensersatzanspruch entweder gegen den Samenspendearzt oder gegen den Befruchtungsarzt geltend machen kann. Sollte dies zu verneinen sein, so könnte zumindest den Erben des Samenspenders ein entsprechender Ersatzanspruch gegen die Ärzte aufgrund der Minderung ihres Erbanspruches um den Anteil des Kindes am Erbe des Samenspenders zustehen.

Zwar ist denkbar, dass die Ärzte entweder im Verhältnis zu den Wuscheltern von derartigen Regressansprüchen des Samenspenders freigestellt werden[1037] oder auch, dass sie einen Haftungsausschluss mit dem Samenspender vereinbaren[1038]. Ob die Wuscheltern aber letztlich im Ergebnis für den Regressanspruch der Ärzte im Innenverhältnis haften, ist für den Samenspender ohne Belang. Ihm ist bloß wichtig, sich gegebenenfalls im Regresswege an die Ärzte halten zu können, unabhängig davon, ob zwischen Arzt und Wuscheltern eine Umverteilung des Haftungsrisikos durch die Vereinbarung einer Freistellung erfolgte. Hinsichtlich der Möglichkeit eines Haftungsausschlusses der Regressansprüche des Samenspenders ist zu bemerken, dass dem Samenspender von der Vereinbarung eines solchen Haftungsausschlusses dringend abzuraten ist, zumal er sich vor Augen führen sollte, dass schließlich der Samenspendearzt derjenige ist, der auf die Abgabe der Probe angewiesen ist. Eine Abhängigkeit des Samenspenders

---

[1037] Der Samenspendearzt kann im Wege eines Schuldbeitritts der Eltern sich von der Haftung für die Regressansprüche des Samenspenders für leichte Fahrlässigkeit, bis zu einem angemessenen Höchstbetrag von maximal 250.000 Euro freistellen lassen. Für den Befruchtungsarzt gilt das Gleiche. Siehe dazu *Taupitz/Schlüter*, AcP 205 (2005), 591 (632 ff.).

[1038] Auch hier kommt eine Haftungsbegrenzung der Höhe nach bei leichter Fahrlässigkeit in Betracht. Unwahrscheinlich ist allerdings, dass der Samenspender einem solchen Haftungsausschluss bei Kenntnis seines Risikos zustimmen würde, da er nicht auf die relativ geringe Entschädigung für die mit der Spende verbundenen Unannehmlichkeiten durch Untersuchungen und die mehrmalige Abgabe der Spende angewiesen sein dürfte. Vielmehr ist der Samenspendearzt auf die Samenspende angewiesen, nicht aber der Spender darauf, seinen Samen zu spenden. Siehe dazu *Taupitz/Schlüter*, AcP 205 (2005), 591 (636 f.).

ist nicht anzunehmen, da mit Blick auf die geringe Aufwandsentschädigung eine wirtschaftliche Abhängigkeit von dieser Tätigkeit nicht vorliegen wird.

2. Rechtsfragen

Im Zusammenhang der Regressmöglichkeiten des Samenspenders stellen sich folgende Rechtsfragen:

1. Aus welchen Anspruchsgrundlagen kann der Samenspender gegen den Samenspendearzt vorgehen (Anknüpfungspunkt für das schadensersatzauslösende Verhalten des Samenspendearztes)?
2. Welche Schadensposten umfasst der Regressanspruch des Samenspenders gegen den Samenspendearzt?
   - Unterhaltsanspruch des Kindes aus § 1601 BGB;
   - Erbanspruch des Kindes aus § 1924 Abs. 1 BGB?
3. Stehen dem Samenspender auch Schadensersatzansprüche gegen den Befruchtungsarzt zu?
4. Können die gesetzlichen Erben des Samenspenders einen Regressanspruch gegen den Samenspendearzt oder gegen den Befruchtungsarzt aufgrund der Minderung ihres Erbanspruches um den Anteil des Kindes am Erbe des Samenspenders geltend machen?

3. Frage 1 – Regress des Samenspenders gegen den Samenspendearzt (haftungsbegründender Tatbestand)

a) Vertragliche und quasi-vertragliche Haftung des Samenspendearztes (§ 280 Abs. 1 BGB)

Samenspender und Samenspendearzt haben einen Samenspendevertrag abgeschlossen, der einen Vertrag sui generis darstellt.[1039] Eine Verletzung der aus diesem Vertrag folgenden Pflichten zieht vertragliche Schadensersatzansprüche (§ 280 Abs. 1 BGB) nach sich.

aa) Verstoß gegen die Anonymitätszusage

Oftmals wird dem Samenspender seitens des Samenspendearztes Anonymität zugesichert. Eine derartige Anonymitätszusicherung ist sittenwidrig i.S.d. § 138 Abs. 1 BGB, da durch sie das Recht des Kindes auf Kenntnis der eigenen Abstammung vereitelt wird.[1040] Damit ist eine solche Abrede nichtig, der Samenspender kann aus ihr gegenüber dem Samenspendearzt keinerlei Rechte herlei-

---

[1039] Siehe oben C. II. 3. d.
[1040] Siehe oben C. III. 4.

ten.[1041] Ein Verstoß gegen diese Abrede vermag damit eine vertragliche Schadensersatzpflicht des Samenspendearztes nicht zu begründen.[1042]

bb) Verstoß gegen die Aufklärungspflicht

Der Samenspendearzt ist vielmehr gehalten, den Samenspender darüber aufzuklären, dass er dem Kind die Identität des biologischen Vaters offen zu legen hat[1043] und auch die Möglichkeit besteht, dass der Samenspender, nach erfolgter Anfechtung der Vaterschaft des Wunschvaters als rechtlicher Vater des Kindes festgestellt werden kann, woraus sodann die gesetzliche Unterhaltspflicht wie auch das Pflichtteilsrecht des Kindes resultiert.[1044]

Kommt der Samenspendearzt dieser Verpflichtung nicht nach, so verletzt er die aus dem Samenspendevertrag folgende Aufklärungspflicht und macht sich damit dem Samenspender gegenüber schadensersatzpflichtig gemäß den §§ 280 Abs. 1, 241 Abs. 2, 311 Abs. 2 Nr. 1 BGB.[1045]

cc) Verstoß gegen die Verpflichtung zur Herbeiführung einer Freistellungsvereinbarung

Es kann Fälle geben, in denen diese Aufklärung des Samenspenders durch den Samenspendearzt erfolgt ist und der Samenspender aufgrund des Erkennens der für ihn bestehenden juristischen Risiken, den Samenspendearzt durch eine zusätzliche vertragliche Vereinbarung dazu verpflichtet hat, eine Freistellungsvereinbarung seitens der Wunscheltern zu seinen Gunsten herbeizuführen.[1046]

[1041] Ebenso: *Harder*, JuS 1986, 505 (508), der deshalb eine Untersagung der Zusicherung der Geheimhaltung des Spendernamens durch das ärztliche Berufsrecht fordert; *Pahl*, ZfJ 1986, 5 (6).

[1042] Diejenigen, die ein Recht des Kindes auf Kenntnis der eigenen Abstammung verneinen und damit eine anonyme Samenspende als zulässig erachten, werden an dieser Stelle einen vertraglichen Schadensersatzanspruch des Samenspenders gegen den Samenspendearzt aus § 280 Abs. 1 BGB bejahen.
Jedoch bejahte auch *Waibl* einen Anspruch aus cic, bei der Zusicherung der Anonymität und dem Bruch dieser Zusage, weil der Arzt gehalten sei, den Spender über die Nichtigkeit aufzuklären (*Waibl*, Kindesunterhalt als Schaden, S. 306 ff.). Dem ist entgegenzuhalten, dass dies eine Frage eines Anspruches wegen Aufklärungspflichtverletzung ist.
Ebenso: *Coester-Waltjen*, JURA 1987, 629 (639).

[1043] Zum Auskunftsanspruch des Kindes gegen den Samenspendearzt siehe oben C. II. 2.

[1044] Zu den Rechtsfolgen nach erfolgter Vaterschaftsfeststellung des Samenspenders siehe oben C. VI. 8.

[1045] Ebenso: *Benecke*, Die heterologe künstliche Insemination, S. 75 ff., 81 ff., explizit auf S. 206, noch für die Rechtslage vor der Schuldrechtsreform; *Bernat*, Lebensbeginn durch Menschenhand, S. 171 ff.; *Coester-Waltjen*, JURA 1987, 629 (639); *Giesen*, JR 1984, 221 (227); *Kollhosser*, JA 1985, 553 (557); auch *Marian*, Die Rechtsstellung des Samenspenders, S. 251; *Pahl*, ZfJ 1986, 5 (6); *Pap*, Die extrakorporale Befruchtung, S. 335; *Taupitz/Schlüter*, AcP 205 (2005), 591 (622); *Zimmermann*, FamRZ 1981, 929 (932).

[1046] Vgl. *Taupitz/Schlüter*, AcP 205 (2005), 591 (622).

Kommt der Samenspendearzt dieser Verpflichtung nicht nach, so macht er sich gemäß § 280 Abs. 1 BGB schadensersatzpflichtig.[1047]

b) Deliktische Haftung des Samenspendearztes

Auch deliktische Schadensersatzansprüche gegen den Samenspendearzt sind denkbar.

aa) § 823 Abs. 1 BGB

In einer Verwendung der Samenspende in einer Weise, die nicht von der Zustimmung des Samenspenders gedeckt war – hier in der Verwendung des Samens, obwohl abredewidrig keine Freistellungsvereinbarung zu Gunsten des Samenspenders vereinbart wurde – kann eine Verletzung eines Rechts aus § 823 Abs. 1 BGB liegen, die zu einem Schadensersatzanspruch des Samenspenders führt.[1048] Die Verletzung der Aufklärungspflicht hingegen kann nicht als Anknüpfungspunkt für eine Schadensersatzpflicht aus § 823 Abs. 1 BGB dienen, da insofern bloß das Vermögen des Samenspenders beeinträchtigt ist. Dieses ist aber keines der über § 823 Abs. 1 BGB geschützten Rechtsgüter. Gleiches gilt hinsichtlich der Preisgabe der Identität gegenüber dem Kind bei vereinbarter Anonymitätszusicherung. Auch der daraus entstehende Schaden in Form der Unterhaltsverpflichtung stellt nur eine über § 823 Abs. 2 BGB zu berücksichtigenden Vermögensschädigung dar. Zudem fehlt es diesbezüglich an der Rechtswidrigkeit des Verhaltens, da diese Anonymitätszusicherung den Samenspendearzt aufgrund ihrer Sittenwidrigkeit nicht binden kann.

aaa) Eigentumsverletzung

Ein Schadensersatzanspruch des Samenspenders aufgrund einer Eigentumsverletzung scheidet aus.[1049]

Zwar hat der Samenspender unmittelbar mit der Ejakulation Eigentum an der Samenprobe analog § 953 BGB erworben.[1050] Doch hat der Samenspender das Eigentum an der Samenprobe zum Zeitpunkt der abredewidrigen Verwendung bereits an den Samenspendearzt gemäß § 929 S. 1 BGB übereignet, so dass er – auch bei einer schuldrechtlich abredewidrigen späteren Verwendung – nicht mehr Eigentümer des Samens ist.[1051]

bbb) Verletzung des Allgemeinen Persönlichkeitsrechts (Art. 2 Abs. 1 i.V.m. Art. 1 Abs. 1 GG)

Die abredewidrige Verwendung der Samenprobe kann eine Schadensersatzansprüche auslösende Verletzung des Allgemeinen Persönlichkeitsrechts des Samenspenders darstellen.

[1047] *Taupitz/Schlüter*, AcP 205 (2005), 591 (622).
[1048] *Taupitz/Schlüter*, AcP 205 (2005), 591 (627).
[1049] Ebenso: *Taupitz/Schlüter*, AcP 205 (2005), 591 (628 f.).
[1050] Siehe oben C. II. 3. a. bb. aaa.
[1051] Zur Möglichkeit der Übereignung der Samenprobe siehe oben C. II. 3. a.

Grundsätzlich ist diesbezüglich zu betonen, dass eine Verletzung des allgemeinen Persönlichkeitsrechts dann vorliegt, wenn menschliche Zellen, etwa Spermien, bestimmungswidrig vervielfältigt oder in andere Menschen übertragen werden.[1052]

Fraglich ist, ob dies vorliegend tatsächlich der Fall ist. Der Samenspender erklärte sich bei der Abgabe seiner Samenprobe bereit, dass diese zur Zeugung von Kindern mittels heterologer Insemination benutzt werden wird. Die Übertragung auf einen anderen Menschen ist damit von der Bestimmung des Samenspenders noch gedeckt. Die Bestimmungswidrigkeit kann allenfalls aus dem Umstand folgen, dass der Samenspender die Übertragung auf die Wunschmutter von der Bedingung abhängig gemacht hat, dass eine Freistellungsvereinbarung zu seinen Gunsten abgeschlossen wird. Dies betrifft aber ein rein monetäres Interesse des Samenspenders und nicht seinen intimen Bereich der Bestimmung über seine Fortpflanzung. Damit scheidet eine Verletzung des allgemeinen Persönlichkeitsrechts des Samenspenders aus.

bb) §§ 823 Abs. 2 BGB i.V.m. 203 Abs. 1 Nr. 1 StGB

Jedoch könnte die Preisgabe der Identität des Samenspenders gegenüber dem Kind eine deliktische Verletzungshandlung des Samenspendearztes darstellen, die eine Schadensersatzpflicht aus § 823 Abs. 2 BGB begründet. Nach § 823 Abs. 2 BGB sind – im Gegensatz zu § 823 Abs. 1 BGB – auch Vermögensschäden ersatzfähig. Durch die Preisgabe wurde die Feststellung der Vaterschaft des Samenspenders mit den damit verbundenen Rechtsfolgen (unterhalts- und erbrechtlicher Natur) erst ermöglicht.

Zwar kann ein Verstoß gegen eine sittenwidrige und insoweit nichtige Anonymitätszusicherung keinen vertraglichen Schadensersatzanspruch des Samenspenders begründen.[1053] Doch ist der Samenspendearzt im Rahmen seiner ärztlichen Schweigepflicht gehalten, die persönlichen Daten über seine Patienten nicht zu offenbaren. Grundsätzlich verstößt der Samenspendearzt damit gegen seine ärztliche Schweigepflicht, so dass ein Verstoß gegen § 203 Abs. 1 Nr. 1 StGB vorliegt. Bei § 203 Abs. 1 Nr. 1 StGB handelt es sich auch um ein Schutzgesetz i.S.d. § 823 Abs. 2 BGB, da es sich um ein Gesetz handelt, dass gerade dazu dienen soll, den Einzelnen oder einzelne Personenkreise gegen die Verletzung eines Rechtsgutes zu schützen.[1054] Doch führten die vorherigen Untersuchungen zu dem Ergebnis, dass aufgrund des vorrangigen Rechtes des Kindes auf Kenntnis der eigenen Abstammung eine Strafbarkeit des Arztes bei Preisgabe der Daten des Samenspenders abzulehnen war.[1055]

[1052] *Laufs*, JZ 1986, 769 (772); *Taupitz*, AcP 191 (1991), 201 (213); *Taupitz/Schlüter*, AcP 205 (2005), 591 (628).

[1053] Siehe oben C. VIII. 3. a. aa.

[1054] Vgl. BGH, Urt. v. 21. Oktober 1991, AZ: II ZR 204/90, NJW 1992, 241 (242); *Fuchs*, Deliktsrecht, S. 129.

[1055] Siehe oben C. III. 6. b.

Ein Regressanspruch des Samenspenders gegen den Samenspendearzt aus § 823 Abs. 2 i.V.m. § 203 Abs. 1 Nr. 1 StGB scheidet aus.[1056]

4. Frage 2 – Regress des Samenspenders gegen den Samenspendearzt (haftungsausfüllender Tatbestand)

Gemäß § 249 Abs. 1 BGB ist der Samenspender so zu stellen, wie er stünde, wenn der zum Schadensersatz verpflichtende Zustand nicht eingetreten wäre (*Grundsatz der Naturalrestitution*). Dem Samenspender ist zum einen die Unterhaltsverpflichtung entstanden und zum anderen ist das Kind nunmehr (zumindest) pflichtteilsberechtigt.

a) Unterhaltsverpflichtung (§ 1601 BGB)
aa) Unterhaltsverpflichtung als Schaden i.S.d. § 249 Abs. 1 BGB

Fraglich ist zunächst, ob eine Verpflichtung zur Leistung von Unterhaltszahlungen einen schadensrechtlich relevanten Schaden darstellt. Hierzu gibt es eine höchst kontroverse Diskussion, die leider oft unter dem irreführenden Schlagwort „Kind als Schaden" geführt wird.[1057] Diesen Fällen lag der Sachverhalt zugrunde, dass bei einer Frau ein Sterilisationseingriff durchgeführt werden sollte, welcher aber fehlschlug, so dass sie daraufhin ein weiteres Kind zur Welt brachte. Nunmehr begehrte diese Frau von dem Arzt, der die Sterilisation durchgeführt hatte, Schadensersatz hinsichtlich des Unterhaltsanspruch des Kindes.[1058] Der Bundesgerichtshof hat sich dort für einen Schaden in Höhe des Unterhaltsaufwandes ausgesprochen, „wenn tatsächlich eine Familienplanung durchkreuzt worden ist, wenn also die Empfängnis nicht nur angesichts der vermeintlich wirksamen Sterilisation unerwartet, sondern Elternschaft aus diesen Gründen unerwünscht war".[1059]

Zwar geht es vorliegend nicht darum, dass der Samenspender die Zeugung eines Kindes nicht wollte, schließlich war ihm bewusst, dass sein Samen zur Durchführung einer heterologen Insemination und damit zur Zeugung eines Kindes verwendet werden wird. Aus diesen Entscheidungen lässt sich aber entnehmen, dass die mit einem Kind entstehenden verbundenen wirtschaftlichen Belastungen in Form eines Unterhaltsanspruches grundsätzlich einen ersatzfähigen Schaden darstellen.

[1056] Ebenso: *Benecke*, Die heterologe künstliche Befruchtung, S: 206; *Giesen*, JR 1984, 221 (227); *Merz* verweist zudem darauf, dass der Samenspendearzt sich von diesem Schadensersatzanspruch dadurch schützen könne, dass er sich ausdrücklich von seiner Schweigepflicht gegenüber dem Spender entbinden lassen könne, vgl. *Merz*, Die medizinische, ethische und juristische Problematik artifizieller menschlicher Fortpflanzung, S. 200; *Pahl*, ZfJ 1986, 5 (6); *Pap*, Extrakorporale Befruchtung, S. 335.

[1057] *Fuchs*, Deliktsrecht, S. 14.

[1058] Vgl. BGH, Urt. v. 18. März 1980, AZ: VI ZR 247/78, BGHZ 76, 259 ff.; BGH, Urt. v. 18. März 1980, AZ: IV ZR 105/78, BGHZ 76, 249 ff.

[1059] BGH, Urt. v. 18. März 1980, AZ: IV ZR 105/78, BGHZ 76, 249 (256).

bb) Verstoß gegen die Aufklärungspflicht, §§ 280 Abs. 1, 241 Abs. 1, 311 Abs. 2 Nr. 1 BGB

Wird der Samenspender als Vater des Kindes festgestellt und auf Unterhalt in Anspruch genommen, kann er damit diese Kosten als Schadensersatz vom Arzt ersetzt verlangen, wenn der Arzt den Samenspender nicht hinreichend über das Risiko aufgeklärt hat, dass diese Belastung auf ihn zukommen kann.[1060]

cc) Unterlassen der Herbeiführung einer Freistellungsvereinbarung, § 280 Abs. 1 BGB

Gleiches gilt, wenn der Samenspendearzt es unterlassen hat, eine Freistellungsvereinbarung zugunsten des Samenspenders herbeizuführen. In diesem Fall hat der Samenspendearzt den Samenspender gemäß § 249 Abs. 1 BGB – sofern es zu einer Inanspruchnahme des Samenspenders durch das Kind kommt – von Ansprüchen des Kindes so freizustellen, wie es die Wunscheltern aufgrund der gewollten vertraglichen Vereinbarung hätten tun müssen.[1061] Damit orientiert sich die Höhe des Schadensersatzanspruches anhand des internen Freistellungsanspruches des Samenspenders gegen die Wunscheltern, der im Rahmen des kumulativen Schuldbeitritts vereinbart wurde.

Giesen führt dazu aus, dass der Anspruch auf Ersatz des Unterhalts regelmäßig an § 254 Abs. 1 BGB scheitere, weil den Spender ein ganz erhebliches Mitverschulden treffe, wenn er aus seiner Zeugungsfähigkeit mehr oder weniger bedenkenlos ein „Laichgewerbe" mache und hoffe, durch Absprache zum Nachteil seiner ungeborenen Kinder aller Pflichten eines natürlichen Vaters ledig zu sein.[1062]

Dem ist entgegenzuhalten, dass das von Giesen zum Vorwurf gemachte finanzielle Gewinnstreben des Spenders diesen zwar häufig zur Überlassung seines Samens veranlassen mag, doch mag man auch altruistische Motive auf Seiten des Spenders finden.[1063] Zudem kann das Motiv, sich von den Unterhaltspflichten freistellen zu lassen, wenn dadurch das Kind nicht über einen Vertrag zu Lasten Dritter belastet wird, kein Umstand sein, der zu einer Anspruchsminderung des Samenspenders gegen den Samenspendearzt führen kann. Eine Anspruchskürzung gemäß § 254 Abs. 1 BGB ist ausgeschlossen. Vielmehr hat der Samenspender einen ungekürzten Anspruch auf Ersatz hinsichtlich des Unterhaltsanspruchs des Kindes.

b) Erbanspruch des Kindes

Fraglich ist allerdings, ob der Samenspender gegenüber dem Samenspendearzt auch Schadensersatzansprüche geltend machen kann, soweit es um die Stellung des Kindes als sein gesetzlicher Erbe geht.[1064]

[1060] *Coester-Waltjen*, JURA 1987, 629 (639); *Taupitz/Schlüter*, AcP 205 (2005), 591 (622).
[1061] *Taupitz/Schlüter*, AcP 205 (2005), 591 (622).
[1062] *Giesen*, JR 1984, 221 (227).
[1063] *Benecke*, Die heterologe künstliche Insemination, S. 84.
[1064] *Taupitz/Schlüter*, AcP 205 (2005), 591 (622).

Voraussetzung eines Schadensersatzanspruches ist stets, dass ein Schaden bereits eingetreten ist. Der Schaden ist dabei durch die so genannte Differenzhypothese zu ermitteln. Ein Schaden liegt danach vor, sofern das Vermögen nach Eintritt des schädigenden Ereignisses gemindert ist.

Der Samenspender möchte vom Samenspendearzt die Minderung der Erbmasse um den Erbanspruch des Kindes als Vermögensminderung geltend machen. Zwar ist der Erbanspruch des Kindes aus § 1924 Abs. 1 BGB mit der Feststellung der Vaterschaft des Samenspenders latent angelegt und das Kind ist zumindest pflichtteilsberechtigt. Doch tritt eine Vermögensminderung erst mit dem Tode des Samenspenders ein. Der eigentliche finanzielle Schaden entsteht damit nicht dem Samenspender, sondern allenfalls seinen Erben nach seinem Tod.[1065]

Zu Lebzeiten kann der Samenspender damit keinen Schadensersatzanspruch gegen den Samenspendearzt aufgrund des zwischen ihm und dem Kind begründeten Rechtsverhältnisses[1066] geltend machen.

5. Frage 3 – Regress des Samenspenders gegen den Befruchtungsarzt (haftungsbegründender Tatbestand)

Als Regressschuldner sollte aber nicht nur der Samenspendearzt, sondern auch der Befruchtungsarzt ins Auge gefasst werden. Oftmals fallen diese beiden in einer Person bzw. Institution zusammen, doch ist dies nicht zwingend.

a) Vertragliche Haftung des Befruchtungsarztes

Eine direkte vertragliche Beziehung, aus der sich Schadenersatzansprüche des Samenspenders ergeben könnten, besteht zwischen Samenspender und Befruchtungsarzt nicht. Regressansprüche des Samenspenders könnten sich damit allenfalls daraus ergeben, dass der Samenspender entweder in den Schutzbereich des Inseminationsvertrages zwischen Wunscheltern und Befruchtungsarzt oder in den Schutzbereich des Vertrages zwischen Samenspende- und Befruchtungsarzt über die Überlassung der Samenprobe mit einbezogen worden ist (Vertrag mit Schutzwirkung zugunsten Dritter, § 328 Abs. 1 BGB).[1067]

[1065] Vgl. *Taupitz/Schlüter*, AcP 205 (2005), 591 (622).
[1066] Bereits zu Lebzeiten wird durch das Pflichtteilsrecht des Kindes ein Rechtsverhältnis zwischen Samenspender und Kind begründet. Dieses bestehende Rechtsverhältnis kann aber nicht als Schaden angesehen werden, da der Samenspender zu seinen Lebzeiten noch stets über sein Vermögen verfügen kann. Auch ist der wirtschaftliche Wert dieses Pflichtteilsrechts zu Lebzeiten noch ungewiss, hinzukommt, dass unklar ist, ob tatsächlich das Pflichtteilsrecht zu einem Pflichtteilsanspruch führt, da dies zwingend das Vorversterben des Samenspenders voraussetzt. Dieser Pflichtteilsanspruch würde sich auch nicht gegen den Samenspender, sondern gemäß § 2303 Abs. 1 S. 1 BGB gegen seine Erben richten, so dass ein Schaden des Samenspenders nicht angenommen werden kann (*Taupitz/Schlüter*, AcP 205 (2005), 591 (622 f.)).
[1067] Vgl. *Taupitz/Schlüter*, AcP 205 (2005), 591 (625); die Voraussetzungen eines solchen Vertrages mit Schutzwirkung zugunsten Dritter werden ausführlich im folgenden Abschnitt dargestellt, siehe unten C. VIII. 6. b. aa.

aa) Vertrag zwischen Wuscheltern und Befruchtungsarzt

Eine Einbeziehung in den Schutzbereich des Inseminationsvertrages zwischen Wuscheltern und Befruchtungsarzt scheitert schon an dem Vorliegen der so genannten *Leistungsnähe*. Der Inseminationsvertrag zwischen Wuscheltern und Befruchtungsarzt ist darauf gerichtet, dass bei der Wunschmutter lege artis eine heterologe künstliche IVF oder ICSI durchgeführt wird. Die Gefahr, vor der der Samenspender geschützt werden möchte, ist die, rechtlich und finanziell für das mit seinem Samen gezeugte Kind einstehen zu müssen.[1068] Die Aufklärung des Samenspenders über diese Risiken gehört aber nicht in den Leistungsumfang der heterologen künstlichen Befruchtung der Wuscheltern; ihnen gegenüber besteht eine solche Aufklärungspflicht gerade nicht, da sie auch keine entsprechende Gefahr trifft.[1069] Insofern kann ein Anspruch über einen Vertrag mit Schutzwirkung zugunsten Dritter aus dem Inseminationsvertrag nicht begründet werden.

bb) Vertrag zwischen Befruchtungs- und Samenspendearzt

Analog gilt Gleiches für den zwischen Befruchtungsarzt und Samenspendearzt geschlossenen Vertrages. Inhalt dieses Vertrages ist, dass dem Befruchtungsarzt die Samenprobe des Samenspenders zur weiteren Verwendung überlässt. Auch hier ist die Leistungsnähe zu verneinen.

Denkbar wäre aber, dass der Samenspendearzt den Befruchtungsarzt vertraglich verpflichtet hat, eine Freistellungsvereinbarung mit den Wuscheltern zugunsten des Samenspenders abzuschließen. In den Schutzbereich dieses Vertrages ist der Samenspender einbezogen, da gerade sein Interesse, nicht für Unterhaltsansprüche in Anspruch genommen zu werden, darin bedient wird. Doch scheitert dieser Anspruch an der mangelnden Schutzbedürftigkeit des Samenspenders, da er einen eigenen vertraglichen Schadensersatzanspruch gegen den Samenspendearzt geltend machen kann.[1070]

b) Deliktische Haftung des Befruchtungsarztes

Deliktische Ansprüche aufgrund der abredewidrigen Verwendung des Samens des Spenders, d.h. ohne Vereinbarung einer Freistellungsvereinbarung zugunsten des Samenspenders mit den Wuscheltern, scheiden aus, da insofern keine Verletzung des allgemeinen Persönlichkeitsrechts des Samenspenders gegeben ist.[1071]

[1068] *Taupitz/Schlüter*, AcP 205 (2005), 591 (626).

[1069] *Taupitz/Schlüter*, AcP 205 (2005), 591 (626). Darüber hinaus ist aber auch die Gläubigernähe und die Schutzbedürftigkeit des Samenspenders zu verneinen. Die Eltern haben weder eine Fürsorgepflicht gegenüber dem Samenspender inne noch dient der Vertrag den Interessen oder dem Schutz des Samenspenders, so dass kein Interesse der Wuscheltern am Schutz des Samenspenders besteht. Die Schutzbedürftigkeit ist abzulehnen, weil dem Samenspender schon ein vertraglicher Anspruch gegen den Samenspender (siehe oben C. VIII. 3. und 4) zusteht.

[1070] Siehe oben C. VIII. 3. und 4; *Taupitz/Schlüter*, AcP 205 (2005), 591 (626).

[1071] Siehe dazu ausführlich oben C. VIII. 3. b. aa. bbb.

6. Frage 4 – Regress der gesetzlichen Erben des Samenspenders

Zwar wurde festgestellt, dass der Samenspender selbst keinen Schaden durch den gesetzlichen Erbanspruch des Kindes hat.[1072] Ein Schaden hinsichtlich des Erbanspruches der Erben des Samenspenders kann sich aber im Erbfall realisieren. Stirbt der Samenspender sind seine Erben zumindest mit dem Pflichtteilsanspruch des Kindes belastet.[1073] Doch müssen auch die *Erben* vom Samenspendearzt Ersatz verlangen können.

a) Vererblichkeit des unvollständigen Anspruches des Samenspenders

Der Samenspendevertrag wird direkt zwischen Samenspender und Samenspendearzt vereinbart, ein eigener *direkter* vertraglicher Schadensersatzanspruch der Erben gegen den Samenspendearzt besteht in Ermangelung eines solchen Vertrages nicht.[1074]

Doch hat der Samenspender haftungsbegründend[1075] gegen den Samenspendearzt einen vertraglichen Schadensersatzanspruch inne. Die Kompensation scheidet aber aus, da es im haftungsausfüllenden Tatbestand an einem Schaden fehlt. Dieser hat sich aber mit Eintritt des Erbfalls nunmehr realisiert. Dadurch könnte sich der unvollständige Anspruch des Samenspenders mit seinem Tod und der Schaden seiner Erben zu einem vollständigen Anspruch vereinen.[1076] Dazu müsste der unvollständige Anspruch des Samenspenders gegen den Samenspendearzt in den Nachlass gefallen, also vererblich sein.[1077] Dies ist jedoch abzulehnen, da nur vollständige Ansprüche vererblich sind.[1078]

Gleiches muss auch für die deliktischen Ansprüche des Samenspenders gelten. Auch deren haftungsbegründender Tatbestand ist erfüllt, doch scheiterte der haftungsausfüllende Tatbestand hinsichtlich des Erbanspruches des Kindes am Vorliegen eines Schadens. Auch diese können mangels Vollständigkeit nicht in den Nachlass gefallen sein.[1079]

[1072] Siehe oben C. VIII. 4. b.
[1073] Vgl. *Taupitz/Schlüter*, AcP 205 (2005), 591 (623).
[1074] Vgl. *Taupitz/Schlüter*, AcP 205 (2005), 591 (623).
[1075] Entweder aufgrund der Verletzung der Aufklärungspflicht oder aufgrund des Unterlassens der Vereinbarung eines Freistellungsvereinbarung zugunsten des Samenspenders mit den Wunscheltern, obwohl eine solche Verpflichtung vertraglich zwischen Samenspender und Samenspendearzt begründet wurde.
[1076] Vgl. *Taupitz/Schlüter*, AcP 205 (2005), 591 (623).
[1077] *Taupitz/Schlüter*, AcP 205 (2005), 591 (623).
[1078] *Taupitz/Schlüter*, AcP 205 (2005), 591 (623), die auf ein Urteil des BGH abstellen, in dem dieser feststellte, dass deliktische Schadensersatzansprüche nur dann vererblich sind, wenn der Schaden vor dem Eintritt des Erbfalls in der Person des Erblassers eingetreten ist – BGH, Urt. v. 20. Februar 1962, AZ: VI ZR 65/61, NJW 1962, 911 (911).
[1079] Vgl. BGH, Urt. v. 20. Februar 1962, AZ: VI ZR 65/61, NJW 1962, 911 (911).

b) Vertrag mit Schutzwirkung zugunsten Dritter

Möglicherweise könnten die Erben aber einen Anspruch aus einem Vertrag mit Schutzwirkung zugunsten Dritter haben, der sich aus dem Vertrag zwischen Samenspender und Samenspendearzt ergeben könnte.[1080]

aa) Rechtsgrundlage

Die Rechtsgrundlage für einen Vertrag mit Schutzwirkung zugunsten Dritter ist seit jeher umstritten.[1081]

Ursprünglich wurde dieses im Wege der Rechtsfortbildung geschaffene Institut auf § 328 Abs. 1 BGB gestützt.[1082] Zum Teil wurde auch auf Treu und Glauben (§ 242 BGB) rekurriert.[1083] Im Ergebnis ist jedenfalls festzuhalten, dass der Vertrag mit Schutzwirkung zugunsten Dritter schon vor der Schuldrechtsreform gewohnheitsrechtlich anerkannt war[1084] und seit dem 1. Januar 2002 in § 311 Abs. 3 BGB seine gesetzliche Grundlage findet.[1085]

bb) Voraussetzungen

Zwar sind die Voraussetzungen eines Vertrages mit Schutzwirkung zugunsten Dritter nicht geregelt, auch nicht in § 311 Abs. 3 BGB,[1086] doch ist allgemein anerkannt, dass Leistungsnähe des Dritten bestehen, der Gläubiger ein berechtigtes Interesse am Schutz des Dritten haben muss, dies für den Schuldner erkennbar und dass der Dritte schutzbedürftig ist.[1087]

aaa) Leistungsnähe

Leistungsnähe liegt vor, wenn der Dritte bestimmungsgemäß den Gefahren des Schuldverhältnisses ebenso ausgesetzt ist wie der Gläubiger.[1088] Die Erben müssen der Gefahr aus einer fehlerhaften Aufklärung über die juristischen Risiken, die aus einer Samenspende folgen demnach ebenso ausgesetzt sein wie der Samenspender selbst. Ob sich hier tatsächlich ein Risiko realisiert, dem die Erben gläubigergleich ausgesetzt sind und damit ein Vertrag mit Schutzwirkung zugunsten Dritter vorliegt oder abzulehnen ist, ist umstritten.

[1080] *Taupitz/Schlüter*, AcP 205 (2005), 591 (623 f.).

[1081] *Brox/Walker*, Allgemeines Schuldrecht, § 33, Rn. 6, S. 353; *Taupitz/Schlüter*, AcP 205 (2005), 591 (624), Fn. 106.

[1082] RG, Urt. v. 10. Februar 1930, AZ: VI 270/29, RGZ 127, 218 (222); BGH, Urt. v. 15. Juni 1971, AZ: VI ZR 262/69, BGHZ 56, 269 (273); BGH, Urt. v. 2. November 1983, AZ: IV a ZR 26/82, NJW 1984, 355 (356).

[1083] *Bayer*, JuS 1996, 473 (475).

[1084] BGH, Urt. v. 2. November 1983, AZ: IV a ZR 26/82, NJW 1984, 355 (356).

[1085] *Brox/Walker*, Allgemeines Schuldrecht, § 33, Rn. 6, S. 353.

[1086] *Brox/Walker*, Allgemeines Schuldrecht, § 33, Rn. 7, S. 356.

[1087] *Heinrichs*, in: Palandt, BGB, § 328, Rn. 16.

[1088] BGH, Urt. v. 15. Februar 1978, AZ: VIII ZR 47/77, BGHZ 70, 327 (329); BGH, Urt. v. 22. Januar 1968, AZ: VIII ZR 195/65, BGHZ 49, 350 (354); BGH, Urt. v. 20. März 1995, AZ: II ZR 205/94, BGHZ 129, 136 (168); *Heinrichs*, in: Palandt, BGB, § 328, Rn. 16; *Brox/Walker*, Allgemeines Schuldrecht, § 33, Rn. 8, S. 356.

(1) Erste Auffassung – Keine Leistungsnähe der Erben zum Samenspendevertrag

Eine Auffassung verneint, dass die Erben der Gefahr aus einer fehlerhaften Aufklärung über die juristischen Risiken ebenso ausgesetzt seien wie der Samenspender selbst.[1089]

Die Gefahr, die vermieden werden solle, indem der Samenspendearzt seiner Aufklärungspflicht dem Samenspender gegenüber ordnungsgemäß nachkäme, bestünde darin, dass dem Samenspender die Risiken seiner Samenspende vor Augen geführt werden, so dass er seine Entscheidung in Kenntnis aller Umstände treffen könne; die Pflicht zur Aufklärung treffe den Samenspendearzt damit primär gegenüber dem Samenspender.[1090] Es ginge dabei um vermögensrechtliche Folgen, die den Samenspender selbst beträfen; demgegenüber sei der bei den Erben eintretende Schaden nur ein mittelbarer.[1091]

Zwar gebe es Fälle, in denen auch Erben in den Schutzbereich eines Vertrages einbezogen seien, bei dem durch eine fehlerhafte Aufklärung ihr Erbanspruch gemindert werde – so z.B. wenn ein Notar oder Anwalt pflichtwidrig eine Verfügung von Todes wegen nicht oder falsch aufgesetzt hat.[1092] Doch seien die dort statuierten Grundsätze auf den vorliegenden Fall nicht übertragbar, da dort das Ziel des Vertrages in der Tat unmittelbar auf die vermögensrechtliche Begünstigung der übergangenen Erben gerichtet gewesen sei.[1093] Vielmehr sei der vorliegende Fall mit den so genannten „wrongful-birth"-Fällen vergleichbar, in denen aber auch Schadensersatzansprüche der Geschwister aus einem Vertrag mit Schutzwirkung zu ihren Gunsten im Hinblick auf ihre materielle Schlechterstellung durch ein weiteres Kind allgemein abgelehnt werden.[1094]

(2) Andere Auffassung – Vorliegen eines Vertrages mit Schutzwirkung zugunsten Dritter

Nach anderer Auffassung sei ein Anspruch der Erben unter dem Aspekt des Vertrages mit Schutzwirkung für Dritte, und zwar für sonst ungeschmälert erbberechtigte Angehörige, möglich.[1095]

Der Vertreter dieser Auffassung erkennt zwar an, dass es sich um einen bloß mittelbaren Schaden handelt, hält dies aber für typisch bei Ansprüchen aus einem Vertrag mit Schutzwirkung zugunsten Dritter.[1096] Zudem könne man nicht ohne Weiteres annehmen, dass das Ziel des Vertrages aus der Sicht des Samenspenders nicht auf eine vermögensrechtliche Begünstigung gerichtet sei.[1097] Von einer durchgehend oder auch nur vorrangig altruistischen Motivation der Spender aus-

---

[1089] *Taupitz/Schlüter*, AcP 205 (2005), 591 (624).
[1090] Vgl. *Taupitz/Schlüter*, AcP 205 (2005), 591 (624).
[1091] Vgl. *Taupitz/Schlüter*, AcP 205 (2005), 591 (624).
[1092] Siehe dazu BGH, Urt. v. 13. Mai 1997, AZ: IX ZR 123/96, NJW 1997, 2327 ff.; BGH, Urt. v. 13. Juli 1994, AZ: IV ZR 294/93, FamRZ 1994, 1173 ff.
[1093] Vgl. *Taupitz/Schlüter*, AcP 205 (2005), 591 (624).
[1094] Siehe dazu *Taupitz/Schlüter*, AcP 205 (2005), 591 (624 f.), Fn. 111, 112 m.w.N.
[1095] *Spickhoff*, VersR 2006, 1569 (1574).
[1096] Vgl. *Spickhoff*, VersR 2006, 1569 (1574).
[1097] *Spickhoff*, VersR 2006, 1569 (1574).

zugehen dürfte die Lebenswirklichkeit verfehlen, was den die Samenspende entgegennehmenden Ärzten bzw. Einrichtungen bewusst sei.[1098]

Für die Anerkennung eines Anspruches unter dem Aspekt des Vertrages mit Schutzwirkung zugunsten Dritter (also der eigentlichen Erben) spreche weiter, dass Art. 14 Abs. 1 GG über das Erbrecht nicht nur die Interessen der Erben, sondern auch diejenigen des Erblassers schütze.[1099] Das testamentarische Verfügungsrecht des Erblassers und das Eigentumserwerbsrecht des Erben durch Erbfolge seien demgemäß untrennbare Bestandteile der grundrechtlichen Freiheitsgarantie.[1100] Dieser verfassungsrechtliche Ausgangspunkt sei bei der Auslegung der (richterrechtlich entwickelten) Generalklausel des Vertrages mit Schutzwirkung zugunsten Dritter im Wege mittelbarer Drittwirkung bzw. der Schutzpflichtenlehre zu berücksichtigen.[1101]

(3) Stellungnahme
Die zweitgenannte Auffassung ist abzulehnen. Das Argument der Einstrahlungswirkung von Art. 14 Abs. 1 GG auf den Vertrag mit Schutzwirkung zugunsten Dritter ist nicht stichhaltig. Zum einen wird der Vertrag mit Schutzwirkung zugunsten Dritter heute nicht mehr auf die Rechtsgrundlage des § 242 BGB gestützt, sondern hat seine gesetzliche Grundlage nunmehr in § 311 Abs. 3 BGB gefunden.[1102] Zum anderen ist es nicht richtig, dass das testamentarische Verfügungsrecht des Erblassers und das Eigentumserwerbsrecht des Erben durch Erbfolge untrennbare Bestandteile der grundrechtlichen Freiheitsgarantie sind. Diese Interessen mögen zwar in einem Sachverhalt untrennbar zusammenfallen, jedoch können sie durchaus gegenläufige Interessen widerspiegeln.

Vielmehr ist zuzustimmen, dass der Vertrag mit Schutzwirkung zugunsten Dritter vorliegend daran scheitert, dass die Leistungsnähe der Erben zum Vertrag des Samenspenders mit dem Samenspendearzt zu verneinen ist, weil es sich bei der Benachteiligung um einen bloß mittelbaren Schaden handelt. Zwar handelt es sich bei den Schäden der Dritten stets um mittelbare *Ansprüche*, da sie nicht selbst Vertragspartner des Vertrages sind, der eine Leistungsstörung enthält. Diese Mittelbarkeit des Anspruches der Erben hat aber nichts damit zu tun, dass der Vertrag zielgerichtet auch die nicht am Vertrag selbst beteiligten und geschädigten Personen in den Vertrag einbeziehen muss. Dieses Kriterium ist vorliegend nicht erfüllt. Deshalb entfällt ein Anspruch der Erben gegen den Samenspendearzt auf Ersatz des ihnen geminderten Erbes aus dem Institut des Vertrages mit Schutzwirkung zugunsten Dritter.

[1098] *Spickhoff*, VersR 2006, 1569 (1574).
[1099] *Spickhoff*, VersR 2006, 1569 (1574).
[1100] *Spickhoff*, VersR 2006, 1569 (1574).
[1101] *Spickhoff*, VersR 2006, 1569 (1574 f.).
[1102] Siehe oben C. VIII. 6. b. aa.

bbb) Zwischenergebnis – Vertrag mit Schutzwirkung zugunsten der Erben

Ein Schadensersatzanspruch gegen den Befruchtungsarzt auf Ersatz der Vermögensminderung der Erbmasse um den Erbanspruch des Kindes scheidet aus.[1103]

cc) Ergebnis

Für die Erben des Samenspenders gibt es keine Möglichkeit, die Minderung ihres Erbanspruches im Wege eines Schadensersatzanspruches geltend zu machen. Sie müssen vielmehr die Minderung ihres Erbanteils um den Erbanspruch des Kindes (zumindest in Höhe des Pflichtteils) hinnehmen.

7. Ergebnis

Der Samenspender kann gegen den Samenspendearzt Regressansprüche geltend machen. Zum einen hat er gegen den Samenspendearzt einen Regressanspruch aus §§ 280 Abs. 1, 241 Abs. 2, 311 Abs. 2 Nr. 1 BGB, wenn der Samenspendearzt ihn nicht hinreichend über die aus einer Samenspende folgenden juristischen Risiken aufgeklärt hat. Dieser Anspruch ist gemäß § 249 Abs. 1 BGB gerichtet auf den Ersatz der nach § 1601 BGB zu leistenden Unterhaltszahlungen. Zum anderen hat er, wenn der Samenspendearzt ihm zugesichert hatte, eine Freistellungsvereinbarung mit den Wunscheltern zu seinen Gunsten zu vereinbaren, bei Nichteinhalten dieser Verpflichtung einen Anspruch aus § 280 Abs. 1 BGB. Dieser Anspruch besteht in der Höhe, in der der Samenspender gegen die Wunscheltern einen internen Freistellungsanspruch aus dem kumulativen Schuldbeitritt gehabt hätte.

Ansprüche gegen den Befruchtungsarzt scheiden sowohl vertraglicher als auch deliktischer Natur aus.

Hinsichtlich des Erbanspruchs des Kindes bzw. seines Pflichtteilsrechts besteht keine Regressmöglichkeit des Samenspenders. Auch seine Erben können weder bei dem Samenspendearzt noch bei dem Befruchtungsarzt einen Schadensersatzanspruch für den von ihnen geminderten Erbanspruch geltend machen.

Die Untersuchungen führten damit zu dem Ergebnis, dass die Regressmöglichkeiten des Samenspenders unzulänglich sind, insbesondere was den Erbanspruch bzw. das Pflichtteilsrecht des Kindes anbelangt.

[1103] Vgl. *Taupitz/Schlüter*, AcP 205 (2005), 591 (624); a.A. *Spickhoff*, VersR 2006, 1569 (1574 f.).

D Fazit

I. Fehlende rechtliche Absicherung des Samenspenders

Insgesamt ist festzuhalten, dass de lege lata eine Möglichkeit zur umfassenden rechtlichen Absicherung des Samenspenders von Unterhalts- und Erbansprüchen des Kindes nicht besteht.

1. Ungeeignetheit einer Freistellungsvereinbarung zugunsten des Samenspenders

Für den Unterhaltsanspruch kommt bloß die Vereinbarung eines kumulativen Schuldbeitritts in Betracht. Bei diesem gewinnt das Kind die Wunscheltern als Unterhaltsschuldner hinzu und diese haften gemeinsam mit dem Samenspender dem Kind gesamtschuldnerisch für den Unterhaltsanspruch. Nur im Innenverhältnis zu den Wunscheltern kann der Samenspender sich von dem Unterhaltsanspruch des Kindes sodann freistellen lassen. Damit trägt er aber das Insolvenzrisiko der Wunscheltern.

Des Weiteren bleibt der Samenspender nach seiner gerichtlichen Feststellung als Vater des Kindes dem Kind als Erblasser erhalten. Es besteht bloß die Möglichkeit einen Erbverzicht zu vereinbaren. Damit kann das Kind zwar auf seinen Erbanspruch gegen den Samenspender verzichten, aber dieser Vertrag untersteht dem Vorbehalt der Genehmigung durch einen Pfleger. Diese Genehmigung wird der Pfleger bloß gegen die Zahlung einer adäquaten Abfindung durch den Samenspender erteilen, wobei diese Abfindung im Innenverhältnis zum Samenspender durch die Wunscheltern zu tragen ist. Auch hier trägt der Samenspender das Insolvenzrisiko der Wunscheltern.

2. Unzulänglichkeit der Regressmöglichkeiten des Samenspenders

Auch sind die Regressmöglichkeiten des Samenspenders gegen den Samenspendearzt und den Befruchtungsarzt bei fehlender Aufklärung über die aus einer Samenspende folgenden juristischen Risiken oder bei Unterlassen der Herbeiführung einer Freistellungsvereinbarung zugunsten des Samenspenders unzulänglich.

Ansprüche gegen den Befruchtungsarzt scheiden insgesamt aus. Gegen den Samenspendearzt hat der Samenspender bloß Ansprüche auf Ersatz der Unterhaltszahlungen an das Kind inne. Doch kann dies nicht tatsächlich als Absicherung des Samenspenders von Unterhaltsansprüchen des Kindes begriffen werden, da er das Risiko trägt, diesen Anspruch gegen den Samenspendearzt auch tatsächlich durchsetzen und vollstrecken zu können.

Bezüglich des Erbanspruches des Kindes scheidet der Regressweg darüber hinaus aus. Zu Lebzeiten des Samenspenders fehlt es ihm an dem für einen Schadensersatzanspruch erforderlichen Schaden. Auch können die Erben nicht die Schmälerung ihres Erbanspruches im Schadensersatzweg gegen den Samenspendearzt geltend machen, da sie nicht in den Schutzbereich des Samenspendevertrages einbezogen sind.

3. Wertungswiderspruch zu § 9 Abs. 7 LPartG

Eine vollumfängliche rechtliche Absicherung des Samenspenders kommt bloß dann in Betracht, wenn das Kind in eine gleichgeschlechtliche eingetragene lesbische Lebenspartnerschaft geboren wurde. In diesem Fall kann die Partnerin der Wunschmutter das Kind gemäß § 9 Abs. 7 LPartG annehmen, so dass alle Verwandtschaftsbeziehungen zum Samenspender erlöschen und dieser damit auch nicht mehr von dem Kind in Anspruch genommen werden kann. Dies stellt einen systemimmanenten Wertungswiderspruch dar, den es zu beseitigen gilt.

II. Zulässigkeit reproduktionsmedizinischer Verfahren bei allein stehenden Frauen und gleichgeschlechtlichen Paaren

Zwar ist es derzeit nach dem ärztlichen Standesrecht unzulässig, dass Frauen in gleichgeschlechtlichen Beziehungen überhaupt eine künstliche Befruchtung zuteil wird. Die Untersuchungen gelangten aber zu dem Ergebnis, dass der Ausschluss allein stehender Frauen und Frauen in gleichgeschlechtlichen Partnerschaften von der Satzungsautonomie der Ärztekammer nicht gedeckt ist. Insofern bedarf es einer gesetzlichen Regelung durch den parlamentarischen Gesetzgeber. Aufgrund des Rechtes auf Fortpflanzung muss auch allein stehenden Frauen und Frauen in gleichgeschlechtlichen Beziehungen der Zugang zu reproduktionsmedizinischen Maßnahmen ermöglicht werden. Eine dahingehende Beschränkung ist nicht mehr zeitgemäß.

III. Lösungsmodelle

De lege ferenda muss ein Lösungsmodell eingeführt werden, welches den Samenspender umfassend vor der Inanspruchnahme des Kindes schützt. Anderenfalls werden sich nicht mehr genügend Samenspender zu einer Samenspende bereit erklären.

1. Anonyme Samenspende

Im Ausland wird eine Samenspende vielfach anonym durchgeführt. Bei einer solchen anonymen Samenspende könnte der Samenspender zwar umfassend abgesichert werden, da so eine Inanspruchnahme durch das Kind tatsächlich unmöglich würde.

Diesem Lösungsmodell steht in Deutschland jedoch das verfassungsrechtlich geschützte Recht des Kindes auf Kenntnis der eigenen Abstammung entgegen. Dieses Recht des Kindes ist für dessen Individualitätsfindung als elementar anzusehen und muss bei der Entwicklung eines Lösungsmodells zur Absicherung des Samenspenders hinreichende Berücksichtigung finden.

2. Rechtsfolgenlose Vaterschaftsfeststellungsklage

Ein sowohl das Recht des Kindes auf Kenntnis der eigenen Abstammung und dem Interesse des Samenspenders an rechtlicher Absicherung vor Unterhalts- und Erbansprüchen des Kindes hinreichend berücksichtigendes Lösungsmodell stellt die Einführung eines neuen Klageverfahrens, eine rechtsfolgenlosen Vaterschaftsfeststellungsklage, dar.

Durch diese erhielte das Kind auf der einen Seite die Möglichkeit, seine biologische Abstammung vom Samenspender zu ergründen und der Samenspender wäre, da bei dieser Klage isoliert bloß die biologische Abstammung geklärt und nicht ein anspruchsauslösendes Verwandtschaftsverhältnis zwischen ihm und dem Kind begründet wird, umfassend vor der Inanspruchnahme des Kindes hinsichtlich Unterhalts- und Erbansprüchen geschützt.

Die Einführung eines solchen Klageverfahrens wäre de lege ferenda möglich. Auch streitet dafür ein Urteil des Bundesverfassungsgerichts vom Februar diesen Jahres. Danach soll der Gesetzgeber bis zum 31. März 2008 ein Verfahren zur Verfügung stellen, in welchem die Abstammung eines Kindes von seinem Vater der gerichtlichen Überprüfung zugeführt werden kann.

Bei der Einführung eines solchen Verfahrens sollte der Gesetzgeber für den Fall der heterologen künstlichen Befruchtung noch beachten, dass zum einen das Anfechtungsrecht des Kindes aus § 1600 Abs. 4 BGB ausgeschlossen wird. Besteht mit einer rechtsfolgenlosen Vaterschaftsfeststellungsklage ein Verfahren, das dem Recht des Kindes auf Kenntnis der eigenen Abstammung genügt, so steht dieses Recht dem Anfechtungsausschluss des Kindes nicht mehr entgegen. Um zum anderen zu vermeiden, dass zwischen dem Samenspender und dem Kind ein anspruchsbegründendes Verwandtschaftsverhältnis entstehen kann, muss der Gesetzgeber darüber hinaus einem aus einer heterologen Insemination stammenden Kind das Vaterschaftsfeststellungsverfahren nach § 1600 d Abs. 1 BGB verwehren.

Durch die Einführung einer rechtsfolgenlosen Vaterschaftsfeststellungsklage, verbunden mit dem Anfechtungsausschluss des Kindes, sowie der zu streichenden Antragsberechtigung des Kindes für ein Vaterschaftsfeststellungsverfahren gegen den Samenspender nach § 1600 d Abs. 1 BGB wird sowohl das Recht des Kindes auf Kenntnis der eigenen Abstammung verwirklicht und zugleich der Samenspender umfassend vor einer Inanspruchnahme seitens der Kindes geschützt.

Um infertilen Menschen ihren Kinderwunsch mittels einer heterologen künstlichen Befruchtung erfüllen zu können, ist an den Gesetzgeber zu appellieren eine entsprechende Reform des Kindschaftsrechtes anzugehen.

Literaturverzeichnis

Ärztekammer Nordrhein, Informationsbroschüre Samenspende, Düsseldorf 2004, (zitiert: *Ärztekammer Nordrhein*, Informationsbroschüre Samenspende 2004, S.).

Backmann, Jan L., Künstliche Fortpflanzung und Internationales Privatrecht unter besonderer Berücksichtigung des Persönlichkeitsschutzes, München 2002, Dissertation, (zitiert: *Backmann*, Künstliche Fortpflanzung und Internationales Privatrecht, S.).

Balthasar, Stephan, *„Anmerkung zu BVerfG Urt. v. 13. Februar 2007 AZ: 1 BvR 421/05"*, Zeitschrift für das gesamte Familienrecht 2007, S. 448 – 450, (zitiert: *Balthasar*, FamRZ 2007, 448 (S.)).

Balz, Manfred, Recht und Staat in Geschichte und Gegenwart, Eine Sammlung von Vorträgen und Schriften aus dem Gebiet der gesamten Staatswissenschaften 500/501, Heterologe künstliche Samenübertragung beim Menschen, Rechtliche und politische Überlegungen zu einem Vorhaben des Europarates, Tübingen 1980, (zitiert: *Balz*, Heterologe künstliche Samenübertragung beim Menschen, S.).

Baur, Jürgen/Stürner, Rolf, Sachenrecht, 17. Auflage München 1999, (zitiert: *Baur/Stürner*, Sachenrecht, §, Rn.).

Bayer, Walter, *„Vertraglicher Drittschutz"*, Juristische Schulung 1996, S. 473 – 478, (zitiert: *Bayer*, JuS 1996, 473 (S.)).

Becker, Ulrich/Sichert, Markus, *„Einführung in die kommunale Rechtsetzung am Beispiel gemeindlicher Benutzungssatzungen"*, Juristische Schulung 2000, S. 144 – 148, (zitiert: *Becker/Sichert*, JuS 2000, 144 (S.)).

Beier, Henning M., Assistierte Reproduktion, Zum Stand der Therapieverfahren in der Bundesrepublik Deutschland 1997, München 1997, (zitiert: *Beier*, Assistierte Reproduktion, S.).

Benda, Ernst, *„Humangenetik und Recht – eine Zwischenbilanz"*, Neue Juristische Wochenschrift 1985, S. 1730 – 1734, (zitiert: *Benda*, NJW 1985, 1730 (S.)).

Benecke, Matthias, Die heterologe künstliche Insemination im geltenden deutschen Zivilrecht, Frankfurt 1986, Dissertation, (zitiert: *Benecke*, Die heterologe künstliche Insemination, S.).

Bernat, Erwin, *„Fortpflanzungsmedizin und Recht – Bemerkungen zum Stand der Gesetzgebung in Österreich Deutschland und Großbritannien"*, Medizinrecht 1991, S. 308 – 315, (zitiert: *Bernat*, MedR 1991, 308 (S.)).

ders., Lebensbeginn durch Menschenhand, Graz 1985, (zitiert: *Bernat*, Lebensbeginn durch Menschenhand, S.).

ders., Rechtsfragen medizinisch assistierter Zeugung, Frankfurt am Main 1989, (zitiert: *Bernat*, Rechtsfragen medizinisch assistierter Zeugung, S.).

ders., *„Statusrechtliche Probleme im Gefolge medizinisch assistierter Zeugung"*, Medizinrecht 1986, S. 245 – 253, (zitiert: *Bernat*, MedR 1986, 245 (S.)).

Bieräugel, Klaus, Die Grenzen berufsständischer Rechte – Im Wesentlichen dargestellt am Berufsstand der Ärzte, Würzburg 1976, Dissertation, (zitiert: *Bieräugel*, Die Grenzen berufsständischer Rechte, S.).

Bilsdorfer, Peter, *„Rechtliche Probleme bei der In-vitro-Fertilisation und des Embryo-Transfers"*, Monatszeitschrift für Deutsches Recht 1984, S. 803 – 806, (zitiert: *Bilsdorfer*, MDR 1984, 803 (S.)).

Boin, Kai T., *„Unterhaltsbelastung für ein Kind als Schaden – Eine unendliche Geschichte"*, Juristische Arbeitsblätter 1995, S. 425 – 431, (zitiert: *Boin*, JA 1995, 425 (S.)).

Bollmann, Walter, Die extrakorporale Befruchtung, Zur Behandlung der menschlichen Unfruchtbarkeit, Methoden – Motivation – Stellungnahmen, Band 2/91, München 1991, (zitiert: *Bollmann*, Die extrakorporale Befruchtung, S.).

Born, Birgit, *„Moderne medizinische Möglichkeiten bei der Entstehung menschlichen Lebens – insbesondere gesetzgeberischer Handlungsbedarf"*, Juristische Ausbildung 1988, S. 225 – 232, (zitiert: *Born*, JURA 1988, 225 (S.)).

Bosch, F. W., *„Zum Streit um die Vaterschaftsfeststellungsklage des unehelichen Kindes – Zur neuesten Judikatur"*, Neue Juristische Wochenschrift 1950, S. 767 – 770, (zitiert: *Bosch*, NJW 1950, 767 (S.)).

Brandstetter, Arnulf, Der Erlass von Berufsordnungen durch die Kammern der freien Berufe, Berlin 1971, Dissertation, (zitiert: *Brandstetter*, Der Erlass von Berufsordnungen durch die Kammern der freien Berufe, S.).

Brohm, Winfried, *„Forum: Humanbiotechnik Eigentum und Menschenwürde"*, Juristische Schulung 1998, S. 197 – 205, (zitiert: *Brohm*, JuS 1998, 197 (S.)).

Brosius-Gersdorf, Frauke, *„Das Kuckucksei im Familiennest – Erforderlichkeit einer Neuregelung der Vaterschaftsuntersuchung"*, Neue Juristische Wochenschrift 2007, S. 806 – 812, (zitiert: *Brosius-Gersdorf*, NJW 2007, 806 (S.)).

Brox, Hans/Walker, Wolf-Dietrich, Allgemeines Schuldrecht, 31. Auflage München 2006, (zitiert: *Brox/Walker*, Allgemeines Schuldrecht, S., Rn.).

dies., Allgemeiner Teil des BGB, 30. Auflage Köln Berlin Bonn München 2006, (zitiert: *Brox/Walker*, Allgemeiner Teil, S., Rn.).

dies., Besonderes Schuldrecht, 31. Auflage München 2006, (zitiert: *Brox/Walker*, Besonderes Schuldrecht, §, Rn., S.).

Brox, Hans, Erbrecht, 21. Auflage Köln Berlin Bonn München 2004, (zitiert: *Brox*, Erbrecht, Rn., S.)

Bülow, Peter, Recht der Kreditsicherheiten, Sachen und Rechte Personen – Ein Lehrbuch, 7. Auflage Heidelberg 2006, (zitiert: *Bülow*, Recht der Kreditsicherheiten, S., Rn.).

Bundesärztekammer, Richtlinien zur Durchführung der assistierten Reproduktion, Deutsches Ärzteblatt 1998, 95, S. A3166 – 3171, (zitiert: Richtlinien zur Durchführung der assistierten Reproduktion Punkt DÄBl. 1998, A 3166 (S.)).

Bundesnotarkammer, *„Vereinbarungen über heterologe Insemination, Rundschreiben Nr. 40/97 der Bundesnotarkammer an alle Notarkammern"*, Deutsche Notar-Zeitschrift 1998, S. 241 – 252, (zitiert: *Bundesnotarkammer*, DNotZ 1998, 241 (S.)).

Busse, Bartold, Das Recht des Kindes auf Kenntnis seiner Abstammung bei heterologer künstlicher Befruchtung (Samenspende Eispende Embryospende), Ein Beitrag zu den verfassungsrechtlichen Grenzen der modernen Fortpflanzungsmedizin, Bonn 1988, Dissertation, (zitiert: *Busse*, Das Recht des Kindes auf Kenntnis seiner Abstammung, S.).

Coester, Michael, *„Reform des Kindschaftsrecht"*, Juristenzeitung 1992, S. 809 – 816, (zitiert: *Coester*, JZ 1992, 809 (S.)).

Coester-Waltjen, Dagmar, *„Befruchtungs- und Gentechnologie bei Menschen – rechtliche Probleme von morgen? –"*, Zeitschrift für das gesamte Familienrecht 1984, S. 230 – 236, (zitiert: *Coester-Waltjen*, FamRZ 1984, 230 (S.)).

dies., *„Die Vaterschaft für ein durch künstliche Insemination gezeugtes Kind"*, Neue Juristische Wochenschrift 1983, S. 2059 – 2060, (zitiert: *Coester-Waltjen*, NJW 1983, 2059 (S.)).

dies., Gutachten 56. Deutscher Juristentag (1986) – Die künstliche Befruchtung beim Menschen – Zulässigkeit und zivilrechtliche Folgen, 2. Auflage München 1995, (zitiert: *Coester-Waltjen*, 56. DJT, S. B).

dies., *„Künstliche Fortpflanzung und Zivilrecht"*, Zeitschrift für das gesamte Familienrecht 1992, S. 369 – 373, (zitiert: *Coester-Waltjen*, FamRZ 1992, 369 (S.)).

dies., *„Rechtliche Probleme der für andere übernommenen Mutterschaft"*, Neue Juristische Wochenschrift 1982, S. 2528 – 2534, (zitiert: *Coester-Waltjen*, NJW 1982, 2528 (S.)).

dies., *„Zivilrechtliche Probleme bei künstlicher Befruchtung"*, Juristische Ausbildung 1987, S. 629 – 640, (zitiert: *Coester-Waltjen*, JURA 1987, 629 (S.)).

Damm, Reinhard, *„Versicherungsvertrag und Fortpflanzungsmedizin – Kostenerstattung bei assistierter Reproduktion in der privaten Krankenversicherung"*, Versicherungsrecht 2006, S. 730 – 740, (zitiert: *Damm*, VersR 2006, 730 (S.)).

Degenhart, Christoph, Staatsrecht I Staatsorganisationsrecht, 22. Auflage Heidelberg, 2006, (zitiert: *Degenhart*, Staatsrecht I, S., Rn.).

Deichfuß, Hermann, Abstammungsrecht und Biologie, Heidelberg 1991, Dissertation, (zitiert: *Deichfuß*, Abstammungsrecht und Biologie, S.).

ders., *„Recht des Kindes auf Kenntnis seiner blutsmäßigen (genetischen) Abstammung? Zur Diskussion um die Zulässigkeit der heterologen Insemination"*, Neue Juristische Wochenschrift 1988, S. 113 – 117, (zitiert: *Deichfuß*, NJW 1988, 113 (S.)).

Dethloff, Nina, *„Reform des Kindschaftsrechts"*, Neue Juristische Wochenschrift 1992, S. 2200 – 2208, (zitiert: *Dethloff*, NJW 1992, 2200 (S.)).

Deutsch, Erwin, *„Artifizielle Wege menschlicher Reproduktion: Rechtsgrundsätze – Konservierung von Sperma Eiern und Embryonen; künstliche Insemination und außerkörperliche Fertilisation; Embryotransfer"*, Monatsschrift für das Deutsche Recht 1985, S. 177 – 183, (zitiert: *Deutsch*, MDR 1985, 177 (S.)).

ders., Arztrecht und Arzneimittelrecht, Eine zusammenfassende Darstellung mit Fallbeispielen und Texten, 2. Auflage Berlin Heidelberg 1991, (zitiert: *Deutsch*, Arztrecht und Arzneimittelrecht, S.).

ders., *„Buchbesprechung: Brenner Günther – Arzt und Recht"*, Juristenzeitung 1983, S. 564, (zitiert: *Deutsch*, JZ 1983, 564 (564)).

ders., *„Das Kind oder sein Unterhalt als Schaden – Eine methodische Grundfrage des geltenden Rechts"*, Versicherungsrecht 1995, S. 609 – 616, (zitiert: *Deutsch*, VersR 1995, 609 (S.)).

ders., *„Des Menschen Vater und Mutter – Die künstliche Befruchtung beim Menschen – Zulässigkeit und zivilrechtliche Folgen"*, Neue Juristische Wochenschrift 1986, S. 1971 – 1975, (zitiert: *Deutsch*, NJW 1986, 1971 (S.)).

Deutsch, Erwin/Klingmüller, Ernst/Kullmann, Hans Josef, Festschrift für Erich Steffen zum 65. Geburtstag am 28. Mai 1995, Der Schadensersatz und seine Deckung, Berlin 1995, (zitiert: *Bearbeiter* in: Festschrift für Steffen, S.).

Deutsch, Erwin/Spickhoff, Andreas, Medizinrecht – Arztrecht Arzneimittelrecht Medizinprodukterecht und Transfusionsrecht, 5. Auflage Berlin Heidelberg 2003, (zitiert: *Deutsch/Spickhoff*, Medizinrecht, Rn., S.).

Deutscher Juristinnenbund, *„Thesen einer Arbeitsgruppe des Deutschen Juristinnenbundes zu künstlichen Befruchtungen"*, Juristenzeitung 1986, S. 777 – 778, (zitiert: *Deutscher Juristinnenbund*, JZ 1986, 777 (S.)).

Diederichsen, Uwe, *„Zur Reform des Eltern-Kind-Verhältnisses"*, Zeitschrift für das gesamte Familienrecht 1978, S. 461 – 474, (zitiert: *Diederichsen*, FamRZ 1978, 461 (S.)).

Diedrich, K. (Hrsg.), Frauenheilkunde und Geburtshilfe, Band 3 Endokrinologie und Reproduktionsmedizin, 4. Auflage München 1998, (zitiert: *Bearbeiter* in: Frauenheilkunde und Geburtshilfe, S.).

Döhmen, Georg, *„Künstliche Befruchtung, Medizinische/rechtliche Fragestellungen"*, Vortragspapier Interdisziplinäres Fachsymposium Freitag 26. November 2004, (zitiert: *Döhmen*, Vortragspapier, S.).

Dölker, Walter, Anforderungen an Ermächtigungsgrundlagen von Satzungen, Heidelberg 1984, Dissertation, (zitiert: *Dölker*, Anforderungen an Ermächtigungsgrundlagen von Satzungen, S.).

Dopffel, Peter, Ehelichkeitsanfechtung durch das Kind, Zwei rechtsvergleichende Gutachten, Tübingen 1990, Dissertation, (zitiert: *Dopffel*, Ehelichkeitsanfechtung durch das Kind, S.).

Dörndorfer, Josef, *„Einführung in das neue Kindschaftsrecht"*, Zentralblatt für Jugendrecht und Jugendwohlfahrt 1998, S. 202 – 205, (zitiert: *Dörndorfer*, ZfJ 1998, 202 (S.)).

Dürig, Günter, *„Der Grundrechtssatz von der Menschenwürde – Entwurf eines praktikablen Wertsystems der Grundrechte aus Art. 1 Abs. I in Verbindung mit Art. 19 Abs. II des Grundgesetzes"*, Archiv des öffentlichen Rechts 1956 (81), S. 117 – 152, (zitiert: *Dürig*, AöR 1956 (81), 117 (S.)).

Eckersberger, Peter, *„Auswirkungen des Kinderrechteverbesserungsgesetzes auf Vereinbarungen über eine heterologe Insemination",* Mitteilungen des Bayerischen Notarvereins der Notarkasse und der Landesnotarkammer Bayern 2002, S. 261 – 264, (zitiert: *Eckersberger,* MittBayNot 2002, 261 (S.)).

Eidenmüller, Horst, *„Der Auskunftsanspruch des Kindes gegen seine Mutter auf Benennung des leiblichen Vaters",* Juristische Schulung 1998, S. 789 – 795, (zitiert: *Eidenmüller,* JuS 1998, 789 (S.)).

Enders, Christoph, *„Das Recht auf Kenntnis der eigenen Abstammung",* Neue Juristische Wochenschrift 1989, S. 881 – 884, (zitiert: *Enders,* NJW 1989, 881 (S.)).

Ernst, Rüdiger, Die Vater-Kind-Zuordnung aufgrund der Ehe der Mutter, Eine vergleichende Darstellung des deutschen und französischen Rechts, Frankfurt am Main 1993, Dissertation, (zitiert: *Ernst,* Die Vater-Kind-Zuordnung aufgrund der Ehe der Mutter, S.).

Eser, Albin/Lutterotti, Markus/von Sporken, Paul, Lexikon – Medizin – Ethik – Recht, Darf die Medizin was sie kann? Information und Orientierung, Freiburg im Breisgau 1989, (zitiert: *Eser/v. Lutterotti/Sporken* Lexikon Medizin – Ethik – Recht, Sp.).

Feige, Axel/Rempen, Andreas/Würfel, Wolfgang/Jawny, Johannes/Rohde, Anke, Frauenheilkunde – Fortpflanzungsmedizin – Geburtsmedizin – Onkologie – Psychosomatik, 3. Auflage München 2006, (zitiert: *Feige u.a.,* Frauenheilkunde, (S.)).

Forkel, Hans, *„Verfügungen über Teile des menschlichen Körpers, Ein Beitrag zur zivilrechtlichen Erfassung der Transplantationen",* Juristenzeitung 1974, S. 593 – 599, (zitiert: *Forkel,* JZ 1974, 593 (S.)).

Fosen-Schlichtinger, Petra, Über die gesellschaftspolitische Bedeutung von Pränataldiagnostik und künstlicher Befruchtung als Teile moderner Reproduktionstechnologien unter besonderer Berücksichtigung familiensoziologischer Aspekte ihrer medizinischen Dimension und der Bedeutung des Themas Behinderung als soziales Phänomen, Linz 2002, Dissertation, (zitiert: *Fosen-Schlichtinger,* Über die gesellschaftspolitische Bedeutung von Pränataldiagnostik und künstlicher Befruchtung als Teile moderner Reproduktionstechnologien, S.).

Frank, Rainer, *„Recht auf Kenntnis der genetischen Abstammung?",* Zeitschrift für das gesamte Familienrecht 1988, S. 113 – 120, (zitiert: *Frank,* FamRZ 1988, 113 (S.)).

Frank, Rainer/Helms, Tobias, *„Der Anspruch des nichtehelichen Kindes gegen seine Mutter auf Nennung des leiblichen Vaters, Zugleich Besprechung der Entscheidung des BVerfG v. 6. 5. 1997 – 1 BvR 409/90",* Zeitschrift für das gesamte Familienrecht 1997, S. 1258 – 1263, (zitiert: *Frank/Helms,* FamRZ 1997, 1258 (S.)).

Fronemann, Esther, Der Beginn der Erbfähigkeit in Fällen extrakorporaler Befruchtung, Eine Untersuchung zu § 1923 Abs. 2 BGB, Hamburg 2004, Dissertation, (zitiert: *Fronemann,* Der Beginn der Erbfähigkeit in Fällen extrakorporaler Befruchtung, S.).

Fuchs, Maximilian, Deliktsrecht, 6. Auflage Berlin 2006, (zitiert: *Fuchs,* Deliktsrecht, S.).

Gaul, Hans Friedhelm, *„Ausgewählte Probleme des materiellen Rechts und des Verfahrensrechts im neuen Abstammungsrecht",* Zeitschrift für das gesamte Familienrecht 2000, S. 1461 – 1476, (zitiert: *Gaul,* FamRZ 2000, 1461 (S.)).

ders., *„Die Neuregelung des Abstammungsrechts durch das Kindschaftsrechtsreformgesetz"*, Zeitschrift für das gesamte Familienrecht 1997, S. 1441 – 1446, (zitiert: *Gaul*, FamRZ 1997, 1441 (S.)).

ders., Familienrecht in Geschichte und Gegenwart, Symposion aus Anlass des 80. Geburtstags von Friedrich Wilhelm Bosch am 2. Dezember 1991, Bielefeld 1992, (zitiert: *Gaul*, Familienrecht in Geschichte und Gegenwart, S.).

Geppert, Klaus, Die ärztliche Schweigepflicht im Strafvollzug, Berlin New York 1983, (zitiert: *Geppert*, Die ärztliche Schweigepflicht im Strafvollzug, S.).

Gernhuber, Joachim/Coester-Waltjen, Dagmar, Familienrecht, 5. Auflage München 2006, (zitiert: *Gernhuber/Coester-Waltjen*, Familienrecht, §, S., Rn.)

Giesen, Dieter, *„Das Anfechtungsrecht des Ehemannes bei heterologer Insemination"*, Juristenzeitung 1983, S. 552 – 554, (zitiert: *Giesen*, JZ 1983, 552 (S.)).

ders., Die künstliche Insemination als ethisches und rechtliches Problem, Bielefeld 1962, Dissertation, (zitiert: *Giesen*, Die künstliche Insemination als ethisches und rechtliches Problem, S.).

ders., *„Genetische Abstammung und Recht – Zugleich Besprechung des Urteils des BVerfG vom 31.1.1989 – 1 BvL 17/87"*, Juristenzeitung 1989, S. 364 – 377, (zitiert: *Giesen*, JZ 1989, 364 (S.)).

ders., *„Heterologe Insemination – Ein neues legislatorisches Problem? Zu einer Gesetzgebungsinitiative des Europarates"*, Zeitschrift für das gesamte Familienrecht 1981, S. 413 – 418, (zitiert: *Giesen*, FamRZ 1981, 413 (S.)).

ders., *„Probleme künstlicher Befruchtungsmethoden beim Menschen – Zum Argumentationsstand über das Machbare im Bereich moderner Fortpflanzungstechniken in Großbritannien und Australien – "*, Juristenzeitung 1985, S. 652 – 661, (zitiert: *Giesen*, JZ 1985, 652 (S.)).

ders., *„Recht und medizinischer Fortschritt – Höchstrichterliche Entscheidungen zur Arzthaftung im Zeitalter der Entfaltung neuer biomedizinischer Methoden"*, Juristische Rundschau 1984, S. 221 – 229, (zitiert: *Giesen*, JR 1984, 221 (S.)).

ders., *„Schadenbegriff und Menschenwürde – Zur schadenrechtlichen Qualifikation der Unterhaltspflicht für ein ungewolltes Kind"*, Juristenzeitung 1994, S. 286 – 292, (zitiert: *Giesen*, JZ 1994, 286 (S.)).

Goebel, Gisela, *„Bericht über den 56. Deutschen Juristentag"*, Monatszeitschrift für Deutsches Recht 1986, S. 988 – 991, (zitiert: *Goebel*, MDR 1986, 988 (S.)).

Göppinger, Horst, *„Die Neuregelung der rechtlichen Stellung der nichtehelichen Kinder (Zum Gesetz vom 19. August 1969 BGBl. I 1243)"*, Deutsche Richterzeitung 1970, S. 141 – 149, (zitiert: *Göppinger*, DRiZ 1970, 141 (S.)).

Gottwald, Peter, Recht auf Kenntnis der biologischen Abstammung?, Festschrift für Heinrich Hubmann zum 70. Geburtstag, Frankfurt am Main 1985, (zitiert: *Bearbeiter* in: Festschrift für Hubmann, S.).

Günther, Hans-Ludwig, *„Der Diskussionsentwurf eines Gesetzes zum Schutz von Embryonen"*, Goldammers's Archiv für Strafrecht 1987, S. 433 – 455, (zitiert: *Günther*, GA 1987, 433 (S.)).

Haibach, Ulrike/Haibach, Rudolf, Das neue Kindschaftsrecht: in der anwaltlichen Praxis, Bonn 1998, (zitiert: *Haibach*, Das neue Kindschaftsrecht, S.).

Hamann, Andreas, Autonome Satzungen und Verfassungsrecht, Heidelberg 1958, (zitiert: *Hamann*, Autonome Satzungen und Verfassungsrecht, S.).

Hamann, Ulrich, *„Bericht – Der 56. Deutsche Juristentag in Berlin 1986"*, Juristenzeitung 1986, S. 1095 – 1097, (zitiert: *Hamann*, JZ 1986, 1095 (S.)).

Harder, Manfred, *„Wer sind Vater und Mutter? – Familienrechtliche Probleme der Fortpflanzungsmedizin"*, Juristische Schulung 1986, S. 505 – 512, (zitiert: *Harder*, JuS 1986, 505 (S.)).

Harrer, Herbert, Zivilrechtliche Haftung bei durchkreuzter Familienplanung, Frankfurt am Main 1989, Dissertation, (zitiert: *Harrer*, Zivilrechtliche Haftung bei durchkreuzter Familienplanung, S.).

Hassenstein, Bernhard, *„Der Wert der Kenntnis der eigenen genetischen Abstammung"*, Zeitschrift für das gesamte Familienrecht 1988, S. 120 – 123, (zitiert: *Hassenstein*, FamRZ 1988, 120 (S.)).

Heberer, Georg/Opderbecke, Hans-Wolfgang/Spann, Wolfgang, Ärztliches Handeln – Verrechtlichung eines Berufsstandes, Festschrift für Walther Weißauer zum 65. Geburtstag, Berlin Heidelberg 1986, (zitiert: *Bearbeiter* in: Festschrift für Weißauer, S.).

Heinze, Meinhard/Schmitt, Jochem, Festschrift für Wolfgang Gitter zum 65. Geburtstag am 30. Mai 1995, Wiesbaden 1995, (zitiert: *Bearbeiter* in: Festschrift für Gitter, S.).

Helling, Uta, Zu den Problemen der künstlichen Insemination unter besonderer Berücksichtigung des § 203 E 1962, Berlin 1970, Dissertation, (zitiert: *Helling*, Zu den Problemen der künstlichen Insemination unter besonderer Berücksichtigung des § 203 E 1962, S.).

Helms, Tobias, Die Feststellung der biologischen Abstammung: eine rechtsvergleichende Untersuchung zum deutschen und französischen Recht, Freiburg 1998, Dissertation, (zitiert: *Helms*, Die Feststellung der biologischen Abstammung, S.).

ders., *„Reform des deutschen Abstammungsrechts – Zum Entwurf des Kindschaftsrechtsreformgesetzes aus rechtsvergleichender Perspektive"*, Familie und Recht 1996, S. 178 – 189, (zitiert: *Helms*, FuR 1996, 178 (S.)).

Herzog, Jürgen, Die heterologe Insemination in verfassungsrechtlicher Sicht, München 1971, Dissertation, (zitiert: *Herzog*, Die heterologe Insemination in verfassungsrechtlicher Sicht, S.).

Hess, Rainer, *„Rechtsprobleme der in-Vitro-Fertilisation und der Leihmutterschaft"*, Medizinrecht 1986, S. 240 – 244, (zitiert: *Hess*, MedR 1986, 240 (S.)).

Hilger, Norbert, *„Rechtsweg für Streitigkeit um Anspruch des nichtehelichen Kindes gegen die Mutter auf Benennung des leiblichen Vaters"*, Zeitschrift für das gesamte Familienrecht, S. 764 – 765, (zitiert: *Hilger*, FamRZ 1988, 764 (S.)).

Hirsch, Günter/Eberbach, Wolfram, Auf dem Weg zum künstlichen Leben, Retortenkinder – Leihmütter – programmierte Gene, Basel Boston Stuttgart 1987, (zitiert: *Hirsch/Eberbach*, Auf dem Weg zum künstlichen Leben, S.).

Hoerster, Norbert, *„Zur Bedeutung des Prinzips der Menschenwürde",* Juristische Schulung 1983, S. 93 – 96, (zitiert: *Hoerster,* JuS 1983, 93 (S.)).

Höfelmann, Elke, *„Das neue Gesetz zur Änderung der Vorschriften über die Anfechtung der Vaterschaft und das Umgangsrecht von Bezugspersonen des Kindes",* Zeitschrift für das gesamte Familienrecht 2004, S. 745 – 751, (zitiert: *Höfelmann,* FamRZ 2004, 745 (S.)).

Hofer, Sibylle/Klippel, Diethelm/Walter, Ute, Perspektiven des Familienrechts, Festschrift für Dieter Schwab zum 70. Geburtstag am 15. August 2005, Bielefeld 2005, (zitiert: *Bearbeiter* in: Festschrift für Schwab, S.).

Hohloch, Gerhard, *„Anmerkung zu BGH Urt. v. 12.7.1995 AZ: XII ZR 128/84 (OLG Schleswig) Unwirksamkeit des Verzichtes des Ehemannes auf Ehelichkeitsanfechtung bei heterologer Insemination",* Juristische Schulung 1996, S. 75 – 76, (zitiert: *Hohloch,* JuS 1996, 75 (S.)).

ders., *„Anmerkung zu BGH Urt. v. 3.5.1995 AZ: XII ZR 29/94 (OLG Celle)",* Juristische Schulung 1995, S. 836 – 838, (zitiert: *Hohloch,* JuS 1995, 836 (S.)).

Holzhauer, Heinz, *„Gentechnik und künstliche Fortpflanzung – Zu den für den 56. Deutschen Juristentag erstatteten Gutachten",* Zeitschrift für das gesamte Familienrecht 1986, S. 1162 – 1166, (zitiert: *Holzhauer,* FamRZ 1986, 1162 (S.)).

Ipsen, Jörn, Staatsrecht II – Grundrechte, 9. Auflage München 2006, (zitiert: *Ipsen,* Staatsrecht II, Rn.).

Janzen, Ulrike, *„Das Kinderrechteverbesserungsgesetz – Weiterentwicklung des Kindschaftsrechts und Schutz der Kinder vor Gewalt –",* Zeitschrift für das gesamte Familienrecht 2002, S. 785 – 790, (zitiert: *Janzen,* FamRZ 2002, 785 (S.)).

Jarass, Hans D./Pieroth, Bodo, Grundgesetz für die Bundesrepublik Deutschland, Kommentar, 8. Auflage München 2006, (zitiert: *Jarass/Pieroth,* GG, Art., Rn.).

Jauernig, Othmar, Bürgerliches Gesetzbuch, 12. Auflage München 2007, (zitiert: *Jauernig,* BGB, §, Rn.).

Jescheck, Hans-Heinrich/Vogler, Theo, Festschrift für Herbert Tröndle zum 70. Geburtstag am 24. August 1989, Berlin 1989, (zitiert: *Bearbeiter* in: Festschrift für Tröndle, S.).

Jungfleisch, Frank, Fortpflanzungsmedizin als Gegenstand des Strafrechts? Eine Untersuchung verschiedenartiger Regelungsansätze aus rechtsvergleichender und rechtspolitischer Perspektive, Berlin 2005, Dissertation, (zitiert: *Jungfleisch,* Fortpflanzungsmedizin als Gegenstand des Strafrechts?, S.).

Junghans, Cordula, Der familienrechtliche Status des durch artifizielle Insemination gezeugten Kindes, Bonn 1987, Dissertation, (zitiert: *Junghans,* Der familienrechtliche Status des durch artifizielle Insemination gezeugten Kindes, S.).

Kallmann, Rainer, *„Rechtsprobleme bei der Organtransplantation, Straf- und zivilrechtliche Erwägungen",* Zeitschrift für das gesamte Familienrecht 1969, S. 572 – 579, (zitiert: *Kallmann,* FamRZ 1969, 572 (S.)).

Kamps, Hans, *„Das Recht der Reproduktionsmedizin – Ein Überblick",* Medizinrecht 1994, S. 339 – 348, (zitiert: *Kamps,* MedR 1994, 339 (S.)).

Katz, Alfred, Staatsrecht – Grundkurs im öffentlichen Recht, 16. Auflage Heidelberg 2005, (zitiert: *Katz*, Staatsrecht, S., Rn.).

Katzorke, Thomas, *"Donogene Insemination, Medizinische juristische und soziale Aspekte",* Vortragspapier vom 2. September 2004, (zitiert: *Katzorke*, Donogene Insemination Vortragspapier, S.).

Keiper, U./Kentenich, Heribert, *"Die Verwendung von fremdem Samen im Rahmen der Reproduktionsmedizin, Auswirkungen der (Muster-) Richtlinie zur Durchführung der assistierten Reproduktion 2006 der Bundesärztekammer",* Journal für Reproduktionsmedizin und Endokrinologie (Journal of Reproductive Medicine and Endocrinology) 2007, S. 34 – 37, (zitiert: *Keiper/Kentenich*, J. Reproduktionsmed. Endokrinolog. 2007, 34 (S.)).

Keller, Rolf, *"Fortpflanzungstechnologie: Ein Gesamtkonzept staatlichen Regelungsbedarfs – Zum Zwischenbericht der Bund/Länder-Arbeitsgruppe "Fortpflanzungsmedizin"",* Medizinrecht 1988, S. 59 – 66, (zitiert: *Keller*, MedR 1988, 59 (S.)).

Keller, Rolf/Günther, Hans-Ludwig/Kaiser, Peter, Embryonenschutzgesetz, Kommentar, Stuttgart 1992, (zitiert: *Keller/Günther/Kaiser*, ESchG, S.).

Kemper, Rainer, *"Anmerkung zu BGH Urteil vom 12. Juli 1995 AZ: XII ZR 128/94",* Familie und Recht 1995, S. 309 – 311, (zitiert: *Kemper*, FuR 1995, 309 (S.)).

Kern, Bernd-Rüdiger/Laufs, Adolf, Die ärztliche Aufklärungspflicht, Berlin Heidelberg 1983, (zitiert: *Kern/Laufs*, Die ärztliche Aufklärungspflicht, S.).

Kienle, Thomas, *"Künstliche Befruchtung und artifizielles Recht Weiter ungelöste Rechtsprobleme um die heterologe Insemination",* Zeitschrift für Rechtspolitik 1995, S. 201 – 202, (zitiert: *Kienle*, ZRP 1995, 201 (S.)).

Kirchmeier, Karl-Heinz, *"Zivilrechtliche Fragen der homologen und heterologen Insemination de lege lata et ferenda",* Zeitschrift für das gesamte Familienrecht 1998, S. 1281 – 1287, (zitiert: *Kirchmeier*, FamRZ 1998, 1281 (S.)).

Kleine-Cosack, Michael, Berufsständische Autonomie und Grundgesetz, Baden-Baden 1986, (zitiert: *Kleine-Cosack*, Berufsständische Autonomie und Grundgesetz, S.).

Kleineke, Wilhelm, Das Recht auf Kenntnis der eigenen Abstammung, Göttingen 1976, Dissertation, (zitiert: *Kleineke*, Das Recht auf Kenntnis der eigenen Abstammung, S.).

Kliemt, Michael, *"Kleinere Beiträge, Kostenerstattungspflicht bei In-vitro-Fertilisation",* Versicherungsrecht 1996, S. 32 – 34, (zitiert: *Kliemt*, VersR 1996, 32 (S.)).

Knöpfel, Gottfried, *"Faktische Elternschaft Bedeutung und Grenzen",* Zeitschrift für das gesamte Familienrecht 1983, S. 317 – 331, (zitiert: *Knöpfel*, FamRZ 1983, 317 (S.)).

Koch, Elisabeth, *"Der Anspruch des Deszendenten auf Klärung der genetischen Abstammung – ein Paradigmawechsel im Abstammungsrecht",* Zeitschrift für das gesamte Familienrecht 1990, S. 569 – 574, (zitiert: *Koch*, FamRZ 1990, 569 (S.)).

Kollhosser, Helmut, *"Rechtsprobleme bei medizinischen Zeugungshilfen",* Juristische Arbeitsblätter 1985, S. 553 – 562,(zitiert: *Kollhosser*, JA 1985, 553 (S.)).

Krebs, Dieter/van der Ven, Hans, Aktuelle Reproduktionsmedizin, Gegenwart und Zukunft der IVF und ICSI, Stuttgart 1999, (zitiert: *Bearbeiter* in: Aktuelle Reproduktionsmedizin, S.).

Lackner, Karl/Kühl, Kristian, Strafgesetzbuch Kommentar, 26. Auflage München 2007, (zitiert: *Lackner/Kühl*, StGB, §, Rn.).

Lauff, Werner/Arnold, Matthias, *„Der Gesetzgeber und das „Retortenbaby"",* Zeitschrift für Rechtspolitik 1984, S. 279 – 283, (zitiert: *Lauff/Arnold*, ZRP 1984, 279 (S.)).

Laufs, Adolf, Auf dem Wege zu einem Fortpflanzungsmedizingesetz, Grundfragen der artifiziellen Reproduktion aus medizinrechtlicher Sicht, Juristische Studiengesellschaft Hannover Band 36, Baden-Baden 2002, (zitiert: *Laufs*, Auf dem Wege zu einem Fortpflanzungsmedizingesetz, S.).

ders., *„Die künstliche Befruchtung beim Menschen – Zulässigkeit und zivilrechtliche Folgen"*, Juristenzeitung 1986, S. 769 – 777, (zitiert: *Laufs*, JZ 1986, 769 (S.)).

ders., *„Zur neuen Berufsordnung für die deutschen Ärztinnen und Ärzte"*, Neue Juristische Wochenschrift 1997, S. 3071 – 3073, (zitiert: *Laufs*, NJW 1997, 3071 (S.)).

Laufs, Adolf/Reiling, Emil, *„Schmerzensgeld wegen schuldhafter Vernichtung deponierten Spermas?"*, Neue Juristische Wochenschrift 1994, S. 775 – 776, (zitiert: *Laufs/Reiling*, NJW 1994, 775 (S.)).

Laufs, Adolf/Uhlenbruck, Wilhelm, Handbuch des Arztrechts, 3. Auflage München 2002, (zitiert: *Laufs/Uhlenbruck*, Handbuch des Arztrechts, §, Rz., S.).

Leipold, Dieter, Gedächtnisschrift für Peter Arens, München 1993, (zitiert: *Bearbeiter* in: Gedächtnisschrift für Arens, S.).

Löhnig, Martin, Das Recht des Kindes nicht miteinander verheirateter Eltern, Abstammung – Sorgerecht – Umgangsrecht – Namensrecht – Unterhalt, 2. Auflage Berlin 2004, (zitiert: *Löhnig*, Das Recht des Kindes nicht miteinander verheirateter Eltern, S., Rn.).

ders., *„Unterhaltsrückgriff beim Betreuungsunterhalt nach § 1570 BGB"*, Zeitschrift für das gesamte Familienrecht 2003, S. 1354 – 1356, (zitiert: *Löhnig*, FamRZ 2003, 1354 (S.)).

Mangoldt, Hermann von/Klein, Friedrich/Starck, Christian, Kommentar zum Grundgesetz Band 1: Präambel Art. 1 bis 19, 5. Auflage München 2005, (zitiert: *v. Mangoldt/Klein/Starck*, GG, Art., Rn.).

Mansees, Norbert, Das Erbrecht des Kindes nach künstlicher Befruchtung, Zugleich eine Analyse des Systems der gesetzlichen vermögens- und personenrechtlichen Kindeszuordnung, Berlin 1991, Dissertation, (zitiert: *Mansees*, Das Erbrecht des Kindes nach künstlicher Befruchtung, S.).

ders., *„Einige Gedanken zum gesetzlichen Erbrecht des auf nicht-natürlichem Wege erzeugten Kindes"*, Zeitschrift für das gesamte Familienrecht 1986, S. 756 – 759, (zitiert: *Mansees*, FamRZ 1986, 756 (S.)).

ders., *„Jeder Mensch hat ein Recht auf Kenntnis seiner genetischen Herkunft"*, Neue Juristische Wochenschrift 1988, S. 2984 – 2987, (zitiert: *Mansees*, NJW 1988, 2984 (S.)).

Marian, Susanne, Die Rechtsstellung des Samenspenders bei der Insemination und der IVF, Recht & Medizin Band 42, Frankfurt am Main Berlin Bern New York Paris Wien 1998, Dissertation, (zitiert: *Marian*, Die Rechtsstellung des Samenspenders bei Insemination und IVF, S.).

Marlow, Sven/Spuhl, Udo, *„Künstliche Befruchtung und kein Ende",* Versicherungsrecht 2006, S. 1193 – 1195, (zitiert: *Marlow/Spuhl,* VersR 2006, 1193 (S.)).

Martiny, Dieter, Unterhaltsrang und -rückgriff Band II, Mehrpersonenverhältnisse und Rückgriffsansprüche im Unterhaltsrecht Deutschlands Österreichs der Schweiz, Frankreichs, Englands und der Vereinigten Staaten von Amerika, Tübingen 2000, (zitiert: *Martiny,* Unterhaltsrang und -rückgriff, S.).

Maurach, Reinhart/Schroeder, Friedrich-Christian/Maiwald, Manfred, Strafrecht Besonderer Teil, Teilband 1 – Straftaten gegen Persönlichkeits- und Vermögenswerte Lehrbuch, 9. Auflage Heidelberg 2003, (zitiert: *Maurach/Schroeder/Maiwald,* Strafrecht BT, Teilband 1, §, Rn.).

May, Ulrich, Rechtliche Grenzen der Fortpflanzungsmedizin – Die Zulässigkeit bestimmter Methoden der assistierten Reproduktion und der Gewinnung von Stammzellen vom Embryo in vitro im deutsch-israelischen Vergleich, Berlin Heidelberg 2003, Dissertation, (zitiert: *May,* Rechtliche Grenzen der Fortpflanzungsmedizin, S.).

Mayer, August, Kritisches zur künstlichen heterologen Insemination, Nova Acta Leopoldina – Abhandlungen der Deutschen Akademie der Naturforscher (Leopoldina) Nummer 116 Band 17, Leipzig 1955, (zitiert: *Mayer,* Kritisches zur künstlichen heterologen Insemination, S.).

Mergen, Armand, Die juristische Problematik der Medizin, Band III, Die Verantwortung des Arztes, München 1971, (zitiert: *Bearbeiter* in: Mergen (Hrsg.), Die juristische Problematik der Medizin, Bd. 3, Die Verantwortung des Arztes, S.).

Merz, Bettina, Die medizinische ethische und juristische Problematik artifizieller menschlicher Fortpflanzung, Artifizielle Insemination in-Vitro-Fertilisation mit Embryotransfer und die Forschung an frühen menschlichen Embryonen, Frankfurt am Main 1991, Dissertation, (zitiert: *Merz,* Problematik artifizieller menschlicher Fortpflanzung, S.).

Meyhöfer, Wolfgang/Künzel, Wolfgang, Donogene Insemination Medizinische juristische und soziologische Aspekte der Übertragung von Fremdsperma, Berlin Heidelberg 1988, (zitiert: *Meyhöfer* in: Donogene Insemination, (S.)).

Moritz, Heinz Peter, *„Auskunftsanspruch des nichtehelichen Kindes gegen seine Mutter auf Nennung des Namens des leiblichen Vaters",* Juristische Ausbildung 1990, S. 134 – 140, (zitiert: *Moritz,* JURA 1990, 134 (S.)).

Müller, Kurt, *„Zeugnispflicht bei heterologer Fertilisation",* Zeitschrift für das gesamte Familienrecht 1986, S. 635 – 637, (zitiert: *Müller,* FamRZ 1986, 635 (S.)).

von Münch, Ingo/Kunig, Philip, Grundgesetz-Kommentar, Band 1 (Präambel bis Art. 19), 5. Auflage München 2000, (zitiert: *Bearbeiter* in: v. Münch/Kunig, GG, Art., Rn.).

Münchener Kommentar zum Bürgerlichen Gesetzbuch BGB, Band 1/Teilband 1: Allgemeiner Teil §§ 1 – 240 ProstG, 5. Auflage München 2006, (zitiert: *Bearbeiter* in: MüKo, BGB, §, Rn.).

ders., Band 2: Schuldrecht Allgemeiner Teil: §§ 241 – 432, 5. Auflage München 2007, (zitiert: *Bearbeiter* in: MüKo, BGB, §, Rn.).

ders., Band 8: Familienrecht II §§ 1589 – 1921 SGB VIII, 4. Auflage München 2000, (zitiert: *Bearbeiter* in: MüKo, BGB, §, Rn.).

ders., Band 9: Erbrecht §§ 1922 – 2385 §§ 27 – 35 BeurkG, 4. Auflage München 2004, (zitiert: *Bearbeiter* in: MüKo, BGB, §, Rn.).

Musielak, Hans-Joachim, Grundkurs ZPO, Eine Darstellung zur Vermittlung von Grundlagenwissen im Zivilprozessrecht (Erkenntnisverfahren und Zwangsvollstreckung) mit Fällen und Fragen zur Lern- und Verständniskontrolle sowie mit Übungsklausuren, 8. Auflage München 2005, (zitiert: *Musielak*, GK, ZPO, S., Rn.).

Mutschler, Dietrich, *„Emanzipation und Verantwortung, Zur Neuordnung des Abstammungsrechts"*, Zeitschrift für das gesamte Familienrecht 1994, S. 65 – 71, (zitiert: *Mutschler*, FamRZ 1994, 65 (S.)).

Naumann, Dirk, *„Vereitelung des Rechts auf Kenntnis der eigenen Abstammung bei künstlicher Insemination"*, Zeitschrift für Rechtspolitik 1999, S. 142 – 144, (zitiert: *Naumann*, ZRP 1999, 142 (S.)).

Neidert, Rudolf, *„Brauchen wir ein Fortpflanzungsmedizingesetz?"*, Medizinrecht 1998, S. 347 – 353, (zitiert: *Neidert*, MedR 1998, 347 (S.)).

Neumann-Duesberg, Horst, *„Abgrenzbarkeit des allgemeinen Persönlichkeitsrechts und sein Schutz nach § 823 Abs. 1 BGB"*, Neue Juristische Wochenschrift 1957, S. 1341 – 1344, (zitiert: *Neumann-Duesberg*, NJW 1957, 1341 (S.)).

ders., *„Kleinere Beiträge: Das Rechtsverhältnis bei der Abstammungsfeststellungsklage"*, Neue Juristische Wochenschrift 1955, S. 578, (zitiert: *Neumann-Duesberg*, NJW 1955, 578 (578)).

Niederer, Andreas, Reproduktionsmedizinische Methoden zur Überwindung männlicher Infertilität im Spiegel des Rechts, Stuttgart 1989, Dissertation, (zitiert: *Niederer*, Reproduktionsmedizinische Methoden zur Überwindung männlicher Infertilität, S.).

Ostendorf, Heribert, *„Experimente mit dem „Retortenbaby" auf dem rechtlichen Prüfstand"*, Juristenzeitung 1984, S. 595 – 600, (zitiert: *Ostendorf*, JZ 1984, 595 (S.)).

Pahl, Stephan, *„Die zivilrechtliche Haftung des Arztes bei Retortenzeugung und Embryotransfer"*, Zentralblatt für Jugendrecht 1986, S. 5 – 9, (zitiert: *Pahl*, ZfJ 1986, 5 (S.)).

Palandt, Otto, Bürgerliches Gesetzbuch, 66. Auflage München 2007, (zitiert: *Bearbeiter* in: Palandt, BGB, §, Rn.).

Pap, Michael, *„Die Würde des werdenden Lebens in vitro* – Verfassungsrechtliche Grenzen der extrakorporalen Befruchtung"*, Medizinrecht 1986, S. 229 – 236, (zitiert: *Pap*, MedR 1986, 229 (S.)).

ders., Extrakorporale Befruchtung und Embryotransfer aus arztrechtlicher Sicht, Insbesondere: Der Schutz des werdenden Lebens in Vitro, Frankfurt am Main Bern New York Paris 1987, Dissertation, (zitiert: *Pap*, Extrakorporale Befruchtung, S.).

Pasquay, Jürgen, Die künstliche Insemination – Zugleich ein Beitrag zur Bestimmung der Grenzen staatlicher Strafbefugnis, Freiburg 1968, Dissertation, (zitiert: *Pasquay*, Die künstliche Insemination, S.).

Peschel-Gutzeit, Lore Maria, *„Das Kinderrechteverbesserungsgesetz – KindRVerbG – vom 9.4.2002 – Ein weiterer Schritt auf dem Weg zur Verwirklichung des Kindeswohls"*, Familie – Partnerschaft – Recht 2002, S. 285 – 289, (zitiert: *Peschel-Gutzeit*, FPR 2002, 285 (S.)).

Pieper, Klaus, *"Neuerungen im Unterhalts-, Namens-, Adoptions- und Abstammungsrecht, Weitere wichtige Änderungen durch das KindRG"*, Familie und Recht 1998, S. 33 – 36, (zitiert: *Pieper*, FuR 1998, 33 (S.)).

ders., *"NEU: Anfechtungs- und Umgangsrecht des biologischen Vaters"*, Familie und Recht 2004, S. 385 – 388, (zitiert: *Pieper*, FuR 2004, 385 (S.)).

Pieroth, Bodo/Schlink, Bernhard, Grundrechte Staatsrecht II, 22. Auflage Heidelberg 2006, (zitiert: *Pieroth/Schlink*, Grundrechte, Rn.).

Poll, Jens/Jurisic, Zaklina, *"Recht und medizinischer Fortschritt, Die höchstrichterliche deutsche Zivilrechtsprechung zu neuen biomedizinischen Technologien"*, Juristische Rundschau 1999, S. 226 – 234, (zitiert: *Poll/Jurisic*, JR 1999, 226 (S.)).

Posch, Willibald, Rechtsprobleme der medizinischen assistierten Fortpflanzung und Gentechnologie, Wien 1988, (zitiert: *Posch*, Rechtsprobleme der medizinischen assistierten Fortpflanzung und Gentechnologie, S.).

Pschyrembel, Pschyrembel, Klinisches Wörterbuch, 260. Auflage Berlin 2004, (zitiert: *Pschyrembel*, Klinisches Wörterbuch).

Püttner, Günter/Brühl, Klaus, *"Fortpflanzungsmedizin Gentechnologie und Verfassung – Zum Gesichtspunkt der Einwilligung Betroffener"*, Juristenzeitung 1987, S. 529 – 536, (zitiert: *Püttner/Brühl*, JZ 1987, 529 (S.)).

Quaas, Michael/Zuck, Rüdiger, Medizinrecht, München 2005, (zitiert: *Quaas/Zuck*, Medizinrecht, S., Rn.).

Quantius, Markus, *"Die Elternschaftsanfechtung durch das künstlich gezeugte Kind"*, Zeitschrift für das gesamte Familienrecht 1998, S. 1145 – 1152, (zitiert: *Quantius*, FamRZ 1998, 1145 (S.)).

Ramm, Thilo, *"Die Fortpflanzung – ein Freiheitsrecht?"*, Juristenzeitung 1989, S. 861 – 874, (zitiert: *Ramm*, JZ 1989, 861 (S.)).

ders., *"Ehelichkeitsanfechtung und Bundesverfassungsgericht"*, Neue Juristische Wochenschrift 1989, S. 1594 – 1597, (zitiert: *Ramm*, NJW 1989, 1594 (S.)).

ders., *"Kindschaftsreform?"*, Juristenzeitung 1996, S. 987 – 995, (zitiert: *Ramm*, JZ 1996, 987 (S.)).

Ramm, Thilo/Grandke, Anita, Deutsche Wiedervereinigung, Die Rechtseinheit Arbeitskreis Familienrecht zur Familienrechtspolitik nach der Wiedervereinigung, Köln Berlin Bonn München 1995, (zitiert: *Ramm/Grandke*, Deutsche Wiedervereinigung, S.).

Ranke, Hansjürg/Dombois, Adolf, Probleme der künstlichen Insemination Referate und Gutachten, Forschungen und Berichte der evangelischen Studiengemeinschaft, (zitiert: *Bearbeiter* in: Probleme der künstlichen Insemination, S.).

Ratzel, Rudolf/Lippert, Hans-Dieter, Kommentar zur Musterberufsordnung der deutschen Ärzte (MBO), 4. Auflage Berlin Heidelberg 2006, (zitiert: *Ratzel/Lippert*, Kommentar zur MBO, S.).

Rechberger, Walther H./Welser, Rudolf, Festschrift für Winfried Kralik zum 65. Geburtstag, Verfahrensrecht – Privatrecht, Wien 1986, (zitiert: *Bearbeiter* in: Festschrift für Kralik, S.).

Redeker, Konrad/Busse, Felix, Schriftenreihe der Neuen Juristischen Wochenschrift, Heft 29, München 1993, (zitiert: *Redeker/Busse*, NJW-Schriftenreihe, Heft 29, S.).

Reyer, Ulrich, Haftungsfragen bei Anwendung neuer Methoden assistierter Reproduktion, Vortragspapier 26.11.2004 Symposium zur donogenen Insemination Ärztekammer Nordrhein und Rheinische Notarkammer, (zitiert: *Reyer*, Haftungsfragen bei Anwendung neuer Methoden assistierter Reproduktion, Vortrag vom 26.11.2004 bei der Ärztekammer Nordrhein, S.).

Riemer, Hans Michael/Walder, Hans Ulrich/Weimar, Peter, Festschrift für Cyril Hegnauer zum 65. Geburtstag, Bern 1986, (zitiert: *Bearbeiter* in: Festschrift für Hegnauer, S.).

Robert-Koch-Institut/Statistisches Bundesamt, Gesundheitsberichterstattung des Bundes, Heft 20 Ungewollte Kinderlosigkeit 2004, (zitiert: *Robert-Koch-Institut*, Ungewollte Kinderlosigkeit, S.).

Rose, Stephan, Soziale Elternschaft und Reproduktionsmedizin bei ungewollter Kinderlosigkeit – Entwicklungen im Vergleich, Nürnberg 2005, Dissertation, (zitiert: *Rose*, Soziale Elternschaft und Reproduktionsmedizin bei ungewollter Kinderlosigkeit, S.).

Roth, Andreas, *„Das Kinderrechteverbesserungsgesetz"*, Juristenzeitung 2002, S. 651 – 655, (zitiert: *Roth*, JZ 2002, 651 (S.)).

ders., *„Der Ausschluss der Vaterschaftsanfechtung nach Einwilligung in die heterologe Insemination"*, Deutsche Notar-Zeitschrift 2003, S. 805 – 822, (zitiert: *Roth*, DNotZ 2003, 805 (S.)).

ders., *„Die Zustimmung eines Mannes zur heterologen Insemination bei seiner Ehefrau"*, Zeitschrift für das gesamte Familienrecht 1996, S. 769 – 771, (zitiert: *Roth*, FamRZ 1996, 769 (S.)).

Rüsken, Reinhart, *„Künstliche Befruchtung als Heilbehandlung – Zur steuermindernden Berücksichtigung von Kosten homo- und heterologer Insemination"*, Neue Juristische Wochenschrift 1998, S. 1745 – 1750, (zitiert: *Rüsken*, NJW 1998, 1745 (S.)).

Sachs, Michael, Verfassungsrecht II, Grundrechte, 2. Auflage Berlin Heidelberg 2003, (zitiert: *Sachs*, Verfassungsrecht II, Grundrechte, S., Rn.).

Sachsen-Gessaphe, Karl August von, *„Nachbesserungen im Familienrecht – eine unendliche Geschichte"*, Neue Juristische Wochenschrift 2002, S. 1853 – 1855, (zitiert: *v. Sachsen-Gessaphe*, NJW 2002, 1853 (S.)).

Sailer, Martin, Medizin in christlicher Verantwortung, Sittliche Orientierungen in päpstlichen Verlautbarungen und Konzilsdokumenten, Paderborn München 1982, (zitiert: *Sailer*, Medizin in christlicher Verantwortung, S.).

Sauer, Patrick, Die Vaterschaftsanfechtung: Ihre Entstehung Entwicklung und aktuelle Probleme insbesondere nach Zustimmung zur heterologen Insemination, Aachen 1999, Dissertation, (zitiert: *Sauer*, Die Vaterschaftsanfechtung, S.).

Schaumann, Claudia, Die heterologe künstliche Insemination – Verhältnis zwischen Samenspender und Samenvermittler, Freiburg Schweiz 1991, Dissertation, (zitiert: *Schaumann*, Die heterologe künstliche Insemination, S.).

Schlegel, Thomas, *„Zur Analogiefähigkeit der §§ 1593 ff. BGB in den Fällen der heterologen Insemination – BGH NJW 1995 2028 "*, Juristische Schulung 1996, S. 1067 – 1070, (zitiert: *Schlegel*, JuS 1996, 1067 (S.)).

Schmidhäuser, Eberhard, Strafrecht, Besonderer Teil – Grundriss, 2. Auflage Tübingen 1983, (zitiert: *Schmidhäuser*, Strafrecht, BT, Kapitel/Unterkapitel, S.).

Schmidt, Rolf, Staatsorganisationsrecht sowie Grundzüge des Verfassungsprozessrechts, 7. Auflage Grasberg 2007, (zitiert: *Schmidt*, Staatsorganisationsrecht, S.).

Schmidt-Didczuhn, Andrea, *„(Verfassungs)Recht auf Kenntnis der eigenen Abstammung"*, Juristische Rundschau 1989, S. 228 – 232, (zitiert: *Schmidt-Didczuhn*, JR 1989, 228 (S.)).

Schnapp, Friedrich E./Kaltenborn, Markus, *„Grundrechtsbindung nichtstaatlicher Institutionen"*, Juristische Schulung 2000, S. 937 – 943, (zitiert: *Schnapp/Kaltenborn*, JuS 2000, 937 (S.)).

Schönke, Adolf/Schröder, Horst, Strafgesetzbuch Kommentar, 27. Auflage München 2006, (zitiert: *Bearbeiter* in: Schönke/Schröder, StGB, §, Rn.).

Schröder, Michael, *„Ethik-Kommissionen Embryonenschutz und In-vitro-Fertilisation: gültige Regelungen im ärztlichen Standesrecht?"*, Versicherungsrecht 1990, S. 243 – 253, (zitiert: *Schröder*, VersR 1990, 243 (S.)).

Schulze, Reiner, u.a., Bürgerliches Gesetzbuch Handkommentar, 5. Auflage Baden-Baden 2006, (zitiert: *Bearbeiter* in: Hk-BGB, §, Rn.).

Schumacher, Klaus, *„Fortpflanzungsmedizin und Zivilrecht"*, Zeitschrift für das gesamte Familienrecht 1987, S. 313 – 324, (zitiert: *Schumacher*, FamRZ 1987, 313 (S.)).

Schwab, Dieter, Familienrecht, 16. Auflage München 2006, (zitiert: *Schwab*, Familienrecht, S., Rn.).

Schwab, Dieter/Wagenitz, Thomas, *„Einführung in das neue Kindschaftsrecht"*, Zeitschrift für das gesamte Familienrecht 1997, S. 1377 – 1383, (zitiert: *Schwab/Wagenitz*, FamRZ 1997, 1377 (S.)).

Schwab, Karl Heinz, *„Die neueste Rechtsprechung des Bundesgerichtshofes zur Abstammungsklage"*, Neue Juristische Wochenschrift 1956, S. 649 – 652, (zitiert: *Schwab*, NJW 1956, 649 (S.)).

Seidl, Hartmut, *„Anfechtung bei der homologen und heterologen Insemination"*, Familie – Partnerschaft – Recht 2002, S. 402 – 404, (zitiert: *Seidl*, FPR 2002, 402 (S.)).

Selb, Walter, Rechtsordnung und künstliche Reproduktion des Menschen, Tübingen 1987, (zitiert: *Selb*, Rechtsordnung und künstliche Reproduktion des Menschen, S.).

Semke, Iris, Künstliche Befruchtung in wissenschafts- und sozialgeschichtlicher Sicht, Frankfurt am Main Berlin 1996, Dissertation, (zitiert: *Semke*, Künstliche Befruchtung in wissenschafts- und sozialgeschichtlicher Sicht, S.).

Senatsamt für Gleichstellung (Hamburg), Gentechnologie und Reproduktionsmedizin – Soziale Folgen für Frauen in Hamburg, Dokumentation einer Tagung des Senatsamtes für die Gleichstellung am 24. Mai 1993, Hamburg 1993, (zitiert: *Bearbeiter* in: Gentechnologie und Reproduktionsmedizin, S.).

Sethe, Henning von, Die Durchsetzbarkeit des Rechts auf Kenntnis der eigenen Abstammung aus der Sicht des Kindes: Eine Analyse, Berlin 1995, Dissertation, (zitiert: *v. Sethe*, Die Durchsetzbarkeit des Rechts auf Kenntnis der eigenen Abstammung, S.).

Sina, Stephan, *„Recht auf Elternschaft? Überlegungen zum Nahmani-Urteil des israelischen Supreme Court v. 12. 9. 1996 über die Frage der Zulässigkeit der Fortsetzung einer In-vitro-Fertilisation bei entgegenstehendem Willen eines Ehepartners"*, Zeitschrift für das gesamte Familienrecht 1997, S. 862 – 866, (zitiert: *Sina*, FamRZ 1997, 862 (S.)).

Smid, Stefan, *„Recht auf Kenntnis der eigenen blutsmäßigen Abstammung? – Zu den Folgen des Urteils des 1. Senats des BVerfG vom 31.1.1989 –"*, Juristische Rundschau 1990, S. 221 – 226, (zitiert: *Smid*, JR 1990, 221 (S.)).

Spickhoff, Andreas, *„Die Entwicklung des Arztrechts 2005/2006"*, Neue Juristische Wochenschrift 2006, S. 1630 – 1639, (zitiert: *Spickhoff*, NJW 2006, 1630 (S.)).

ders., *„Haftungsrechtliche Fragen der Biomedizin"*, Versicherungsrecht 2006, S. 1569 – 1581, (zitiert: *Spickhoff*, VersR 2006, 1569 (S.)).

ders., *„Vaterschaftsanfechtung und konsentierte Fremdinsemination"*, Archiv für civilistische Praxis 197 (1997), S. 399 – 429, (zitiert: *Spickhoff*, AcP 197 (1997), 399 (S.)).

Spiekerkötter, Jörg, Verfassungsfragen der Humangenetik, Insbesondere Überlegungen zur Zulässigkeit der Genmanipulation sowie der Forschung an menschlichen Embryonen, Frankfurt 1989, Dissertation, (zitiert: *Spiekerkötter*, Verfassungsfragen der Humangenetik, S.).

Spranger, Tade M., *„Die Rechte des Patienten bei der Entnahme und Nutzung von Körpersubstanzen"*, Neue Juristische Wochenschrift 2005, 1084 – 1090, (zitiert: *Spranger*, NJW 2005, 1084 (S.)).

Standesbeamtenfachausschuss, *„Adoption eines Kindes durch die Lebenspartnerin der Mutter"*, Das Standesamt 2006, S. 174, (zitiert: *Standesbeamtenfachausschuss*, StAZ 2006, 174 (174)).

Starck, Christian, Grundgesetz und ärztliche Berufsordnungen, Baden-Baden 1969, (zitiert: *Starck*, Grundgesetz und ärztliche Berufsordnungen, S.).

ders., Gutachten 56. Deutscher Juristentag (1986) – Die künstliche Befruchtung beim Menschen – Zulässigkeit und zivilrechtliche Folgen, 2. Auflage München 1995, (zitiert: *Starck*, Gutachten 56. DJT, S., A).

ders., *„Recht auf Kenntnis der eigenen Abstammung und heterologe Insemination"*, Juristenzeitung 1989, S. 338 – 339, (zitiert: *Starck*, JZ 1989, 338 (S.)).

Staudinger, Kommentar zum Bürgerlichen Gesetzbuch, Abstammung §§ 1589 – 1600 e, 14. Auflage Berlin 2004, (zitiert: *Bearbeiter* in: Staudinger, BGB, §, Rn.).

Sternberg-Lieben, Detlev, *„Fortpflanzungsmedizin und Strafrecht"*, Neue Zeitschrift für Strafrecht 1988, S. 1 – 6, (zitiert: *Sternberg-Lieben*, NStZ 1988, 1 (S.)).

Taupitz, Jochen, *„Der deliktsrechtliche Schutz des menschlichen Körpers und seiner Teile"*, Neue Juristische Wochenschrift 1995, S. 745 – 752, (zitiert: *Taupitz*, NJW 1995, 745 (S.)).

ders., Die Standesordnungen der freien Berufe – Geschichtliche Entwicklung Funktionen Stellung im Rechtssystem, Berlin 1991, Habilitation, (zitiert: *Taupitz*, Die Standesordnungen der freien Berufe – Geschichtliche Entwicklung Funktionen Stellung im Rechtssystem, S.).

ders., Gutachten zu zivilrechtlichen Fragen der heterologen Insemination/IVF/ICSI, erstellt für die Ärztekammer Nordrhein 9.9.2004, (zitiert: *Taupitz*, Gutachten zu zivilrechtlichen Fragen der heterologen Insemination, S.).

ders., *„Privatrechtliche Rechtspositionen um die Genomanalyse: Eigentum Persönlichkeit Leistung"*, Juristenzeitung 1992, S. 1089 – 1099, (zitiert: *Taupitz*, JZ 1992, 1089 (S.)).

ders., *„Wem gebührt der Schatz im menschlichen Körper? Zur Beteiligung des Patienten an der kommerziellen Nutzung seiner Körpersubstanzen"*, Archiv für die civilistische Praxis 191 (1991), S. 201 – 246, (zitiert: *Taupitz*, AcP 191 (1991), 201 (S.)).

Taupitz, Jochen/Schlüter, Julia, *„Heterologe künstliche Befruchtung: Die Absicherung des Samenspenders gegen unterhalts- und erbrechtliche Ansprüche des Kindes"*, Archiv für die civilistische Praxis 205 (2005), S. 591 – 644, (zitiert: *Taupitz/Schlüter*, AcP 205 (2005), 591 (S.)).

Tinneberg, Hans-Rudolf/Ottmar, Christoph, Moderne Fortpflanzungsmedizin: Grundlagen IVF ethische und juristische Aspekte, Stuttgart New York 1995, (zitiert: *Bearbeiter* in: Tinneberg/Ottmar, Moderne Fortpflanzungsmedizin, S.).

Tröndle, Herbert/Fischer, Thomas, Strafgesetzbuch und Nebengesetze, 53. Auflage München 2006, (zitiert: *Tröndle/Fischer*, StGB, §, Rn.).

Ulsenheimer, Klaus, Arztstrafrecht in der Praxis, 3. Auflage Heidelberg 2003, (zitiert: *Ulsenheimer*, Arztstrafrecht, Rn.).

Vaskovics, Laszlo A./Rost, Harald/Rupp, Marina, Lebenslage nicht ehelicher Kinder, Rechtstatsächliche Untersuchung zu Lebenslagen und Entwicklungsverläufen nichtehelicher Kinder, Köln 1997, (zitiert: *Vaskovics/Rost/Rupp*, Lebenslage nicht ehelicher Kinder, S.).

Vitzthum, Wolfgang, *„Die Menschenwürde als Verfassungsbegriff"*, Juristenzeitung 1985, S. 201 – 209, (zitiert: *Vitzthum*, JZ 1985, 201 (S.)).

ders., *„Gentechnologie und Menschenwürdegarantie"*, Zeitschrift für Rechtspolitik 1987, S. 33 – 37, (zitiert: *Vitzthum*, ZRP 1987, 33 (S.)).

Waibl, Katharina, Kindesunterhalt als Schaden – Fehlgeschlagene Familienplanung und heterologe Insemination – zugleich ein Beitrag zum Arzthaftungsrecht, München 1986, Dissertation, (zitiert: *Waibl*, Kindesunterhalt als Schaden, S.).

Walter, Martin, *„Die Überarbeitung des Lebenspartnerschaftsrechts und deren Auswirkungen auf die notarielle Praxis"*, Mitteilungen des Bayerischen Notarvereins 2005, S. 193 – 199, (zitiert: *Walter*, MittBayNot 2005, 193 (S.)).

Wanitzek, Ulrike, *„Ergänzungen des Abstammungsrechts durch das Kinderrechteverbesserungsgesetz"*, Zeitschrift für das gesamte Familienrecht 2003, S. 730 – 736, (zitiert: *Wanitzek*, FamRZ 2003, 730 (S.)).

dies., Rechtliche Elternschaft bei medizinisch unterstützter Fortpflanzung, Bielefeld 2002, Habilitation, (zitiert: *Wanitzek*, Rechtliche Elternschaft bei medizinisch unterstützter Fortpflanzung, S.).

Wehrstedt, Stefan, *„Anfechtungsrechte im Falle heterologer Insemination – Anmerkungen zum Urteil des BGH v. 26.1.2005 XII ZR 70/03",* Deutsche Notar-Zeitschrift 2005, S. 649 – 655, (zitiert: *Wehrstedt,* DNotZ 2005, 649 (S.)).

ders., *„Notarielle Vereinbarungen anlässlich einer künstlichen Befruchtung",* Rheinische Notarzeitschrift 2005, S. 109 – 117, (zitiert: *Wehrstedt,* RNotZ 2005, 109 (S.)).

Weiser, Simone, Untersuchungen zur Häufigkeit angeborener Fehlbildungen und chromosomaler Veränderungen und zur körperlichen Entwicklung von Kindern nach In-vitro-Fertilisation (IVF) und intracytoplasmatischer Spermatozoeninjektion (ICSI), Würzburg 2001, Dissertation, (zitiert: *Weiser,* Untersuchungen zur Häufigkeit von Fehlbildungen nach ICSI, S.).

Wellenhofer-Klein, Marina, *„Das Vaterschaftsanfechtungsrecht des leiblichen Vaters – Vorschlag zur Änderung von § 1600 BGB",* Zeitschrift für das gesamte Familienrecht 2003, S. 1889 – 1894, (zitiert: *Wellenhofer-Klein,* FamRZ 2003, 1889 (S.)).

Wendelstein, Armin, Ärztekammer – ärztliche Individualbeziehungen, Würzburg 1973, Dissertation, (zitiert: *Wendelstein,* Ärztekammer – ärztliche Individualbeziehungen S.).

wer, Frankfurter Allgemeine Zeitung, *„So wenige Geburten wie nie, Auch die Zahl der Eheschließungen in Deutschland sank 2005 nach Angaben des Statistischen Bundesamtes weiter",* Frankfurter Allgemeine Zeitung 18. August 2006, S. 1 und 6, (zitiert: FAZ v. 18.8.2006, S. 1 6).

Westermann, Harm Peter (Hrsg.), Erman – Bürgerliches Gesetzbuch, Handkommentar mit EGBGB ErbbauVO HausratsVO LPartG ProdHaftG UKlaG VAHRG und WEG, 11. Auflage Münster Köln 2004, (zitiert: *Bearbeiter* in: Erman, BGB, §, Rn.).

Weyrauch, Verena, Zulässigkeitsfragen und abstammungsrechtliche Folgeprobleme bei künstlicher Fortpflanzung im deutschen und US-amerikanischen Recht, Berlin 2003, Dissertation, (zitiert: *Weyrauch,* Zulässigkeitsfragen und abstammungsrechtliche Folgeprobleme bei künstlicher Fortpflanzung, S.).

Wieling, Josef, *„Venire contra factum proprium und Verschulden gegen sich selbst",* Archiv für civilistische Praxis 176 (1976), S. 334 – 355, (zitiert: *Wieling,* AcP 176 (1976), 334 (S.)).

Wohn, Annette, Medizinische Reproduktionstechniken und das neue Abstammungsrecht, Bielefeld 2001, Dissertation, (zitiert: *Wohn,* Medizinische Reproduktionstechniken und das neue Abstammungsrecht, S.).

Wolf, Andrea, *„Die Abstammung von durch medizinische Fortpflanzung gezeugten Kindern nach dem Kindschaftsreformgesetz (KindRG)",* Familie und Recht 1998, S. 392 – 397, (zitiert: *Wolf,* FuR 1998, 392 (S.)).

Zierl, Gerhard, *„Gentechnologie und künstliche Befruchtung in ihrer Anwendung am Menschen – Überblick und rechtliche Aspekte",* Deutsche Richterzeitung 1985, S. 339 – 344, (zitiert: *Zierl,* DRiZ 1985, 339 (S.)).

ders., *„Strafrechtliche Aspekte der Humangenetik und der Fortpflanzungsmedizin",* Deutsche Richterzeitung 1986, S. 161 – 166, (zitiert: *Zierl,* DRiZ 1986, 161 (S.)).

ders., *„Zivilrechtliche Aspekte artifizieller Reproduktion",* Deutsche Richterzeitung 1986, S. 302 – 307, (zitiert: *Zierl,* DRiZ 1986, 302 (S.)).

Zimmermann, Jan, Geschichte der Klage auf Feststellung der Abstammung, Bremen 1990, Dissertation, (zitiert: *Zimmermann*, Geschichte der Klage auf Feststellung der Abstammung, S.).

Zimmermann, Reinhard, *„Die heterologe künstliche Insemination und das geltende Zivilrecht",* Zeitschrift für das gesamte Familienrecht 1981, S. 929 – 935, (zitiert: *Zimmermann*, FamRZ 1981, 929 (S.)).

Zimmermann, Stefan, *„Das neue Kindschaftsrecht",* Deutsche Notar-Zeitschrift 1998, S. 404 – 437, (zitiert: *Zimmermann*, DNotZ 1998, 404 (S.)).

Druck: Krips bv, Meppel, Niederlande
Verarbeitung: Stürtz, Würzburg, Deutschland